가온찍기

국립중앙도서관 출판시도서목록(CIP)

가온찍기 : 다석 유영모의 글로벌 한국신학 서설 / 지은이
: 김흡영. -- 서울 : 동연, 2013
    p. ;   cm

권말부록: The world made flesh: Ryo Young-mo's christo
dao
참고문헌과 색인수록
ISBN 978-89-6447-204-0 93200 : ₩18000

유영모(인명)[柳永模]
신학 사상[神學思想]

231-KDC5
230-DDC21   CIP2013008525

가온찍기: 다석 유영모의 글로벌 한국신학 서설

2013년 5월 30일 초판 1쇄 발행
2016년 1월 15일 초판 3쇄 발행

지은이 | 김흡영
펴낸이 | 김영호
펴낸곳 | 도서출판 동연
등 록 | 제1-1383호(1992. 6. 12)
주 소 | 서울시 마포구 월드컵로 163-3
전 화 | (02)335-2630
전 송 | (02)335-2640
이메일 | yh4321@gmail.com

ISBN 978-89-6447-204-0 93200

이 저서는 2008년 정부재원(교육부 인문사회역량강화 사업비)으로
한국학술진흥재단의 지원을 받아 수행된 연구임." (KRF-2008-1-A00106)

가온찍기

: 다석 유영모의 글로벌 한국신학 서설

김흡영 지음

동연

사랑하는 아들 광석이와 딸 소나에게!

너희들의 희생과 사랑이 없었더라면,

신학자로서 오늘의 나는 없었을 것이다.

| 머리말 |

　그리스도교가 본격적으로 이 땅에 들어온 지 200여 년이 되었다. 그동안 그것은 그리스도교 선교사에 기적의 하나로 남을 정도의 엄청난 성장을 했다. 한국 그리스도교는 교회 크기와 교인 숫자 그리고 미국다음으로 많은 숫자의 선교사를 파견하는 선교열기 등 양적으로는 세계 최고의 수준을 자랑하고 있다. 학문적(신학) 열기 또한 대단해서 마치 신라시절 수많은 승려들이 당나라와 인도에 유학했던 것처럼, 세계 어느 곳에 가던지 이름 있는 신학 교육기관들에는 한국 유학생들이, 심지어 그 학교들을 먹여 살린다고 할 정도로, 가득 차있다. 그럼에도 불구하고 질적 수준으로는 그렇게 높은 인정을 받지 못하고 있다. 한국교회는 신앙에 대한 열정은 강하지만 그 내용이 되어야 할 신학은 약하다는 소리를 듣고 있다. 이것은 아직까지 한국 그리스도교의 정체성을 세계적 수준의 신학담론으로 발전시켜 규명한 한국신학이 정립되지 못하고 있다는 사실을 말하고 있다. 민중신학이 한 단편적인 역할을 수행하긴 했지만, 글로벌 그리스도교 신학이라는 큰 지평에서 한국신학이 무엇인가를 종합적으로 보여주며 그것의 특수성과 존재가치를 분명하게 규명해주는 세계적 수준의 한국신학 담론이 아직 나오지 않고 있다. 이러한 상황에서, 이 저서의 목적은 20세기 한국이 배출한 독특한 토착종교사상가 다석 유영모(多夕 柳永模, 1890-1981)의 신학적 통찰들을 다듬어서 세계 그리스도교 신학의 큰 지평에서 자리매김(다석의 용어로는 '가온찍기')함으로써 한국신학의 정체성과 가능성을 규명하고, 나아가 한

국신학의 세계화를 위한 기초를 마련해보고자 하는데 있다.

더욱이 다른 한국 종교들에 비해 매우 짧은 역사에도 불구하고, 한국 그리스도교는 이미 한국사회와 세계 그리스도교에서 중요한 위치를 점유하게 되었다. 세계교회협의회(WCC)와 세계복음주의연맹(WEA)이 2013년과 2014년에 연이어 한국에서 총회를 개최한다는 것은 그동안 한국 그리스도교의 세계적 위상이 얼마나 성장하였는가를 보여주는 한 단면이라고 할 수 있다. 이제 한국 그리스도교는 선교를 위한 단순한 교리 선포와 교회확장의 차원을 넘어서 그것이 지닌 학술적 특징과 내용, 그리고 그 신학적 정체성을 국내외적으로 규명해야 할 시기에 도달한 것이다. 전통신학의 잣대로 보면 다석의 그리스도교 사상은 논란의 여지가 있을 것이다. 그러나 그의 사상에는, 물론 현대 서구 신학처럼 정교하게 발전한 조직신학, 종교신학, 문화신학, 비교신학 등과 같은 학술성은 두루 갖추지 못했지만, 토착적 신학사상의 단초들이 풍부하게 잠재되어 있다고 보고 그 신학적 자원들을 발굴해보자 하는 것이다. 이 책에서는 전래된 서구형 그리스도교는 본문Text이고 토착종교문화는 맥락context이라고 보는 일반적인 상황신학contextual theology의 방법론을 따르지 않는다. 오히려 다석이 전통적인 우리 종교문화의 맥락에서 서구 신학이라는 전이해에 의지하지 않고 어떻게 성경을 기초로 하여 자유롭고 창의적으로 그리스도교 신앙을 이해했는가에 초점을 맞춘다. 그리고 그 내용들을 현대 글로벌 신학global theology 담론의 맥락 안에서 자리매김(가온찍기)을 하여 글로벌한 한국신학의 한 패러다임으로 가능성을 고찰해 보고자 한다.

유동식은 그의 잘 알려진 저서『한국신학의 광맥』에서, 박형룡(보수주의: 총신), 김재준(진보주의: 한신), 그리고 정경옥(자유주의: 감신)을 한국 개신교 신학을 발전시킨 3대 광맥이라고 규정했다.[1] 그들은 물론 한국교회와 신학교의 신학전통을 수립하고 토대를 놓은 주춧돌 같은 인물들임에는 틀림이 없다. 그러나 그들은 모두 미국에 유학해서 신학 교육을 받았고, 그들이 그 곳에서 배운 미국식 서구 신학을 거의 여과 없이 직수입해서 이식했다. 만약 이것들만이 한국신학의 광맥이라면, 한국신학은 본래 그 뿌리가 미국신학이라는 결론이 내려진다. 그리고 그것은, 한국유학이 중국유학에 종속되어 그랬던 것처럼, 한국신학이 궁극적으로 미국신학 또는 서구 신학에 종속된 번역 또는 번안 수준의 신학을 넘어서기 어렵게 되고, 정체성의 한계를 스스로 만들어놓는 것이 된다. 정말 한국신학사에는 독자적인 정체성을 가진 신학적 자원 또는 "광맥"이 없었던 것일까? 비록 원광석에 가깝지만, 오히려 다석과 같은 이가 주창한 토종 그리스도교 사상에서 지금까지의 서구 신학의 번안 수준을 넘어 새로운 한국신학적 지평을 열어 줄 돌파구를 찾아낼 수는 없을까? 그리하여 앞으로 한국신학을 글로벌 신학의 한 장르로 새롭게 발전시킬 자원으로 사용할 수는 없을까? 이러한 것들이 이 저서의 화두들이다.

한편 세계 그리스도교 신학은 계몽주의 혁명이후 모더니티의 용광로를 통과하고 포스트-모더니티의 시험대에 올라있다. 20세기에 들어 그것은 타종교와의 만남, 성·경제·인종 차별주의, 생태계의 위기 등의 문제들에 봉착하여 새로운 해석학적 지평과 신학적 패러다임을 발굴하고자 몸부림치고 있다. 특히 그리스도교보다도 오히려 오랜 역사를 가지고 있는 세계종교들과의 조우는 종교 간의 외적 대화inter-religious dialogue를 넘어선 종교 간의 내적대화intra-religious dialogue와 간경전적 해석학inter-cannonical hermeneutics, 텍스트와 콘텍스트 간에 아직 텍스트 중심의 계층적 관계 설정에 머물고 있는 조직신학을 넘어선 구성신학constructive theology, 그리고 종교

---

1) 유동식, 『한국신학의 광맥: 한국신학사상사 서설』(서울: 전망사, 1982).

간의 내용적 관련성을 주축으로 하는 비교신학comparative theology을 출현케 했다. 이러한 세계적 상황은, 마치 20세기에 되어서야 비로소 세계 신학이 19세기의 키르케고르(Søren Kierkegaard, 1813-55)의 사상적 가치를 발견하고 관심을 갖게 되었듯이, 21세기에 되어서야 한국신학이 20세기의 다석 사상에 관한 새로운 관심을 촉발하게 한다. 유불선에 능통했던 다석은 이미 20세기 초부터 스스로의 실존적 물음에 답하고자, 최근에 와서야 극복하고자 하는 서구 신학의 배타성에 아무런 구애를 받지 않고, 사서오경과 불경 등 우리의 종교사상을 형성하게 했던 동양경전들과 성경을 자유롭게 비교해가며 통전적인 간경전적 해석을 개발하며 독창적인 신학세계를 구성했다. 물론 그의 회통을 지향하는 통전적 신학세계는 매우 독특해서 잘라내서 분석하는 실체론적 서구 신학에 길들여진 현대신학과 교류하려면 처음에는 많은 어려움이 따르겠지만, 21세기의 그리스도교 신학이 지향하는 방향과 유사한 점이 많아 종국에는 미래의 글로벌 신학 형성에 도움을 줄 수 있을 것이다.

또한 세계적으로 아시아 신학의 중요성이 부각되고 있다. 21세기 글로벌 그리스도교의 지형도는 그동안 서구중심에서 아시아와 아프리카와 남미로, 소위 "북에서 남으로" 그 축을 이탈하고 있다.[2] 이러한 상황은 특히 모든 세계종교의 고향이라고 할 수 있는 아시아에서 전개되는 아시아 신학에 대한 관심을 고조시키고 있다.[3] 그러나 그동안 인도를 비롯한 동남아 지역의 신학에 대한 소개와 연구는 비교적 많이 진행되어 온 편이나, 한국, 일본, 중국 등 유교문화권에 소속된 동북아 지역의 신학에 대한 연구는 아직

---

2) Philip Jenkins, *The Next Christendom: The Coming of Global Christianity*, 3rd. ed. (Oxford, New York: Oxford University Press, 2011); 또한 『신의 미래』, 김신권 역 (서울: 도마의길, 2009) 참조.
3) Heup Young Kim, et. al., ed., *Asian and Oceanic Christianities in Conversation: Exploring Theological Identities at Home and in Diaspora* (Amsterdam, New York: Rodopi, 2011) 참조.

초기상태이다. 특히 동아시아에서 유별나게 그리스도교가 크게 번성한 한국이 앞으로 아시아와 세계를 이끌어 갈 신학을 출현시키지 않을까 하는 기대와 함께 주목을 받고 있다.

한국신학은 해방 후 60년간 급속도로 발전해왔으나, 서구 신학을 소개하고 소화하는 단계를 완전히 벗어났다고 할 수 없을 것이다. 그렇지만 그것의 짧은 역사를 고려한다면, 엄청나게 괄목한 성장을 했다고 하겠다. 여러 신학회에서 한국신학 및 그 정체성에 관한 논의는 해왔으나, 서구 신학에 대한 반응적reactionary 입장에서 벗어나지 못했다. 대부분의 1세대 한국 신학자들은 서구 신학을 그대로 번역 소개하는 역할을 담당하였거나, 그것을 정반대로 비판하는 반서구 신학이 한국신학이라는 등식을 내세우는 극단적인 두 입장 중의 하나를 견지하고 있었다. 그러나 결과적으로 두 입장은 서구 신학이 내용의 핵심을 이룬다는 점에서는 동일했다. 이 책의 목적은 한국신학이 의식적 또는 무의식적으로 서구 중심적이었던 초기단계를 벗어나서, 동아시아의 종교문화 맥락에서 공히 세계 신학의 담론 수준에 이르는 구성신학으로 진일보하는데 보탬이 되고자 하는데 있다.

그동안 소수이기는 하지만 다석 사상에 대한 관심은 비교적 꾸준히 계속되어 온 편이지만, 한국의 주류 철학계와 신학계에서는 외면당해 왔다.[4] 그의 사상에 대한 학술적 연구가 본격적으로 시작된 것은 1990년대 후반부터이다. 특히 지난 수년간 다석에 대한 관심이 일부 학자들을 중심으로 고조되면서, 다석학회가 창립되었고, 국내·외에서 석·박사 논문들을 비롯하

---

4) 박재순은 주류 철학계에서 유영모가 외면당한 이유를 세 가지로 설명한다. 첫째, 민족 운동의 맥을 이은 다석의 사상이 "해방이후 일제 강점기에 형성된 학맥과 미국과 유럽에서 형성된 학맥으로부터 외면당했기 때문이다. 둘째, 각주 달린 논문을 쓰지 않았던 이들의 글이 개념과 논리의 일관성과 적합성을 기준으로 삼는 근 현대 서구 학문에 부합하지 않았기 때문이다." 셋째, "이들이 이룩한 정신세계가 종합적이고 방대하여 연구에 어려움이 있었기 때문이다." (박재순, 『다석 유영모: 동서 사상을 아우른 창조적 생명 철학자』[서울: 현암사, 2008], 25)

여 학술적인 업적들이 조금씩 나오기 시작했다. 그러나 아직 세계 신학의 맥락 안에서 다석 사상을 종합적으로 체계화한 작품은 보이지 않고 있다. 이 책이 그러한 공백을 다소라도 메워주었으면 한다.

이 책은 크게 두 부분으로 구성된다. 첫째 부분에서는 다석의 사상세계에 들어가서 그가 만든 언어와 문법으로 그가 말하는 그리스도교에 대한 이야기를 들어보고, 약간의 신학적 체계화를 시도한다. 둘째 부분에서는 세계 신학의 큰 흐름 속에서 동아시아와 한국신학의 현주소와 앞으로 그들이 서야 할 자리를 살펴보고, 다석신학을 통하여 한국신학의 정체성과 글로벌 신학으로서 가능성을 조명해본다.

첫째 부분은 4부로 구성된다. 제1부는 서론에 해당되는 부분으로서 "참나(제소리)를 찾아서"라는 부제와 함께, 서론, 다석신학의 특징, 방법론, 그리고 말씀론을 논한다. 제2부는 "없이 계신 하나님(계소리)"이라는 부제로, 다석 신론과 삼위일체론, 그리고 인간론에 대해 살펴본다. 제3부는 "한나신 아들 그이(가온소리)"라는 부제로 가지고, 다석의 그리스도론과 구원론을 고찰한다. 제4부는 다석신학의 요약이라고 할 수 있는 "빈탕한데 맞혀 하늘몸놀이"라는 부제를 달고, 다석의 독특한 몸과 숨의 영성과 몸신학과 숨신학을 찾아본다. 몸신학과 숨신학의 발견은, 물론 그동안 나름대로 관심을 가지고 개발해 왔지만, 이번 연구를 통해 얻은 최고의 성과라고 생각된다. 앞으로 몸신학과 숨신학은 그동안 몸을 도외시하고 숨을 간과해왔던 그리스도교 신학의 발전에 큰 공헌을 할 것으로 예상된다. 이 첫째 부분에서는 다석 연구의 일차자료들, 특히 그의 독특한 언어로 구축한 신학세계가 담겨진 『다석일지』多夕日誌와 그 일부에 대해 다석이 직접 행한 강의들에 대한 속기록인 『다석강의』를 중점적으로 살펴본다.

둘째 부분은 2부로 구성된다. 제5부는 아직 서구 신학이 주도하는 세계

신학이 처한 상황과 노출된 한계들 그리고 그것을 극복하기 위한 글로벌 동양신학의 한 패러다임으로 '도의 신학'의 필요성에 대해서 논한다. 도의 신학의 입장에서 특히 생태신학, 그리스도론, 그리고 삼위일체론을 구상해본다. 제6부는 결론에 해당되는 부분으로서 다석신학을 통한 한국 그리스도교 사상의 정체성과 글로벌 신학으로서의 가능성을 살펴본다. 다석의 신학사상이 한국신학과 세계 신학에 어떤 영향을 줄 수 있는 것인가에 대해 고찰한다. 먼저 한국 토종신학의 광맥으로서 다석신학의 중요성을 한국신학의 사상사 속에서 조망해 본다. 그리고 다석신학을 통해 한국신학의 정체성을 규명하고, 글로벌 신학 속에서 자리매김(가온찍기)을 시도하고, 세계화의 가능성을 타진하고자 한다.

독창적이고 자유분방한 다석 사상을 전통적인 조직신학의 체계 안에 담는 것은 그 자체가 범주 착오적 오류를 범하는 일일 것이다. 또한 방대한 동양 종교사상의 지평에서 동서양을 오가며 자유로이 펼쳐지는 다석의 종교사상을 한 권의 책에 집약해보겠다는 것도 지나친 욕심이라 할 것이다. 더욱이 이러한 것들 때문에 다석을 아는 이들에게는 이런 시도가 못마땅하고, 그 내용에 대해서 거부반응을 느낄 수 있을 것이다. 그럼에도 불구하고 이 작업을 감행하는 것은, 비유컨대 누군가는 세계 신학이라는 엑스포 속에 한국관을 만들고 그 독창성을 다석신학이란 브랜드로 개발해야 한다는 시대적 사명감을 절실하게 느꼈기 때문이다. 많은 어려움과 시행착오를 거친다고 하더라도, 때가 되어 그 과감한 공사를 시작해야 한다고 생각했다. 비록 그것이 원의原義를 다소 훼손한다 하더라도 그 위험성 때문에 한국신학과 글로벌신학의 발전을 위해 중대한 시대적 요청을 더 이상 외면하는 것은 한국신학자의 한 사람으로서 직무유기를 범하는 것이라는 생각이 들었다.

그러므로 이 책에 나오는 설명들이나 주장들이 결코 완전한 것들은 아니다. 특히『다석일지』에 기록된 난해한 한글시와 한시들에 대한 해석들은 더욱 그러하다. 그들은 다석 자신이 말했던 것보다도 훨씬 더 초보적인 "미정고"들에 지나지 않을 수도 있다. 그러나 부족하지만 이 책이 앞으로 이러한 다석 사상의 신학화를 통해 한국신학이 세계화될 수 있는 기틀을 마련하는데 조금이나마 보탬이 되었으면 한다. 신학의 최고 목표는 하나님의 제단에 송영doxology을 봉헌하는 것이다. 그러한 송영을 바치는 '한국신학'이라는 하나님의 재단에 이 책을 하나의 제물로 바치고자 하는 것이다. 특히 그동안 다석 연구에 심혈을 기울여 온 여러 선배 그리고 동료 학자들에게 그들이 성취한 업적과 가르침에 깊은 감사와 높은 경의를 표한다. 이 책에 그들에 대한 비판이 있다면, 그것은 그러한 존경하는 마음에서 조금이라도 벗어 난 것이 아니고, 다석 사상과 한국신학의 발전을 위한 학술 토론의 장을 여는 화두들을 제시하는 것이라고 넓은 아량으로 대승적 차원에서 이해해 주길 바란다.

끝으로 나를 믿고 끝까지 이 책의 출판을 도와준 도서출판 동연의 김영호 사장에게 감사를 드린다. 마지막으로 이 책을 사랑하는 아들 광석이와 딸 소나에게 바친다. 그들의 희생과 사랑이 없었더라면, 오늘 신학자로서 나는 없었을 것이다.

2013년 2월
소백산 자락 한스빌에서
하늘새

차례

일러두기

- '하느님' 및 '하나님' 등 신 명칭은 '하나님'으로 통일하여 표기한다. (인용 제외)
- '기독교' 및 '그리스도교'는 '그리스도교'로 통일하여 표기한다.
- '유영모' 및 '류영모'는 '유영모'로 통일하여 표기한다. (저서명과 인용 제외)
- 같은 책, 같은 부분에서 인용하거나 참고할 내용이 연달아 나올 경우 맨 마지막 부분의 각주에서 출처를 밝힌다.
- 인용문은 원문을 중심으로 한다. 다음에 나오는 다석 자료들에 대해서는 아래와 같은 약어를 사용한다.

『多夕日誌: 多夕 柳永模 日誌』. 전4권. 서울: 홍익제, 1990. 일지

다석학회 편. 『다석강의』. 서울: 현암사, 2006. 강의

김흥호. 『다석일지공부』. 전7권. 서울: 솔출판사, 2001. 공부

『다석 마지막 강의: 육성으로 듣는 동서 회통의 종교사상』. 박영호 풀이. 서울: 교양인, 2010. 마강

제1부

다석신학 서론:
참나(제소리)를 찾아서

1장
다석신학 서론

어디 삽니까?

우주에 삽니다.[1]

　다석 유영모(多夕 柳永模, 1890-1981)의 신학사상은 그가 19세기 말에 태어나 일제, 해방의 소용돌이, 그리고 참담한 동족살상의 한국전쟁을 경험한 후, 그리스도교를 한민족을 위한 복음으로 내세웠던 이승만 정권이 실망스럽게도 독재 권력화 되어가는 것을 관망하면서 태동하였다. 이런 극한적인 상황에서 발생한 사상들을 철저하게 미국식 신학교육을 받고, 현대화되고 선진국의 문턱에 진입한 21세기의 한국 사회에 살고 있는 한 신학자가 해석한다는 것에는 실존적 한계와 무리가 따를 수밖에 없다. 그러나 오늘날의 시대 구분에 따르자면 다석은 프리-모더니즘에 가까운 환경에서 살았음에도 불구하고, 그의 사상 속에는 모더니즘은 물론이고 포스트모더니즘조차도 훌쩍 뛰어넘어 초시간적으로 관통하는 통시적인 통찰들로 가득하다.

　서두에 인용한 1956년에 행한 한 YMCA 연경반 강의에서 다석은 이미

---

1) 다석학회 편, 『다석강의』(현암사, 2006), 294 (1956.12.4.). 앞의 책 이후 약어 '강의'.

"우주에 산다."고 자신을 우주인이라 정의하고 무주無住사상과 함께 역사적 지평을 넘어선 우주신학을 거론했다(강의292).[2] 포스트모더니즘 비평과 더불어 인간·역사중심주의에서 탈피할 것을 주창하면서도 현대 그리스도교 신학이 아직 지구라는 행성에 펼쳐지는 역사적 지평을 벗어나지 못하고 있는 상황에 비해, 반세기 전에 전근대적인 문화와 척박한 정치경제적 현실에 시달리고 있었던 세계에서 가장 가난한 나라의 한 모퉁이에서 다석은 이미 우주신학을 구상했던 것이다. 이러한 선구적인 탁견들을 끄집어내서 세계 그리스도교 신학이라는 넓은 지평에서 한국신학의 정체성을 규명하고 그것의 세계 신학화 가능성을 모색하고자 하는 것이 이 연구를 하게 된 본래의 목적이었다.[3]

그러나 다석의 생각을 현대신학의 입장에서 신학적 담론으로 재정립한다는 것은 무척 어려운 일이었다. 비유컨대 그것은 다석 사상이라는 산맥에 드라이브하기 좋은 길을 내고 터널을 뚫는 것과 같다. 그런 공사를 하게 되면 어쩔 수 없이 산의 생태계를 부분적으로 파괴할 수밖에 없는 것같이, 이러한 작업은 다석 사상이 가진 본래의 창의성과 통전성을 훼손할 수 있기 때문이다. 그래서 한국연구재단에 이 프로젝트를 지원한 것이 지나친 욕심이 아니었던가 하며 후회하기도 했다. 나는 지난 10년 이상을 그럭저럭 다석 연구에 천착해왔다. 다석 사상을 대학원의 정식과목으로 채택케 하여 가르쳤고, 학위논문들도 지도했고, 다석신학에 대한 영어 논문을 해외에서 발표하고 출판하기도 했다. 그러나 다석의 자유분방한 동양적 사유를 서양에서 발전한 전통적 조직신학의 틀에 넣어 보려는 시도는 매우 어려

---

2) 다석은 말했다. "우리는 우주의 주인으로 살아야 한다. 우주를 삼킬 듯이 돌아다녀야지 집 없다 걱정, 방 없다 걱정, 병난다 걱정, 자리 없다 걱정 그저 걱정하다가 판을 끝내서 되겠는가?"(「무거무래 역무주」,『多夕日誌: 多夕 柳永模 日誌』4[홍익제, 1990], 359)
3) 본래 이 연구 프로젝트의 제목은 "다석 유영모를 통해 본 한국신학: 한국신학의 정체성과 세계 신학의 가능성"이었다.

운 일이었다. 다석의 독창적 신학사상을 현대 조직신학의 범주와 잣대에서 체계화systematize하는 작업 자체가 범주 착오적 오류일 수 있기 때문이다.

그래서 내게 다석의 범주를 그대로 사용할 것을 제안한 학자도 있었다. 그러나 다석 사상을 현대신학에 활용하기 위해서는 어쩔 수 없이 '다석'이라는 원광석을 글로벌 신학이라는 큰 틀 안에서 사용할 수 있게 가공하는 손질을 할 수밖에 없다. 그러므로 이 연구는 다석의 사상을 현대신학과 소통시켜 보고자하는 하나의 시도, 서설, 프로레고메나prolegomena, 또는 습작이라고 할 수 있을 것이다. 비유컨대, 이러한 시도는 '글로벌 그리스도교 신학'이라는 도서관에 '다석신학' 그리고 '한국신학'이라는 분야를 정착시키기 위한 자기 발견적heuristic 노력의 일환이라고 할 수 있을 것이다.

종교와 철학 그리고 과학을 분리하는 경향을 가진 분석적 서구 근대 철학의 영향을 받은 서구 신학과 그들을 통합적 바라보는 통전적 특징을 가진 다석신학은 서로 근본적인 입장의 차이를 가지고 있다.4) 그래서 이미 언급한 것처럼, 한국의 다원적인 종교문화적 상황에서 독창적으로 돌출된 다석의 신학사상을 현대 조직신학의 범주 속에 집어넣고자 하는 것은 어려운 일이다. 우선 다석은 지금까지의 서구 중심적 신학자들이 가졌던 형이상학적이고 이론적이고 교회론적 입장에 서서 현대문화에 대한 변증적이고 호교적인 주제들을 다루는 것에 대해서는 별로 관심이 없었다. 그에게 오히려 중요한 주제는 어떻게 일반적으로 알고 있는 단순한 일회적 '값싼 은총'에 의거한 무책임한 믿음을 통한 고백적, 수동적, 제도적 구원론을 탈피하여 예수를 닮은 참된 인간성을 회복하여 하늘나라의 진입에 대비할 수 있는 독립적, 능동적, 주체적인 몸을 통한 그리스도교적 도道를 수행할 수 있게 하는가에 관련된 것들이었다. 이와 같이 형이상학적 그리스도론과 같은 신학

---

4) 박재순,『다석 유영모: 동서 사상을 아우른 창조적 생명 철학자』(서울: 현암사, 2008), 26 참조.

이론보다는 '참나'의 전형인 예수를 닮는 그리스도의 도를 추구했던 그에게 있어서 이론의 논설과 말의 약속에 의한 이입理入보다는 말보다 몸 전체를 통해 체득하는 도의 행입行入이 더욱 절실했던 것이다.[5] 그는 감동적인 말과 화려한 치장과 웅성거리는 대중적 열기를 통한 이벤트 또는 형식적 예배보다는 바울이 권면한 것처럼 몸으로 산제사를 드리는 합당한 예배의 모형을 일상의 삶 속에서 실천하고자 했다(롬 12:1). 다석에게 있어서는 형이상학적인 궁극적 무엇what을 규명하기보다는 어떻게how 그 궁극적 존재성을 몸으로 체득하느냐가 더 중요했다. 결론적으로 그는 말로 하는 '말신학'God-talk보다는 몸으로 하는 '몸신학'을 추구했다고 할 수 있다. 그는 "말로 얼을 못 다 밝힌다"고 말신학의 한계를 분명히 했다(일지 1956. 1. 24).[6]

다석은 엄청나게 뛰어난 생각하는 능력을 가지고 있었다. 그에게 있어서 생각은 결코 데카르트적인 서구적인 인식론적 생각이 아니다. 그것은 '생각'生覺이라는 한자가 뜻하는 대로 수행을 통해 체득한 깨달음(覺)이 솟아나는(生) 것을 말한다. 그 깨달음은 성경을 관통하여 동양경전을 회통하고 일위관지一爲貫之 하여 한글시와 한시로 압축되고, 나아가서 다의적인 도형으로 형상화 된다. 다석의 생각은 주객이 분리되어 객관화된 분석이 아니고, 마음속의 응어리를 푸는 심리적 해원도 아니고, 그것을 훌쩍 뛰어넘어, 모든 것을 깨치고 맨 첨의 '하나'(전체)로 치솟아 올라가는 깨달음(관통)이다. 그 깨달음은 서구화된 신학적 논술이나 내러티브보다는 성경이나 주역의 말씀과 같이 통시적인 상象의 체득을 전제로 한다. 상(코끼리 象)을 다

---

5) 이입(理入)은 이론적 지식의 축적과 깨달음을 통해 도에 들어가는 것이고, 행입(行入)은 몸의 수행을 통하여 도에 이르는 것을 말한다. 그러므로 박재순이 "다석의 수행은 정신이나 원리에서 시작하지 않고, 구체적인 몸의 현실에서 출발한다."고 한 것은 정확히 파악한 것이다(앞의 책, 64).

6) 『다석일지』는 홍익제가 발간한 영인본을 사용한다. 『多夕日誌: 多夕 柳永模 日誌』 1-4 (홍익제, 1990). 앞의 책 이후 약어 '일지'. 다석의 몸신학은 제12장 참조.

석은 '코기리'라고 표현하기도 한다. 코기리는 상, 곧 전체를 관조하는 이미지요, 비주얼이자, 또한 동시에 코로 숨을 쉬고 길을 가는 것이다. 가장 앞서 '나'가는 것이 코이기 때문에, 코는 곧 나요, 그것은 성령을 호흡(숨)하며 길을 가는 도道를 닦는 것, 곧 수련(修道)이다.

코로 숨을 쉬는(息) 나는 불길이요, 불길처럼 위로 피어오르는 것을 다석은 생각이라고 말한다. 다석에게 있어서 생각은 그러므로 곧 예배이다. 그 예배는 단지 형이상학적인 말놀이와 언어의 유희가 주를 이루는 말제사가 아니고, 총체적인 몸으로 드리는 몸제사이다. 실제로 몸이 하나님의 김(기운)을 숨 쉬는, 김숨(성령)의 호흡이 기도인 것이다. 이와 같이 호흡, 즉 김숨의 수행을 통한 체득이 다석신학의 핵심을 이룬다고 할 수 있다. 그러므로 선도와 같은 동양의 호흡법과 몸 수련법을 모르고는 다석을 이해하기 어렵다고 할 수 있다. 1943년 2월 5일에 삼각산 북악마루에서 다석은 실제로 천지인天地人이 합일合一하는 "첨철천瞻徹天 잠투지潛透地"의 체험을 했다고 한다.[7] 이 하늘과 땅을 뚫어 한 통속에 이르는 체험은 선도에서는 높은 경지인 통기법通氣法의 삼합三合단법의 단계에서 나타나는 현상과 유사하다.[8] 그러므로 이것은 다석이 삼각산에 올라가 선도 또는 그와 유사한 것을 수련하며 기도했다고 추측할 수 있는 대목이다. 다석은 매일 아침마다 체조로 몸을 풀었다고 한다. 다석은 체조體操를 "몸뚱이 손질" 그리고 정조情操를 "마음 손질"이라고 했다. "중심을 잘 잡아야지 중심 못 잡으면 존재할

---

7) 이 경험에 대해 다석은 다음과 같은 한시를 남겼다.

　　瞻徹天 潛透地　　　우러러 하늘 트고 잠겨서 땅 뚫었네
　　申身瞻徹極乾元氣!　몸 펴고 우러러 끝까지 트니 하늘 으뜸 김!
　　沈心潛透止坤軸力　　맘 가라앉혀 잠기고 뚫어서 땅 굴대 힘 가운데 디뎠네
　　(박재순, 『다석』, 54에서 재인용).

8) 고경민(靑山巨篩), 『영생하는 길(仙道永法)』(종로출판사, 1974), 400-403 참조. 삼합단법(三合丹法)은 "천지인(天地人)의 삼기(三氣)가 합일(合一)하여 내 몸에서 작용이 일어나게 하는 단법이다"(같은 책, 400).

자격이 없습니다.”라고 하며 이러한 “손질”을 강조했다.[9] 더욱이 그의 수련법이라고 할 수 있는 ‘몸성히, 맘놓이, 뜻태우’가 모든 종교경전의 핵심이라고 주장했다.[10] 그러나 그동안 대부분의 학자들이 이러한 점을 간과하고 다석의 형이상학적인 담론에만 치중하여 연구해왔다. 실제로는 다석은 글로 하는 글신학보다는 한 번 호흡 속에서 천기를 숨 쉬면서 하늘과의 천인합일天人合一을 추구하고 하나님 아버지와 부자유친父子有親을 이루고자 행공하는 김숨의 ‘숨신학’을 추구했다고 보는 것이 더 합당할 것이다.[11] 다석은 실제로 “글은 숨을 다 못 밝히겠고”라고 말했다(일지 1956. 1. 24.).

오늘날 인류는 인터넷, 사이버스페이스, 가상현실의 발달에 따라 디지털 이미지 시대를 맞이하고 있다. 또한 흥미로운 것은 다석의 신학이 그 시대를 이미 예비한 듯이 그동안 신학을 주도했던 아날로그적 내러티브 담론의 신학에서 ‘상象의 신학’으로 모형전환을 예시하고 있다는 점이다. 다시 말하면, 분석과 비판 그리고 시스템에 고착되었던 모더니티의 분석적이고 조직적인 신학에서 즉관卽觀적 신학으로의 패러다임 전환을 보여주고 있다. 선도에서 ‘즉관’이란 주객분리를 범하는 객관의 단계는 물론이고, ‘나’라는 주체가 타자에게서 느끼는 직관直觀적 의사소통의 단계를 넘어선 자연(대상)과 내가 무위적 혼연일체를 이룬 깬 상태에서 그려지는 통전적 이미지를 말한다(그 대표적인 한 예가 태몽이라고 할 수 있다).[12] 오늘날 인류는 인터넷, 사이버스페이스, 가상현실, 파워포인트, 페이스북Facebook 등이 판을 치는 디지털, 비주얼, 이미지의 시대에 살고 있다. 상의 신학이 주도할 시대가 이미 온 것이다. 내러티브와 담론을 중심으로 한 아날로그를 배경으로 하는

9) 류영모 강의, 박영호 풀이, 『마지막 강의: 육성으로 듣는 동서 회통의 종교사상』(서울: 교양인, 2010), 50-52. 앞의 책 이후 약어 ‘마강’.
10) 「몸성히, 맘놓이, 뜻태우」, 일지 4: 411. 제11장 참조.
11) 다석의 숨신학은 제13장 참조.
12) 고경민, 『영생하는 길』, 70-74 참조.

언어적 신학의 시대는 저물고 있다. 마치 다석은 이미 오래 전에 이것을 알고 예언한 듯하다. "어떤 의미로는 절대에 합하는 상象이 있어 이것을 깨달았다고 하면 구원을 얻었다고 할 수 있습니다."(강의 767)

다석은 일생을 통하여 비교적 많은 1차 자료들을 남겼고, 그에 대한 2차 자료들도 적지 않다. 이 연구는 그중에서도 특별히 세 종류의 자료들을 주목한다. 첫째, 1955년 4월 26일 다석이 일 년 후인 1956년 4월 26일을 죽는 날로 정하고 매일을 하루같이 살면서("하루 때문") 기록한『다석일지』이다. 둘째, 그의 연경반 강의들을 속기한 것을 옮긴 것을 다석학회가 편집한『다석강의』이다. 셋째, 다석이 동광원을 방문하였을 때 강의한 육성을 녹취하여 편집한『마지막 강의』이다.『마지막 강의』는 비교적 쉽게 말한 대중적 강의들로 구성되어 있어서 그의 신학적인 입장을 분명하게 전달하여 주고 있다.

다석은 죽는 날을 미리 정해놓고 매일 매일을 하루와 같이 죽을 각오로 살았다. 그러한 삶을 그는 '하루살이'라고 했다. 그는 하루살이처럼 치열하게 궁극의 자리인 빈탕한데(無, 虛)를 추구했다. 그처럼 시간이란 칼날 위에서서 춤을 추듯 삶을 살았던 그의 세계에는 빈틈이 없을 정도의 생각들로 꽉 들어차 있다. 영원한 빈틈을 만들기 위해 오히려 순간적 빈틈을 메우려는 몸부림, 그것이 곧 다석 수행의 이율배반적 요소요, 모순이라고 하겠다. 그러나 그것은 모순이라기보다는 진정한 틈(자유)을 향유하기 위한 치열한 이생의 준비였다. 나비의 자유를 성취하기 위한 고치의 더욱 단단히 굳어짐이라고 할까? 매 순간 나비로의 탈바꿈과 그 화려한 비상의 순간을 꿈꾸는, 그 죽음과 부활의 순간을 더욱 완벽하게 준비하고자 하는 고치의 치열한 꿈틀거림, 곧 몸부림이었다. 그는 말했다. "오늘(칼) 날이 가는 날(細細我)로 채를 쳐 남(生)을 이어드림(承供祭)이 산드시 거룩하지 않으랴."(일지 1955. 11. 3) 그리고 그 수행을 위해 성경과 동양경전은 물론이고 그가 가진 모든 지식을 다 동원했다.[13]

다석은 철저히 나로부터 바라본다. 그러나 그것은 단순한 인간중심주의가 아니다. 내 속에 하늘이 있고, 그리스도가 있고, 하나님이 있다고 믿고, 그것이 나라는 주체를 통해 울려나오는 '제소리'들을 찾아내려 했던 것이다. 다석은 그러한 내관적 접근을 통해 그리스도교 신앙을 동양의 수도 전통들과 연결시킬 수 있었고, 그리스도교 영성의 바탕 위에 동양의 수도 전통들을 접목하여 활용할 수 있었다. 그러한 수행에서 나온 다석의 걸작이 바로 몸신학과 숨신학이라고 할 수 있다. 몸신학과 숨신학은 앞으로 이러한 몸과 숨의 영성을 목마르게 기다리고 있던 그리스도교 신학에 청량제 같은 역할을 할 수 있을 것이다.

이 연구는 다석 사상을 역사적으로 접근하는 것이 아니다. 그것보다는 오늘날의 세계 신학의 흐름이란 큰 지평에서 한국신학이 서야할 자리를 찾고, 그러한 맥락에서 다석의 신학적 생각과 통찰을 이해해보려고 하는 것이다. 앞서 열거한 다석의 1차 자료들을 직접 다루면서 검토하지만, 그것은 그의 사상적 궤적을 통시적으로 바라보며 미래에서 거꾸로 보는 입장이라고 할 수 있다. 객관적 인식론과 직관적 유심론을 넘어서는 다석의 즉관적인 상象의 접근방법을 담론화 해 보려는 시도도 포함되어 있다. 그러나 가장 큰 목적은 다석의 신학담론을 재구성하고 세계 신학의 맥락 속에서 재조명하는데 있다. 그러므로 현대 신학의 맥락context에서 다석의 텍스트Text를 재해석하는 해석학적인 구성신학적 작업이 이 연구의 중심을 이룬다고 하겠다. 다석의 1차 자료들 중에서도 『다석일지』는 다석의 독특한 신학 세계와 그가 개발한 독특한 언어들과 도형들로 가득 차 있어 난해하기가 그지없다. 다행히도 그의 제자였던 김흥호가 『다석일지공부』(이후 '공부'라 함)라

---

13) 예컨대 1955년 11월 3일 일지를 보면, 다석은 불교의 6근 6식 6경과 유교의 4물 7정은 물론이고, 나아가 대종교의 촉식감 인식론까지 참고한다. 김흥호, 『다석일지공부 1』(솔출판사, 2001), 226-227. 앞의 책 이후 약어 '공부'.

는 일곱 권에 이르는 방대한 주석서들을 출판해줘서 많은 도움을 주고 있다. 이 연구는 김흥호의 주석서들을 비판적으로 수용한다.

다석신학에 대한 의문들

다석의 사상들은 그동안 그를 추앙하는 제자들을 중심으로 소개되어 왔다. 다석 사상들이 파묻히지 않고 알려질 수 있었던 것은 무엇보다도 그들의 헌신적인 노력의 결과라고 할 수 있다. 그러나 그들은 그들 스승의 사상을 그들이 나름대로 이해하는 틀에서 해석해온 경향이 강하다. 그래서 다석은 '몸나'를 탈피해서 '얼나'를 추구한 종교사상가, 모든 종교를 다 인정한 종교다원주의자, 또는 일식一食, 일좌一座, 일언一言, 일인一仁을 실행한 철저한 금욕주의자 등으로 그려져 소개되어 왔다. 그렇게 해서 쌓여진 다석에 대한 이미지들은 아직도 서구 신학의 틀에서 벗어나지 못하고 있는 한국 그리스도인들에게 그의 사상이 주류 신학의 범주에서 벗어난 것으로 비쳐지게 하는데 일조를 했다. 더욱이 다석이 일반 신자들에게 널리 퍼져 있는 '값싼 은총'의 구원론을 극복하기 위해 보편적 그리스도론에 가까운 수사적 주장을 전개함에 따라 과연 "그의 사상으로 크리스천 신학이 가능할까?" 하는 의심마저 들게 했다. 그러나 그의 글을 자세히 들여다보면, 이러한 우려는 오해일 수 있다는 것을 알 수 있다. 오히려 놀랍게도 복음적이고 정통적 개혁신앙에 뿌리를 두고 있는 대목들을 그의 사상에서 발견하게 된다.

그 외 다석에 대해 여러 가지 비판들이 나오고 있다. 예컨대, 그의 종교사상은 높이와 깊이는 있을는지 모르나, 너무 심각하고 딱딱해서 신명이 없다. 그의 사상은 일이관지一以貫之와 활연관통豁然貫通을 성취했을지 모르나 법열法悅이 없다. 다시 말하면, 깨달음은 있으나 부처의 미소가 없다. 그의 인생에서 고치의 자강불식과 나비의 꿈만 있을 뿐 나비의 춤은 없다. 그리스도의 이 땅에 오심과 더불어 이미 성취되어 우리에게 주어진 생의 찬미와 환희가 없다. 부정적인 십자가의 신학만 있을 뿐 긍정적인 영광의 신학은 없다. 성과 결혼에 대하여 너무 비관적이고, 지나치게 성회피적이고 성혐오적이다. "그의 신학은 지나친 두뇌 장난이고 해골 굴림이다."라는 등등.

그럼에도 불구하고 다석 사상을 연구하는 것은 현대 신학을 위해 매우 중요하다고 사료된다. 물론 그것에는 분명히 한계가 있고, 고려해야 될 맥락이 있다. 그러나 다석 사상은 결코 단지 골치 아픈 해골 굴림만은 아니었다. 그에게도 분명히 법열이 있었다. 김흥호는 회고했다. "흥이 나면 시를 읊기도 하고 어깨를 으쓱으쓱하며 춤을 출 때도 있다. 우리들은 선생님의 법열 속에 사는 모습을 보고 깊이 마음이 끌렸다."(공부 1:29) 오해를 많이 받을 수 있는 그의 범그리스도론에 대해서는 대중적인 천박한 구원론을 효과적으로 비판하기 위해 그가 지닌 유교적 성향이 가미된 반어법적 수사학이 사용되고 있다는 점을 고려해야 할 것이다. 사실 그는 하루살이와 같이 사는 치열한 일상의 삶을 제사, 예배라고 생각했다. 그리고 그 일상의 예배를 말과 글의 피상적 리터지liturgy보다는 몸살이와 몸살림을 통한 몸의 리터지로 승화시키려 하였다. 다석신학의 핵심과 비밀과 중요성은 바로 그 몸의 리터지를 표출한 몸신학과 숨신학에 있다. 다시 말하면, 참다운 그리스도교의 한국적 영성을 개발하여, 맘몬이 아닌 맘–몸의 전인적 산제사로서 합당한 예배(롬 12:1)를 드리고자, 몸신학과 숨신학을 개발했던 것이다. 그것은 수도와 명상을 통해 성취한 예수 그리스도에 대한 즉관적 견성을 표출하려는 몸부림이었고, 문자의 한계를 뛰어넘어 상을 한글과 도형으로 형상화 하여 보여주려는 큰 호흡(한숨)이었다. 그런 의미로 상의 신학자 다석은 디지털 신학의 선구자라고 할 수 있다. 더욱이 아날로그적 문자신학이 아닌 디지털적 이미지(象)의 신학 시대가 이미 오고 있지 않는가?

또한 다석신학은 분석적인 서구 신학이 한계에 도달하게 된 주요 요인 인 로고스-신학과 프락시스-신학 간의 지행분리知行分離의 이원론을 극복하고 지행합일知行合一의 도道를 이루는 새로운 통전적 신학 패러다임, 곧 그동안 내가 주장해온 '도의 신학'의 한 전형이라고 할 수 있다. 그러므로 나는 한국신학의 한 광맥으로서 그리고 도의 신학의 한 전형으로서 다석신학은 앞으로 한국신학이 글로벌신학으로 발전하는데 큰 도움을 줄 수 있을 것이라고 생각하는 것이다.

2장
다석신학의 특징

가온(ㄹ)찌기

잇다감 생각

그저

나 므름 업시

제게로 브터

(일지 1955. 9. 22)

다석의 신학 세계는 매우 독창적이어서 독특한 언어와 개념체계를 갖추고 있다. 독자들의 이해를 돕기 위하여 먼저 그 특징들을 살펴보고자 한다.

1. 주체적 구성신학: 제소리(나)

다석은 철저한 주체사상을 주장한다. 그것은 이념에 대한 의식화의 수준을 넘어 철저한 자기발견과 자기완성을 수반한다. "평생을 통해 아는 것은 하느님 아버지가 '나'를 낳아주고, 그 생명인 '나'가 하느님 아버지를 발견한다는 사실입니다. 아버지를 발견한 것이 '나'입니다. 내가 없으면 아버지를 발견하지 못합니다."(강의 203) 다석은 철저한 자기발견을 강조한다. "'나' 밖에는 없습니다. 단지 내 바탈을 태워서 자꾸 새 바탈의 나를 낳는 것밖에 없습니다. 종단에는 아주 벗어버리는 것입니다. 새로운 '나'를 하느님 뜻대로 자꾸 낳아가도록 노력하는 것이 우리 인생입니다."(강의 206) 다석의 이러한 '나'에 대한 주체사상은 오해를 받을 만한 여지를 남기며 치열하게 전개된다. "땅의 아버지는 나를 껍데기만 내놓고 내가 날 낳아갑니다. 내가 날 낳습니다. 아들 된 내가 하느님 아버지를 발견하였습니다. 하느님의 존재를 누가 발견합니까? 나 없으면 하느님은 없는 것이 아니겠습니까?"(강의 239)

결국 그것은 신학은 남의 소리가 아닌 자기의 소리, 곧 "제소리"가 되어야 한다는 말이고, 그것은 엄청난 신학적 선언에 이르게 된다. "이 사람은 항상 '나'와 일치하려고 합니다. (하느님이) 준 영원한 생명은 내가 갖고 있습니다. '나' 외에는 없습니다. 내 눈을 갖고 내가 보는 것입니다. (하느님) 아버지도 내가 낳았다고 합니다."(강의 203) 모든 것을 철저하게 나로부터 바라봐야 한다는 이런 구절들을 평면적으로 읽을 경우, 일반적인 그리스도인들은 충격을 받을 수 있을 것이다. 대중적으로 일반 교회에서 익숙한 인본주의와 신본주의의 구분에 의해, 그러한 구분이 허구임에도 불구하고, 이것을 인본주의의 한 극단적인 입장이라고 쉽게 재단해 버릴 수도 있을 것이다. 그러나 이것은 다석 자신이 곧 이어서 밝힌 것처럼 "역설"적인 표현이다. 또한 이러한 신학적 선언은 도발적이긴 하지만 신학사상사에서도 있었던 일이다. 19세기에는 포이어바흐(Ludwig Feuerbach, 1804-1872) 그리고 20세기에는 카우프만(Gordon Kaufman, 1925-1922)이 유사한 선언을 했다. 간단하게 말하면, 신학은 검증이 불필요한 권위에 의한 타율적 진리 선언이 아니라 심리학적이든, 철학적이든 어떤 입장에서 전개되든지 간에 결과적으로는 그것이 인간이라는 주체에 의해 구성된 담론이기 때문에 오히려 인간의 입장에서 철저히 검증받아야 한다는 것이다. 이러한 배경에서 신학은 어찌되었던 특정한 사회적 위치를 가진 사람들에 의해 건설된 구성construct이라고 주장하는 소위 '구성신학'이 태동한 것이다. 이와 유사하게 다석은 우리의 종교문화적 지평에서 '나'와 '하나'의 관계와 같이 우리 언어 한글이 가진 독특성을 조명하며 일종의 한국적 구성신학을 실행했던 것이다.

2. 하나사상: 계소리(하나-님)

그러나 다석신학은 그러한 '나'의 주체적 구성신학 방법론에서 머무는 것이 아니라 한글 속에서 "하나"사상과 연결하여 신학적 인간론의 새로운 지평을 개통했다. 신학은 결국 인간학이며, 그것은 모두 '참나'를 찾아 이 우주에서 오직 하나뿐인 영원한 '나', 곧 '하나'를 성취하기 위한 끊임없는 수행이라는 것이다(강의303-4). 다석은 20세기 미국의 대표적 급진주의 신학자였던 전 하버드 대학 교수 고든 카우프만보다도 더 급진적인 신학을 전개한다. "그대로 영원한 '하나'입니다. 영원한 하나에서 오고 그대로 영원한 하나를 향해 갑니다. 영원한 하나로 돌아갑니다. … 이 세상에는 절대자가 있고 그 밑에 예수 그리스도가 있는 것이 아니라, 주主가 되는 '나'가 있어서 그 하나를 찾는 것입니다. … 예수를 찾고 부처를 찾고 하는 '주'는 나입니다. '주일'主一하자고 예수를 찾고 부처를 찾아가는 것이 아닙니까?"(강의304) 그러나 여기서 말하는 '주'는 주님Lord과 혼동하면 큰 오해를 불러일으키게 된다. 내가 주가 된다는 것이 아니라, 종교를 찾는 주체는 다른 사람이 아닌 '나'라는 자기자신이라고 철저하게 주체사상을 강조하고 있다고 보아야 할 것이다. 오히려 이 주일을 강조하는 맥락은 "매임과 모임은 아니!"라고 주장하는 무주無住사상이다. 다석의 '나'는 소유의 개념이 아니다. 그렇다고 그것은 한 정체적 존재의 개념도 아니다. 그 '나'는 묵는 것도, 머무는 것도, 늙는 것도 아닌 항상 "새로 나아가며 사는" 머무를 곳이 없는 "영원한 생명"이다. 영원한 아버지, 하나-님을 향해 끊임없이 변화되어 가는 '나'인 것이다. 철저한 주체를 말하되 그것은 실체substance나 실재essence가 아닌 머무름이나 매임 없이 끊임없이 변화(易)해서 '나'아가는 '나'인 것이다.

다석은 이것을 유교의 주일무적主一無適 사상과 불교의 응무소주이생기심應無所住而生其心 사상을 연결한다. 그리하여 다석의 주체적 구성신학은 하나 사상을 통하여 동양사상과 연결되는 동시에 서구 신학의 아킬레스건인 실체주의substantialism와 실재주의essentialism를 극복한다. 제소리인 주체적 구성신학은 결국 하늘에서 울려나오는 하나님의 소리, 즉 계소리가 되어야 한다. 제소리와 계소리를 나(제소리)와 하나(계소리)로 한글을 풀어 연결하는 것에서 다석의 신학적 천재성이 뻔쩍인다. 하나님은 영원한 나, 하나(큰나) 그님이며, 나는 다름 아닌 그것을 끊임없이 추구하는 작은 하나인 것이다.[1] 다석의 '하나'에 관한 이러한 뜻을 고려하여, 이 책에서는 신 명칭을 '하느님'이 아닌 '하나님'으로 쓴다.

3. 가온찍기(군): 가온소리(참나-그리스도)

다석신학은 앞에서 언급한 것처럼 우주적이다.[2] 그것은 포이어바흐

---

1) 일지 1956. 7. 24; 공부 1:634 참조.
2) 「제소리」에서 다석은 자신의 삶의 자리는 광활한 우주이고, 성령의 기운으로 우주와 합일을

와 카우프만류의 구성신학들이 서구 전통을 이어받아 인간·역사주의의 지평 안에 머물고 있는 것과 대조적이다. 다석신학의 주체는 심리적이거나 역사적인 실체론적 주체를 넘어서 우주와 자연과 연대된 관계론적 입장에서 본 천지인天地人적 주체인 것이다. 이것은 내가 신·인간·우주적 비전(the-anthropo-cosmic vision)이라고 칭하는 우주론 안에서 이해될 수 있다. 그 비전은 파니카(Raimundo Panikkar, 1918-2010)의 것처럼 비교종교학에 의한 형이상학적 추론이 아니고 한국 그리스도교에서 실제로 발생하고 있는 전통종교인 유교의 천인합일天人合一적 우주론(우주·인간)과 그리스도교의 구속사적 역사관(신·인간)의 역사적 현실에서 일어나는 해석학적 융합을 말한다.3)

이러한 신·인간·우주적 주체성의 발견을 다석은 '가온찍기'라고 칭한다. 간단히 말해서 가온찍기는 천지인의 연결 그물망 속에서 '나'의 자리를 찾고, 그 정 가운데(中)에 내 점을 찍는 것을 말하는데, 유영모의 핵심적인 관계론적 실존사상이다. 이것은 우주 속에서 '내 자리'를 찾아서, 나의 궁극적 주체를 실현하는 것이다. 이 '자리'는 공간적 것만이 아니고 또한 시간적인 것이다. 그것은 곧 영원한 '여기 이제'here and now이다. 그것은 또한 다석의 독특한 '오늘'(오! 늘) 사상으로 연결된다.

한글로 보면 하늘(天)을 상징하는 'ㄱ'과 땅(地)을 상징하는 'ㄴ' 사이에 태극점 'ㆍ'(人)을 찍는다. 그것이 가온찍기(ㄹ)이다. 그곳이 천지인天地人이 합일하는 '나'의 자리이다. 그래서 다석은 한글에서 아래아 'ㆍ'가 빠진 것을 매우 안타깝게 생각한다. 하나님과 실처럼 연결되어 그 끄트머리에 있는 참나를 찾아내고 실현하는 것이 가온찍기이다. "이어 이어온 우리 숨줄을 하늘에서부터 내려온 것으로 보는 이가 '나'입니다. 그래서 제일 중요

이루는 수행 그 자체가 자신의 삶이라고 고백한다. 「제소리」, 일지 4:611-2; 또한 김흥호, 『제소리: 다석 유영모 선생님의 말씀』(서울: 풍만 1986), 315-316을 보라.
3) Heup Young Kim, *Wang Yang-ming and Karl Barth* (Durham: University Press of America, 1996), 특히 176-177, 187-188 참조.

한 것이 가온찍기(ㄹ)입니다."(강의 217) 그리고 다석은 앞의 모두에서 인용한 한글시를 쓴다.[4]

이 한글시는 "직상直上 일점심一點心"으로 끝나는 한시 다음에 나온다. 해석하면, 하나님으로부터 나오는 일선에 내 마음의 한 점을 찍는다(點心). 그것이 '가온찍기'라는 말이다. 가온찍기란 이 세상에 있다가 하늘나라로 감을 그저 생각하는 것이다. 다른 사람의 접경을 침해하지 않고 불평하고 나무라지 않고("나므름 업시"),[5] 그저 나 자신에게 물어본다. 나 무름이다. 자기반성이다. 자기를 묻고, 자기를 찾아서, 모든 문제를 푼다. 왜냐하면 나는 제게로부터 나온 존재이기 때문이다. 여기서 "제"는 하나님이요, "게"는 하늘나라를 말한다. 나는 하늘나라에서 하나님으로부터 나온 존재다. 김흥호는 이것을 애벌레가 고치가 되어 나비가 되는 변화에 비유한다. "나는 나비인데 무엇이 문제냐. 나비를 찾아내라. 그것이 나 무름이다. 나비가 되면 하늘을 난다. 그것이 제게로 부터다. 나비가 되기 위해서는 고치에서 깨나와야 한다. 그것이 가온찍기다. 애벌레로 있다가 나비로 가는 것이 고치의 생각이다. 애벌레가 고치가 되었다가 나비가 되는 것은 저절로 된다. 거저다. 하나님의 은혜로 제게로 부터다."(공부 1:174)

"'나'라는 것은 참의 끄트머리"이다. 곧 긋이다. "무한이라는 것과 영원이 오는 곳에" 찍힌 이 긋 하나, 제긋을 실현하는 것이 가온찍기이다. 그것은 "이 긋이 태초의 맨첫긋과 종말의 맨마지막 맞끝이 한통이 되어 영원한 생명이 되는 것"이다.[6] 은혜란 다름 아닌 "제긋을 아는 것"이다. 가온찍기는 하나님의 은혜 가운데 제긋, 나의 '첫긋맞긋', 즉 알파와 오메가를 알아

---

4) 또한 일지 1955.9.11. 참조.
5) 여기서 "나 므름"은 "나무란다"는 "나무람"과 "나에 대해 묻는다"는 "나 무름"의 두 가지 뜻을 동시에 가진다. 유영모는 한글의 한 단어에서 한자처럼 여러 의미를 함의할 수 있도록 많은 한글 용어를 고안했다.
6) 「긋 끝 나 말씀」, 일지 4:345.

가는 것이다(강의337). 석가가 외친 "천상천하 유아독존天上天下 唯我獨尊"
(오직 나뿐)과 유사하지만, 그것은 결코 자기만을 알자는 것이 아니다. 또한
그것은 "하나님 앞에서"*coram Deo* 실존을 모색하라는 마틴 루터(Martin
Luther, 1483-1546)의 종교개혁 정신과 유사하지만, 그 지평은 신과 인간의 관
계로 축소된 인간중심적 지평 속이 아니다. 그것은 그러한 개인주의와 인
간중심주의를 훌쩍 넘어선다. 그것은 "저 위로부터 아래로 동서남북 산지
사방으로 온 우주를 횡행천하"하는 호연지기浩然之氣를 가지고, "다시없
는 제긋을 그대로 찾아서 나아가자는 것을 의미"한다. 그러나 가온찍기는
어디까지나 하나님의 존재론적 실존과 그에 대한 확고한 믿음을 전제로 하
고 있다. 그래서 다석은 강조했다. "우리 아버지(하느님)를 마음의 귀로 듣고
마음의 눈으로 본 그대로 이해하고 그 밖의 것은 모른다고 해야 한다."(강의
216-7)

　이런 수행에 있어서 가장 중요한 것은 "고디" 즉 정직함이라고 하며 다
석은 성직설性直說을 주장한다.[7] 신앙은 믿으면 천당 간다는 식의 값싼 은
총이 아니다. 대나무 같은 충절과 정직함으로 "하늘과 땅이 통하는 것이 신
앙이다."라고 그는 말했다. 가온찍기는 그리스도교에서는 신앙이요, 유교
에서는 중정中正이요, 곧 "가온뚫림"이다. "중도中道 중용中庸 모두 가온뚫
림이다. 가온뚫림이 천명이요, 고디는 바탈이요 인간의 본성本性이다."(공
부1:212) 다석의 주체적 우주신학은 가온찍기 신학으로 귀결된다. 다석신학
이 서구적 구성신학과 다른 점은 우주적 차원의 관계론적 자기발견과 그에
따른 호연지기를 전제로 하고 있다는 점이다. 이와 같이 "나"의 제소리(주체
신학)와 "하"늘의 계소리(우주신학)는 "하나"를 통해 합일을 이루고 전우주

---

7) 1954년 1월 3일 평생 처음이자 마지막인 공개강좌에서 다석은 "천성은 원래 直이므로 直으로
써 그 천분을 비할 것이며 直으로만 가면 영생할 것임으로 차라리 性直說을 제언하고 싶다."고
하였다 한다.(최원극, 「유영모 스승」, 일지 4:610)

적 가온찍기인 그리스도를 통해 "가온"소리(가온신학)로 다석의 신학은 전
개된다. 그리하여, 제소리(인간론), 계소리(신론), 가온소리(그리스도론)는 다
석소리(다석신학)의 삼위일체를 이룬다.

4. 하루를 산다 ― 하루살이

한 이승에서 꽤 한 해 뵈는

하루 때문

긴지도 모르지로 비러자븐 날

은

1956. 4. 26

요한 12. 27

(일지 1955. 4. 26)

『다석일지』는 바로 위에 인용한 "하루때문"이라는 제목의 한글시로부
터 시작된다. 이것은 일 년 후인 1956년 4월26일을 "죽는 날로 빌려(假) 미리
잡"았다는 것이다(공부 1:21). 예수께서 "이 때를 면하게 하여 주옵소서, 그러
나 내가 이를 위하여 이때에 왔나이다."라고 말한 것처럼 그날을 죽을 때로
정한 것이다(요 12:27). 그로부터 다석은 이 죽을 날을 바라보며 매일을 하루
같이 살게 된다. 하루하루를 그야말로 종말론적으로 살아가는 삶을 실천한
것이다. 김흥호는 이 하루살이 대해 설명한다: "어제를 사는 것도 아니고
오늘을 사는 것도 아니고 내일을 사는 것도 아니다. 하루를 산다. 하루를 산
다는 말은 통째로 산단 말이요. 하늘을 산다는 말이다. 하나님 말씀을 생각
하며 산다. 하나님과 같이 산다. 하루를 불사르고 산다. 나를 불사르고 산다.

나 없이 산다. 불이 꺼지고 빛으로 산다. 그것이 하루 때문이다. 하나님 때문에 사는 것이다. 은혜로 사는 것이다."(공부1:22)

다석의 '하루살이'는 매일매일 순간순간을 하나님을 만나는 듯 살아가는 것이다. 하나님을 만나는 순간이 하루살이다. 삶의 매순간을 루터가 주창한데로 "하나님 앞에서" 나의 실존을 각성하고 실천하는 철저한 종말론적 삶을 살아가는 것이다. 이러한 삶은 금욕주의와 고행에 가까운 치열한 윤리 · 도덕관을 요청한다. 다석은 이러한 윤리적 삶을 "나가마-네게메"라는 한글 문자가 가진 상징적 관계 속에서 해설한다.

5. 나가마 - 네게메

등지고 나가마 말씀 그만두고. 하나님 배반하고 가출할 생각은 그만두고.

품안아 네게메 말씀으로만 하나님의 품에 안기여

하나님에게 속하여 하나님의 젖으로만 구원 받을 수 있다.

우리는 하늘 말처럼 하늘 위로 올라간다.

(일지 1956. 2. 7)

1956년 3월 4일자 『다석일지』에는 "나가마는 · 을 등지고, 네게메는 · 을 품안엇다."라고 쓰여 있다. "나와 가는 마인데 태극점(·)을 등에 지고 있으니 하나님을 배반하고 세상으로 떨어져 나가는 아담과 같다. 네와 게가 합치면 메인데 '네'는 아버지, '게'는 아버지 계신 곳, '메'는 제물祭物. 모두 태극점을 가슴에 안고 있으니 하나님의 뜻을 품고 십자가를 지는 그리스도의 모습이다."(공부1:380) 이어서 3월 6일 다석일지는 "등지고 나가마 말씀 그만두고, 품안아 네게메 말슴으로만 ㅣ 올리어 드립시다."라고 기록되어 있다. 철저한 신학적 윤리 선언이다. 이것은 자기 몸을 제물로 드리는 몸신학으로 발전된다. 그리고 4일 후(3월 8일) "된길"이라는 제목으로 "맛의 길", "마지 길", "마침 길"이라는 세 가지의 길을 제시한다. "맛의 길"은 맛만 탐하다가 허무하게 끝나고만 "만길"이다. "마지 길"은 색맛을 보고 남녀생활을 하다가 쓸쓸하게 마지막을 본 "본길"이다. "마침 길"이야말로 참다운 맛을 알고 책임을 완수하고 유종의 미를 얻게 된 "된길"이다. 그러므로 다석신학은 '마침 길'과 '된길'을 지향하는 도의 신학이라 할 수 있다. 여기서 다석이 깨달은 생각을 끊임없이 사색하며 발전시켜나가는 사례를 볼 수 있다(마치 누에고치가 실을 뽑아내듯이). 화두를 한글을 쥐어짜서 '나가마-네게메'로 압축하여 무름으로 정하고, 성경과 동양고전을 불러 부풀려서(부름), 끊임없이 생각하며 풀어 나가는 것이다(푸름). 그것이 또한 다석의 무름-부름(불림)-푸름의 삼박자 신학방법론이 된다.

6. 몸신학

일름에는 메뿐. 말에는 만하ᅙ. 말
고린도 후 1:20-22 고린도 전 12:4 –
尋牛室 이야 象徵天
(일지 1956. 1. 4)

위 인용문은 『다석일지』에는 "소"라는 제목으로 나오는 구절이다. 김홍호는 이것을 다음과 같이 해석한다. "교회는 소를 찾는 집이다. 소는 하나님께 드리는 제물이다. 소는 우주를 상징한다. 은하수는 소의 젖이 흘러내리는 것이다. 소는 우주요 몸이요, 젖은 성령이요 말씀이요 마음이다. 하나님의 내리시는 이름에는 바치는 제물뿐.… 말에는 말씀이 너무 많아 말씀이만하고 제사를 지내라는 말뿐이다. … 약속은 그리스도가 되었다. 말은 제물이 되었다. 마음은 몸이 되었다. 말씀이 육신이 되었다. 말은 그만하고 제물로서 몸을 바치면 하나님께서는 성령을 내려주신다.”(공부 1:306-7) 또한 다석이 제시한 성경구절들은 우리가 그리스도의 몸의 한 지체라는 점을 강조한다.

이것은 그동안 그리스도교 특히 개신교가 말에 지나치게 의존해서 너무 말이 많은 말 종교가 되어 버린 상황에서 중요한 선언이다. 현대교회의 예배가 말에 치중된 것을 비판하고 몸으로 드리는 예배를 주장한다. 구약의 제사는 결코 말이 중심이 되지 않았다. 말제사가 아니고 몸제사였던 것이다. 또한 신약에 가장 중요한 메시지는 말씀이신 예수 그리스도가 제물로서 몸을 바쳤다는 것이다. 구약의 제사는 말보다도 하나님께 우리 몸을 대신하여 동물을 번제와 화목제를 드리는 몸제사에 있었는데 “오직 말씀”을 강조해 온 개신교의 영향으로 예배도 몸제사가 아닌 말예배로 축소되어 버렸다. 예배가 말제사, 말잔치가 되어버리고, 또한 신학이 글신학, 글잔치가 되어 버렸다. 지금은 그리스도교가 말 종교에서 몸종교로, 말예배에서 몸예배로, 말신학에서 몸신학으로 본래의 모습대로 거듭나야 할 때이다. 다석은 이미 오래 전에 이와 같은 말예배에서 몸예배로의 복귀와 말신학에서 몸신학으로 패러다임 전환을 주장했다고 할 수 있다.

또한 다석은 그리스도교가 형식적인 말 중심의 예배에서 몸을 움직이는 행공으로 전환할 것을 암시했다. 단지 방법론적 전환만 아니라 그 구체적인 수행 방법을 제시했다. 신학을 몸으로 체득하는 동양적 수련법으로 연결시킨 것은 아마도 다석이 처음일 것이다. 몸 수련법이 빈약한 한국 그리스도교 상황에서 이것은 매우 중요한 자산이 될 수 있다. “몸성히, 맘놓이, 바탈틱히, 빈탕한데 맞혀놀이”가 바로 그런 것의 하나이다(11장). 그러한 다석의 몸과 숨의 영성, 몸신학, 그리고 숨신학에 대해서는 제4부에서 보다 더 자세하게 논할 것이다.

그런데 일부 다석 학자들이, 목숨-얼숨, 얼생명-몸생명, 몸나-얼나, 제나-참나 등의 구분을 극대화 하고, '몸나'는 버리고 '얼나'로 솟구쳐야 한다는 식의 몸에 대한 혐오감을 조장하는 해석을 가하고 있는 경향이 있다. 심지어 다석의 녹취록까지 각색하며 '얼나'와 '몸나'를 분리하는 것을 정당화하고 있다.8) 이러한 단순한 다석 이해는 희랍사상의 정신과 육체의 이원론에 의해 서구 신학이 함몰된 것과 같은 일종의 영지주의적 오류를 범하는 것으로 다석의 본래 의도에 역행하는 것이다. 더욱이, 생태계의 위기를 맞이한 오늘날 세계 그리스도교는 그동안 서구 신학의 영향으로 정신과 육체 그리고 초자연과 자연을 분리했던 이원론의 허구를 인식하고, 그것에 의해 몸과 생태계를 잃어버린 것에 대해 크게 반성하고, 그것을 극복하는 대안을 찾고자 고심 중이다. 그러한 대안의 하나로 다석의 몸신학은 가능성이 있다. 그러나 이런 상황에서 그러한 이원론적 다석 이해는 그 중요성을 훼손할 뿐만 아니라 시대착오적인 실수를 범할 수 있는 것이다.

다석은 "신앙품앙"信仰禀卬이라는 제목의 한시를 썼다(일지 1956. 3. 14). "신의 계시는 하늘로부터 나를 믿는 믿음이요, 신앙은 자기를 진리와 일치시켜 하늘로 끌어 올리는 것이다. 하늘은 내려오고 나는 올라가는 것이 신앙품앙信仰禀卬이다. 몸은 하늘로 끌어올리고 마음은 땅으로 끌어내려 하나님의 계시를 받는 것이 예배다."(공부, 402) 다석이 주장하는 '신앙품앙'에 따르면 오히려 마음(얼)은 내려가고 몸은 올라가야 한다. 주역에 심취했고, 그래서 역리易理와 단리丹理를 알고 있었던 다석이 생명의 수승화강水昇火降 원칙을 몰랐을 리 없었다. 생명의 법칙은 자연의 일반적인 중력의 법칙과

---

8) 예컨대, 마강 13, 322을 보라.

는 역逆으로 작용한다. 일반 자연현상에서는 물은 흘러내리고(降), 불꽃은 피어오른다(昇). 그러나 생명체인 나무(木)에서는 이와 정반대의 현상이 나타난다. 불은 빛(光)이 되어 아래로 비춰(火降) 잎사귀에 탄소합성을 일으키고, 물은 줄기를 타고 올라옴으로써(水昇) 생명을 유지하고 성장하게 한다. 생명을 살리는 영성 수련의 법칙에 있어서도 다수의 다석 학자들이 단순하게 이해하고 있듯이 몸을 버리고 얼로 솟구쳐 올라가는 것이 결코 아니다. 오히려 그 반대인 거꾸로(逆) 작용해야 한다. 다석이 말했듯이 오히려 얼은 내려가고 몸이 올라가야 하는 것이다. 그에 반해서 몸(魄)을 내려앉히고 얼(魂)은 올리는 몸과 얼을 분리하는 영성수련을 하게 되면 큰일 난다. 그것은 문자 그대로 혼비백산魂飛魄散 하게 되어, 생명을 살리기 보다는 오히려 죽이는 것이 된다.9)

7. 말숨신학: 숨신학

이어이 예수□ 쉬는 우리 밝은 속알에 더욱 나라 찾임이어지이다.

(「주기도」, 일지4:449)

---

9) 몸과 얼의 이원론을 강조하다 보면, 얼은 날아가 버리고 넋은 흩어져 죽음에 이르는 그야말로 혼비백산을 조장하는 결과가 온다. 또한 얼과 몸의 이원론은 영지주의에 빠질 수 있는 너무 간단한 도식이다. 몸성히를 강조하며 숨고르기를 아는 다석에게는 오히려 몸이 올라가고 맘(얼)이 가라앉아야 한다. 얼은 하늘로 올라(귀환)가야 하지만, 그것은 몸(넋)과 분리된 얼이 아니라 내가 하늘과 총체적 일치를 이루는 '천지인 합일'(三合)의 상황에서 이해해야 한다. 다석에게 있어서 얼과 몸은 긴장관계를 가지고 있으나, 박영호의 얼나와 몸나의 이원화는 무리일 뿐만 아니라, 지나친 해석이다. 그것은 선도는 물론 요가마저도 기도로 보는 다석의 영성이해에 대한 조악한 해석일 수 있다. "通氣生生 絶氣死亡"이라 했다. 얼을 몸과 분리시켜 띄우게 되면, 기가 막혀 죽음에 이르게 된다.

다석의 몸신학은 곧 숨신학으로 연결된다. 다석은 숨과 말씀을 연결하여 '말숨'이라는 용어를 만들어 낸다. 또한 위의 인용문처럼 예수와 숨을 연결하여 '예숨'이라고 하기도 한다. "곧 예에서 숨을 찾는 것이 된다. 숨을 쉬게, 되니 무슨 수가 생길 것 같다." 예수라는 이름이 "이어이 예 숨"이라는 말이 된다. 곧 하늘로부터 이어이어 예(이곳)까지와 숨을 쉰다는 뜻이다. 말하자면, 다석신학의 핵심은 예수를 숨 쉬는 예숨의 숨신학이다. 김흥호는 그의 스승 유영모를 "기체"氣體 그리고 "숨님" 그 자체라고 말한다.[10] '숨님'이라고 일컬어질 만큼 다석에게 '숨'은 그의 신학사상의 핵심을 이룬다. 이러한 몸과 숨의 영성은 디지털 시대에 매우 중요하다(11장). 몸과 숨의 관계는 공간과 시간의 관계와 같다. 다석은 뉴톤류의 시간과 공간을 절대적으로 이원화하는 근대의 기계적 우주관을 이미 넘어서서 시간과 공간 간의 서로 분리할 수 없는 관련성을 인정하는 아이슈타인 이후 시간과 공간의 통전적 우주관을 이미 '몸과 숨의 영성'으로 이해하고 있었다. 그러므로 몸신학은 필히 숨신학을 수반한다. 20세기 후반에 들어 생태신학, 생명신학, 에코-페미니즘 등 현대 서구 신학에서도 글신학에 대한 비판과 함께 몸신학에 대한 담론들이 쏟아져 나오고 있지만, 다석과 같이 말신학을 넘어서는 몸신학과 함께 숨신학을 통전적으로 주창한 서구 신학자는 아직 발견하지 못했다. 그러므로 앞으로 다석의 숨신학은 한국신학의 독특한 자리매김에 도움을 줄 수 있을 뿐만 아니라, 아직 미성숙한 그리스도교 성령론을 비롯하여 현대 그리스도교 신학의 발전에 큰 보탬을 줄 수 있을 것이다. 다석의 숨신학은 제13장에서 더 자세히 논할 것이다.

---

10) 김흥호, 「늙은 유영모 선생님」, 일지 4, 681.

8. 도의 신학

하늘 계신 아바 계 이름만 거룩 길 말씀 님 생각이니다.

「주기도」, 일지 4: 449)

다석은 「주기도문」의 첫 부분을 위와 같이 한글로 요약했다. 다석에 의하면 '길'이란 반드시 필요한 것이다. 모든 공간은, 세포 사이, 원자와 전자 사이조차도, 이 길을 위해 있다. '길'이 곧 이치理致요 도道다. 예수의 길, 노자의 허공虛空, 그리고 석가의 법法 모두 도道를 가리킨다. '길'은 또한 '기른 다' 또는 '자란다'라는 뜻을 가지고 있다. "우리의 몸이란 점점 자라다가 어느 한계에 이르지만, 마음은 보이지 않게 무한히 성장할 수가 있다. 마음이 무한히 자라는 것이 곧 길의 정신이며, 이치이며, 진리이다."(일지 4:450) 그리스도교 신앙을 요약하고 있는 '주기도문'은 성부에게 이르는 그러한 거룩한 '길'을 기도하는 것이고, 그 거룩한 '길'을 가는 것이 그리스도교 신앙의 핵심이라는 것이다. 그 길은 곧 도道를 말하는 것이고, 그 도는 유가의 이치理致, 불가의 법法, 그리고 도가의 허공虛空을 포함한다(강의 832).

다석은 지금까지 교회론이 주도하던 말신학과 글신학을 몸신학과 숨신학, 곧 몸과 숨의 신학으로 패러다임 전환시킨다. 그리하여 그리스도교 신학을 교회의 벽을 넘어 일상의 삶 속에서 전인적으로 수양하고 성화되어가는 산제사와 산예배로 보는 신학, 곧 길의 신학 또는 도의 신학으로 승화시킨다. 사도 바울이 로마서 12장1절에서 권고한 사항을 우리의 수도 전통에 접목하여 실천한 것이다. 이것은 그리스도교가 한국 땅에 한국종교의 하나로 뿌리내릴 수 있는 새로운 방향을 개척한 매우 중요한 공헌이다. 그리스도교가 드디어 한국의 수련문화와 합류되어 그야말로 토착화를 성취하고, 교회나 그리스도교라는 테두리를 넘어 포괄적 영성운동 및 수련문화로 등재되게 할 수 있는 발판을 마련한 것이다.

9. 무(無)의 역설적 신학: "없이 계심"의 신학

천무년월일天無年月日

심무생노사心無生老死

지무시분초地無時分秒

아무일이삼我無一二三

(「대무(大無)」, 일지 1956. 6. 29)

　　다석신학에서 동서양 사상의 근본적인 차이가 나타난다. 서양은 항상 변하지 않는 것을 찾지만, 동양은 항상 변하는 것을 찾는다. 서양은 항상 있는 것을 찾고, 동양은 항상 없는 것을 찾는다. 다석은 이러한 차이 속에 변하는 것이 항상 있는 것이고, 없는 것이 항상 있는 것이라는 것을 인정하는 신학이다. 하나님을 "없이 계신 님"이라고 정의한 그의 신론이 그 대표적인 예다(제5장).

　　다석의 없음(無)에 대한 개념은 앞에 인용한 「대무」大無라는 제목의 한 시에서 분명하게 나타난다. 하늘의 태양은 연월일을 우리에게 있게 만들어 주는 시간 그 자체이다(지구의 회전). 그러나 시간이란 우리가 편리하게 만들어 본 구분이지 태양 그 자체에는 시간이 있을 수 없다. 지구는 우리에게 시분초를 만들어 주는 공간 그 자체이다(지구의 자전). 그러나 시분초도 우리의 위치에 따라 필요에 의해서 만들어 본 구분이지 지구 그 자체에는 시분초가 있을 수 없다.

　　마음은 태어남과 늙음과 죽음의 생사 그 자체이다. 그러므로 이 마음에는 생사가 있을 수 없다. 나는 일이삼이라는 분별이 이루어지는 분별 그 자체이다. 그러므로 나 그자체인 참나에게는 분별심이 있을 수 없다. 주체 그 자체는 상대화할 수가 없다. 그러므로 없어서 없는 것이라기보다 있는 그 자체이기 때문에, 유한한 있음의 인식과 분별을 넘어서는 것이기 때문에 없다. 그래서 "한 없이 큰 것을 무라고 한다. 무는 생각을 넘어서는 세계다. 무만이 존재한다. 그것은 아무런 한계가 없는 하나다."(공부 1:595)

10. 웰빙Well-being 보다 웰다잉Well-dying

강기안선서強記眼善逝

건망장여래健忘藏如來

(「안장」眼藏, 일지 1956. 7. 1)

다석은 위에 인용한「안장」眼藏이라는 한시를 통하여 잘 사는 것보다 잘 죽는 것이 더욱 중요하다는 것을 강조한다. 다석에게 죽음은 생명에 이르는 참 길이다. 단지 살기위한 생명이 아니라, 죽음이란 래디칼한 정화와 완전한 탈바꿈을 통한 불연속의 연속, 없음을 통한 있음의 생명이라야 참생명이다. 위 시를 해설하면, "정말 강하게 기억할 것은 선서善逝라는 것, 잘 죽는 것에 착안해야 하며, 정말 잊어야 할 것은 여래如來라는 것, 잘 산다는 것을 감추어야 한다. 사람은 잘 살겠다는 생각을 집어치우고 잘 죽겠다는 생각을 가져야 한다. 잘 살겠다는 것은 거짓이고 잘 죽겠다는 것은 참이다. 성인은 잘 죽은 사람들이다. 소인은 잘 산 사람들이다. 소인은 자기중심이고, 성인은 타인중심이다."(공부 1:596) 웰빙의 풍조가 강한 이 시대, 다석의 이러한 웰다잉에 대한 강조는 시대를 앞선 선구적 탁견이다. 과학기술의 능력을 인간진화에 최대로 활용하여 인간수명을 연장하고, 초능력의 포스트휴먼post-human이 되자는 트랜스휴머니즘transhumanism이 바람을 일으키고 있는 지금, 경청해두어야 할 다석의 사자후이다.

11. 한글 신학

五百九期 ㄱㄴ 생각

(「한글날」, 일지 1955. 10. 9)

다석은 "자신을 가리켜 '한글 철학인'이라고도" 했다 한다.[11] 1955년 10월 9일 한글날을 맞이하여 다석은 일지에 위와 같은 메모를 적었다. 김흥호는 이 구절에 다음과 같이 해설한다. "류 선생님은 한글은 우리 민족에 보내주신 하나님의 계시라고 생각한다. 한글은 하나님의 글이요 정음은 복음이다. 한글만으로도 인간은 구원받을 수 있다. 으이아_ㅣㆍ는 세상을 꿰뚫고 하늘로 올라가서 하나님 아버지를 만나는 것이다. 그것은 동시에 십자가며 평등 독립 통일이다."(공부 1:192) 심지어 다석은 하나님의 계시인 한글 속에 구원의 능력과 하나님의 뜻이 감추어져 있다고 생각했다. "류영모 선생님은 우리말은 하나님의 계시요, 훈민정음은 하늘 글이라고 생각했다. 하나님의 뜻은 우리말 속에 담겨 있는 선택된 말이라고 생각했다. 그래서 하나님의 뜻을 알려면 우리말을 풀어보면 된다."(공부 1:359)

다석은 애벌레가 고치가 되고, 고치가 나비가 단계에 비유해서 영성의 발전을 설명한다. 고치의 몸뚱이에서 나비가 되기 위해서는 말씀이 필요하다고 말한다. 그것이 바로 "몸뚱이의 나에서 말씀의 나가 되는 것이다. 말씀

---

11) *Korea Life*, Nov. 1, 1970. 일지 4: 631을 보라.

을 더듬어 하나님을 찾아 오르고 하나님을 만나 영감을 받아 다시 말씀을 생산해 간다. 말씀을 생산하다가 내가 말씀이 되는 것이다. 류영모 선생님은 말씀을 창출하는 일에 모든 정력을 다 바쳤다. 류 선생님의 제소리는 아무도 흉내 낼 수 없는 독특한 것이다. 이 독특한 것을 한글 속에서 발견한 것이 선생님의 일이다. 한글과 제소리가 만나 부자유친을 이루었다."(공부 1:179) 이와 같이 다석은 한국인의 제소리를 그들의 모국어인 한글에서 찾아내고자 했다. 그는 '한글 철학인'이었을 뿐만 아니라 그야말로 '한글 신학자'이었다.

12. 우리나라 하늘나라

예수 펼쳐올리시는 ㅎㄴ늘ㄴㄹ 우리ㄴㄹ
우리등걸님 ㄸ위나라 조차도 ㅎ늘연치로!
예구멊이 – 업스로! – 世上 – 開天
ㅇㅂ디 ㄴㄹ롭니다 씨ㅇㄹ들들 ㅇ둘들!

(일지 1974. 1. 12)

늙어서(84세) 다석은 더욱 더 우리나라가 바로 하늘나라와 연결되어 있다고 확신했다. 심지어 김흥호는 "우리의 조상은 하늘나라에서 왔다는 것, 나도 하늘나라에서 왔다는 것, 이것이 류 선생님의 신앙이요 우리들의 신앙이다."라고 주장했다(공부 7:513). 위의 인용문을 해석하면 다음과 같다. 우리나라는 예수님께서 (말씀에 따라) 펼쳐 올리신 하늘나라이고, 또 그렇게 되어야 한다. 우리 등걸, 곧 단군 할아버지조차도 이 땅 위에서 나라를 세울 때 하늘을 열어 놓았다! '에구머니!' 하는 소리가 없도록(나오지 않도록), 이 세상에 하늘을 열어(開天) 놓았다. (그래서 우리나라는) 아버지의 나라이다. 또한 씨알(德)로 충만한 아들(자손)들의 나라이다.[12]

12) 또한 일지 1975. 1. 6, 1. 11, 공부 7:524 참조.

제3장
다석신학 방법론

可西文髓 東文骨

서양 문명과 문화의 골수를

동쪽의 문명과 문화에다 집어넣을 수 있다는 말입니다.

이것은 이 사람이 평생 말하는 것입니다.

(강의 310)

1. 동양경전을 구약으로

다석은 자신의 신학 작업을 한마디로 동양 문명의 뼈에 서양 문명의 골수를 넣는 것이라고 말한다(강의 310-3). 다석은 서양 신학의 몸에서 서양 옷을 벗기고 동양 옷으로 갈아입히는 것 같은 번안이나 번역하는 수준의 단순 토착화나 맥락화가 아니라, 그리스도교 신앙의 정수를 우리 종교문화의 몸으로 체화embodimen하여 표출하는 일종의 동양적 구성신학을 하고자 했다. 또한 이것을 사람의 몸에 비유한 것은 그의 몸신학적 특징을 강렬하게 표현하고 있다. 다석에게 있어서 서양문명의 골수, 곧 그의 신학적 골수는, 일반적으로 알려진 것과는 달리, 개혁신학에 깊게 뿌리를 두고 있다. 그의 신학은 사실상 그가 어렸을 때 몸을 담고 있던 장로교회에서 배우고 익혔던 개혁신앙의 틀에서 그렇게 멀리가지 못했다. 제10장에서 더 자세히 논의하겠지만, 이점은 그의 『마지막 강의』에서 명백하게 들어난다. 그의 신학은 말씀의 신학(*sola scriptura*)과 믿음의 신학(*sola fide*)이며, '복음과 율법'의 도식 전환을 전제한 은총의 신학(*sola gratia*)이고, 영광의 신학보다는 십자가의 신학에 우선적 방점을 찍는 등 분명한 개혁신학적 특징(*reformata ecclesia semper reformanda*)을 가지고 있다. 심지어 다석은 예정론(分已定)도 인정했다.[1] 그러나 다석신학이 한국의 일반적인 개혁신학의 입장과 다른 점은 신앙의 골수를 우리의 몸으로 이식하려는 것으로 우리에게 몸의 일부로 이미 체화되어 있는 종교문화적 전통을 무조건 배척(Christ against culture)하지 않고, 그것을 그리스도 안에서 다듬어서 성화(Christ, transformer of culture)시키려 했다는 점이다.

다석과 종교다원주의

일반적으로 다석의 입장을 "종교다원주의"religious pluralism라고 규정하는 경향이 있다. 그러나 다석에게 이러한 서구적 유형론typology을 적용하는 것은 다석 사상을 서양의 맥락에서 평가하는 맥락 착오적 오류이다.[2] 종교다원주의는 그리스도교만이 유일한 종교라고 믿었던 획일적 그리스도교 문화권의 신학자들이 선교지에서 다른 종교들을 발견하고 그 심오한 사상들에 충격을 받음으로써, 발생한 인식론적인 대안적 개념이기 때문이다.

---

1) "모든 게 분수라는 것은 이미 정(定)해져 있습니다. 장로교 신학이 아니더라도 큰 테두리 안에서는 분이정(分已定)이라는 것을 인정하지 않을 수 없습니다."(강의 905)
2) 여기서는 John Hick류의 종교다원주의를 말한다. 김흡영, 『도의 신학』(서울: 다산글방, 2000), 25-26 참조.

오랜 역사를 통해 종교의 다원성이 삶의 현실이 된 한국을 비롯한 아시아의 풍토에 '종교다원주의'와 같은 서구적인 학문적 가설을 무리하게 적용하는 것은 이와 같은 맥락을 착오하는 오류를 범하게 된다.3) 기존의 종교문화의 풍토를 적절히 이해하고 그 위에서 그리스도교 신앙을 규명하려는 다석의 입장은 종교의 선험적(*a priori*) 형이상학이나 객관적으로 종교현상을 비교하는 비교종교학보다는, 하나님의 실재를 경험한 후 그 경험을 바탕으로 믿음의 내용을 재구성하려는 후험적(*a posteriori*) 구성작업, 다시 말하면 조직신학 또는 구성신학의 성격에 가깝다. 앞에서 언급하였듯이 다석의 신학은 오히려 예수 그리스도를 유일한 스승으로 삼고 하나님의 말씀을 우리 동양적 맥락에서 재해석하여 재구성한 한국적 또는 동양적 구성신학이라고 봄이 더 타당하다.

생각(말숨쉼)

다석의 신학적 방법론은 주객을 분리시키고 종교를 대상으로 해서 접근하는 근대 학문의 객관적 방법론과는 거리가 있다. 물론 과학도를 지망했던 다석에게 있어서 과학적 합리성은 매우 중요한 것이었다. 또한 그는 "생각한다, 그러므로 존재한다"(*Cogito, ergo sum*)라고 말한 데카르트를 칭송하기도 한다. 그러나 다석에게 있어서 '생각'은 데카르트와 같이 객체화된 자연적 대상과 분리된 이성적 자아의 지적 기능이 아니다. 그것은 오히려 분리된 '나'라는 상대적 주체를 궁극적인 '나'라는 존재, 곧 '하나'와 교통하며 일체가 되려고 하는 창의적인 생명의 존재론적 도약이다. 이것은 내가 우주와 숨쉼을 통해 교통하며 새롭게 되어 매순간을 살아가듯, 나라

---

3) Alpusius Pieris, *Love Meets Wisdom: a Christian Experience of Buddhism* (Maryknoll, New York: Orbis, 1988), 3-7 참조.

는 존재가 말씀을 통하여 하나님이란 궁극적 존재와 말씀을 통해 교통함으로서 일체에 이르는 새로운 깨달음(生覺)을 체득하는 것을 말한다. 그래서 다석은 생각을 '말씀을 숨쉼', 곧 '말숨쉬는 것'이라고 한다. "생각은 말숨 쉬는 것이다. 밖의 말과 안의 생각이 통하는 것이 생각하는 것이요, 말숨쉬는 것이다. 말숨은 하나님 말씀이요, 생각은 내 생각이다. 신인합일神人合一은 말숨쉼이다."(공부 1:204)

말씀을 숨쉬는 '말숨쉼'인 생각을 통해 몸뚱이의 나('몸나')가 말씀의 나('말나')로 변화되어 간다.4) (애벌레처럼) 말씀을 더듬고 말씀을 숨 쉬다가 (나비가 되어), 말씀을 잉태하여 생산하는 스스로의 말씀, "제소리"가 되어간다. 김흥호는 말했다. "그러면 사람이 나비가 되는 길은 무엇일까. 몸뚱이의 나에서 말씀의 나가 되는 것이다. 말씀을 더듬어 하나님을 찾아 오르고 하나님을 만나 영감을 받아 다시 말씀을 생산해 간다. 말씀을 생산하다가 내가 말씀이 되는 것이다."(공부 1:179)

2. 궁신지화(窮神知化) 신이지래(神以知來)

궁신지화(窮神知化): 신학

그리스도교 신학의 고전적 정의는 11세기의 신학자 안셀름(Anselm of Canterbury, c. 1033-1109)이 주장한 '이해를 추구하는 신앙'(*fides quaerens intellectum*)이다. 다석의 신학에 대한 정의라고 볼 수 있는 궁신지화는 이 고전적 정의와 일맥상통하는 점이 있다. 궁신지화란 "어떻게 하면 하느님에 대

---

4) '몸나'와 '말나'는 필자가 몸의 나와 말씀에 의해 변화된 나를 구분하기 위해 만든 용어이다.

한 문제에 더 근접할 수 있는 지를 찾는 것"이다(강의 356). '궁신'이란 신에 대해 "더 가까이 할 수 없는 경지"의 "끝까지" 가는 것이고, '지화'는 그로 말미암아 "자연 자체의 변화를 아는 것"이다(강의 356, 247). 다석은 이러한 궁신지화가 신학뿐만 아니라 모든 학문의 목표라고 말한다. 그런 면에서 다석의 사상은 철학적이라기보다는 신학적이다. 궁신지화는 단지 "신을 확인하는 것이 아니라 신과 통하는 것, 곧 신통神通"이다. 이런 신과 교통하는 "신통하는 것을 찾아가는 것"이 신학뿐만 아니라, 과학의 본질이라고 다석은 강조한다. 과학과 신비의 분리를 다석은 부정한다. "신비 아닌 것은 과학이 안 됩니다. 신비를 생각하는 것이 과학입니다."(강의, 356-7) 신과 교통하고자 하는 궁신이 신앙의 목표라고 할 수 있으며, 지화는 그에 대한 변화를 이해하는 것이다. 그러므로 다석의 궁신지화는 신학의 고전적 정의인 '이해를 추구하는 신앙'의 한 동양적 표현이라 할 수 있을 정도로 유사하다. 이러한 유사성은 서구 신학이 동양적 해석학적 지평과 합류하는 징검다리 역할을 할 수 있을 것이다.

한울로 머리둔 나는 한울님만 그리웁기 나섬 이김으로
오직 하나이신 님을 니기 섬김에 섬기신 목숨 그리스도 기름 깊

(일지 4:355)

위에 인용한 한글시로 다석은 궁신지화를 해야 하는 이유를 설명한다. 하늘로 머리를 둔 인간은 하나님께로 왔기 때문에 하나님을 그리워 할 수밖에 없다. 그래서 향일성을 가지고 하늘을 향해 뻗어 올라가는 나무처럼 나서서 모든 장애를 이겨나갈 수 있다. 이와 같이 인간의 본연의 모습은 오직 하나이신 하나님을 머리 위에 이고(니고) 섬기는 것이다. 그러기에 그 섬김을 목숨을 바쳐 섬기신 그리스도를 진정으로 기리고(기름) 찬미(깊)해야 한

다. 그러므로 다석에 있어서 궁신은 단순한 지적놀이가 아니고, 그것은 예수 그리스도께서가 목숨을 바쳐 우리의 죄를 대속하여 성취하신 값비싼 은총에 상응해서 목숨을 바쳐 섬기는 신앙 같은 것이다. 그것은 세속의 매임(맴)과 욕심의 모음(몸)으로부터 벗어나는 수행을 수반해야 한다. 그것은 "우상숭배 하는 맘은 없애고, 정신, 곧 몸은 매이는 데 없이 자유로이 오직 궁신窮神하는 경지에 도달"해야 한다. "매임(맴)과 모임(몸)이" 없는 상태에서 "궁신지화窮神知化하여 만물만사萬物萬事의 변화와 변천을 알면 마지막에 가서는 자기의 욕심을 알게 됩니다. 죄다 알게 되는 경우 자기를 어디다 매어놓고 무엇을 모아보자고 하지 않습니다. 그런 사람이 가장 공평하고 평등하게 됩니다."(강의 247-8)

신이지래(神以知來): 계시

다석은 신이지래神以知來라는 용어를 궁신지화와 더불어 사용하는데, 이것 또한 흥미롭다. 신이지래란 "신으로부터 앎이 온다."라고 번역할 수 있다. 궁신지화가 신학의 고전적 정의에 해당한다면, 신이지래는 그리스도교 신학의 초석인 계시론의 한 훌륭한 동양적 표현이라 할 수 있다. 다석은 이것을 "신神을 갖고 온 것을 안다"라고 해석했다. "신과 교통이 되어서 아는 것"이고, "신을 통해서" 알 것을 알아야 한다. "성령과 통하는 점이 있어야 바르게 옳게" 앎(지식)이 발전하는 것이다(강의 204-5). 신이지래하면 깨달음을 얻게 된다(得知). 이 득지를 다석은 "알을 얻음"이라고 했다(강의 414). 이 대목에서 다석의 연경반 강의를 제자들이 "알찌게"라고 했다는 말이 흥미롭게 다가온다. 다석은 매일 '신이지래'하여 얻은 깨달음을 일지에 적으며 이 알(지식)들을 쌓아나갔다(知而藏往). 다석은 이것을 또한 축득畜得이라 하였다.

신이지래神以知來 지이장왕知而藏往, 신神과 통해서 장래를 주장하는 것입니다. 주장하면서 아래로 깔아 앉은 속의 속은 장왕藏往합니다. 곳간에 넣어둡니다. 자꾸 넣어두는 것이 축득畜得입니다. 일신기덕日新其德하고 지이장왕知而藏往합니다. 이것이 '축득'입니다.(강의 414-5)

체성극명야귀탁(禘誠克明夜歸託): 송영(Doxology)

다석은 "기독자基督者"라는 제목의 한시에서 "체성극명야귀탁禘誠克明夜歸託"이라는 구절을 말하고 다음과 같이 설명했다(일지 1956. 12. 8).

하느님에 대한 추원追遠을 옳게 하는 것이 체禘요, 이에 바로 들어가면 성誠입니다. 체성禘誠은 치성致誠입니다. 이 '체'를 밝혀야 '성'을 이룰 수 있습니다. 극은 늘 하자는 것입니다. 철저하게 '체성'을 하자는 것입니다. 이렇게 하여야 하느님을 알게 됩니다. 늘 '체성'을 밝히면 밤, 곧 신탁神託에 들어갑니다. 말씀이 늘 참에 들어갈 수 있습니다. 이래야 우리가 세상을 떠날 때 떳떳하게 들어 갈 수 있습니다. 영원한 밤에 들어갑니다.(강의 367)

다석은 '궁신지화'와 '신이지래 지이장왕'과 함께 신학의 모습을 '체성극명야귀탁'이라고 규정한다. 체禘란 조상을 기리며 정성껏 봉양하듯 하나님을 추원하는 것이다. 성誠은 참을 존재론적으로 이룸을 말한다.5) 신학은 바로 다름 아닌 신탁을 받아야 하는 것이고, 그것은 오로지 하나님만을 봉양하여(禘) 참된 나에 이르러(誠), 그 밝음이 극치에 이르게 되고, 그리하여

---

5) 다석은 또한 성을 말씀을 이룸, 만물의 시작, 창조와 동일시했다. "성(誠)이라는 것은 만물(萬物)의 시작으로, 말씀이 이룬 것을 뜻합니다. 곧 말씀이 천지를 창시하였다는 『성경』의 선지자 말씀과 같은 뜻입니다."(강의 913)

영원한 밤에 들어가야 하는 것이다. 궁신지화가 '신앙으로 추구하는 이해'이고, 신이지래가 계시에 해당된다면, 하나님을 극진히 봉양하여 참(眞)에 이른다는 '체성'은 신학은 결국 하나님께 예배드리고 영광을 돌리는 송영(頌榮, doxology)이라고 하는 것의 한 동양적 표현이라고 할 수 있다.

3. 상(象)의 신학: 즉관(卽觀)

다석의 신학 방법론은 어거스틴(Aurelius Augustinus, 354-430) 식 서구 신학의 개인주의적 신앙을 기조로 하는 심리학적 신학의 것과는 다르다. 또한 그것은 불교의 마음을 중심으로 하는 이심전심의 직관적直觀的 방법론과도 다르다. 나는 그것을 즉관적 방법론이라고 규정하고자 한다. 객관적 분석이 근대철학의 방법론이고 직관은 종교적 방법론이라면, 즉관은 선도의 방법론이다. 즉관은 직관과 구별된다.

> 본래 직관이란 논리를 계기로 하지 않은 직접적인 판단이오 추리라고 하고 있으나, 즉관은 그 보다도 주관과 객관을 대립시켜 그 대상을 판단하는 사고방식이 아니라 주관에 아무 작용이나 추리가 없이 그리고 그 대상을 어떤 상징적으로 어떤 내용적으로 그 속을 드려다 보려는 태態없이 그 사물을 그대로 직접 보는 관찰인 것이다. 그 모습 그 「상象」(相)을 그대로 보는 관상觀象의 관觀이 즉관인 것이다.6)

관상으로 이루어진 대표적인 경전이 다석이 심취했던 주역周易이다.

---

6) 고경민,『영생하는 길』(서울: 종로출판사, 1974), 71-72. 즉관(卽觀)은 국선도의 창시자 청산(青山) 고경민(高庚民)이 선도를 다른 인식론과 구별한 방법이다.

상을 그대로 보는 이 즉관적卽觀的 방법론이 곧 상象의 방법론이라고 말할 수 있다. 또한 『장자』의 「제물편」에서도 귀로 듣는 방법(唯物論), 마음으로 듣는 방법(唯心論), 그리고 기로 듣는 방법(唯氣論)으로 구성된 세 가지의 인식론이 나오는데, 그 중에서 상의 방법론은 기氣의 방법론과 공명한다고 할 수 있다.7)

그러므로 다석에게 있어서 신학은 객관과 직관의 경계를 넘어서 신 또는 궁극적 존재와의 혼연일체를 이루는 상태에서 얻는 즉관적 깨달음, 곧 주역과 같이 전체를 한꺼번에 통전적이고 통시적으로 활연관통하는 상을 체득하는 수행과 득도의 단계를 지향한다.8) 이러한 도가道家, 선가仙家, 불가佛家와 같은 동양종교가 말하는 깨달음의 세계, 곧 득도의 단계를 이해하지 못하면, 다석 사상을 이해하기 어렵다. 이러한 점이 다석 사상을 처음 만나는 사람들을 당혹하게 할 것이다. 또한 그것은 다석 사상을 객관론과 유물론을 중심으로 하는 서구 신학적 방법으로 신학화하고 세계화 하는데 있어서 어려움이 될 것이다. 그러나 장기적으로는 이것이 오히려 서구 신학의 영향으로 기술이성 중심적 환원주의의 함정에 빠져 허덕이고 있는 세계 그리스도교 신학을 그 타성화된 지적놀이에서 벗어나 통전적 영성을 회복하고 한 단계 업그레이드 시키는 기회를 마련해 줄 수 있을 것이다. 신학은 본래 영성신학이며, 영성신학은 본래 성령(氣)의 움직임(幾微)을 파악하고 분별discern하는 데부터 시작해야하기 때문이다. 또한 즉관적 방법론 또는 기氣의 방법론은 앎(지식이나 이론)을 발전시켜 도에 이르는 이입理入보다는 행함을 통하여 체득하는 행입行入을 선호하되, 이입과 행입이 일체를 이루

---

7) 「無聽之以耳 而聽之以心, 無聽之以心 而聽之而氣, 聽止於耳 心止於符, 氣也者 虛而待物者 也. 唯道集虛 虛者心齊也.」
8) 김흥호는 이것을 이렇게 설명했다. "형상은 싱이다. 인간이 명상을 통해서 도와 하나가 되었을 때 어떤 모습을 보게 된다. 무상지사이다. 하나님과 만날 때 보는 이데아의 모습이다. 그것이 도의 모습이다."(공부 1:408-9)

는 지행합일知行合一과 깨달음의 지식이 곧 능력으로 체화되는 체지체능體知體能을 추구하는 신학, 곧 도의 신학적 입장이라는 특징을 가진다.9)

이렇게 객관과 직관의 단계를 넘어선 즉관적 입장, 그리고 인식론과 유물론과 유심론을 넘어선 견성의 단계에서 본 상象을 신학화 하는 상의 신학, 그 새로운 패러다임의 신학이 다석신학이 오늘날 세계 신학에 던지는 중요한 화두의 하나일 것이다. 그러나 이것은 현대신학과 아주 거리가 먼 것은 아니다. 이런 점에서 보면 20세기 후반기에 은유 또는 메타포metaphor가 신학의 주요한 주제로 떠올라 메타포 신학이 유행했던 것은 결코 우연한 일이 아니다.10) 또한 디지털 문화는 이미 상의 기계화를 접수하고 있다고 볼 수 있다. 디지털 혁명과 함께 아날로그적 글의 시대가 가고 상의 시대는 이미 온 것이다. 우리식으로 말하면 글자와 문자가 중심이 된 이理의 시대는 지나가고 비주얼 이미지가 주를 이루는 상象의 시대가 온 것이다. 신학이 아직 이러한 변화를 충분히 인식하고 있지 못할 뿐이다. 그리스도교 신학이 상의 신학으로 패러다임 전환을 해야 할 때인 것이다. 그것을 어떻게 할 것이냐? 그것이 오늘날 신학에 던져진 화두인데, 다석 유영모는 이미 반세기 훨씬 이전에 그것을 이미 실행했던 것이다.11) 더욱이 이理의 시대에서 상象의 시대로의 전환은 이理의 시대에서 기氣의 시대의 전환을 수반한다. 기의 시대는 상의 세계이며, 선仙의 수련 문화가 크게 활약하게 될 것이다.

---

9) '도의 신학'은 김흡영, 『도의 신학』(서울: 다산글방, 2000); 또한 『도의 신학 2』(서울: 동연, 2012) 참조. 도(道)란 문자 그대로 앎(首)과 행함(辶)이 일치하는 지행합일의 경지에 이름을 말한다.

10) 대표적으로 Sallie McFague, *Metaphorical Theology: Models of God in Religious Language* (Philadelphia: Fortress Press, 1982) 참조.

11) 김흥호는 다석의 글은 "하나의 그림이다"라고 했다. "내가 나를 알았을 때 말하는" 주체적이고 창의적인 "제소리"이기 때문에 그것이 가능하다고 설명했다(김흥호, 「다석 유영모 선생님」, 652). 그러나 김흥호는 이것을 산에 오르는 것 같은 "고통과 직관"의 단계로 이해했다. 그러나 다석이 지향하는 경지는 그러한 직관보다는 즉관, 하나의 상(象)으로 통전적이고 통시적으로 파악하는, 말하자면 상의 신학의 경지라고 하는 것이 더 적절할 것이다.

한글은 본래 천지인적 우주관, 곧 신·인간·우주적 비전을 기초로 하여 형상화된 상의 글자이다. 지금 한글과 한류는 디지털 시대를 맞이하여 인터넷 네트워크에 기와 신명을 불어넣어 주고 있다. 다석이 궁구했던 한글의 다의어화가 성공한다면 한글은 디지털 시대의 언어가 될 것이다. 천지인天地人의 구조로 되어 있는 한글에서 "아래 아(`·`)"자는 인(人)에 해당하며, 바로 '가온찍기' 태극점이다. 그래서 다석은 한글에서 아래 아자가 빠진 것을 걱정하며, "태극점을 써야 한다고 주장한다."(공부 1:207) 이러한 다석의 "아래 '아'자"에 대한 집착은 상의 신학과 상의 시대를 맞이하여 재고해 볼 필요가 있다. 또한 다석은 상의 글자인 한글에서 집착이라고 할 수 있을 정도로 끊임없이 말씀의 상, 즉 하늘의 계시를 파헤쳐 내려했다. 예컨대 한글 "뉘"자 하나 속에서도 심오한 신인간우주적 상을 찾아낸다.

늑(누)는 세상(ㅡ) 밑에 하늘 점(·) 하나 찍고 신발 짝(ㄴ) 하나를 받들고 위로 가는 모습을 형상화한 글자입니다. 이 신발짝을 누가 신고 갑니까? 이것은 한 번 위아래를 통해 생각해볼 수 있는 '뉘'가 됩니다. 적어도 이것 하나만큼은 우리가 장만해 놓아야 할 것입니다. 누구나 다 이렇게 나와서 이렇게 만난 '뉘'입니다. 그런 뜻이 포함된 '뉘'요, '나'입니다. 우리 한글은 참 이상합니다. 우리말에는 하늘의 계시가 있는 것 같습니다. '으'(ㅡ)로 세상을 표시하고 하늘 점(·)을 찍고(ㅜ) 신발 짝(ㄴ)을 올려놓으면 '누'가 되고, 사람(人)을 올려놓으면 '수'가 되며, 원(ㅇ)이나 무한無限을 올려놓으면 '우'가 됩니다. 곧 '누우수'가 됩니다.

'한옹님'의 '옹'에서 이응(ㅇ)은 목구멍을 그대로 둥글게 하면 소리가 나옵니다. 더 깊은 소리를 내려면 'ㅎ'소리가 나오지 않을 수 없습니다. '우'를 더 깊이 받드는 뜻에서 '옹'이라는 소리가 안 나올 수 없습니다. 마찬가지로 '한'에서도 첫소리를 'ㅎ'으로 하지 않을 수 없는 것이 '한옹님'입니다.

세종대왕이 한글을 만들 때 이것을 생각했는지 아니면 우연인지는 몰라도, 우리글에는 무슨 하늘의 계시가 있음이 분명합니다. (강의 911-2)

4. 무름(물음) - 부름(불음) - 푸름(풀음)

다석에게는 만물의 모든 것이 하나님이 주는 메시지요, 소식이다. 그러므로 그는 자연계시를 신봉했다고 할 수 있다. 그러나 그 자연계시는 신약성경이라는 필터를 통해 풀어지며, 특히 그에게는 유일한 선생이며 스승인 예수 그리스도가 그 해석의 초점이 된다. 다시 말하면, 예수 그리스도가 다석신학의 해석학적 원칙이라고 할 수 있다. 자연 속에서 신의 속성을 찾는 것이라고 하기보다는 하나님에 대한 굳건한 신앙의 당위성을 자연 속에서 확인하고 나아가 그 진리의 말씀과 메시지(소식)를 찾고자 한다. 그러므로 그의 신학은 '자연신학'natural theology이라 하기보다는 '자연의 신학'theology of naute이라고 보는 것이 더 타당하다.12) 이점에 있어서도 그의 신학은 칼 바르트(Karl Barth, 1886-1968)가 존재유비(*analogia entis*)가 아닌 신앙유비(*analogia fidei*)로 규명한 개혁신학에 가까운 모습을 보여주고 있다.

다석은 모든 것에서 하나님의 소식을 찾는다. 곧 말씀, 로고스, 곧 도를 추구한다. 모든 것이 하나님이 주시는 계시이고, 상이고, 그 신비를 푸는 암호이다. 특별히 주역에 큰 관심을 기울인다. 일상의 모든 것에서 하나님이

---

12) 종교와 과학의 대화의 선구자 이언 바버(Ian Barbour)가 과학에 대한 신학적 입장을 분류하는 유형론에서 자연신학과 자연의 신학을 구분하였다. 개략적으로 전자는 자연(현상)에서 유비적으로 신학을 수립할 수 있다고 보는 가톨릭의 입장이고, 후자는 신앙을 먼저 전제한 신앙의 유비(*analogia fidei*)는 인정하지만 자연신학의 존재유비(*analogia entis*)는 부정하는 개신교, 특히 칼 바르트(Karl Barth)가 대표적인 개혁신학적 입장이다. 김흡영, 『현대과학과 그리스도교』(서울: 기독교서회, 2006), 22-35; 또한 Ian Barbour, *When Science Meets Religion* (New York: HarperCollins, 2000) 참조.

쓰신 '말씀'을 찾아서 자신의 입장을 세우려는(말이 슴), 곧 '말슴'을 추구한다. 자연의 신호와 자연이 던져주는 '물'음(水)은 성경과 동양경전을 불러냄('불'음, 潤)을 통하여 풀어낸다('풀'음, 解). 이것이 다석의 소위 물음-불음-풀음(ㅁ-ㅂ-ㅍ)의 방법론이다. 다석은 물음-불음-풀음의 방법론을 지속적으로 주장한다.

> 이 사람은 여전히 '물음, 불음, 풀음'을 주장합니다 … 말씀의 성질은 분명히 '무름'입니다. 'ㅁ'이 파破해서 'ㅂ'이 됩니다. '부름'입니다. 여기서 더 올라가 'ㅍ'이 되고, '푸름'이 됩니다. … 묻게 됩니다. 그러면 붇게 됩니다. 자꾸 생각이 붇습니다. 그리고 종단은 풀어헤치게 됩니다. 자꾸 묻고 붇고 풀고, '므름 브름 프름'입니다.(강의 942-3)

이렇게 물어서 질문하고 성경과 경전들을 불러내어 불려서 풀어낸 것을 다석은 다의적인 표현이 가능한 한시漢詩로 집약하여 함축적으로 정리했다. 그것을 위하여서는 한시가 매우 적절한 것이다. 또한 그러한 다의성과 함축성을 한글에 담아보고자 새로운 한글단어를 만들고 한글시를 쓰는 실험을 많이 했다. 그리고 그것들을 퇴계 이황(退溪 李滉, 1501-1570)이『성학십도』聖學十圖로 신유학을 정리한 것처럼 도형화했다. 이 도형들에서 다석의 천재성은 정점에 이른다. 그가 1956년 4월26일을 사망일로 결정하고 1년 전부터 쓰기 시작하여 약20년간 계속된『다석일지』에는 이러한 통찰들로 가득 메워져 있다. 그의『다석강의』는 그렇게 나온 결과들을 가지고 YMCA 연경반에서 강의한 내용들을 속기하여 재편집한 것이다. 이제 21세기 디지털 비주얼 상의 시대를 맞이하여 이 숨어 있었던 보석의 원광석 같은 생각들이 빛을 발할 때가 된 것이다.

모든 것이 암호요, 계시요, 말씀인 다석에게 숫자와 한글은 매우 중요한

계시적 자원이다. 특히 그는 천지인天地人이 어우러진 한글이 "우리 민족에 보내주신 하나님의 계시라고 생각한다."13) 그리고 성경을 물론이고 모든 사서, 상서, 시경, 춘추 등 모든 경전들도 그것을 푸는 열쇠를 주는 자원들이다. 그러나 그것들의 해석학적 원칙은 어디까지나 예수 그리스도, 그의 용어로는 '그이'다. 그는 그러한 암호들을 성경과 경전과의 연대하여 확인된 후, 한시 및 한글시로 압축하고, 도형으로 이미지화 한다. 그 대표적인 예가 곧 살펴 볼 '스핑크스'이다.

'물음을 불려서 풀어내는' 무름-부름-푸름의 방법론은 신학에 신선한 방법론적 지평을 열어주고 있다. 20세기 후반에서야 세계 신학이 관심을 갖기 시작한 종교 내적 대화intra-religious dialogue, 간경전 해석학intra-canonical hermeneutics, 비교 신학comparative theology이 그의 신학에는 이미 방법론적 논의를 넘어서 실제로 실행되어, 그 내용의 핵이 되고 있다.14) 예컨대, 1956년 3월17일자『다석일지』는 "어찌하자고"(如之何子故)라는 제목의 한시漢詩로부터 시작해서 "Logos, Atman, 道, 말슴, 꿈틀거림"의 동일성을 제시한 후 그 동일성에 대해『장자』와 노자『도덕경』을 섭렵하고, 요한복음, 요한1서, 베드로후서, 고린도전서를 인용한 후 한글시로 종결한다(일지 1:147-8).

---

13) "한글은 하나님의 글이요 정음은 복음이다. 한글만으로도 인간은 구원받을 수 있다. '一', '丨', '·'는 세상을 꿰뚫고 하늘로 올라가서 하나님 아버지를 만나는 것이다. 그것은 동시에 십자가며 평등 독립 통일이다."(공부1:192) "우리말은 하늘의 계시로 저절로 된 말이기에 우리 훈민정음은 저절로 진리를 계시하는 말이다."(공부2:28)

14)『다석일지』에서는 1955년5월20일부터 간경전적 해석(cross-cannonical hermeneutics)이 나타나기 시작했다. 흥미롭게도 "비유(比喩)"가 그 주제이다. 먼저 마태복음 13:13을 인용했다: "그러므로 내가 저희에게 비유(比喩)로 말하기는 저희가 보아도 못하며 드러도 듣지 못하며 깨닫지 못함이다." 그리고 논어의 雍也編 28을 인용했다: "能近取譬 可謂仁之方也己." 그리고 유(喩)자를 빗대어 "君子 喩於義, 小人 愉於利"라는 제목으로 연경반에서 강의했다. 다석에게서 유교와 그리스도교의 만남은 종교간 또는 경전간(inter-religious, inter-cannonical)의 대화와 비교종교학적 분석을 넘어 그리스도 안에서 서로 통전을 이루는 해석학적 지평융합과 종교내적, 경전내적(intra-religious, intra-cannonical) 대화를 통한 구성신학의 단계로 진입한다.

다석의 'ㅁㅂㅍ' 방법론은 물론 수행을 전제로 한다. 「ㅁㅂ을 ㅍ글어(白痴子息何日解)」라는 제목의 한글시들에서 다석은 침묵하면서 깊이 자신을 드려다 보는 내관內觀을 강조했다(일지 1956. 10. 5). 씨앗은 입을 꼭 다문 채 땅속에 들어가(무름) 땅과 더불어 뿌리와 함께 불려서(부름) 새싹이라는 풀을 낸다(푸름). 이와 같은 씨앗에서 싹이 트는 자연현상을 비유로 사용했다. 무름(물음)의 극치는 입을 다문 "다므름" 또는 "꼭다므름", 곧 침묵이라 한다. "다므름 꼭다므름을 헐게 느즐 줄이야" 물어보기 위해 내뿜는 기운은 거짓기운이고 죽이고 더럽게 하는 기운이다. 입을 꼭 다물고 문제를 불리고 불려서 저절로 터져 나와 풀어지게 해야 한다. "므러뿜는 거짓김은 숨죽이고 김만 듸레어 꼭 다믄데 블림붓고 흠뻑 브러 플리나니"(일지 1:251). 결론적으로 므름은 다므름으로 불려서 풀어지며, 그것은 결국 참나를 묻는 진짜 물음 '나므름'이다(공부 2:69). 나므름은 다므름에 의해 풀 수밖에 없다. "다므러요 꼭 다므러요 사람마다 입입마닥요." 씨올은 땅에 묻혀야 한다. 땅은 씨올을 삼기코 문(입)을 꼭 닫고 땅속에 꽁꽁 숨겨야 한다. 그 씨올을 땅속에서 불리고 불려서 새싹이 땅을 헤치고 터져 나오듯 풀어지게 해야 한다. 그러므로 'ㅁㅂㅍ'는 ㅁㅂ(물불)을 ㅍㅜ(풀)는 생명의 원리이다.

5. 스핑크스

1956년 5월13일자『다석일지』에는 다음과 같은 '스핑크스'Sphinx라는 도형이 그려져 있다(일지 1:184). 이 도형에는 다석의 신학사상들이 압축되어 있다. 이것을 김흥호는 "모름(내리讀), 무름(橫讀), 므름(斜讀)"에 관한 다석의 "태극도太極圖"라고 말한다(공부 1:526-8). 모르면(모름, 몰) 믿음('信')을 갖고 (고전에 나오는) 선생님을 찾아서('好古') 물어야(므름, 敏以求之) 한다. 점點

과 같은 화두들을 만나서 스핑크스 안으로 들어가 물어서 알게 되면 通통하여 가운데에는 점이 없는 것처럼 점들은 저절로 없어진다. 믿음으로 점과 같은 질문들을 가지고 스핑크스 미로와 같은 세상에서 "맨쵬", 즉 근원(맨첨)적 진리(맨참, Ω, 옴)을 "그리워"하며 찾아간다.[15] 이렇게 창조세계의 스핑크스를 헤매며 맨쵬(하나님)을 물어서 찾아가는 "차짐"(찾음)의 존재가 바로 사람("ㅅ름")이다. 그러므로 사람은 이러한 "므름"(물음)과 "차짐"(찾음)으로 살아가는("사름") 구도적 존재가 되어야 한다. 김흥호는 다음과 같이 부가하여 설명한다.

모름 무름 므름, 모름은 무지고, 무름은 허무로 나옴이고, 므름은 질문이다. 므름은 무름을 지나 모름에 간다고도 할 수 있다. 종당終鏜은 모름에

---

15) 맨첨(정말 처음)은 맨참(정말 진짜)이다. 맨첨과 맨참은 맨쵬에서 일치한다. 맨쵬은 도형 가운데 그림과 같이 오메가요, 그것은 또한 한글로는 옴이다. 천지인(ㅇ ㅁ ·)을 상징하는 옴은 또한 인도의 근원어 옴(ohm)이며, 유대-그리스도교의 아멘이다.

서 안심이 되고 입명立命이 되기에 모름직이(不知守直)가 되고, 모름직이가 꼭이 되고 절대가 된다. 언제나 대답은 므름 속에 있다. 므름은 나를 묻는 나므름이요, 나므름은 인생이 불만스러워 나므름이요, 인생이 무엇인가 묻는 것이 나므름이다… 불평한다는 사실이 하나에서 떨어진 무無로 온 것이기에 무롬이 되기도 한다. 하나에서 떨어져 나왔다는 것이 나요, 이 나는 종당 하나를 찾는 것이 처음을 찾고 참을 찾는 것이다.

…

음은 인도에서는 아훔, 유대에서는 아멘, 우리말로는 아옴인데, 원圓은 하늘이고, 방方은 땅이고, 가운데 점點이 사람이다. 사람은 한 점이요, 이 점이 가온찍이요, 마음이요, 생각이요, 비밀이요, 신비요, 아트만이요, 스핑크스냐. 인두人頭는 원이요, 사신獅身은 방方이냐. 원圓은 신神이요, 방은 자연自然이며, 신과 자연의 연결점이 인생이다. 음은 알과 몰, 신과 자연의 접점接點이요, 알과 몰이 일치한 것이 모름직이다.

…

처음이 하나님이요, 참이 나다. 처음과 참은 하나다. 하나님을 아는 것이 나를 아는 것이요, 옛을 아는 것이 하나님을 아는 것이다. 사람은 미래를 모른다. 아는 것은 과거경험뿐이다. 옛날로 감은 신종추원愼終追遠이요 보본반시報本反始다.(공부 1:527-8)

아직까지도 통용되는 신학의 고전적인 정의는 "*fides quaerens intellectum*"이다. 이것은 보통 "이해를 추구하는 신앙" 또는 "질문하는 신앙"으로 번역된다. 이미 언급한 것처럼, 이것은 다석의 입장과 여러모로 공명한다. 스핑크스 도형에서도 그 유사성을 찾을 수 있다. 다석은 순 우리식으로 '모름-무름-므름'의 한글의 변화 속에서 관련성(ㅗ-ㅜ-ㅡ)을 찾아 신학방법론으로 발전시킨다. "모름"("몰")으로 출발해서 근원을 찾아가는 "물"음

("므름")을 추구한다. 그리고 므름은 역으로 다시 모름, 모름직이 신앙에 이르게 된다. "질문하는 신앙"이 마침내 참다운 신앙("모름직이")에 이른다는 해석학적 순환을 제시한다.

또한 다석은 그것을 유교의 핵심적 사상과 연결시킨다. "信而好古 敏以求之者也"(述而 19). 하나님이 처음이므로 하나님에 대한 물음은 믿음으로 옛을 추구하는 것(信而好古)이다. 결국 그것은 근원적 나에 대한 물음, 곧 하나(한我)에 대한 므름에 이르고, 그래서 그것은 다름 아닌 "나므름" 또는 "제 물음"이라고 다석은 말한다. 그러므로 맨첨인 하나님을 아는 것이 곧 참나를 아는 것이다. 이러한 주장은 존 칼빈(John Calvin, 1509-64)이 그의 대작『그리스도교 강요』첫머리에서 하나님을 제대로 아는 것이 바로 나(인간)를 제대로 아는 것이라 한 선언과 공명한다.16) 이와 같이 신학과 인간학은 서로 분리할 수 없는 연관성을 가지고 있다. 이것이 인간론을 이 책의 신론부분인 제2부에 포함시킨 이유이기도 하다. 다석의 '스핑크스' 생각 속에는 이와 같이 동서양 종교사상과 신학이 서로 회통하고 있다.

---

16) 존 칼빈,『기독교강요』상, 김종흡 역(생명의 말씀사, 1988) 참조.

제4장
다석 말씀론

놀라운 입신入信의 영광榮光

저는 삶이 그렵삽나이다.

몸을 잊자! 낯을 벗자! 맘을 비히자!

그리고, 보내신이의 뜻을 품자!

주를 따러, 아버지의 말슴을 일우자!

말슴을 일움으로 살자! 아멘.

(일지 4:602)

말씀

다석은 '말'이란 한글을 풀어서 하늘이 사람에게 준 것이라고 한다.
"하늘(·)이 사람(ㅣ)의 뒤를 밀어(ㅏ) 입(ㅁ)이 달려 살게 된 것이 곧 '마'요.
게다가 활동형 'ㄹ'을 붙인 것이 '말'이고 '씀'이란 그것을 사용하는 것이
다"(일지 4: 618). 그러므로 '말씀'의 목적은 그 하늘이 준 말을 쓰면서 사람이
되는 것이다. 그러한 말씀을 스게하는(세우는) 것을 다석은 '말슴'이라 한다.

1942년 1월 4일에 중생체험을 하고나서 다석은 『성서조선』에 「부르신지 38년 만에 믿음에 드러감」이라는 글을 기고한다. 이 글에서 다석은 이제 모든 것을 잊고 말씀을 성취하는 삶을 살기로 작정한다. 위에 인용한 시詩에서 고백한 것과 같이, 다석은 철저하게 말씀을 실천하여 세우는, 곧 말슴을 이루는 삶을 살았다. 그러나 그는 전통신학이 가진 배타적 성서론의 벽을 훌쩍 뛰어 넘어 독특한 말씀론을 전개했다.

> 사실 성경만 먹고 사느냐 하면 그렇지 않다. 유교경전도, 불경도 먹는다. 살림이 구차하니까 제대로 먹지 못해서 여기저기에서 빌어먹고 있다. 그래서 희랍의 것이나 인도의 것이나 다 먹고 다니는데, 그렇게 했다고 해서 내 맷감량(飽和量)으로는 소화가 안 되는 것도 아니어서, 내 건강이 상한 적은 거의 없다.
>
> (일지 4:411)

우선 요한복음 1장 1절에 나오는 "말씀", 로고스logos가 중국어 성경에는 '도'道로 번역되었듯이, 그에게 있어서는 말씀은 곧 도이다. 그는 그 역도 성립한다고 본다. 유교, 불교, 도교를 비롯하여 동양경전들이 말하는 도는 곧 말씀이다. 모든 동양종교들은 '도를 통하는' 도통道通을 추구한다. 다석은 도통을 말씀을 듣는 것으로 이해한다. 물론 여기서 말씀을 듣는다는 것은 인식론적 이해의 차원이 아니라 동양종교가 말하는 도통, 즉 말씀을 이해하고 체득한 지행합일知行合一의 단계를 말한다. 그렇다면 공자가 말했듯이, 말씀(道)을 듣는 것이 인생의 목표가 된다. "공자는 아침에 말씀을 들으면 저녁에 죽어도 좋다고 했습니다. 칠십 평생을 산 공자가 들을 말, 들을 수 있는 말을 들으면 그 날 저녁에 죽어도 좋다고 한 것입니다. 말씀을 알자는 것이 인생이고, 말씀을 듣고 끝내자는 것이 인생입니다."(강의 14)

다석의 말씀론은 신구약 성경만을 특별계시로 보는 개신교의 전통을 넘어 모든 것에 하나님의 메시지가 있다는 광의의 자연계시론을 지지한다. 진리가 있는 곳에 말씀이 있다는 것이다. 다석에게 있어서 자연에 있는 모든 것은 궁극적 하나에 이르는 말씀을 품고 있는 하나님의 소식들이다. 자연은 그저 인간이 사용할 수 있는 물질적 대상이 아니라, 그 자체에 신성이 내재할 수 있다는 것을 인정한 것이다. 그러므로 서구 신학이 희랍적 사유의 영향을 받아 끈질기게 유지해 온 자연-초자연, 내재-초월, 속俗-성聖을 분리하는 이원론은 다석신학에서는 해체된다. 또한 사서오경四書五經과 같은 도道를 말하는 동양경전들은 단지 타종교 또는 이웃종교의 경전들이 아니라, 말씀이다. 그것들도 우리는 "구약 대접"을 해야 한다고 다석은 말했다. "공자, 맹자에 사서삼경을 구약 대접을 꼭 해야 합니다. '신약이 제일이고 구약은 쓸데없다.'란 건 다 망령의 말입니다. 구약을 모르면 신약을 모릅니다. 동양 사람도 사서삼경 모르면 성경도 몰라."(마강 34)

동양 경전들을 구약 대접을 해야 하지만, 구약이 신약을 통해서 해석되듯, 말씀은 말씀의 말씀인 성경, 그것도 예수의 말씀에 의거해서 해석되어야 한다. 다석에게 있어서 모든 경전의 해석학적 원칙은 성경 말씀이며, 정확하게 말하면, "참나"이신 "그이" 예수 그리스도이다. "하늘에서 어울려서 내려온 한 줄의 말씀, 곧 예수의 말씀 그것밖에 더 할 말이 없습니다. 여기서 더 나아가 중언부언 말이 많아지면 악으로 나가게 됩니다."(강의 20) 그러나 성경은 좀 알지만 정작 자기 자신의 전통에 대해서는 무지한 그리스도인들에게 구약성경을 모르면 신약성경을 모르듯이 "동양 사람도 사서삼경을 모르면 성경도 몰라." 하고 일침을 놓는다.

다석은 말씀에 절대성을 부여한다. "하느님의 말씀은 절대라, 말씀만을 따를 뿐입니다. 이는 하느님을 따르는 것입니다. 흔히 누구누구를 따른다고 하는 데, 이는 도저히 할 수 없는 어려운 말입니다."(강의 29) 하나님 외에 어떤 인물과 조직 같은 것을 우상화하여 맹신하는 것을 극복하기 위해, 말씀 중심으로 나간 것에서 다석이 개혁신학 전통을 이어받고 있다는 것을 보여준다. 그러나 여기서 주의해야할 점은 이 때 말씀은 데리다(Jacques Derrida, 1930-2004)가 지적하였듯이 형이상학과 음성 중심적logosphonocentric 인 것이 아닌 오히려 말씀의 육화(삶말씀), 참나의 실존적 달성을 위한 수도적, 수양론적인 측면이 강조되고 있다는 것이다. 말하자면, 이해(知)만을 위한 말씀이 아니라, 행위(行)를 위한 말씀에 더욱 가깝다는 말이다.

> 하느님의 말씀을 알아야 실존을 찾아갈 수 있고 하느님도 찾아갈 수 있습니다. 말씀을 모르고서는 도무지 사람 노릇을 못합니다. 말을 모르면 사람을 알지 못합니다…. 도道라는 것도 말의 길을 안다는 것입니다. 그것도 하나밖에 없는 말씀을 알아야 합니다.(강의 49)

삶말씀

1955년 7월10일자 『다석일지』에서 다석은 히브리서 4장12-13절을 다음과 같이 인용했다. "하나님의 말씀은 살았고 운동력이 있어 좌우에 날선 어떤 검보다도 利하야 魂과 靈과 및 關節과 骨髓를 찔러 쪼기기 까지 하며 또 맘의 생각과 뜻을 鑑察하나니 지으신 것이 하나라도 그 앞에 나타나지 아님이 없고 오직 萬物이 우리를 常關하시는 者의 눈앞에 벌거버슨 것 같이 드러나니라." 그 전날에는 이 구절에 "하나님의 삶말씀"이라는 제목을 부쳤다.[1] 하나님의 참 말씀은 살아 있는 '산' 말씀인 동시에 이 성경구절처럼

---

[1] 여기서 다석은 분명히 "하나님"이라고 표기한다. 그리고 『마지막 강의』의 육성에서도 다석은 "하나님"이라고 발음한다. 그러므로 다석학회에서 편집한 다석강의를 비롯하여 여러 자료들에서 "하느님"으로 표기한 것은 가톨릭을 포함한 초교파적인 상황을 고려하여 그렇게 한 것이

몸과 직접 관련된 '살' 말씀인 것이다. 다석은 말씀이 '살'과 무관한 단순히 입으로 하는 말 또는 형이상적 개념이 아니라 그야말로 '살'아있고 피부와 관절과 골수를 찔러 쪼개고 관통하는 능력을 가지고 있다고 믿었다. "참말 씀으로 생각하고 믿고 찾는 科學者 앞에는 원자까지 벌거벗고 나왔다."(공부 1:104) 그는 이에 앞서 "사람은 말씀하는 살알이다."이라고 정의한다(일지 1955. 5. 26). 여기서 '살알'은 '살아있는 알' 또는 '세포cell'를 지칭한다. 인간은 다른 동물과 마찬가지로 세포로 이루어져 있지만, 말할 수 있고, 말씀을 다룰 수 있는 능력에서 특별한 차별성을 가지고 있다는 것이다. 그러므로 말씀이 인간의 가치이며 본질이다. 그러므로 다석은 이어서 말씀을 값을 매기며 물건처럼 파고 사는 현상이 나타나는 것을 비판하며 말씀을 물질적으로 계산해서 품값 다투는데 사용해서는 안 된다고 경고했다. "말씀은 품 값 다투는 데 쓰고 말가."(일지 1955. 5. 26.)

말슴, 말숨

이 대목에서 다석은 다시 한글 놀이를 적용한다. 이미 살펴본 봐와 같이 그는 한글 속에 하나님의 뜻이 들어있다고 믿었고, 그래서 한글을 푸는 것이 신학적 작업이라고 생각했다.[2] 그것의 한 실례로 독특한 말씀론이 전개되는 대목이다. "말씀은 [말슴, 곧] 입언立言이요 말숨(終命)이다. 목숨이 말숨으로 되는 것이 불꽃이요, 생각이다."(공부 1:480) 다석은 한글에서 말씀은

겠지만, 정확한 것이라고 할 수 없다. 자신이 실제로 "하나님"이라고 쓰고 말했고, 그의 신학의 기조가 "하나" 사상인 점을 고려할 때, 다석의 신 명칭은 "하느님"보다는 "하나님"이라고 하는 것이 더 합당할 것이다.

2) "류영모 선생님은 우리말은 하나님의 계시요, 훈민정음은 하늘 글이라고 생각했다. 하나님의 뜻은 우리말 속에 담겨 있는 선택된 말이라고 생각했다. 그래서 하나님의 뜻을 알려면 우리말을 풀어보면 된다."(공부 1:359)

말을 숨 쉬는 또는 마지막 숨이라는 이중적 의미를 가진 '말숨'과 연결된다고 주장했다. 그리고 말씀과 말숨을 유사한 소리를 가진 '말슴'과 연관시켰다(ㅆ-ㅅ, ㅜ-ㅡ). 말슴은 말씀이 '슨'(선) 것이다(立言). 말씀의 목적은 산모가 자궁 속에 태아를 스게(잉태)하듯 우리 속에 말씀을 스게 하고, 그리고 그 말씀을 입장으로 하여 바로 서(스)는 것이다. 또한 말씀은 말을 숨 쉬는 것, 곧 말숨이다. 그냥 살려고 숨을 쉬는 '목숨'의 존재가 아닌 생명의 말씀을 숨쉬는 '말숨'의 존재로 본래의 모습을 찾은 것이다. 여기서 다석의 말씀론이 '말숨론'으로 발전한다. 또한 '말숨'은 글자그대로 '마지막 숨'(終命)이다. 그것은 곧 내 목숨은 끊어지고 하나님의 말씀으로 거듭나 새 생명의 숨을 쉬는 것이기 때문이다. 김흥호는 이것을 말씀풀이라 하고 생각의 불꽃이라고 한다. "생각은 말씀풀이다. 성령의 역사다. 말씀풀이가 하나님 만나는 절보이다. 말씀풀이는 죽음이다. 죽음이란 내가 없어지는 것이다. 말씀풀이 불꽃 속에 내가, 내 몸이 타오른다. 심신탈락진心身脫落盡이다. 그리고 오직 불꽃만 생각만 훨훨 타고 있다… 말씀뿐이다."(공부 1:480)

계시

다석은 우주의 모든 것에서 하나님의 암시, 즉 계시를 발견하고자 했다. 그는 만물의 모든 것 특히 이웃 사람들에게 메시지, 하늘소식, 로고스, 도, 말씀이 숨겨져 있다고 생각했다. 동양적 광의의 자연신학이다. 그러나 동양의 자연은 초자연과 자연, 형이상과 형이하, 신성과 세속(聖俗)이 분리된 서구사상에서처럼 신성을 상실하고 세속화된 자연이 아니다. 핑가레티 Herbert Fingarette가 유교를 한마디로 "세속을 신성하게(Secular as Sacred)"라고 정의했던 것처럼, 자연과 세속 속에서 초월성(신성)을 찾고 사람을 천지인의 합일로 보는 동양적 사고의 맥락에서 자연은 자연과 초자연의 이원론을 극복한 있는 그대로의 자연을 말한다.[3] 다석은 자주 한문 상형문자의 파자 놀이를 통해서도 하나님의 소식을 파헤쳤다. 그리고 무엇보다도 "하나님 의 계시요" 하나님의 뜻이 담겨 있는 "선택된 말"인 하늘 글, 한글에서 아버 지의 모습과 소식을 궁구했다. 매일매일 끊임없이 날자 수를 계수Julian day 했다(예, 일지 1955. 6. 17.). 날자 숫자 그 자체가 그에게는 기호요 상징이요 암 시이기 때문이다. 그는 삶의 일상 어디에서나 하늘소식과 관련성을 찾고자 하는 호기심으로 가득 차있었다(일지 1955. 6. 15.). 모든 것을 통하여 울려오는 말씀을 놓치지 않고 듣고자 했다. 그것이 계소리, 가온소리, 제소리인가를 확인하고자 했다. 그것을 통하여 끝없이 떠오름과 깨달음을 궁구했다. 그 에게는 그것이 명상이요 기도이었다. 그것을 다석은 생각이라 했다. 그러 므로 다석과 그의 제자 김흥호에 있어서 생각生覺은 주객분리 도식에 의한 데카르트적 생각(cogito)과는 구분된다. 자신의 주소를 우주라고 주장한 신 학적 우주인 다석에게 우주 천체는 그야말로 하나님의 신비로 가득 찬 흥미 로운 곳이요, 또한 다시 없이 중요한 하나님의 말씀들이 숨겨져 있는 공간 (빈탕한데)이었다.

이 우주야말로 백억 천조의 별꽃밭이다. 백 인치 망원경으로 보아도 이천만 성운이 보인다고 한다. 나는 이 마지막 겨울망울(冬蕾)에서 귀 가 지곤 못 듣는 하나님의 소리를 들어서 말하는 것이다. 천체처럼 우리에게 말하는 이는 없다. 천체야말로 하나님의 신비를 말하고 있기 때문에 모름 지기 우주를 묻는 것이 하나님을 아는 첫걸음이다. 우리는 우주적 사실에 서 하나님의 말씀을 찾자.[4]

---

3) Herbert Fingarette, *Confucius —the Secular as Sacred* (Harper & Row, Publishers, 1972)
4) 1955년 5월 4일자 다석일지에 있는 한시에 대한 김흥호의 번역과 해설(공부 1:39).

또한 다석은 말씀을 "예악"禮樂이라고도 했다(일지 1955. 7. 12). "말씀도 하나의 음악이다. 음악은 말씀의 율동이요, 바다의 물결이다. 바다를 느끼게 하는 것이 음악이다. 음악은 한마음을 찾아 준다."(공부 1:106) 더욱이 그는 "척주脊柱는 율려律呂"이고, 사람은 "몸 거믄고"라고 말했다(일지 1955. 4. 27). 이것은 다석 몸(몸)신학의 태동을 암시한다. (제12장 참조)

> 사람의 척주는 몸(마음)자의 싸올림이요, 몸(려)자의 싸올림이다. 사람의 몸은 척주가 중심이 된 악기와 같고, 마음은 악기를 연주하는 음악이다. 마음몸 음악을 연주하는 악기요, 몸마음 악기가 연주하는 음악이다. 몸은 악기 되어 소중하고 마음은 음악이 되어 존귀하다. 음악을 연주하는 이가 누굴까. 그분이 하늘님이다. 천명이다.(공부 1:23)

다석의 말씀론이 소우주인 인간의 몸이 대우주인 우주의 몸 소리, 리듬, 몸짓과 합일을 이루는 율려론과 관련되게 하는 대목이다. 사람의 몸은 말씀에 따라 우주의 율동에 맞춰 소리를 내는 '맘거문고'와 같다. 말씀은 입의 소리로 간드러지고 매끄럽게 행해지는 말제사, 말예배, 말신학, 말 종교로 끝나게 하는 것이 아니고, 척추와 우리 몸 전체를 통해 울려 소리를 내는 몸제사, 몸예배, 몸신학, 몸종교를 요구하고 있다. 우리에게 걸맞고 올바른 그리스도교 영성은 서양 선교사들이 전수해 준 필라델피아의 리버티벨과 같이 딸랑이가 종벽을 치며 내는 소리의 영성보다는, 에밀레종처럼 성령이 몸(종) 전체에 부딪쳐 '웅'하며 울려 퍼지는 '몸거문고' 소리의 영성이어야 할 것이다.

참말슴

제 말에 제 느끼고 제소리에 제 깨는—참말슴
외마디 말슴 홀소리 끗이 사룸을 올리는덴!
참말도 사룸 제 흡나? 말슴이 그를 부렸습.

(일지 1959. 1. 3)

결국 말씀이 자기를 통해 나오는 제소리가 될 때 참된 말씀이 된다. "사람이 자기가 말한 자기 말씀이라야 참말이지 남의 말은 참말이 아니다. 부러운 것은 자기의 말이 솟아나오는 것이다. 그렇게 나온 자기 말이 알고 보면 하나님의 말씀인 것이다. 자기를 통해 나온 하나님의 말씀이 참말이다. 지금 한 말은 하나님의 말씀이지 내 말이 아니다 라고 주님은 말씀하신다. 모든 계시가 다 그렇다. 내가 하기는 했지만 말씀은 하나님 말씀이다."(공부 3:146-7) 남이 아닌 나 자신을 통한 말씀의 성육신을 이룬 말씀이 참말씀이요, 그렇게 참소리는 하나님의 소리와 우주의 몸소리에 공명하여 내 몸에서 내는 제소리이어야 한다. 그렇게 우주에서 자기의 자리를 찾아 가온찍기를 하고 하나님 말씀의 우주적 율려에 맞춰 제 말을 느끼고 제소리로 깨어나와야 참말슴이다. 그렇게 제소리를 체득하고 견성된 참말슴의 단계에 도달해야 참 신학을 할 수 있다는 것이다. 한국신학이 제자리를 찾아 확실한 가온찍기를 통해 그리스도의 가온소리에 맞춰 우리의 제소리를 울려낼 수 있어야 이러한 참말슴의 단계에 이르게 된다. 한국신학이 그러한 우리의 제소리를 내는 참말슴(참신학)이 될 때, 그것은 진정한 한국신학이 되고 또한 글로벌 그리스도교 신학으로서 가치를 가지게 될 것이다.

제2부

다석 신론:

없이 계신 하나님(계소리)

제5장
다석 신론

없이 계신 아부 (잉)

있이 없을 없앨 수는 도모지들 없을거니,

부스러진 것으로서 원통을랑 없앨 수 없.

이저게 없흔으람은 아니랄 수 없어라.

(일지 1959. 6. 18)

1. 없이 계신 님

다석의 무無에 대한 생각은 신론에서 극명하게 표출된다.[1] 빈탕한데의 주인이신 하나님은 "없이 계신 님"이다." 이런 없음(無)에 대한 그의 통찰은 결코 있음(有)을 버리는 것이 아니다. 그것은 노자老子로부터 비롯된다. "노자는 유를 통하여 무에 도달하고 무 속에 만물을 포섭하자는 것이지, 물을 버리고 공에 빠지자는 것은 아니다. 즉유증무卽有證無다. 유를 통하여 무를 드러내자는 것이다. 모든 만물은 하나님의 영광을 드러내기 위해 있다."(공

---

1) 제2장 특징 9 참조.

부 1:558) 만물은 있어 보이나, 사실 그 존재근거는 없어 보이는 하나님인 것이다. 내가 어두운데 있으면 밝은데 있는 것을 다 볼 수 있는 것처럼, "내가 무가 되면 유가 저절로 나온다. 허실생백虛室生白이다."(關尹子曰 在己無居 形物自著, 일지 1956. 6. 12) 여기서 다석은 하나님을 절대공絶大空으로 사색한다.

> 그 맘이 첨모절대공瞻慕絶大空입니다. 절대공이란 비교할 데 없는 큰 공입니다. 아주 빈 것을 사모합니다. 죽으면 어떻게 됩니까? 아무 것도 없습니다. 아무 것도 없는 허공이어야 참이 될 수 있습니다. 무서운 것은 허공입니다. 이것이 참입니다. 이것이 하느님입니다. 허공은 참이고 하느님입니다. 허공 없이 실존이고 진실이 어디 있습니까? 우주가 허공 없이 어떻게 존재합니까? 허공 없이 존재하는 것은 아무 것도 없습니다. 물건과 물건 사이, 세포와 세포 사이, 분자와 분자 사이, 원자와 원자 사이, 전자와 전자 사이, 이 모든 것의 간격은 허공의 일부입니다. 허공이 있기 때문에 존재합니다. 이 허공 사이에 잠깐 빛을 내고 가는 요망한 색色이 물질입니다.(강의 452-3)

제11장에서 살펴볼 "빈탕한데 맞혀놀이"(空與配享)가 인간론의 결론이며 신학의 최종 목적지라고 다석은 말했다. 하나님은 빈탕한데(허공)에 계신다. 다석은 빈탕 그자체가 곧 하나님이라고 한다. 그러나 그것은 결코 범신론polytheism을 의미하지 않는다. 하나님을 절대공으로 묵상하는 다석 신론은 오히려 범신론을 부정한다. 그것은 분해되지 않는 물질이 있다고 생각하려는 유물론이나, 특히 인간의 모습으로 신을 그려보려는 신인동형론anthromorphism 같은 인간중심주의적 인식론을 극복하려는 시도이기 때문이다. 다석은 있음에 의해 더 큰 실재인 없음이 가려지는 것에 대해 격렬하게 저항했다. 없음이 오히려 참이고 있음은 꿈같은 거짓이라고 주장

했다. 그러므로 이것을 과정신학자들이 말하는 범재신론panentheism으로 보는 것도 오류이다. 다석은 있음의 신학을 넘어서는 없음의 신학을 전개하고 있기 때문이다. 과정신학도 서구사상의 전제인 있음의 족쇄를 풀지 못하고 있다. 빈탕이라고 해서 모든 것이 없는 것은 아니다. 오히려 참으로 있는 것이다. '절대적 있다'는 또 다른 '있다'를 용납할 수 없다. 그러나 '절대적 없음'은 모든 '있음'을 포용할 수 있다. 없음은 있음을 부정하는 것이 아니라, 더욱 폭넓게 있음을 이해하고자 하는 것이다. 수레바퀴는 항상 돌고, 변화하고 있지만(變易), 그 근거는 돌지 않는(不易) 불변의 축軸인 것이다. 비유컨대, 있음은 변화하는 수레바퀴 같은 것이고, 없음은 바퀴의 축과 같은 것이다. 그런 의미로 허공만이 참이다.

> 꽃을 볼 때는 보통 꽃 테두리 안의 꽃만 바라보지 꽃 테두리 겉인 빈탕
> (허공)의 얼굴은 보지 않습니다. 꽃을 둘러싼 허공도 보아주어야 합니다.
> 무색의 허공은 퍽 오래전부터 다정했지만, 요새 와서는 더욱 다정하게
> 느껴집니다. 허공을 모르고 하는 것은 모두가 거짓입니다, 허공만이 참입
> 니다.(강의 458-9)

이러한 생각 속에서 다석은 하나님을 "없이 계신 님"으로 궁구한다. 절대공絶大空의 하나님과 같은 신론은 서구 신학에서도 없었던 것은 아니라고 할 수 있다. 예컨대 부정신학 같은 것이다. 그러나 부정신학도 있음의 대전제를 벗어나지 못하고 있다. 동양화와 서양화는 근본적인 차이를 가지고 있다. 서양화가 표현된 그림에 초점을 맞추지만, 동양화는 표현된 그림보다도 처음의 백지상태와 여백을 더 중시한다. 이와 같이 '있'(有)에 근거한 부정신학은 절대공(없)의 다석신학과는 근본적인 맥을 달리한다.

빈 백지가 그림을 담듯이 없음은 있음의 세계를 포용한다. 빈탕, 곧 '빔'

은 "'있음의 세계'를 아우르는 전체이며, 맨 처음으로 생명의 근원이요, 일체의 뿌리"이다.[2] 곧 하나님이다. "유무를 초월"한 "맨 처음 일체"인 하나님은 인격을 포함하되 인격을 초월한다. 그 일체가 바로 다석 유영모의 하나 사상이 지정하는 자리인 것이다. 사람은 이 하나에서 시작하여 이 하나로 돌아간다(歸一). 그러나 사람들은 서로 다르다. 둘이 아니면 없고(不二卽無), 하나와 둘은 합해서 셋이 되고, 셋은 다양한 만물을 생성한다. 또한 다양성이 없으면 없는 것이다. '있는 차원'(상대세계)에서는 다양해야 하고, '없는 차원'(절대세계)에서는 하나밖에 없어야 한다. 절대적 하나(통일성)는 상대적 셋(다양성)을 포함한다(執一含三). 여기에서 『천부경』의 중요성이 대두된다(일지 1963. 12. 23). 그리고 이 절대적 '하나'에 '님'자를 부치면 '하나님'이된다. 『마지막강의』에서도 강의하는 유영모의 육성을 자세히 들어보면, 그 발음은 하느님보다는 하나님에 가깝다. 하나님은 보이지 않는다. 없다. 그러므로 진짜 있는 것이다. 참의 참이다. 절대공絕對空이고, 절대무絕對無이다. 그러므로 절대유絕對有이다. 그래서 하나님은 '없이 계신 님"이다. 다시 말하면, 무극이태극無極而太極이다. '절대 없음'이 '절대 있음'이다. 참없음이 참있음이다. 하나만 있을 뿐이다(有無不二太一存). 절대 없음(참없음)으로 절대있음(참있음)을 초월한 경지, 곧 '하나'(참나)의 주재자가 되시는 '님', 그 님이 바로 '하나님'이다.

그러나 '절대 없음'의 차원을 망각한 '절대 있음'의 '하나'는 있음(有)의 (상대)세계에 머물게 된다. 그것이 바로 있음을 절대화했던 희랍정신hellenism을 계승한 서구 신학의 한계다. 신을 '절대유'의 유로 밖에 궁리할 수 없었던 서구 신학의 사유체계의 근본적 한계이자, 오늘날 극에 이른 딜레마이다. 절대 없음이 절대 있음이라는 역설을 이해하지 못하는 한, 한계점에

---

2) 박영호, 『진리의 사람 다석 유영모』 하(두레, 2001), 173, 185. 박재순, 『다석』, 345-6에서 인용.

도달한 그리스도교 신학은 그 돌파구를 찾지 못할 것이다. 여기에 "빈탕한데 맞혀놀이"의 인간론과 "없이 계신 님"의 신론을 제창한 다석신학의 신학사상사적 중요성이 있다. 다석은 "'없(無)'에 가자는 것이… 이것이 내 철학의 결론이다."라고 말했다.[3] 이 결론은 21세기의 그리스도교 신학이 서구 신학의 오랜 '있음'(有)의 올무에서 벗어나 앞으로 가야할 길을 제시하고 있다고 할 것이다.

> 요한복음 1장의 Logos思想이 한국에서 '말씀'으로, 中國에서 '道'로, 일본에서 'Kotoba'로 英語에서 'Word'로 번역되었다. 나는 이것을 "太初에 말씀(太極 또는 Logos)이 계시니라"고 修正되기를 要望하고 싶다. 만일 이것이 拒否된다면 요한복음은 Logos思想도 거부하고 차라리 "太初에 여호와 계시니"하고 永有自有(出 3:13)의 순수 히브리주의로 도라가는 兩者擇一을 주장하고 싶다. 그 까닭은 太極思想이 Logos思想에게 寶座를 讓步하기에는 너무도 優秀하기 때문이다. 도대체 '福音'을 異質的인 헬나哲學의 衣裳으로 表現한게 실수가 아니었던가.[4]

위 글은 다석이 1963년 12월23일자 일지 마지막부분에 복사해 놓은 "성서순화론"聖書純化論이라는 제목의 글에 나오는 인용문의 한 구절이다. 요컨대, 요한복음 1장 1절을 말씀logos을 태극으로 바꿔야 한다는 논지가 주장되고 있다. 라인홀드 니버(Reinhold Nieburh, 1892-1971)의 이름과 함께 "현대를 헤브라이즘과 헬레니즘의 결전장"으로 보는 입장이 기재되어 있는 것이 흥미롭다. 그의 동생인 리차드 니버(Richard Niebuhr, 1894-1962)의 '철저한 유일신론Radical Monotheism'도 어느 정도 이해하고 있었던 것 같다. 그러나

---

3) 박재순, 『다석』, 346에서 재인용.
4) 일지 2:166에서 인용.

저자는 그것에 한 발 더 나가서 태극우수론을 주장하고 있다. 다석은 이러한 저자의 의도를 충분히 받아들이면서도 이 글에서 그 후에 나온 "태극사상의 개요"에서 음양오행 중심의 해석을 한 것에 대해서는 '유감'有感을 가졌던 것으로 추측된다. 그 복사문 후미에 다석은 "독유감"讀有感이라는 제목의 한시와 한글시를 달아놓았기 때문이다.

無極太元象 相對建律呂
命氣燮理神 兩儀一音神
낮 마주 보입건 얼어이 알맞 잡
(일지 1963. 12. 25)

해설하면 다음과 같다. 무극은 만유의 근본이다. 상대세계는 율려와 맞춰 질서정연하게 돌아간다. 명줄과 숨줄을 섭리하시는 이가 신이다. 양의(음양)는 깊은 뜻을 펴내는 신의 소리(소식)다. 낮이 마주치며(양의) 상대세계가 보이는 것은 얼(정신)이 (절대세계를) 알맞게 붙잡자는 것이다.(공부 4:506-7)

태극이 만유의 있음에 근원이 될 수 있으나, 더 근원적인 것은 무극의 차원인 없음에 계신 하나님의 존재를 드러내기 위해서이다. 그러므로 서양의 신학만 있음의 세계에 빠져 없음의 차원을 놓쳐버린 것이 아니다. 절대 없음이 절대 있음(無極而太極)이라는 것을 인지했던 유교도 태극과 땅의 음양오행에 빠져 보이지 않지만 더욱 근원적인 무극의 차원과 하늘을 상실하였다. 그리하여 유교는 가장 중요한 그 본래 목적인 하나님 아버지와의 부자유친父子有親에 대한 계명, 대효大孝를 망각하고 말았다고 다석은 비판했다.5)

---

5) 1955.5.2.자 일지에 다석은 "孝神觀記"라는 제목으로 효경을 옮겨 적어놓는다. "身心父母天地神明 受之上帝 不可不誠敬 孝之元也. 身體髮膚 受之父母 不敢毁傷 孝之始也… 夫孝, 元

또한 앞에 언급한 절대 없음의 절대 있음, 참없음의 참있음, 무극이태극이 합일하는 그 하나는 참사람, 참-나이다. "이 '없'이 내 속에 있는 것이다." 나는 '하나'('계')에서 이 땅('예')로 떨어져 나온 끝, '긋'인 것이다. 절대인 하나의 긋으로 나는 또한 절대자이다. 그러나 이 경우의 절대자는 우주의 주재자며 근거로서 절대자 하나님을 말하는 것이 아니라, 하나-님과 연결된 '나'라는 존재를 총체적으로 견성한 시공간에서, 우주와 영원 속에서 나만의 점, 그 점심에 가온찍기를 한 참나를 말하는 것이다(강의, 217). 참나는 이러한 없음 속에 숨겨진 보이지 않는 하나님hidden God 아버지와 부자유친을 이루는 사랑의 관계 안에서 조명되어야지, 보이는 있음의 요망함에 현혹되어서는 찾을 수가 없다. 그러므로 하늘 위에 계신 아버지 이름을 크게 부르면서 자꾸 위로 솟구쳐 올라가야 한다. 아래 한시의 두 구절과 해설은 앞에서 인용한 "첨모절대공"瞻慕絶大空에 이어서 나오는 구절들이다.

절대자하강(絶大者下降)

우주 사이에서 하나의 절대자가 나입니다. 허공밖에 없는 이 우주에서 내가 허공의 아들입니다. 곧, 절대자입니다. 절대자가 하강下降하였는데 '나'라는 것이 절대자라는 것을 인식하고 아는가? 안다면 어느만큼 알며. 요망한 것에 눈이 멀어 사랑하는 것이 가셔지는가? 이것이 문제입니다.

호천부상달(號天父上達)

그래서 다시 한읗님 아버지를 부르면서 올라갑니다. 달達하는 것은 이 몸뚱이가 아니라 맘이 상달上達하는 것입니다. 호천부呼天父 하는 소리인

於事天, 始於事親, 中於事公, 終於立身, 極於立命." 그리고 "인생은 효도라는 말씀입니다." 라는 주석을 달았다. 김흥호는 이 제목을 "효란 하나님을 섬기는 것이 진짜 효도라고 보며 적는다."라고 번역했다(공부 1:36).

'말'이 상달하는 것입니다. 그때가 되면 하나인 허공이 '나'를 차지할 것이고, 허공을 차지한 '나'가 될 것입니다. 그러면 나의 아침은 분명히 옵니다. (강의 453)

부처가 말한 "천상천하유아독존"天上天下唯我獨尊은 이러한 맥락에서 이해되어야 한다. "저 위로부터 아래로 동서남북 삼지사방으로 온 우주를 횡행천하"하여 "다시없는 제긋을 그대로 찾아서 나아가자는 것을 의미"한다. "못된 뜻의 나"가 아니고, "영원히 통할 수 있는 정당한 나인 '이긋'을 잡아야" 한다는 것이다. "제긋을 힘껏 잡고, 이름 건 것을 다 내동댕이치고 하느님 아버지의 아들이 되면 다른 소리를 할 게" 없다. "오직 하느님 아버지의 아들로서 하느님 아버지를 안다고 하는 것만이 정당"하다. "우리 아버지(하느님)를 마음의 귀로 듣고 마음의 눈으로 본 그대로 이해하고 그 밖의 것은 모른다고 해야 한다." '절대자하강'이란 내가 절대자라는 것을 강조하려 하는 것이 아니고, 오히려 없이 계신 절대자, 숨겨진 하나님을 상대세계의 형상에 의해 우상화되는 오류를 거부하고 그 발생을 사전차단하려는 것이다. 신의 속성을 형이상학적으로 논하는 것보다는 그 보이지 않는 숨겨진 하나님 앞에서 나의 실존을 정확히 찾는 것, 곧 가온찍기가 급선무인 것이다. "이어 이어온 우리 숨줄을 하늘에서부터 내려온 것을 보는 이가 '나'입니다. 그래서 제일 중요한 것이 가온찍기(ㄹ)입니다."(강의 216-7)

다석의 "없이 계신 하나님" 신론은 루터의 "숨겨진 신"hidden God론과 유사하나, 그 근본이 다르다. 루터의 숨겨진 신론은 열왕기상 19장을 근거로 인격신 하나님이 선지자 엘리야가 얼굴을 보면 상할까봐 그 얼굴을 숨기시고 지나가시면서 뒷모습만 보여준 것에 근거하고 있지만, 다석은 유교, 도교, 불교의 궁극적 차원인 무극無極, 허虛와 공空, 무無를 포용하며 넘어선 하나님을 궁구하고 있는 것이다. 그러므로 다석의 '없이 계신 하나님' 신론은 유불선을 회통하고 있다. 그러나 영광의 신학보다 십자가의 신학에 우선권을 주었다는 점에서 다석 신론은 개혁신학의 숨겨진 신론과 유사하다. 다석은 십자가를 없음으로 이해하고 부활은 참 있음으로 이해하기도 하기 때문이다. 그러므로 십자가와 부활 사건은 "없이 계심"의 역사적 현현이요, '무극이태극'이 역사적으로 실현된 것이다.

2. 하나님- 흔ᄋ(大我)님 – 한웋님 – 한늘님 – 주일무적(主一無適)

대아무아일유일(大我無我一唯一)

진신불신항시항(眞神不神恒是恒)

(일지 1957. 8. 23)

위 인용문은 다석의 "인자"人子라는 제목의 한시에 나오는 구절이다(강의931-2). '큰 나'(大我)는 내가 없고(無我), 하나에는 내가 없다("하나는 나없다")라는 말이다. 하늘 아버지가 온전한 것처럼 인간도 온전하기 위해서는, 다시 말해서 '하 나'가 되기 위해서는, '작은 나'(小我)를 버리고 '큰 나'(大我)가 되어야 한다. 큰 나가 되기 위해서는 나를 버려야 한다(無我). "하나님은 하나님이다!"라고 칼 바르트는 선언했지만, 여기서 다석은 "하나는 하나이다!"라고 말했다. 그리고 하나님의 우상화와 기복적 신론의 범람을 차단하려고 "진신불신항시항"이라는 '참신'론을 주장한다.

참신(神)은 신 노릇을 하지 않습니다. 영원한 하느님이 잠깐 보이는 이적(異蹟) 같은 신통변화(神通變化)를 한군데서 부릴 까닭이 없습니다.

참신은 우리가 바라는 것과 같은 신이 아닙니다. '시(是)'는 '늘'입니다. 참신은 없는 것 같습니다. 없는 것 같은 것이 참신입니다. 신통변화는 참신이 하는 것이 아닙니다. 큰 늘, '한 늘'입니다. 우주라는 것은 무한한 공간에 영원한 시간입니다. 우리 머리 위에 있으니까 '한 웋'입니다. 시간은 '늘'이므로 '한 늘'입니다. 하늘이라는 말이 이 뜻을 포함합니다. 이것이야말로 중요합니다. 이것이 참신입니다. 한량없는 '한'입니다. 한량없는 시간이 '늘'입니다. 항(恒)입니다. 늘 있는 '늘'입니다.(강의 932)

하늘(한늘)의 참신은 우리가 바라는 보이는 신이 아니고 문자 그대로 '한'(공간) 없이 큰 우주에 '늘'(시간) 계시는 보이지 않는 시공을 초월한 모든 존재의 근거이다. 19세기에 포이어바흐가 신을 '인간 욕구를 투사한 집대성'이라 주장했고, 마르크스(Karl Marx, 1818-1883)와 프로이드(Sigmund Freud, 1856-1939)는 이 비판을 사회경제학과 심리학적으로 발전시켜 그리스도교 신학의 당위성을 맹공격했다. 이에 대한 자성적 반응으로서 그리스도교 신학에 '의심의 해석학'hermeneutics of suspicion이 도입되었다. 포이어바흐의 의심의 해석학을 극복하기 위해 나온 20세기의 대표적인 것이 바로 카프만의 구성신학constructive theology이다.[6] 앞에서 언급한 것처럼 다석의 신학적 방법론은 이와 같은 구성신학과 공명한다. 다른 점은 서구적 의심의 해석학과 구성신학은 역사적 지평에 고착되어 있는 편이지만, 다석신학은 동양 종교들을 바탕으로 우주적 지평에 초점을 맞추고 있다. 카우프만의 배경에는 뉴잉글랜드의 전통 프라그마티즘pragamatism과 메노나이티즘Menonitism이 깔려 있지만, 다석의 구성신학의 배경에는 가온찍기와 같은 수행을 통

---

6) Gordon Kaufman, *In Face of Mystery* (Harvard University Press, 2006); *An Essay on Theological Method*, An American Academy of Religion Book, 3 edition (1995); *Theology an Imaginative Construction* (Edwards Brothers, 1982) 등을 보라.

한 유불선을 회통하는 깨달음의 자기발견과 견성見性이 전제되어 있다.

카우프만이 계승한 프라그마티즘과 메노나이티즘은 각각 한국 실학과 한국유림의 보수성과 유사한 점이 있다. 그래서 나는 카우프만과 트레이시David Tracy를 비교하면서, 카우프만의 신학은 유교적이고 트레이시의 신학은 도교적이라고 말한 적이 있다. 내가 하버드대학 세계종교연구소(Center for the Study of World Religions)에 시니어 휄로우senior fellow로 갔을 때 마침 트레이시가 신학대학에 초빙교수로 왔다. 두 사람들은 이 비유를 긍정적으로 받아드렸다. 특히 트레이시는 그 비교를 좋아했고, 그 후 도교, 특히 노자『도덕경』에 큰 관심을 갖게 되었다. 그리고 그는 그의 기포드 강의Gifford Lecture의 마지막 부분을 도교에 대한 내용으로 장식했다. 이것은 나중에 트레이시가 "그렇게 된 것은 전적으로 네 영향이다."라고 내게 고백해서 알게 되었다. 이와 같이 카우프만을 유가Confucian 그리고 트레이시를 도가Taoist로 구분한 것은 하나의 우스갯소리라고 할 수 있다. 그러나 그 속에는 20세기 미국의 대표적인 두 신학자의 신학담론을 서구 신학의 궤적이 아닌 동양사상의 지평에서 살핀다는 나의 한국신학자로서 자긍심과 도전이 깔려있었던 것이다. 앞으로 우리도 서구 신학자들을 과감하게 우리의 상황에서 우리 사유의 틀 안에서 분석하고 우리 식으로 재단해 볼 필요가 있다.

그러한 '한 울'(무한한 공간) 그리고 '한 늘'(한량없는 시간)에 계신 그 님은 '한울님'이요, '한늘님'이다. 그래서 '하느님'이 그에 근접한 소리라고 할 수 있다. 그러나 그 님은 시공을 초월하면서 아우르는 영원한 '하 나'(ᄒᆞᆫ ᄋᆞ)의 '님', 곧 '하나님'(ᄒᆞᆫᄋᆞ님)이다. 이런 이유로 나는 다석의 신명칭을 '하느님'보다 '하나님'으로 표기하는 것이 보다 적절하다고 주장한다. 앞서 말했듯이『마지막강의』에 나오는 그의 육성의 발음도 하나님에 가깝다. 하나님 신앙은 "영원한 하나"에만 집중하는 신앙을 요구한다. 다석은 그것을 유교의 주일무적主一無適의 개념을 빌려 설명한다.

> 그대로 영원한 '하나'입니다. 영원한 하나에서 오고 그대로 영원한 하나
> 를 향해 갑니다. 영원한 하나로 돌아갑니다…. 이 세상에는 절대자가 있고
> 그 밑에 예수 그리스도가 있는 것이 아니라, 주(主)가 되는 '나'가 있어서
> 그 하나를 찾는 것입니다. '주'가 그대로 우리 속에 있는 것입니다. 그 '주'가
> 제 주장을 하고 나가는 것입니다. 과거-현재-미래라는 시간 속을 가는
> 것이 '주', 곧 참나입니다. 예수를 찾고 부처를 찾고 하는 '주'는 나입니다.
> '주일(主一)'하자고 예수를 찾고 부처를 찾아가는 것이 아닙니까? 이것이
> '주일'입니다. '주일'을 당장 어떻게 분간하는 것은 안 되지만 내가 결국
> 들어가는 것이 '주일'이라고 알면 좋겠습니다. 번뇌로 사는 것은 몸뚱이로
> 사는 것으로, '거주사상(居住思想)'입니다. '주일'하자는 이것이야말로 참
> 으로 사는 것입니다. 내가 '주'를 머리에 이고 받듭니다. '하나'밖에 없다고,
> 그 '하나'가 '주'라고 하고 가는 것입니다. '무적(無適)'이라, 다른데로 갈
> 데가 없습니다.(강의 304)

유교적 용어를 빌리면 그리스도교는 주일무적의 신앙, 곧 하-나-님에
대한 신앙인 것이다. 그러나 여기서 '주'를 '나'라고 하고 그 '주'가 내속에
있다고 말하는 것을 오해해서는 안 된다. 다석 특유의 강조법과 반어법이
수사적으로 사용되고 있지만, 그리스도교 전통교리에서도 이해할 수 있는
대목이다. 하나님의 형상imago Dei으로 창조된 인간, 그것을 참나로 보고
있는 것이다. 이미 참나인 하나님의 형상이 내안에 있고 그리스도에 의해
구원과 승천의 능력을 존재론적으로 부여받은 그리스도인의 할 일은 내안
에 계신 참나이신 그리스도를 찾아 그 하나만을 주일무적 하는 것이다. 사
도 바울이 「갈라디아서」에서 이와 유사하게 고백한다.

내가 그리스도와 함께 십자가에 못 박혔나니 그런즉 이제는 내가 사는 것이 아니요 오직 내 안에 그리스도께서 사시는 것이라 이제 내가 육체 가운데서 사는 것은 나를 사랑하사 나를 위하여 자기 자신을 버리신 하나님의 아들을 믿는 믿음 안에서 사는 것이라.(갈 2:20)

하나님

하나밖에 매달릴 것이 없다는 주일무적은 "하나도 없는 다만 하나", 즉 무일유일无一唯一의 단계를 묵상한다(강의 621). 하나마저도 부정한 하나, 그러기에 그것은 참 하나이자 "영원을 찾는 '나'"다. 다석은 그러한 "'하나'의 뜻이" 내 마음 속에서 일어나야 하고 그것을 느껴야 한다고 주장했다. "'하나'는 가장 큰 나입니다. 내 마음속의 '나'라는 것은 아버지 하느님의 한뜻을 말합니다. 방탕한 자식은 아버지와 뜻이 다르지만, 아버지를 느끼는 자식은 완전히 되어갑니다. 아버지의 뜻인 그 소리가 마음에 일어나면 아버지의 뜻이 있다는 것을 증거하는 게 됩니다."(강의 462) 그 '하나' 그 님을 머리에 이고 가는 것이 하나님 신앙이다. 다석은 "이고 가는 것이 '님'"이라 했다. "아무리 고개를 무겁게 짓눌러도" 상사想思병에 걸려 님을 생각하듯이 하나를 "참고 받들어 이고 가야"한다고 다석은 주장했다. 그에게 기도란 다름 아닌 이것을 생각하고 그런 "힘"을 받는 것이다(강의 832-3).

흔우(本親) - 하나(多我)

다석은 1959년 5월 22일에서 28일에 걸친 일지에서 하나를 "흔우"와 "하나"로 구분했다. '흔우'는 "절대 전체의 하나"本親이고, '하나'는 "부스러진 작은 많은 나"이다.[7] '흔우'는 없이 계신 아버지("없이 계신 가 아부")인

---

7) 공부 2:360. "계서 흔우 아름답건 인제 하나 어찌알고. 在尊 爲親 可愛矣而 至今 多我 何可以

대아大我이고, 나는 있어도 없는 것과 같은 존재("있이 없나ㅇ들")인 소아小我이다(일지 1959. 6. 3). 소아인 내가 대아가 되려면 무아無我가 되는 과정을 거쳐야한다. 철저하게 작은 나인 자기를 버리는 수행을 해야 한다. 맨 꼭대기 하늘에 있는 흔ㅇ를 바라보며 땅에 있는 작은 나(하나)는 소욕의 문을 꼭 닫은 "맨꼭문이"가 되어 무아의 과정을 거쳐 모든 것의 시작("비롯")인 대아인 참나(흔ㅇ)를 성취("맞")해야 한다. 그렇게 되는 것이 바로 인생의 목적이다.

> 하늘의 맨 꼭대기와 땅에 맨꼭문이를 앎.
> 땅의 맨꼭문이와 하늘의 맨 꼭대기를 봄.
> 비롯도, 이로 비롯오 마치기도 이에 맞.
>
> (일지 1959. 5. 28)

'흔ㅇ'에서 시작한 '하나'가 '없나'(無我)를 거쳐 '흔ㅇ'로 돌아가는 것이 다석의 신론이자 인간론이다. 이런 맥락에서 다석의 신명칭을 정확히 말하면 "흔ㅇ님"이라고 할 것이다. 그러나 다석의 "하나" 개념은 광의로 보면 이 구분을 포함한다. 그래서 이 책에서는 다석의 신명칭을 '하느님'이나 '흔아님' 보다 '하나님'으로 통일한다. 큰 나인 '하나'님과 작은 나인 '나'는 이 '하나'에서 만나고 있다. 그것이 바로 서구 신학의 실체론적 신론과 다석 신론이 다른 점이다. 다석의 신론은 인간을 떠난 형이상학적이고 추상적인 담론이 아니고, 동일어를 사용하는 '나'와 '하나'의 긴밀한 관계성 속에서 구체적으로 규명하는 관계론적 신론이다. 다석신학에서 신론은 인간론을 떠나서 언급될 수 없으며, 인간론 또한 신론과 분리되어 주제화할 수 없다. 이것은 실체론적이고 분석적인 근대 신학이 출현하기 이전에 칼빈과 같은

知"(일지 1959. 5. 22).

고전신학자들은 인정했던 사항이며, 이 책에서 인간론이 신론에 포함되어 있는 이유이기도 하다.

3. 없흔ᄋ (無極)

없이 계신 아부 　　　(잉)

있이 없을 없앨 수는 도모지들 없을거니,

부스러진 것으로서 왼통을랑 없앨 수 없.

이저게 없흔ᄋ람은 아니랄 수 없어라.

無死地幹事 무사지간사 有心生多事 유심생다사

有事楸無事 유사추무사 無情春不似 무정춘부사

(일지 1959. 6. 18)

　　1959년 6월 16일부터 25일까지의 일지에서 다석은 "없이 계신 아부"라는 제목으로, 모두에 인용했던, 위와 같은 신론을 구상한다. 다석신론이 '없'(無)의 부정신학만이 아닌 인격적인 측면을 분명히 가지고 있다는 증거를 보여주는 부분이다. "없이 있는 흔ᄋ"를 줄여서 "없흔ᄋ"론을 펼친다. '없흔ᄋ'는 큰 하나이고 그것에는 모든 것이 포함된다. 무극이 태극이 되는 경지이다.

　　없이 계신 아버지가 진짜 존재다. '있'이 '없'을 없이할 수는 없다. 없을 없이해 보아야 영원히 없지, '없'이 없어졌다고 해서 '있'이 될 수는 없다. 부스러진 것들이 전체를 없이할 수도 없다. 아무리 없이해도 전체는 전체

고, 허공은 허공이지 허공이 없어질 수는 없다. 이것저것이 모두 '없'이라
는 허공 속에 포용되어 있는 것은 아니라고 할 수가 없다.(공부 3:385)

다석의 "없이 계신" 하나님은 인격적이지만, 그것은 아버지 남성만으
로 표현되지 않는다. 여성신학에 의해 '어머니 하나님'에 대한 주장이 유명
해지기 훨씬 이전에 다석은 엄마-아빠 하나님을 주창했다. "없이 계신 엄ᴏ
-압ᴏ"(일지 1959. 6. 25). 또한 남녀의 성적 구별을 뛰어넘는 다석의 하나님은
상대적인 있음과 없음(유·무), 삶과 죽음(생·사), 유물론과 유심론, 옛날과 지
금(고·금), 나와 너(자·타), 위와 아래(상·하), 안과 밖(내·외), 선과 악의 구분을
초월한다.

唯神

非有非無非生死 비유비무비생사 古今自他上且下 고금자타상차하

是物是心是思言 시물시심시사언 內外善惡仰又偃 내외선악앙우언

是是非非自作妄 시시비비자작망 是非之端止上智 시비지단지상지

不是不非止足信 불시불비지족신 知不知上唯一神 지불지상유일신

(일지 1957. 4. 23)

[해설]

유도 아니고 무도 아니고 생사도 아니다…. 절대의 손발이나 같다. 유
심이니 유물이니 하는 것도 말이 안 되는 말이다. 옛날과 지금, 나와 너,
위와 아래, 안과 밖, 선과 악, 쳐다보고 굽어보고, 이 모든 것이 다 상대적인
것이요…

옳은 것을 옳다고 하고 그른 것을 그르다고 하고 끌려 다녀야 스스로

망령에 사로잡힌 것이다. 옳다 그르다 에 끌려 다니지 말고 절대자를 찾아 절대와 하나가 되어야 시비가 의미가 있다. 시비라는 것은 지지단(知之端)이다. 정말 상지(上智)가 되어야 시비를 그칠 수가 있다. 아무것도 모른다는 것을 아는 것이 상지요, 내지가 부지(不知)가 될 때, 나의 촛불을 끌 때 별빛처럼 유일신이 나타난다. 유일신이 나타나야 모든 상대는 의미를 지닌다.(공부 2:446-7)

없이 계신 하나님은 유무를 초월하고, 동시에 그들 모두를 품는다. 그래서 신은 딱딱해서 고체로 보이는 있음(有)과 텅 빈 '빈탕한데'로 보이는 없음(無)를 합한 것이라 할 수 있다("固有虛無一合神" [일지 1957. 4. 23]). 하나님은 참으로 없어 있는 신비, 곧 진공모유眞空妙有이다. 하나님(흔-ᆞ)과 인간(하나)의 '나'가 합동하여 참 '하나'가 된다("神人合同也一眞"). 신앙이란 다름 아닌 신인합일을 이루는 바로 그 하나를 믿는 것("信一")이다(공부2:446). 다석의 유무(있없)에 대한 생각을 좀 더 살펴보자.

있없하나(有無一體)

있이 있 만하 언제 어듸 누구 다 앓듯 있다 없,

없이 있 하나 언제 어듸 누구 모르나 우리 민 믿 밑,

한읗님 하나님 계셔 사름 너 나 제게서.

(일지 1958. 11. 3)

풀이하면, 있는 것(有)과 없는 것(無)은 결국 하나(一體)이다. 여기서 하나는 큰 나를 말하기도 한다(공부3:49). 위 인용문을 해설하면, 있어 있다는 것("있이 있")이 한없이 많아서("만하") 시간과 공간의 3차원의 세계에서 규명되어지는 인물(언제, 어디, 누구인지)로 보이지만, 그들은 모두 있다가 없어질

것일 뿐이다. 없이 있다는 것('없이 있')은 빈탕한데 같은 허공이어서 언제, 어디, 누구인지를 알 수 없다. 그것은 초월적인 것이어서 우리는 추리해 보고(믄), 믿어 보고(믿), 근거해 본다(밀). 하나님이 하늘에 계시다는 것을 사람은 누구나 너 나 할 것 없이 깨달아야 한다. 그러한 깨달음은 스스로 얻는 것이 아니고 하나님의 계신 '제게서'부터 오는 것이다.

> 있없사이(동서양의 차이)
> 있다 함은 예 있는 걸가 예 없는 걸가.
> 예 있는 건 있다 없을 것 늘 있는 예없이 참말.
> 예 있는 가는 몬지끗 우리가 찾은 것은 없있 하나앞 우리.
>
> (일지 1958. 11. 9)[8]

존재론적 있음을 부정하고 없음을 주장하는 이 한글시는 동서양 사상 간의 근본적인 차이를 여실히 드러낸다. 해설하면, 있다 하는 것은 여기 있는 것일까? 없는 것일까? 여기 있다는 것은 있다가 없어질 것들. 늘 있는 영원한 존재는 현상세계인 여기에는 없다고 하는 것이 참말이다. 여기 존재한다는 만물은 먼지의 끄트머리에 불과하고, 우리가 찾아야 할 것은 '없있 한님'과 '없있 하나앞 우리', 즉 없이 있는 하나님이요, 없이 있는 절대 하나앞에 펼쳐져 있는 우주, 한 우리(한울)이다.

있다는 것과 없다는 것 중 어느 것에 치중하는 가에 따라 동서양 차이가 난다. 김흥호는 말한다. "서양은 존재를 찾고 동양은 무를 찾는다. 물질세계는 세밀하고 지식은 분명하여 과학적이고 영靈의 세계는 불가사의하다. 언어도단言語道斷의 알 수 없는 세계를 알려는 것이 종교적인 동양인東洋人

---

8) 이 한글시는 김흥호의 『다석일지공부』에는 삽입되어 있으나(3:65), 홍익제 영인본에는 없다 (1:505).

이다. '없있'은 정신이고, '있없'은 물질이다. 육체와 영체, 고체와 기체, 지知와 행行, 유와 무는 참으로 동서東西의 좋은 대조다."(공부 3:65-6) 존재론과 실체론을 중심으로 발전한 서구 신학의 '있있'(有) 신론에 대조적으로 다석은 이러한 "없있"의 동양적 신론을 제안했다. '없있'은 없고 없는("없없") 절대무 속에서 하나를 찾아내는 것이다. 그러나 '있없"은 있는 것에서 있는 근본을 찾고자 하지만 없어 질 것에 매달리는 집착과 미망이라고 볼 수 있다. 다석의 '없있' 신론은 이렇게 '있없'의 실체론적 함정에서 벗어나려고 애쓰는 현대 그리스도교 신학에 돌파구를 마련해 줄 수 있다는 점에서 글로벌적인 가치를 가지고 있다고 할 수 있지 않을까?

제6장
다석 삼위일체론

거룩하신 이름

아부지게로 오시는 얼김으로

납신 아들의 이름으로 사름이니이다. 아멘.

(일지 1955. 10. 12)[1]

1. 삼위일체三位一體 하나님

다석 신론에 있어서 흥미로운 점은 그것이 철저하게 삼위일체적이라는 점이다. 물론 이것은 우선 천-지-인, 하늘-땅-사람, 계-예-깃의 삼재, 즉 신-인간-우주적 비전이 다석 사유의 기본 틀이기 때문이다. 그리고 다석은 "하나, 둘, 셋"이 되는 근본적인 이유를 천부경天符經에서 찾고, 대종교의 삼일신고三一神誥까지 들먹인다. 그러나 다석의 삼위일체론은 그의 독특한 '하나'사상의 연장선상에 있다고 볼 수 있다(三一, 歸一).[2] 절대세계의 하

---

1) [해설] 하늘 성부로부터 오신 성령에 의해 탄생하신 성자와 같이 살려고 노력하겠나이다. 아멘.
2) 박재순,『다석 유영모: 동서 사상을 아우른 창조적 생명 철학자』(서울: 현암사, 2008), 61-66

나님이 "상대세계를 열고자 첫 아들을 낳으니 그것이 로고스"이고, 말씀이고, 예수 그리스도이다(강의 357). 곧 무극이 태극이 되는 것이다. 그러나 아버지와 아들은 따로 있는 것이 아니다. "아버지는 아들을 잊으려고 해도 잊을 수 없습니다. 아버지 속에 아들이 있고 아들 속에 아버지가 있습니다."(강의 358) 다석은 성부와 성자간의 페리코레시스(*perichoresis*, 상호내주) 교리를 당연히 수용할 뿐 아니라 그의 독특한 방식으로 발전시킨다. 나중에 이정용은 이것을 태극-음양 우주관을 통해 음 속에 양이 있고 양속에 음이 있는 것과 같은 관례로 해석한다. 이것은 동양의 삼위일체론이 희랍철학으로 이어받아 본성*ousia*과 존립체*susbstantia* 등 실체론적 인식론과 역사와 인간중심주의에 빠져 허덕이고 있는 서구의 삼위일체론에게 동아줄을 던져 구제할 수 있게 된 대목이다.(제16장 참조)

하나인 무극이 태극이 되어 둘(兩儀)이 된다. 그래서 하나와 둘, 그리고 셋이 이루어진다. "둘은 상대세계를 말"하고, '삼'參은 참여하였다는 것이다. 그래서 "셋은 참여參與하였다는 글자"라고 다석은 주장했다.[3] 하나인 성부는 성자 속에, 둘인 성자는 성부 속에 존재하고, 셋인 성령은 그 둘의 관계 속에 참여한다. "아버지와 아들의 관계를 원만하고 참되게 하려는 이 상대세계에서 이루어 진 것을 사랑이라고" 말한다(강의 359). 한자로 그것을 인仁이라고 한다. 한자 '仁'을 파자하면 본래 두 사람(二人)이라는 뜻을 가지고 있다. "'인'仁은 곧 성령입니다."라고 다석은 단언한다. 아버지와 아들의 원만하고 참된 관계, 곧 부자유친父子有親의 인仁을 이루게 하는 것이 성령의 역할이라고 주장했다.

사랑은 성령입니다. '인'仁은 곧 성령입니다. 아버지와 아들의 관계를

참조.
3) 강의 352. '셋' 삼(參)자와 '간여할' 참(參)자는 같다.

원만하고 참되게 하려면 이 상대세계에서 이루어진 것을 사랑이라고 말합니다. 걸을 때 왼발을 들어 올리면 오른발을 디뎌야 나갈 수 있는 상대세계에서 살든 죽든 이 가운데에서 일어나는 관계를 '인'이라고 합니다. 이 사람은 신비주의를 주장합니다. 절대자 하느님을 알고 싶을 때 이미 성령(말씀)으로 하느님과 사귄다는 것을 말합니다. 아버지와 아들같이 쪼갤 수 없는 사이로 연락 하는 것입니다. 이것이 성령으로 됩니다. 이와 같이 하여 삼위일체三位一體로 나갑니다.(강의 359)

『다석일지』에는 심지어 하루에 삼위일체에 대한 구절들이 모두의 인용문과 함께 아래 셋을 포함하여 한꺼번에 네 번이나 나올 때도 있다(일지 1955. 10. 12).

쇠북소리와 몸 울림

임[성부]의 부림[천사]이 고디[마리아]에 다다르믜

이에 얼김[성령]으로 베이시도다.

임의 것이 여긔 기다렷사오니 말슴대로 이루어지이다.

이에 나신 아들[성자]이 나려오샤 우리사이에 머므르섯도다.

한우님의 고디는 우리 때믄 비르샤 우리로 호야금

늘삶(그리스도)에 드러감을 엇게 호소서.

天地之道 貞觀者也

日月之道 貞明者也

天下之動 貞夫一者也

([성부는] 천지의 도[창조, 양육, 섭리]를 곧이 지키시는 정관자(貞觀者)이다.

[성자는] 해와 달처럼 진리를 곧이 밝히시는 정명자(貞明者)이다.

[성령은] 천하를 움직여서 곧이 [만물이] 지아비와 조화롭게
하나가 되게 하는 정부일자(貞夫一者)이다.)

아버지 아들 얼김 긔룩히 이르메. 아멘.
(성부와 성자와 성령의 거룩한 이름으로. 아멘)

특히 여기서 마지막을 삼위일체를 호칭하는 기도로 끝내고 있다는 점
이 인상적이다. 여기서도 다시 한 번 다석신학이 비록 동양(우리)의 뼈(한글과
한문) 모습을 하고 있지만, 서양의 골수(특히 개혁신학)를 벗어나지 않고 있음
을 확인할 수 있다.

다석은 또한 하나("一")라는 제목으로 "인언인삼이"忍言仁參二라는 구
절을 가지고 삼위일체를 설명했다(1956. 12. 14). "여기서 말하는 '셋둘(三
二)'는 이 세상에 '참(參, 三) 여(與, 二)한다는 뜻"이라고 했다(강의 351). 이미
언급한바와 같이 성부와 성자 둘 사이에 제 삼三의 성령이 사랑(仁)으로 참
여한다. 절대자의 이런 '인삼이'仁參二의 관계를 잘 인식認識하기 위해서는
인認자의 글자가 지닌 뜻대로 말씀(言)에 대한 인내(忍)가 필요하다.

'인'認이라는 글자에는 '말씀 언言'에, 맘의 심장으로 칼날이 들어가는
'칼날 인刃'이 붙어 있습니다. 우리 가슴 속에는 예수 그리스도를 넣게 한
것은, 칼날이 평생 우리의 심장을 노리고 있으며, 우리가 그것을 참고 살아
야 한다는 것을 말합니다.(강의 355-356)

상대세계에서는 심장에 칼이 꽂혀야 합니다… 칼날이 꽂혀 심장이 쪼
개져야 불꽃을 피웁니다. 이것이 상대의 말씀이 됩니다. 둘(세상)에 참여
하여 참고 참다가 말을 하여서 사랑이 되었다고 합니다.(강의 358)

그리고 다석은 삼위일체 하나님을 "소멸하시는 거룩한 불"로 비유했다. 성부는 그 "소멸하시는 거룩한 불"이요, 성령(얼김)은 "불길"이요, 성자는 그 불을 놓는 말씀이시다. 상대세계인 이 땅에 있는 우리는 심장에 칼을 꽂아 심장을 쪼개 말씀의 불씨를 놓아 그 거룩한 소멸하시는 불길에 "불붙는 나무"가 되어야 한다.

말슴은 불을 놓는다.[성자]

얼김은 불길이다.[성령]

한우임은 消滅ㅎ시는 거룩ㅎ신 불[성부]

(일지 1956. 1. 16)

2. 성령

다석의 삼위일체적 경향은 끝까지 계속된다. 82세에 이르러 다석은 삼위일체를 "흐읗, 쉼읗, ㅎㄴ"로 표현한다(일지 1972. 3. 4). 곧 성부는 하늘(큰) 아버지요, 성령은 숨 아버지이고, 그리스도는 큰(참) 나이다. 특히 성령 또는 성신聖神을 참 거룩한 얼김, 숨님, 숨읗, 호연지기浩然之氣, 얼(靈), 말숨 등 순 한글말로 옮겨가며 풀어냈다. 이러한 시도는 기능적 성향이 강한 서구 신학의 성령론에서 탈피하여 남달리 발달한 우리의 숨과 기氣의 언어문화적 지평에서 독특한 숨과 기의 성령론으로 전개하고 있어 주목할 만하다. 앞에서 언급한 바와 같이 다석의 중요한 신학적 모형전환은 말신학과 글신학을 넘어 몸신학과 숨신학으로 진화한데 있다. 다시 말하면 형이상학적이고 신인동형론적인 신론 중심의 신학으로부터 성령 중심적인 체험적(인체주의적) 몸과 숨의 신학으로 패러다임 전환을 시도했다고 하겠다.

숨돌림

다석은 "숨을 쉰다는 것은 한문으로 보면 소식消息"이라 하며, 소식과 숨쉼을 연결해서 생각했다. 소식消息이라는 한자가 바로 숨(息)을 소(消)비한다는 뜻이기 때문이다(마강291-2). 숨을 쉰다는 것은 하나님으로부터 소식을 듣는다는 뜻이 함축되어 있다. 그래서 다석은 "숨을 쉬면서, 숨바퀴가 돌아가면서 [하나님의 소식을 듣는] 영혼의 바퀴도 돌아가는" 것이라고 설명하면서, 그 숨은 하나님과 "연결하는 그런 숨을" 쉬어야 한다고 주장했다. "무슨 생각을 하면서 숨을 쉬는가? 위로 꼭대기의 하느님 아버지하고 통하는 숨을 쉬는가? 아래로 수그러져서 마귀와 속살거리는가? 그것이 궁금하다는 거예요." 그리고 다석은 성령의 능력 안에서 하나님과 연결하여 숨을 돌릴 것을 강조했다. 이와 같이 다석의 성령론은 숨, 그러므로 숨신학과 깊은 관련을 가지고 있다. 여기에서 다석이 '숨쉼'이라고만 하지 않고 '숨돌림'이라는 표현을 사용했다는 점을 유의해야 한다. 성령의 숨돌림을 선도 수행의 숨돌림(小周天, 大周天)과 유사하게 설명하고 있는 것이다. 그러나 다석의 숨돌림은 그냥 우주기운을 돌리는 소주천과 대주천이 아니라, 근본적으로 성령(얼김)의 숨돌림이라는 기본적인 차이가 있다. 그래서 다석은 그러한 숨돌림을 통해 참 목숨을 얻고자 기도했다.

아버지! 아버지! '예'를 예어 나가는 데로 성신의 숨 돌리심이 저희들과 늘 함께함을 알고 깨달으면서 저희 숨을 돌리고 저희 말씀을 돌리고 있게 하여 주시옵소서. 이것을 아버지 앞에 간절히 빌어 가지고 아버지와 함께 성신을 돌리시는 목숨을 돌리고, 말씀을 돌리고, 움직여 나가는 '예'에서 '이제' 때때를 온전히 깨닫고 '이제' 영원한 과거가 통과한 이제 이제. 그렇게 해서 영원히 영원히 '이제'를 '예'라는 자리에서 늘 즉시 즉시 살고 살고 살고. 그렇게 나가서 천년도 만년도 그렇게 살고 아주 아버지 앞에 들어가서 아버지를 모시고, 영원한 온 우주를 통해서 한 '예'에 함께 모여서 직접 성신 속에서, 참 빛월 속에서 아버지 잘 모시고 아버지가 저희 속에 잠겨 계시고 그러하니 그 참 목숨에 들어감을 얻어지이다. 오직 이것을 빕니다. 아멘!4)

성부와 함께 숨돌림으로 성령을 돌리고, 목숨을 돌리고, 말씀을 돌릴 것을 기도한다. 이 구절은 다석이 그리스도교 영성을 호흡수행에 접목하여 발전시키고 있다는 것을 보여주고 있다. 우리 안에 잠겨 계신 빛이신 성부를 모시고, 성령을 호흡하며 전신에 돌림으로써 참 목숨, 참 생명을 얻고자 하는 것이다. 선도의 호흡 수행과 그리스도교 영성의 만남이 다석에게서 이루어 졌고, 유영모는 이미 그것을 형이상학적인 담론의 차원을 넘어 수행의 본격적인 방법으로 활용해서 실천했다고 주장할 수 있는 대목이다. 이것은 앞으로 전인 수련법, 특히 몸수련법이 빈약한 한국 그리스도교에게는 중요한 자원으로서 크게 사용할 수 있는 가능성을 가지고 있다. 다석은 계속하여 숨돌림의 중요성을 역설했다.

그것은 그리스도 예수 안에서 생명을 누리게 하는 성령의 법이, 그리스도 예수 안에서 생명-목숨이, 아무 고장 없이 목숨이 자꾸 *돌아가는 것* 그렇게 하려는 게 생명을 누린다고 하는 것, *목숨이 순하게 돌아가기만 하면 거기에서 반드시 성령이 함께하세요.* 그래 성령이 함께하셔서 말씀이 돌아가게 됩니다. 그 생활하는 데는 반드시 성령이 그것을 돌려서 성신을 함께하는 목숨이 돌아가는 거예요….

그럼 이것은 예수 그리스도 법에 성신과 함께 숨이 돌아가고 말씀이

---

4) 마강293-4. 녹음된 육성에 따라 인용문을 다소 수정했다. 육성에서는 성령을 성신으로 호칭한다.

돌아가고 그러한 성신의 법인데, 그것으로만 돌지 못하면 그와는 반대의 무슨 법을 가지고 숨이 돌고 말씀이 돌게 되나요? 원칙으로 *숨이 바로 가장 순하게 돌아가는 그 숨*, 그렇게 지내는 삶이 마음이 나오길 순하게 나오고, 맘이 그렇게 잘 내어놓아 말이 순하게 들어오는 그 말씀이 돌아가는 것은 *성령의 법이 거기 함께해서 돌리는 말숨입니다*.[5]

위 인용문은 녹음되어 CD에 수록된 다석의 육성을 들으며 수정한 것이다. 육성에는 분명히 '얼 목숨', '얼숨'이라는 용어들은 없다. 그 말들은 편집한 이들이 첨삭한 것으로, 다석 사상 속에 '얼과 몸'의 이원화를 확정하기 위한 의도에서 비롯된 것으로 추측된다. 그러나 이것은 신학적으로 큰 문제가 된다. 우선 그렇게 되면 그것은 다석신학이 그리스도교가 오랫동안 차별해온 이원론적 헬레니즘과 정죄해온 영지주의Gnosticism에 가깝다는 말이 된다. 또한 그리스도교 신학은 종교개혁 이후 말과 글 중심적phonologo-centric으로 환원되어 몸을 망각했다고 맹렬한 비판을 받고 있다. 다석의 몸신학과 숨신학은 서구 신학의 그러한 문제점을 극복할 수 있는 대안으로서 좋은 가능성을 가지고 있다. 그런데 그처럼 첨삭하고 변형하는 것은 이러한 다석신학이 가진 시대적 중요성을 훼손하는 것이 된다.

더욱이 '몸나를 떠나서 얼나로 솟구친다'는 식의 영지주의적 이원론으로 환원하여 다석 사상을 도식화 하는 것은, 대중적으로 쉽게 이해시키는 데는 도움을 줄지 모르지만, 잘못된 해석이고 수행에 있어서도 심각한 위험성을 내포하고 있다. 우선 그리스도교는 몸을 버리는 것이 아니라 "몸의 부활"을 주장한다. 또한 선도의 고수였고 주역周易을 꿰뚫었던 다석이 "역易은 역逆"(나무가 만유인력에 반하여 역으로 자라나듯 생명은 자연의 반대)이라는 수

---

5) 마강 311-2. 녹음된 육성을 들으며 재수정 했다. 이곳에 녹취된 다석의 육성에서도 신 명칭은 '하느님'보다는 '하나님'에 가깝게 들려진다.

승화강水昇火降의 생명 법칙을 몰랐었을 리 없었다. 다석은 오히려 "몸이 올라가고, 맘은 내려와야 한다."고 주장했다(제12장). 그러므로 '얼나'와 '몸나'의 지나친 이원화는 수승화강의 생명 원리와 영성수련의 법칙을 모르는 학자들에 의해 추론된 성급한 해석이라고 해야 할 것이다.

얼김

다석은 성령을 '얼김'으로 표현했다. "아브지게로 오시는 얼김으로 납신 아들의 이름으로 사름이니이다. 아멘."(일지 1955. 10. 12) 여기서 사름은 불사름과 말씀사름을 동시에 함의하고, 또한 이름은 부르는 이름과 도달(이르름)을 농시에 듯한다(강의 1:76). 성모의 성자 잉태를 "임의 부림이 고디에 다다르믹 이에 얼김으로 배이시도다."라고 표현했다. 기도도 "아브지 아들 얼김 거룩히 이르메. 아멘."으로 종료했다. 또한 성령을 "한우님의 부림" 또한 "직히시는 김"으로 표현했다. "한우님의 부림 나를 거느려 직히는 이여 임의 어지심이 나를 네게 맛겨 계시니. 오늘날 (밤에) 나른 비춰며 도우며 잇그르며 뒤를 거두소서. 아멘."(일지 1955. 10. 12, 14) 다석에게 하나님의 부림으로서 얼을 숨 쉬게 하는 얼김 성령은 우리를 수호하고 하늘나라의 길로 인도하며 그 도상에 있는 우리 삶의 성화와 안위를 돌봐주는 분이시다. 앞으로 다석의 숨 성령론과 기氣 성령론은 개발 가능성이 크다. 좀 더 자세한 것은 제13장 '숨신학'에서 다루고자 한다.

3. 성모 마리아

다석은 성모 마리아를 무척 숭상했다. 성모경을 "쇠북소리와 몸울림"

이라는 제목으로 번역하기도 했다. 그는 천주교의 성모경에서 뜻만 빼내서 암송하기를 좋아했다고 한다.

거룩흔 고임을 가득히 이브신 고디여. 네게 기리나이다.
님 너와 한가지로 계시니, 계집 가운데 너 고임을 바드시며,
네 배에 나신 이 또한 고임을 바다 계시도소이다.
한우님의 엄 고디는 이제와 우리 숨질 째에
우리 써러진 사람 째믄 비르소서. 아멘

[해설]
거룩한 하나님의 사랑(고임)을 가득히 입으신 고디(동정녀 마리아)여.
당신을 찬양합니다.
하나님께서 당신과 언제나 같이 계시니,
여자들 가운데서 당신을 제일 사랑하십니다.
당신의 배에서 나오신 이(그리스도) 또한 하나님의 사랑을 받고 계십니다.
그리스도(한우님)의 엄마 되시는 동정녀(마리아)여,
지금이나 우리가 죽을 때나
우리 떨어진 죄인을 대신해서 기도해 주십시오. 아멘.

김흥호에 따르면 다석은 "식색을 초월한 고디(貞)를 최고의 덕목으로 삼았고, 동정녀 마리아를 선생님의 고디 철학의 화신처럼 생각하여 천주교의 기도문을 사랑하셨다."(공부 1:212) 또한 1955년 12월11일 최원극과 딸 류월상의 결혼식을 맞이하여 주례사를 그리스도와 마리아를 찬양하며 각각 지아비(夫)와 지에미(婦)의 모형으로 숭배하는 생각을 도형화된 세 개의 한글시로 표현했다.

한나신 아들 낳게 달리심은

나일내 나일내 나큰일내

고디 보아 이룸을 믿고

貞 固 足 以 幹 事

나 난 남 글낭 따라지이다.

(일지 1955. 12. 11)

　　이 흥미로운 주례사에서 다석의 한글 하늘놀이의 한 대표적인 예를 볼
수 있다. 풀이하면 다음과 같다. 한 하나님에게서 나신 아들(그리스도)이 나
무(십자가)에 달리심은 내가 일(죄)을 저질렀기 ("나일내") 때문이다. "나일내"
는 또한 나를 구원하기 위해서라는 뜻도 포함한다. 내가 죽을 수밖에 없는
큰일 냈기 때문이다. 그래서 고디(貞固), 곧 정직을 고집하여 나아가면 이룰
수 있다는 것을 믿어야 한다. 그리고 난수표와 같은 마지막 구절을 김흥호
는 다음과 같이 해석한다. "나가 난이 되고, 난이 남이 되고, 남이 낭이 된다.
한글의 발전이다. 나를 난 남이 낭이다. 나를 낳아 주신 하나님이 사랑이다.
나를 낳아 주신 어머님이 사랑이다. 사랑인 그분만을 따라가야지요. 하나
님만은 따라지이다 하는 기도다. 나를 난 온전한 남(生命) 글낭 그분만을 따
라(順從) 하게 되기를 바란다."(공부 1:256)

오 예수여 내몸에 한우임

한엄 고디시여 나신 아들 째믄에 비르소서.

그리스트

임 主

미시아

아ㅂ 한나신 아들 父 獨生

한우 한엄 皇上 聖母

속알 슨순 自性 立命

겉몬 싸름 殼身 附隨

산애 지애비 男子 夫

계집 지에미 女子 婦

아들 차람

딸 자람

女子[6]상징 사름

(일지 1955. 12. 11)

　　예수를 내 마음의 주인이 되는 한우님(皇上)으로 칭하고, 마리아를 한엄
(聖母)으로 칭한다. 예수를 그리스도, 임(主), 메시아, 성부(아ᄇ)의 독생자(한
나신 아들)로 고백한다. 하나님은 하늘 위에 계신 님 한우(皇上)이고, 마리아
는 그리스도의 어머니 한엄(聖母)이다. '속알 슨순'은 우리의 성품을 바로
세워야 한다(自性立命)는 말이다. "사내가 집의 아비가 되고, 계집이 집의 어
미가 된다. 아들은 차고, 딸은 자고…사람은 딸로 자람이 되고 아들로 차람
이 된다. 사람 자람 차람이 인간의 상징이요, 여와 남의 상징이다."(공부
1:260) 이와 같은 기도문인 동시에 주례사를 풀어나가면서 협약서를 "나가
말슴"이란 부제를 달고 도형화 한다.

나가 말슴

協約

나가 나가 吾進吾進

---

6) 이 기호는 한자 '여자'로 보는 것이 옳고, 그것은 남녀를 뜻한다.

제절로 自序禮

한엄 고디 거룩 본거 차름 皇母貞節之神聖所見如實

지엄에 거룩도록 나외리다 助婦道至聖贊進願成

한우이 미샤곳듯 惟皇上承命貞立

지압에 고디리듯 參夫道貞直誓就

(일지 1955. 12. 11)

[해설: 김흥호]

　　나와 가가 합치면 마가 되고, 마가 활동하여 말이 되고, 말이 서면 말씀 입언이 되어 약속이 된다. 나가 다가 마가 말씀은 저절로 그렇게 되는 것인데, 이것이 자각과 질서와 예절이다. 성모 마리아의 동정고디와 거룩한 신성을 본 것처럼 사람이 자람, 자라서 차람 충만이 되는 것이 지엄 여자들의 거룩한 전진이다. 그렇게 되기를 기원하고 성취코자 한다. 정조와 순결, 이것이 여자의 책임이다. 하나님의 명령을 이어받아 정직하게 십자가를 지고 곧게 서서 지아비의 책임을 다하는 것이 남자의 책임이요 바람이다. 천명의 실현, 하늘 위로 올라가는 것, 이것이 지아비의 고디다. 모든 사람을 하늘 위로 끌어 올리는 것, 이것이 남자의 길이다.(공부 1:260)

　　다석이 딸과 사위에게 준 이 주례사와 기도문에는 그의 가정관, 결혼관, 인간관, 그리스도관, 삼위일체관이 표출되어있다. 단지 의아한 것은 왜 성령론이 좀 더 분명하게 보이지 않느냐는 점이다. 다석이 성모 마리아와 성령의 관계는 매우 친밀하고, 성모는 성령을 몸으로 받아드렸을 뿐만 아니라 그 정절을 지킨 고디의 화신으로 생각한 것 같다. 그렇다면 마리아는 성령의 화신이 아니었던가? 아무튼 기대했던 성모 성령론이나, 칼 융(Karl Jüng, 1975-1961)이 주장했던 삼위일체에 성모를 덧붙인 사위일체四位一體론 같은 것이 표출되지는 않았지만, 개신교가 간과한 성모 마리아를 인간론과 특히 영성수행(몸신학)의 모형으로 보았다는 점은 괄목할 만하다. 이러한 다석의 통찰은 제16장에서 살펴 볼 이정용의 성모 여성 성령론과 더불어 한국적 삼위일체론을 발전시킬 자리를 마련해주고 있다. 부부를 중심으로 하는 가정의 수평적 관계(夫婦有別)보다도 조상과의 수직적 관계(父子有親)가 존중되고 있는 동아시아의 유교문화권 사회, 특히 한국에서 삼위일체론은 어거스틴적 심리적 유비psychological analogy나 몰트만적 사회적 유비social analogy보다는, 이정용이 발전시킨 것과 같은, 가족 유비family analogy를 적용하는 것이 적절할 수 있다. 다석신학에는 그러한 가족 유비에 의한 삼위일체론 해석의 새로운 지평을 열수 있게 하는 통찰들이 포함되어있다고 하겠다.

제7장
다석 인간론

우리를 가르켜 〈사름〉이라 한다.

〈사름〉이란 말은, 말씀을 사뢰는 중심(中心)이란 뜻이다.

그래서 〈사름〉이란 것에는 불꽃이 있게 되는 것이다.

그런데 〈오늘〉의 사람에게 불꽃이 타고 있는 것일까.

(일지 4:358)

다석신학은 결국 신학의 주체인 인간론으로 집중된다.[1] 남이 아닌 바로 나, 곧 제(자기)가 살아있음이다. 그래서 모든 것은 영원한 '나'(참나)를 찾아 나의 말씀을 이루고(自誠), 나의 도(自道)를 이루는 데 있다. 다석신학은 결국 참나를 찾아(가온찍기) 말씀을 이루고(誠) 나의 도를 성취하고자 하는 도의 신학이다.

영원한 '나' 밖의 참이나 도는 다 헛된 것입니다. 영원한 '나'가 참입니다.

---

[1] "예수를 믿고 하나님을 믿고 나를 믿어야 한다. 나를 믿는 것이 예수를 믿는 것이다. 예수와 나는 같은 하나님께로 온 씨다……. 나는 생각의 주체고 하나님은 생명의 주체다."(「밀알2」, 일지 4:435)

사람은 제가 사는 것입니다. '나'는 나의 나(참나)입니다. 다른 것이 있을 리 없습니다. 그래서 성(誠)은 自誠이요, 도道는 自道입니다. 성(誠)은 말씀(言)을 이룬다(成)는 뜻입니다.(강의 385)

이러한 주장을 인간중심주의라고 규정하는 것은 너무 가볍게 본의를 다루는 것이다. 인간은 어쩔 수 없이 모든 것을 인간의 입장에서 인식할 수밖에 없다는 것을 분명히 하자는 구성신학적 입장과 같은 것이라고 이해해야 할 것이다. 그것은 공자가 신화적이었던 원시유교를 인본주의적 유교로 패러다임 전환한 것 같은 유교적 발상과 유사하다. 그리스도교 신학사상사에서는 20세기에 들어서야 불트만(Rudolph Bultmann, 1884-1976)이 실존적 탈신화화demythologization를 논하였지만, 유교에서는 공자가 이미 2천 년 전에 탈신화화를 시도했다고 볼 수 있다. 그리고 다석의 인간론은 군자론(일지 1955. 6. 10), 그리스도론, 성자론, 성인론, 나아가 생명론과 신론으로 연결된다. 도의 신학으로서 다석의 인간론은 몸과 숨의 영성이 그 열쇠이고, 인간론은 성화론, 수신론, 수행론, 수도론, 수양론을 수반한다.

솟날뚜렷 가온찍기

뉘나 니나누 Christian
홀린데라 홀리우고 홀리이 홀릴터라
한웅님계 뚜렷홀손 아들로서 솟날뚜렷
거룩다 그리스도록 이에 숨을 쉬는 이

(일지 1957. 7. 3)

"이 땅은 홀린 데라 그 홀린데 홀리니 또한 홀리더라는 말입니다." 다석은 이 세상에 대해서는 더럽게 유루有漏되어 줄곧 누진통漏盡通하게 될 곳이라고 보는 매우 비관적인 견해(象)를 가지고 있었다. 그러므로 우리는 머리 위(웋)에 큰(하나) 님을 이고 생각을 피고, "하나님에게 아들로 솟날, 솟아날, 뚜렷이 솟아나갈 '뚜렷'을 영원히" 드려야한다. "'솟날뚜렷'은 거듭난다는 말"과 같다. 다석은 인간을 기본적으로 "하늘에서 떨어진 천인天人"으로 본다.[2] 여기서 중생重生이란 비천하게 된 실존적 인간 천인賤人이 본래의 모습인 하나님의 형상을 가진 하늘사람 천인天人으로 거듭나는 것이다. '니나누'하는 민속요 장단과 같이 '뉘나', '누구나' 크리스천이라고 한다.[3] 그러나 하늘사람인 참 크리스천은 "뉘나 홀린데서 벗어나서 뚜렷이 나슬 말슴"에 따라 거룩한 하나님 편에 서서 그리스도가 보내주신 성령을 숨 쉬는 이가 되어야 한다(강의911). 다석은 이 짧은 글에 "신학神學이란 신학은 다 들어 있습니다."라고 주장한다(강의 903).

'솟날뚜렷'(重生)과 '거룩한 숨(성령)을 쉬기'(聖化) 위해 인간은 "회개해야 하는 동물"이다. 그래서 "가온찍기(ㄹ)로 돌아가는 것이 선결문제"이다(강의 234). 여기 '솟날뚜렷'이라는 개념에는 회개metanoia가 포함되어 있는 점은 매우 중요하다. 우주 속에 참 내 자리로 돌아가는 가온찍기에는 마땅히 잘못된 과거의 소아적 궤적trajectory과 방향성vector을 하나님을 향해 대아적으로 수정하는 완전한 방향전환인 회개가 선제되어야 한다. 더욱이 '나'라는 단어는 'ㄴ'과 'ㅣ'와 'ㆍ'라는 기호들로 구성되어 있다. 이 기호들은 세상(ㄴ)을 솟날(ㅣ) 가온찍기(ㆍ)를 상징한다. 또한 세상을 뜻하는 'ㄴ'과 'ㅣ'을 합하면 가운데 '중'中이 된다. '나'란 글자 자체가 우주(세상) 가운데에서 솟아날 점을 찍는 것을 시사한다. 그 '나'는 '큰 나'(大我)가 되어야 한

---

2) 국선도에서도 일반적으로 사용하는 신선 '선(仙)'자가 아닌 천인(天人)을 합한 선자(伏)를 사용한다.

3) 김흥호는 "니나누 크리스천'이란 유행가요에 나오는 유행, 속된, 얼빠진 크리스천을 말하고, 그것은 다석이 누구나 크리스천이라 하는 것을 비판하는 것으로 해석한다(공부 2: 512-3).

다. 곧 "대아무아일유일"大我無我一唯一이다(강의 931). '큰 나'가 되기 위해서는 작은 내가 없어야 한다(無我). 내가 없어져서 "하늘의 아버지가 온전한 것같이 온전해져야 한다." 나 없는 하나가 참다운 하나가 된다. 여기서 다석의 인간론은 다시 '하나'를 지향한다. 나는 하나를 향해 나를 낳아 가는 굿(짓)이다.[4] 궁극적 '나'와 '하나'의 일치를 모색하는 다석의 철저한 주체적 구성신학은 인간의 본성인 '바탈'에 초점을 맞추게 되고, 그래서 인간론은 바탈론 그리고 그 바탈인 그리스도론으로 전개된다.

도의 신학: 바탈틱히

> 너, 나, 하나, 죄다 다른 것이 없습니다. 나 밖에 없습니다. 단지 내 바탈을 태워서 자꾸 새 바탈의 나를 낳는 것밖에 없습니다. 종단에는 아주 벗어버리는 것입니다. 새로운 나를 하느님 뜻대로 자꾸 낳아가도록 노력하는 것이 우리 인생입니다. 이렇게 여러분께서도 바탈을 태워주시면 감사하겠습니다.(강의 206)

다석 인간론은 이와 같이 바탈을 태워나가는 '바탈틱히' 수행론, 곧 몸신학, 그리고 전통신학으로 말하면 성화론을 수반한다. 그것은 하늘 숨줄을 잡는 가온찍기로부터 시작된다. "이어 이어온 우리 숨줄을 하늘에서부터 내려온 것으로 보는 이가 '나'입니다. 그래서 제일 중요한 것이 가온찍기(ㄹ)입니다."(강의 217) 왜냐하면 나는 "다시없는 제긋을 그대로 찾아서 '나'아가자는 것을 의미"하는 '나'이기 때문이다(강의 216). 모든 우주는 수레바퀴와 같이 움직(動)인다. 수레에서 움직이지 않는 것(靜)은 오직 수레의 축이

---

4) 다석은 천지인(天地人)을 한글로 "계·예·긋"이라고 표현한다. 또한 다석은 말한다. "나다. 하나다. 하나를 찾는 나다. 하나를 믿고 찾는 나다, 내, 하나다. 하나가 나다."(일지 1956. 7. 24)

다. "'나'라는 것은 그러한 한 축입니다. 늘 나간다는 것에 있어서 '나'는 축입니다."(강의296) 그러나 그 축은 존재하지 않는다. "참의 끝"일뿐이지 아무데서도 머무는 곳이 없는 그야말로 무주無住이다.[5] '나'라는 축은 영원히 '나' 가는 길의 도상에 있을 뿐이다(강의298). 다석신학이 도道의 신학이 되어야 하는 이유가 여기에 있다. 인간은 본래의 바탈(본성)인 천성을 찾아서 하늘나라에 들어가기까지 항상 노정 또는 도상에 있는 존재인 것이다.

> 성품(性品), 성품하지 말고 '바탈'이라고 하자는 거예요. 우리의 본바탈 바탈이란 뜻은 그걸 받아서 그대로 하겠다는 겁니다… 올바로 사는 것을 아는 그 바탈을 가지고 그대로 태어났습니다. 그럼 그런 의미의 바탈이라는 게 있어야 돼요. 이것은 갈 길의 경로인 노정입니다. 신약전서, 구약전서 실제 다 어떤 의미로는 노정이에요. 신약, 구약에 나타난 그 말씀을 좇아가면 하늘나라에 들어가고 말아요. 그럼 바탈 이것이 노정이에요. 우리 갈 길을 다 걷기 전에는 그걸 내버려서는 안 돼요, 나올 적에 먼저 가지고 나온 그것 가지고 그대로, 거기 일름[命]대로 그대로 전진해 나가야 합니다. 종당 목적지에 다 가도록 그것을 가지고 가요. 이 천성(天性) 찾는 것을 하자고 하는 거예요.(마강35)

그래서 나라는 굿은 천성(天性, 天城)을 향해 걸어가는 길(道)이 된다. 그 길은 참(眞理)의 굿이요, 그 굿이 나요, 그 길에서 나는 살아간다(生命). "이쯤 되면 내가 길이요, 내가 참입니다. 내가 사는 것입니다. 특히 예수께서 강조하신 말씀입니다. 나는 길이요 진리요 생명이라고 하였습니다."(요14:6) 다석이 말한 이 구절만하더라도 논란의 여지가 다분히 있는 파격적인 선언이

---

5) "머물을 곳이 없는 것이 생명이다… 우리의 마음은 머무는 데가 없어야 한다."(「주일무적」, 『다석일지』4, 363)

다. 그러나 다석은 오히려 한 걸음 더 나가서 "내가 없으면 길이 없습니다." 라고 말했다(강의 299). 길을 가고 있는 주체는 다름 사람이 아닌 나다. 하나님 앞에서 신앙고백 하는 나는 다른 사람이 아닌 바로 나다. 궁극적으로 하나님 앞으로 나아가는 나라는 존재는 독립적 주체가 되어야 한다. 그러므로 이 선언은 그러한 철저한 신학적 주체성을 강조한 것이다. 이 말에는 모든 인식과 직관 그리고 심지어 즉관까지도 그것을 행하는 주체는 다른 것이 아닌 바로 나라는 사실을 명확히 하려는 의도가 깔려 있다고 보아야 한다.

존 칼빈이 『기독교 강요』 첫머리에서 말한 것처럼 다석은 "원래의 나(我)를 모르고 어떻게 하느님을 알 수 있겠습니까?"라고 질문했다(강의 444). 신학은 인간이 하는 것이므로 어쩔 수 없이 인간학을 전제로 한다. 이러한 주장은 결코 다석만의 것이 아니다. 그것은 어거스틴를 비롯하여 그리스도교 신학, 특히 칼빈으로부터 시작된 개혁신학의 핵심이다. 물론 마틴 루터가 말한 "하나님 앞에서(*coram Deo*)"라는 종교개혁의 대전제에도 그러한 신앙의 독립적 주체성이 강조되고 있다. 다석은 이러한 '*coram Deo*'를 일반적인 인식론의 범주를 넘어서 동양적인 존재론과 수행론으로 발전시켰다고 할 수 있다.

빈탕한데 맞혀놀이

다석은 이러한 도의 신학적 수행을 '빈탕한데 맞혀놀이' 또는 '공여배향'空與配享이라고 한다(제11장). 다석은 '빈탕한데 맞혀놀이'가 인간론의 최종 목적지telos라고 했다. "이 말씀은 어떠한 의미에서는 세상에 대한 이 사람의 결론, 즉 이 사람이 인간으로 나서 본 인간에 대한 결론이라고 할 수 있습니다."(강의 458) '빈탕한데 맞혀놀이'를 통하여 다석신학은 서구적 인격신personal God 또는 희랍적 신인간동형론anthropomorphism의 범주를 벗어난다. 이러한 성찰과 함께 다석신학은 하나의 혁명이라고 볼 수 있는, '없이 계신 하나님' 신론과 '빈탕한데' 허공 우주론이라는 신·인간·우주적 지평의 무대 위에 새로운 신학을 소개한다. 이것은 한국 토종 신학이 서구 신학의 울타리를 넘어서 글로벌 신학이라는 무대에 전혀 새로운 하나님의 드라마를 출현시키는 순간이라고 할 수 있다(제17장).

> 이 사람은 허공과 마음이 둘이 아니라 하나라는 생각을 자주 한 것 같습니다…. 꽃을 볼 때는 보통 꽃 테두리 안의 꽃만 바라보지 꽃 테두리 겉인 빈탕(허공)의 얼굴은 보지 않습니다. 꽃을 둘러싼 허공도 보아주어야 합니다. 무색의 허공은 퍽 오래전부터 다정했지만, 요새 와서는 더욱 다정하게 느껴집니다. 허공을 모르고 하는 것은 모두가 거짓입니다, 허공만이 참입니다.(강의 458-9)

겉으로 보이는 꽃만 보지 말고, 그 꽃을 둘러싼 배경인 허공을 보라는 것이다. 다시 말하면 겉으로 나타난 인간만 보지 말고 그 배경인 빈탕한데와 같은 허공에 숨겨져 있는 "없이 계신 하나님"을 찾아보라는 말이다. 이것이 동양사상이 서양사상과 근본적으로 다른 점이다. 서양화와 동양화에서 이러한 차이가 여실하게 들어난다. 희랍의 영향을 받은 서구는 눈에 보이는 것들, 특히 인간에 초점을 맞추지만, 동양은 그것보다 그 배경이 되는 없음을 확인하는 눈을 가지고 있다. 동서양 사상의 근본적인 차이가 여기 있다. 서양인은 보이고 항상 변하지 않는 그 무엇을 찾지만 동양인은 보이지 않지만 항상 변하는 그 무엇을 찾는다. 그래서 서양인은 항상 있는 것(絶大有)을 갈구하지만 동양인은 항상 없는 것(絶大無)을 추구한다. 그러나 항상 변하는 것이 항상 변하지 않는 것이고, 항상 없는 것이 항상 있는 것이다. 그러한 서구사상과 다른 동양적 생각이 다석의 사상 속에 깔려 있다. 유有가 아닌 무無 그리고 허공이 참이며, 그것이 존재론적인 우선권을 가지고 있다는 것이다.

　나아가서 다석은 해와 달의 빛을 거짓 빛으로 간주하고 그것에 가려진 진리의 빛을 찾아보고자 한다. "일월등비광日月燈非光, 저 하늘에 걸린 해와 달은 참빛이 아닙니다. 필요적광체必要寂光體, 해와 달의 거짓 빛이 아닌 진리의 빛, 영성의 빛이 필요합니다."(강의 371) 해와 달은, 인간이나 금수의 생명이 참생명이 아닌 것처럼, 참 빛이 아니고 "덜된 빛"이다. 다석은 인간을 이러한 거짓 빛에 속아서 현혹되지 않고 참 빛을 찾아나가는 "참을 찾는 존재存在"라고 정의한다(강의 372). 인간은 참을 찾는 존재, 곧 진리를 찾는 존재이다. 다석은 "모든 진리를, 모든 이치를 우리말로 하면 올(理·義·昇)"이라고 주장한다(마강 32). "올바라야" 하고, "올바로 해야" 하고, 그러자면 "올을 잘 풀어 나가고 올을 반듯하게 쓸 줄 알아야" 한다. "올바르다" 하는 것은 옳게 하는 것이고, 그것은 "올라가는 것"이다(마강 33). 그러므로 "사람이 꼭 할 것은 올라가 올라가"이다(마강 29).

> 그럼 진리를 깨닫는다는 건 올을 깨닫는 건데 올을 깨닫는 데 눈에도 뵈지 않는 거기서부터 동아줄 이상으로 굵게 된 줄, 곧 영원무궁한 목숨줄이 되는 동아줄 이상으로 굵게 된 줄, 곧 영원무궁한 목숨줄이 되는 동아줄, 목숨이 매달린 줄을 가져야 합니다. 그걸 써야 합니다. 올라가 올라가. 그 줄을, 붙잡은 줄을 타고 올라가 올라가. 그러면 나중에는 분명하게 우리 잡은 줄로 돌아갑니다.(마강 33)

　이 진리의 줄, 올은 또한 말씀의 올(經)이기도 하다. "공자, 맹자에 사서삼경을 구약 대접을 꼭 해야 한다."는 다석에게는 신구약 성경뿐만 아니라 동양경전들이 말씀의 올이다.(마강 34) 이미 언급한 바와 같이, 다석은 "사람은 말씀하는 살알이다."라고 정의했다(일지 1955. 5. 26). 인간은 다른 동물과 마찬가지로 세포(살알)로 이루어져 있지만, 말할 수 있고, 말씀을 타고 물질의 세계를 솟구쳐 나가 본 바탈을 찾아, 올을 찾아 올의 줄을 잡고 올라갈 수 있는 능력에서 차별성을 가지고 있는 것이다. 그러나 올의 근원은 우리에게 있지 않고 하나님에게 있다. 그것을 인식하지 못했을 때, 인간의 올은 서로 엉켜서 구원의 길이 되기보다는 멸망의 길이 된다.

> 진리를 생각할 때 마음 그것만이 모두 올을 가지고 있느냐 하면 올의 근원이 마음은 아닙니다. 다른 데 있는 올을 받아서 집어넣었습니다. 그 올의 원 근원은 어딘데요? 하늘(하느님)입니다. 그러니까 하늘을 알아야 해요…. 올의 근원은 하늘이니까, 지금도 올을 더 받으려면 하늘에서 내려오는 올을 받아야 합니다. 그래야 하늘을 알아요….
>
> 그러니까 모든 올을 담은 우리 마음이라는 것, 그 마음속에 올의 전체가 들었을까? 어떤 부분만 들어 있을까? … 올이란 올은 죄다 전체이다… 그러나 올을 풀어 쓸 때 잘 풀어 쓰지 않으면, 실이 많고 실모디(실꾸리)가 많고 해도 그것을 엉키지 않게 온전하게 잘 두질 못하며, 다 엉켜서 버리게 돼요. 그래서 학문이 많고도 멸망하는 생명이 있어요. 얻어 둔 실을 갖다 아깝게 엉켜놓고, 잘 푸는 사람이 풀려야 풀 수 없게 만들어 놓고, 이러한 현실, 이러한 사정이 여간 많지 않습니다.(마강 36-7)

존심양성(存心養性)

그러므로 마음을 올바르게 보존하고 본바탈(性)을 올바르게 길러야 한다(存心養性). "진리는 그 마음을 다하면 그 바탈을 알고 그 바탈을 알면 하늘을 안다(盡其心者知其性 知其性者則知天矣)."(마강 38) 이 맹자의 가르침은 참소리(眞音)를 담고 있다. 그 말이 "엉키려고 하는 올을 풀어놓았"기 때문이다.6) 다석은 인간의 실존을 "있다간 이"(있다가 떠나가야 하는 이)로 표현한다. "없다난 이"(없다가 태어난 이')지만, 서로 보며 좋아하는 것은 잠시 어차피 있다가 가야될 운명이라는 것이다.

> 있다간 더 좋은 것을 보자는 것은 우리의 바탈이다.
> 바탈이거니 더 좋은 것은 몸으로 볼 것이며, 눈으로가 아니다.
> 눈으로 보아 좋다는 것은 거의 한 때 어리우는 것이니,
> 더 좋은 것이란 어림없는 어림이다.
> 있다간 뉘가? 나? 다? 있다간이라.
> 있다간 이 눈이 없고, 있다간 이 얼골도 못 볼 것이다.
> 없다난 이라고가 없다난 이라고 들을 눈으로 서로 본다다간,
> 있다간 이들이 되나니,
> 있다간 볼 수 없을 뿐이다.
> 없다난 이 남은
> 있다간 이 되나나? 나.
> (일지 1955. 7. 23)

그러한 실존 상황에서 "성함"(온전함)이란 육체가 건강하고(몸성히), 입은 무겁고, 맘은 가라앉고(맘놓이), 하나님 말씀을 불살라 바탈을 태우며(바탈티히) 끊임없이 거룩한 생각을 하는 것이다. "살이 뚜러진 데가 없고 구멍이 막힌 데가 없고, 입은 열기보다 닫힐 힘이 세인 몸에 가라앉은 맘으로 생각의 불꽃이 거룩히 높이 피어오르고 오르는데서 성한 스람을 봄."(일지

---

6) 여기서 다석은 맹자를 선지자라고 칭송한다. "하느님 감사합니다. 일찍이 맹자라는 선지자를 우리에게 주셔서 오늘날 이만큼 우리 올을 이렇게 바로잡게 되었습니다."(마강 38)

1955. 7. 25) 인간은 우주에서 자기의 중심(가온찍기)을 찾고, 잠시 있다 다시 가는 생각을 하며 그저 나무라지 않고 하늘나라(게)의 하나님(제)으로부터 온 바탈인 나에 대한 물음(나무름)을 하는 자기탐구를 해야 한다. "근찌기. 잇다감 생각. 그저. 나 므름 업시. 제게로부터"(일지 1955. 9. 22). 그리하여 자신의 바탈을 보고 터서 꿰뚫고 나와 주어진 사명("마틈")을 완수("마츰")해야 한다. "性通功完 문. 바탈을 트고 마틈을 마츰이. 이다."(일지 1955. 10. 6) 그러기 위해서는 성령("얼김")으로 오신 그리스도의 "거룩하신 이름"으로 그 말씀의 불로 나를 불살라야 한다. "아버지게로 오시는 얼김으로 납신 아들의 이름으로 사름이니이다. 아멘." 여기서 "이름"은 성명姓名 뿐만 아니라 성취함과 도달到達함을 말한다.[7] 성령의 거룩함이 임한 것이다. 사름은 불사름과 그것이 바로 '살아 있음'이고 '사람' 됨이라는 함의가 부연된다. 사름을 통하여 거룩함에 이르는 것이 사람의 목적이다. "아ㅂ지 아들 얼김 거룩히 이르메. 아멘."(일지 1955. 10. 12)

그러므로 사람의 할 일은 올라가는 것 "오름"이지, 그리워만 하는 것 "그름"이 아니다. 그러므로 '오름'이 '옳음'(是)이고, '그름'이 '그릇됨'(非)이다. 다석은 지금 여기에서(here and now) "그리운 님" 그리스도를 따라 오름(昇天)이 옳은 것이지, 오겠거니 하며 기다리는 것은 잘못된 것이라고 지적했다. 그 님이신 그리스도는 이미 벌써 오셨음이다. 이것은 다석 식의 실현된 종말론realized eschatology이다. 내가 여기 있으니 그 님(성령)이 머무르고 계심이라. 내가 올라 갈 수 있는 것은 그리스도께서 이미 승천하여 나를 이끌기 때문이다. 다석은 말했다:

---

7) "<이름>이란 반드시 거기에 <이루움>이라는 것이 있다. 이름에는 <이루었다>는 뜻이 포함되어 있다."(『주기도』, 일지 4:451)

오름 그름

그리운 님 따(ㅅㄷ)러 오름이 올코.

올님이거니 그리만으로 글타.

나 나고 보니

그님의 벌서 오셧겠스미오

나 잇스니

그님이 머므리심이겟스미오

나 가는 수는

그님이 올라 거셧스미다.

(일지 1955. 10. 16)

나그네 그진네

이와 같이 다석은 실현된 종말론을 주장하며 그것에 따른 윤리적 수행, 몸신학을 강조했다. 그는 그러한 인간의 삶을 "나그네, 그진네"라는 새로운 말들로 대비하여 설명한다. "나그네"란 "나는 그(리스도)의 것이다."라는 말이고, 그진네는 "이 세상 그 집에 속한 너다."라는 말이다.(공부 1:203)

나 앳김. 너 코김 나너김 엉김

안개라 홀가

갤제면 환히 우로 우로 오르고 오르리로다.

……

나그네, 나는 그님의 것. 그집네.

나는 그집의 부치이엇다.

싀집가 갈가 ᄒ늘가 갈가

고디와 사랑 스룽 고디. 그진 그진네요.

(일지 1955. 10. 16)

[해설]

나 앳김(愛) 너 코김(鼻) 나너김 엉김(凝) 안개(霧)라 할까. 갤(晴)
제면 환히 위로(上) 위로 오르고 오르리로다. …… 나그네 나는 그(主)
님의 것 그 집(嫁) 네(女). 나는 그 집의 붙이(屬)이었다. 시집(嫁)가 갈가
(生) 하늘가 갈가(命). 고디(義)와 사랑(仁) 사랑(愛) 고디(貞). 그진
(落) 그진네(落第生)여.(공부 1: 204)

풀이하면, 나와 너가 사랑과 코의 기운으로 어울려서 엉기면 안개와 같
이 엉키기 마련이요. 이것을 제치고 눈을 뜨게 되면 환한 세계를 보고 위로
솟구쳐 올라 갈 수 있다. "나는 본래 아버지께로부터 이 세상에 보내진 나그
네였다. 그런데 이 세상에 와서 눈이 멀어, 그 집의 여인에게 붙어사는 가엾
은 존재가 되었다. 사람은 하늘에 속한 나그네인가, 땅에 붙은 그집네인가.
시집가서 그집네 될까, 하늘에 가서 나그네가 될까. 고디와 사랑으로 고디
곧장 올라가서 하나님을 사랑하는 나그네가 될 것인가."(공부 1: 204-5) 아니
면 땅에 눌어붙어 고디(정숙함)를 버리는 그진네가 될 것인가. 인생은 언제
나 갈림길이다. 그러므로 인생이란 "으아 하고 울고 부모님을 얻어 이 세상
에서 나와서 위로 올라가는 것"이다. 다석은 그것을 "와의더 나와 우에 오
름."이라는 한글 구절로 표현했다(일지 1955. 10. 19).

나드리: 제계 ㄹ 나그네

자연과 같이 인간의 마음은 빈탕이요, 몸은 몬(물질)이다. 몸은 빈탕을

채우는 "받음"이요, 마음은 몸을 온전하게 하는 "성함"이다(일지 1955. 10. 29). 다석은 인간이 이 세상에 온 것을 "나드리"라고 칭했다.

> ㅣ 나드리 와 보니 빈탕이다. 빈탕은 속이다. 속에는 몬이 드러 찬다.
> 차면 겨울나, 몬이 식어 갈리는 동안, 성히 잇다. ᄒ다. ―한늘―이 성히 잇다
> ᄒ다.
> 몬에도 빈속이 있다. 몬으로 된 몸에도, 우에 적은 거와 갓흐다 ―사람―도
> 먹은 거시 삭어 나리는 동안, 성히 산다, ᄒ는 거시다.
> 그러므로 먹기를, 겨웁기를 거듭ᄒ는 날에
> 속 허믈을 지으니
> 째에는 그 속이 쓰리다.
> …
> 속이 쓰린 거시 낫도록 먹기를 끈는 거시 고다.
> 직혀 속허른거시 낫도록 직혀야 아조 성하게 낫는다.
> 　(일지 1955. 11. 1)

그래서 나중에 다석은 사람을 "ᄂᄃ리 뎨계 가온ᄋᆢ"이라고 정의했다 (일지 1973. 11. 5). "나드리"란 나왔다 들어가는 것. 인간은 살아서(生) 이 세상 ("뎨")으로 나오고 죽어서(死) 하늘나라("계")로 돌아가는 나그네이다. 그렇게 나오고 들어가는 가온, 그렇게 하늘과 땅을 왕래하는 가온찍기(ᄋᆢ)가 사람이다.('ㅇ'은 하늘, 'ㅁ'은 땅, 'ㆍ'는 사람, 그들을 합하니 'ᄋᆢ'이다.) 또한 사람은 "계계 근 나그네"(하나님의 나라에 가는 나그네)라고 하기도 한다(일지 1958. 10. 11). 여기서 저녁의 그이, 다석多夕은 또다시 가짜 빛의 세상인 낮보다 밤의 중요 성을 강조했다. 해가 있는 낮에 보이는 얼굴(낯)의 맛보고 즐기다 병약해진 육체와 몸. 땅위에 열린 하늘을 바라보며 잠자며 성장한 마음과 정신. 얼굴

쪽이야 손해를 보든지 말든지 상관없이 "하나님 성령의 울타리"(하늘나라) 가운데로 가는 나그네, 그것이 바른 인생이다(공부 3:29).

> 힌 난 낮에 낱운 낯들 맞보다 히진 몬 몸에,
> 땅위 열린 바랄바 밤에 잠자 자란 몸 일이
> 얼골쪽 손 봐 못 봤건 한일 울 근 나그네.
> (일지 1958. 10. 11)

다석의 "나그네"(일지1959. 9. 23)는 "나와 그와 네가 삼위일체가 된 사람"이라고 해석되기도 한다(공부 3:453). 여기에서 다석은 또다시 그리스도를 통하여 경천애인(나와그, 나와 너)이 완성되는 것을 나그네라고 한다는 한글놀이를 했다. 그래서 하나님의 나라를 향해 가는 나와 그(그리스도)와 너가 합일을 이룬 순례자가 바로 나그네 이고, 그는 참나인 큰 나를 찾고 "흔아제계 근이"가 된다. 그런 사람은 "하늘의 맨 꼭대기와 땅의 맨꼭문이"를 알고보고 그것을 실행한다(일지 1959. 5. 28). 그런 사람 나그네는 하늘 꼭대기에 꼭 매달려 땅의 요구에 대해서는 문을 꼭 닫고 참나로 거듭나는 수행을 계속한다.

세 코기리

다석은 사람의 본체, 본상(象)을 "코기리"로 비유했다. 이것은 다석의 상의 신학의 한 대표적인 예라고 할 수 있다. 우선 다석의 "코기리"는 '코끼리 상'자, 즉 상(象)을 말한다.[8] '코기리'라는 용어는 다석이 다의적인 표현을 위해 만든 조어이다. 첫째, 사람을 코기(끼)리라는 상으로 바라본다. 둘째

---

8) 상(象)은 본래 상아를 표상하는 코끼리 象자이다.

코기리라는 한글은 '코'(自)를 앞세우고 '길' 가는 '이', '코길이'를 함의한다. 셋째, 코(自)에 염통(心)을 합하면 숨(息)이 되고, 코로 숨을 쉬며 길을 가는 것이니, 그래서 코기리(코길이)는 숨기리(숨길이)이기도 하다.[9] 상의 신학이 몸신학(코+염통)과 숨신학(숨), 그리고 도의 신학(코길, 숨길)으로 연결되는 대목이다. 인간이라는 '코기리'(상의 신학)는 '코'(몸신학)로 숨을 쉬며(숨신학), '길'을 가는(도의 신학) '이'(존재)이다. 도의 신학은 결국 영원한 숨길을 찾아 가는 것이니, 그것에 숨신학은 필수적이다.

　　다석의 코기리는 엄마 코기리와 함께 머리통 코기리, 염통 코기리, 그리고 눈코베기 코기리의 세 명의 새끼 코기리로 구성된다. 그들은 각각 참(眞) 잘(善) 아름답(美)을 의미한다.[10] 1956년 3월 16일자『다석일지』에는「코기리」라는 제목으로 다음과 같은 시가 기록되어 있다

　　　　사람이란 코기리 보내실제
　　　　새끼코기리 세 ㅁ 리 딸리윗스니
　　　　머리통 코기리는
　　　　참을 차져 오는 이를 태워 가지고 오라시고
　　　　염통 코기리는
　　　　잘을 차져 오는 이를 태워 가지고 오라시고
　　　　눈코배기 코기리는
　　　　아름답을 차져오는 이를 태워 가지고 오라시고
　　　　그럼 어미 코기리는 뭘 실고 오라신가

---

9) 일지 1956.1.24. 아래 "벌불"이라는 한글시 참조.
10) 도표로 보면 다음과 같다.

머리통 코기리	참	眞
염통 코기리	잘	善
눈코배기	아름답	美

숨기리 살길 차자오는 이를 태어 오라셨지.

그러믄 우리들을 다 다려 간다는 말슴인가

응. 참 잘 살 아름답게 기리길 길로 말슴.

풀이하면: 코끼리와 같은 사람을 보냈을 때 세 마리의 작은 코기리들을
딸려 보냈다. 첫째 머리통 코기리에게는 참(眞, 진리)를 찾아오는 이를 태워
가지고 오라셨다. 둘째 염통 코기리에게는 잘(善, 도덕)을 찾아오는 이를
태워 가지고 오라셨다. 셋째 눈코배기 코기리에게는 아름답(美, 예술)을
찾아오는 이를 태워 가지고 오라셨다. 그러면 어미 코기리에게는 무엇을
실어 오라고 하셨는가? 숨기리(숨길이), 곧 생명이 살길(종교)을 찾아오는 이
를 태워 오라 하셨다. 그러면 우리들을 다 데려 간다는 말씀인가? 암 그렇고
말고. 참(眞), 잘(善), 살(生命), 아름답게(美), 기리(永遠), 길러서(養育), 길(道)
로 말(言)을 세운(슴, 立) 것이다.[11]

하나님의 형상으로 창조된 인간의 상을 사람을 운반하는 코기리로 본
것이요. 인간이 태워 올 사람은 진선미를 이룬 사람이라는 것이다. 더욱 중
요한 것은 어미 코기리가 태워 올 것인데, 그것이 바로 생명이 살길, 숨길(종
교)을 성취한 사람들이라는 것이다. 그러므로 참사람이 해야 할 사명은 진
선미와 생명을 살리고 말씀을 숨 쉬며 세우고 영원한 길을 향해 가는 것이
다. 여기서 종교와 신학의 임무는 생명이 살길, 그 숨길을 트는 것이다.

불붙는 나무

한 사람 마다를 뭇사람이 높이 깊히 알아야

사람은 다 한 분이신 한우님께로 큰다.

나 내온날 밤새 간온날 냄나—옛날 나 하나

---

11) 필자의 해석. 공부 1:405 참조.

酸素는 불을 부린다. 水素도 불을 뿜는다.

말슴은 불을 놋는다.

얼김은 불길이다.

한우임은 消滅ㅎ시는 거룩ㅎ신 불.

(일지 1956. 1. 16)

이미 앞에서 살펴보았지만, 다석은 삼위일체 하나님이 죄악(더러움, "덜")을 "소멸하시는 거룩한 불"이고, 인간은 그 불에 타야하는 "불붙는 나무"로 비유했다. 위 한글시를 풀이하면: 사람마다 자기의 본성과 본체를 높이 깊이 알아야 한다. 사람은 모두 궁극적인 본체이신 하나님을 향해 크게 된다. 나에 대해 내가 온 나를 밤새도록 생각해본다. 가고 오는 나, 그리고 옛날의 나와 참나인 하나를 높고 깊이 알아야 한다. 성부 하나님은 거룩하신 불이고, 말씀(성자)은 불을 놓고, 얼김(성령)은 바로 그 불길이다. 하나님으로부터 와서 하나님으로 가는 나는 끊임없이 산소와 수소와 같이 불을 품는 삼위일체 하나님의 불길에 의해 타고 있는 불붙는 나무가 되어야 한다는 뜻으로 보인다. 그러므로 불붙는 나무인 사람은 산소(숨)와 나무(몸)을 공급하기 위한 말씀에 의한 수행, 곧 숨신학과 몸신학이 필요한 것이다.

글월, 편지

다석은 인간이란 존재 자체가 하나의 글월이라고 생각했다. 그는 글월이란 "글 그리어 우에 갈 얼"이라고 풀이했다(일지 1955. 1. 17). 다시 말하면, "그를 그리어, 우(위)에 갈 얼", 곧 "하나님을 그리워, 종당 하나님께 갈 영혼"이라는 것이다(공부 1:317). 그런 인간에게 가장 중요한 것은 "가고 오고 가고 오고 가운데 마음 점을 찍어(點心)", 곧 가온찍기를 통해 대낮과 같이 밝은 깨달음을 얻는 것이다("ㄹ ㄱ온. 찌기. ㄹ 굴온, 일음").

편지(片紙)

ㄴ + ㅣ + · = 나

面 + 線 + 點 = 나

美 + 善 + 眞 = 나

알마즘 + 올 + 사리 = 나

나가 사리 올 알마즘

마츰 내 주심

(일지 1956. 3. 22)

인간은 또한 하나님의 소식을 전하는 편지이다. 하나님의 편지 내용은 '나가 사리 올 알마즘'이다. '나'라는 한글은 'ㄴ'과 'ㅣ'와 '·'로 이루어져 있다. 바로 면(3차원)과 선(2차원)과 점(1차원)이 합해진 것이다. 면은 알맞음 (알마즘) 곧 아름다움(美)이요, 선은 하나님께 올라가는 올바른 선(線, 善)이요, 점은 그리스도 안에서 진리(眞) 곧 참사람으로 깨어나는 삶, 나의 가온찍기, 참 인생살이, 사리이다. 또한 '알'(계란)이 '올'바로 올라가 깨어나야 '살'(닭)이 된다. 하나님은 그의 편지인 사람에게 드디어 알맞게 '사리올 알마즘', 곧 진선미를 주셨다. 그래서 사람이 할 일은 소아小我로부터 벗어나서('나가') 알맞게 내 주신 '사리 올 알마즘'(眞善美)를 행하는 것이다. 그러나 그것들을 행했다 할지라도 그것은 그것을 내주신 하나님 앞에서 자랑할 수 없고(고전 1:29), 오직 그렇게 하게 만들어 주신 주님을 자랑할 수 있을 뿐이다 (고전 1:39).

소아(小我)-무아(無我)-대아(大我)

　다석은 애벌레가 고치가 되고, 고치가 나비로 변하는 곤충의 생물학적 유비를 통하여 '소아小我-무아無我-대아大我'의 삼단계 인간론을 피력했다. 사실 인간은 이타행위를 함에 있어서 벌보다도 못한 존재이다. 이기적인 인간은 나비의 꿈을 가지고 나비가 되는 자기완성을 이룩했을 때에만 그것이 가능해 진다.

벌불(볼불)

뉘 눈이 봄 그러 봉 (본그).

누에의 눈에 봄에 뽕.

뽕 잡아 먹고 넉잠에 지라, 실컷' 잣다.

고디 올라, 고티 짓자!

고치 짓고 드러, 깊은 잠 들리라.

잠 들면 나라 오름. '꿈' 꾸리라.

꿈 꾸다가 깨면 고티 트고 나라 오를 '일'이다.

그러나 우리는 버레!

나라도 잠자리.

벌은 꿀나라에 꿀버리로. 저마닥은 암, 수도 버리단다.

벌은, 불 벌불을 든가?

우리들은 버레, 버러지!

사람 때믄에, 벅린, 벅려보임 뿐.

뉘에, 잠자리, 벌(벅리)—

코기리, 숨기리?

―사람만이 알, 말슴.

이새 사람이 뜬 버리나 좀 되면 제법 벌벌하게 젠 척하지요.

그러나 그것은 아니요, 반디불 개똥버레 만큼도 볼 게 없오.

(일지 1956. 1. 24)

"벌은 봉蜂이요 불은 불佛이다. 우주만물은 기성불旣成佛이요 깬 존재다. 나만 미성불未成佛이다. 나만 어리석은 미물이다. 벌은 볼불, 볼 만한 빛이다." 누에, 잠자리, 벌과 같은 곤충들은 모두 애벌레, 고치, 그리고 나비의 삼단계를 거쳐 변화한다. 애벌레는 소아, 고치는 무아, 그리고 나비는 대아적 단계를 암시한다. "소아가 무아가 되었다가 대아가 된다. 코로 숨 쉬는 코끼리, 염통으로 숨 쉬는 숨기리, 코와 염통이 합치면 지성불식至誠 不息 자강불식自强不息의 영원한 생명이 된다. 생각이요 말씀이요 웃음이다. 목숨이 말씀이 되고 웃음이 된다. 십자가가 부활이 되고 승천이 된다." 코(自)길(기리)과 염통(心)길이 합치면 숨(息)길(기리)이 된다. 또한 몸'길'이와 숨'길'이는 몸과 숨의 길의 신학, 즉 도의 신학도 된다. 그러므로 몸신학과 숨신학을 함의하는 도의 신학은 몸과 숨의 영성에 기초한다. 몸과 숨의 영성은 예수의 일생에서도 은유적으로 표출된다. 마구간의 애벌레, 십자가의 고치(고디)의 단계를 거쳐 나비의 비상으로 부활한다. 이처럼 나비(참나)로 변화되어 가는 것이 참 인생의 단계이다.

이러한 진리의 말씀(道)을 행하고 전하는 것이 인생의 목적인데, 불행하게도 대부분의 사람들은 죽을 때까지 애벌레의 단계를 벗어나지 못한다. "그런데 요새 사람은 뜬구름처럼 돈이나 지위를 가지게 되면 제법 벌벌 떠들면서 제가 잘났다고 야단들이다. 그러나 그것은 버러지 돈 버러지 돈을 번 돈버리지 벼슬을 반 벼슬 버러지지 참사람은 아니다. 반딧불이 개똥벌레도 빛을 발하는데 그들에게는 아무 빛도 볼 수 없는 무명無名의 애벌레들이다. 땅위를 기어 다니는 애벌레일 뿐이다."(공부 1:334-5) 다석의 인간론은 애벌레(小我)를 벗어나 고치(無我)의 단계를 거쳐 나비(大我)가 되는 몸(코기리)과 숨(숨기리)의 수행 및 수양론(몸신학, 숨신학, 도의 신학)으로 귀결된다. 그런데 다석신학에서 참 나비와 같은 참 사람(大我)는 다름 아닌 바로 예수 그리스도이시다. 그러므로 다석의 인간론(제소리)은 결국 그 원형인 그리스도론(가온소리)에 이르게 된다.

제 3 부

다석 그리스도론:
한 나신 아들 그이
(가온소리)

제8장
다석의 도 - 그리스도론*

서론

전통적인 로고스-신학theo-logy이나 근대의 프락시스-신학theo-praxis 보다는 도道의 신학theo-tao이 새천년시대를 맞이한 그리스도교 신학의 보다 적절한 패러다임이라고 나는 주장해왔다.[1] 그동안 주도해 온 이원화된 서구적 신학으로부터 이러한 동양적인 도의 신학으로 패러다임 전환은 물론 그리스도론의 모형 전환을 수반한다(제15장). 이것은 예수 그리스도를 육화된 로고스로 보는 로고스-그리스도론Christo-logy이나 그리스도를 하나님 통치의 실현으로 간주하는 프락시스-그리스도론Christo-praxis으로부터 그리스도를 '신-인간-우주적 도道'의 체현으로서 도-그리스도론Christo-dao으로 전환을 의미한다.[2] 그것은 그리스도론의 근본-메타포를 로고스와 프락

---

* 영문 버전은 부록 "The Word Made Flesh: Ryu Young-mo's Christo-dao" 참조 좀 오래전에 해외 학자들에게 유영모와 다석신학을 소개했던 글이어서 다른 부분들과 다소 중복되는 내용들이 있다.
1) 김흡영, 『도의 신학』(서울: 다산글방, 2000); 또 김흡영, 『도의 신학 II』(서울: 동연, 2012).
2) 신-인간-우주는 theos (God), anthropos (humanity), 그리고 cosmos (universe)의 복합어로 신-인간-우주의 상호관련성을 강조한다.

시스로부터 도道로 전격적으로 수정하는 것이다. 고전 신학의 로고스-그리
스도론 모형은 오랫동안 정통 견해로 받아들여져 왔지만 여러 문제점들을
노출하고 있다.[3] 또한 해방신학를 비롯하여 현대 신학의 프락시스-그리스
도론 모형은 로고스 모형의 단점들에 대한 필요한 교정 역할을 한다는 측면
에서 기여하고 있지만, 여전히 로고스-그리스도론의 대척점이라는 한계가
있다. 이에 반해 도라는 통전적 메타포를 활용한 도-그리스도론은 로고스-
그리스도론과 프락시스-그리스도론 사이에 남아있는 희랍적 이원론의 흔
적들을 극복할 수 있는 가능성을 열어준다. 더욱이 상황신학contextual theol-
ogy의 입장에서 볼 때, 동아시아의 그리스도인들에게는 도라는 개념을 그
리스도론적으로 적용하는 일이 마치 과거 4세기에 서구교회가 희랍사유
의 핵심적인 개념인 로고스를 적용했던 것만큼이나 필연적이고 정당한 것
이다. 오늘날 대부분의 서구 신학자들도 이제는 모든 신학이 상황적con-
textual이라는 것을 인정하고 있다.

　　사실상 이러한 도-메타포의 신학적 적용은 한국 교회의 초창기부터 이
루어졌다. 이 장에서는 그 한 예로서 다석 유영모(1890-1981)의 그리스도론
을 살펴보고자 한다.[4] 다석은 대중적으로 잘 알려져 있지는 않지만 한국 역
사에서 가장 창조적이고 혁신적인 종교사상가의 한 사람이었다. 그는 지난
세대의 중요한 한국 종교지도자들에게 큰 영향을 준 탁월한 스승이었다.
그의 제자 가운데 가장 유명한 사람은 한국의 민중운동과 민중신학의 대부
라고 할 수 있는 함석헌(1901-1989)일 것이다. 다석의 종교적 통찰은 함석헌

---

3) Jürgen Moltmann, *The Way of Jesus Christ: Christology in Messianic Dimensions*, tr. by
　　Margaret Kohl (San Francisco: HarperSanFrancisco, 1990), 38-72 참조. 한글역서는 J. 몰트
　　만, 『예수 그리스도의 길』, 김균진 외 역(기독교사회, 1990).
4) 이 장에서 주로 사용하는 문헌들은 다음과 같은 약어를 쓴다. 박영호 편, 『씨올의 메아리 多夕語
　　錄: 죽음에 생명을 절망에 희망을』(서울: 홍익제, 1993); 약어, 어록. 김흥호 편, 『제소리의 소
　　리: 유영모 선생님 말씀』(서울: 도서출판 풍만, 1985); 약어, 제소리.

같은 그리스도인들뿐만 아니라 유교, 도교, 불교 등 다른 종교 전통을 신봉하는 지식인들에게도 깊은 영향을 주었다.

유영모는 나이 15세인 1905년에 장로교회의 그리스도인으로 입교했다. 그렇지만 그는 뒤에 자신의 신앙을 비정통이라고 선언했다. 아마도 이 종교적 천재는 마치 19세기 유럽에서 키에르케고르(Søren Kierkegaard, 1813-1855)가 그랬던 것처럼 자기의 시대보다 너무 앞서 있었다. 다석이 살던 당시 한국의 칼빈주의자들은 근본주의자이고 배타주의자였던 선교사들로부터 배운 바에 극도로 충성하였다. 그래서 그들은 고도로 지구촌화 되고 다종교화 된 세상에서 살아야 하는 21세기 크리스천들을 위해 하나님의 섭리로 예비되었을지도 모르는 다석의 시대를 훨씬 앞선 선지자적인 통찰을 이해하거나 받아들일 수 없었다. 그는 최근에 와서야 비로소 논의되고 있는 간경전적 해석학, 다종교적 해석학, 또는 비교신학을 이미 실행한 참된 선구자였다.[5] 그는 동아시아의 경전들을 깊이 체득하고서 그리스도교 신앙을 그러한 동아시아적 사상의 입장에서 아주 흥미롭게 해석하고 발전시켰다.[6] 그는 다경전읽기multi-scriptural readling라는 흥미 있는 제안을 했다. 곧 아시아의 종교 경전들을 모두 구약성경처럼 간주하자는 것이다.[7]

유영모가 종교다원주의자인가 하는 논란을 아직 진행 중이다. 그러나

---

5) 비교신학(comparative theology)에 대해서, Fancis X Clooney, *Theology after Vedanta: an Exercise in Comparative Theology* (Albany: State University of New York Press, 1993); 또한 다종교적 해석학(multifaith hermeneutics)에 대해서는, Kwok Pui-lan, *Discovering the Bible in the Non-Biblical World* (Maryknoll: Orbis, 1995), 특히 57-70 참조.

6) "이렇게 유교, 불교, 기독교를 서로 비추어 보아야 서로서로가 뭔가 좀 알 수 있게 된다."(어록 365)

7) "나는 적어도 구약과 신약은 성경으로서 오래 가도 버릴 수 없는 정신이 담겨 있다고 본다. 그러나 기독교인은 신약성경을 위주해서 말하는데 신약의 말씀도 구약을 이해하여야하는 것처럼 다른 종교의 경전도 다 구약성경과 같이 보아야 한다는 것은 조금도 틀린 말이 아니다."(어록 82) 이러한 다석의 간문화적 해석학은 다석의 '동양 문명의 뼈에 서양 문명의 골수를 넣는(可西文髓東文骨)' 프로젝트의 일환이라고 볼 수 있다.(공부 2:176 참조).

분명한 것은 그의 주된 관심은 종교다원주의와 같은 이론적인 인식론보다는 "우리의 토착적인 다종교 전통들 속에서 어떻게 새로운 자기의 신앙인 그리스도교를 이해할 것인가?" 하는 믿음에 관한 구성적 해석학에 있었다고 보아야 할 것이다. 다석의 오랜 제자였던 김흥호는 "유영모는 무엇보다 그리스도인이었으며 예수 그리스도를 진정으로 깊이 따르는 사람이었다."고 주장한다. 다석이 한국의 다른 그리스도인들과 다른 점은 말씀(그리스도교 성경)을 그가 처한 상황 속에서 보다 더 잘 이해하고 보다 정확하게 알기 위해서, 우리의 다종교적 전통들을 외면하거나 무시하지 않고, 우리의 토착종교들의 경전 내용들을 자유롭게 활용하였다는 점이다. 성경이 서양에서 그랬던 것처럼 사서오경과 같은 동아시아의 종교 경전들은 1천년이 넘는 오랜 세월을 통해 우리들의 삶의 양식과 사고방식의 형성에 많은 영향을 주었으며 우리들의 삶과 문화 속에 깊이 체화되어 있다. 토착 종교의 경전들과 더불어 그리스도교 성경을 읽어감으로써 다석은 예수 그리스도에 대한 믿음에 대한 보다 뚜렷하고 실천적으로 이해를 가질 수 있었던 것이다.

이 장에서는 다석이 발전시킨 예수 그리스도에 대한 생각들을 살펴볼 것이다. 그의 생각들은 한국적 상황의 그리스도론, 말하자면 예수 그리스도의 한국적 모습에 대한 중요한 본보기들을 보여줄 것이다. 고도로 세계화되고 다원화된 세계 속에서 사는 현 시대의 그리스도인이라면 그리스도교 사상에 이처럼 매력적이고 새로운 해석학적 열쇠에 귀를 기울일 필요가 있을 것이다. 이 글에서는 그의 사상을 조직적으로 해석하기 보다는 가능한 한 그 자신의 말을 인용함으로써 그가 스스로 말하고자 하는 사상을 그의 방식대로 드러내고자 한다. 그의 그리스도론을 전통적인 로고스-그리스도론이나 현대적인 프락시스-그리스도론과 차별화하여, 도-그리스도론의 한 사례라고 규정하고, 다음과 같이 7개의 항목으로 살펴보고자 한다.

1. 예수는 '효자(孝子)'다: 유교적 그리스도론

2. 예수는 '밥'이다: 성례전적 그리스도론

3. 예수는 '꽃피'다: 미학적 그리스도론

4. 예수는 '씨올'이다: 인간학적 그리스도론

5. 예수는 '얼(영)'이다: 성령론적(氣) 그리스도론

6. 예수는 '도(道)'다: 우주적 생명 그리스도론

7. 예수는 '없이 계신 님'이다: 부정신학적 그리스도론

1. 예수는 '효자'다: 효자 예수, 유교적 그리스도론

철저하게 족보 전통을 지키고 있는 한국은 세계에서 가장 유교적인 나라였으며 지금도 여전히 가장 유교적인 국가이다. 대부분의 집안들은 문중의 시조로부터 천오백 년 이상 이어지는 모든 조상과 친족들의 이름과 친인척관계를 세밀하게 기록한 족보를 유지하고 있다. 이같이 강한 유교적 관점에서 볼 때, 예수는 무엇보다도 효행을 실천한 "참 효자"이다(공부 6:319). 다석은 그의 신학을 루터의 종교개혁 신학과 대비하여 한국적 "효의 신학"이라고 말했다(공부 2:223-4). 효孝는 가장 잘 알려진 유교의 기본 덕목이다. 그러나 효를 부모에 대한 맹목적인 복종으로 아는 것은 크게 잘못된 것이다. 다석은 유교적인 효에 있어서도 그 궁극적인 목표는 진정한 아버지인 하나님을 믿는 것이라고 강조했다.

다석은 예수가 유교의 다섯 가지 기본 계율(五倫) 중의 하나인 부자유친父子有親을 온전히 성취함으로써 그리스도가 되었다고 이해했다. 그는 또한 하나님 아버지를 향한 우리의 열망은 사실 본래적인 인간의 본성에서 나오는 피할 수 없는 성향이라고 설명했다.

사람이 하나님(한아님)8) 아버지를 그리워함은 막을 길이 없다. 그것은 아버지와 아들의 관계이기 때문이다. 아버지와 아들은 둘이면서 하나다. 부자불이(父子不二)다. 이것이 부자유친(父子有親)이라는 것이다. 맨 처음이시고 진리 되시는 아버지 하나님을 그리워함은 어쩔 수 없는 인간성(人間性)이다. 그것이 인간의 참 뜻이다. 그런데 이 뜻은 꼭 이루어진다. 그것이 성의(誠意)다.(어록 165)

그러므로 하나님께 영광을 돌린다는 그리스도교적 표현은 하나님 아버지께서 우리에게 주신 본래적인 본성, 곧 인간성을 회복하게 되었다는 것을 말한다. 그러나 다석은 유교가 본래의 길을 잃어버렸다고 말한다. 왜냐하면 진정한 효의 대상인 하나님 아버지를 망각하고, 대신 조상숭배를 과도하게 강조하게 되어버렸기 때문이다. "사람이 하나님에 대한 효孝는 잊어버린 지 오래고 아버지를 하늘같이 아는 것이 효라 한다.… 부모보다는 하나님 아버지(天夫)가 먼저라야 한다. 천명天命에 매달린 유교가 망천忘天을 하여도 이만 저만이 아니다. 그래서 유교가 맥을 쓰지 못한다."(어록 227, 230, 254)

더욱이 <u>예수는 독생자獨生子</u>다. 다석은 요한복음 3장16절에 나오는 '독

---

8) 박영호가 엮은 『다석어록』에서는 '하나님'을 '한아님'으로 표기한다. 이것은 다석의 발음을 그대로 전달하면서도 개신교의 신 명칭인 '하나님'과 차별화하기위하여 그렇게 한 것으로 사료된다. 그러나 다석의『마지막 강의』의 녹취 부분에서도 다석은 '하느님'보다는 '하나님'이라고 분명히 발음했다. 또한 여기에 '하나님'의 한 다른 표기방법인 '한아님'을 사용한 것을 볼 때, 다석이 '하나님'이라는 신명칭을 선호하였다는 것은 더욱 명확해 진다. 따라서 여기에서는 『다석어록』의 구절들을 인용할 때는 '한아님'이라는 단어를 '하나님'으로 변경하여 인용한다. 물론 '하늘 나', 곧 天我를 강조하기 위하여 '한아님'이라는 표기법을 선택했다고도 볼 수 있다. 그러나 다석이 '한아'라는 표현을 사용할 때는 협의의 하나, 곧 작은 나를 의미하는 '하나'와 구별하기 위해서였다. 그러나 광의의 '하나'는 '흔 ♀'와 '하나' 모두를 포함한다. "하나 밖에 없다는 데는 심판도 아무 것도 없다. 깨는(覺) 것이다. 깨는 것 이것은 하나이다. 한(天) 나(我)가 하나이다."(어록 19)

생자'라는 표현을 독특하게 해석했다. 독생자라는 타이틀은 왕권을 말하기 보다는 하나님께서 그에게 주신 특별한 사명을 주셨다는 것을 암시한다. 예수께서 십자가에 달려 죽임을 당한 것은 독생자가 효의 극치를 성취한 것이다. "예수가 모든 대접을 받으려고 하나님으로부터 온 것이 아니다. 하늘로 올라갈 사람이 십자가를 져야 하였겠는가. 아들로서의 사명을 다 마치고 죽는데 지나지 않는다."(어록216) 우리도 또한 하나님의 자녀이므로 우리도 역시 그분의 자녀로서 이 세상에서 같은 사명을 가지고 있다. "예수는 이 세상 사람들에게 주는 것을 가르친 것이다. 이 세상은 (받기보다는) 주라는 세상이다."(어록 71)

또한 예수는 군자君子다. 군자란 유교에서 이상적 인격을 지칭한다. 한자 '君子'의 문자적 의미는 왕의 아들이라는 뜻이다. 하나님이 진정한 왕이므로 왕의 독생자 예수는 다름 아닌 군자다. 다른 종교를 배척하는 종교배타주의는 잘못된 것이다. 자기 자신을 보다 잘 알기 위해서는 무엇보다 먼저 남을 알아야 되기 때문이다. 결국 모든 종교는 완전한 인격의 성취, 곧 어떻게 군자가 될 것인가 하는 물음에서 만나게 된다. "예수교 믿는 사람은 유교를 이단異端시하고 불교를 우상숭배라 한다. 불교에서는 예수를 비난한다. 유교를 나쁘다고 한다. 유교에서는 불교를 욕지거리 하고 무엇을 안다고들 하는지 모르겠다. 남을 모르면 자기도 모른다. 자기가 그이(君子)가 되려고 다른 그이(君子)도 알아야 한다."(어록 57, 강의 44-5)

유교의 우선적 목표는 군자 됨을 통하여 온전한 인격, 곧 성인을 성취하는 것이다. 유교의 핵심 덕목인 인仁은 더불어 사는 "공존적 존재"being-in-togetherness의 윤리-존재론과 연관되어 있다.[9] 군자가 되는 유교 프로젝트의 극치는 살신성인殺身成仁에서 이루어진다. 예수가 십자가에서 못 박힌 것은 살신성

9) Heup Young Kim, *Wang Yang-ming and Karl Barth: A Confucian-Christian Dialogue* (Durham: University Press of America, 1996), 43-6, 158-160 참조.

인한 군자의 완전한 모범인 동시에 효도의 의무를 다한 독생자의 모습이다 (어록 320, 125). 예수가 십자가에서 희생적 행위를 통해 인(仁)을 실현한 것에서 다석은 그리스도의 참된 의미를 발견하였다. "하나님과 인류를 섬김을 자기의 생명으로 삼으신 이가 그리스도다. 온 인류로 하여금 그리스도인 영원한 생명으로 살도록 본을 보이기 위해서 섬김에 섬기신 이가 그리스도다. 이에 그리스도를 진정으로 기리고 진정으로 찬미하는 것이 인간의 본성이 아닐까."(어록 39)

2. 예수는 '밥'이다: 밥 예수, 성례전적 그리스도론(몸신학)

다석 유영모는 하루 한 끼를 먹는 일식一食으로 유명하다. 일식은 그에게 있어서 날마다 그리스도인의 경건성을 실천하는 진지한 의식이었다. "하나님께 예배드리는 극치는 하루에 한 끼씩 먹는 것이다. 그것은 정신이 육체를 먹는 일이며 내 몸으로 산제사를 드리는 일이기 때문이다."(어록 52) 먹는 일은 단순히 영양을 섭취하는 것 이상의 더 깊은 영적 의미가 있다. 다석에 있어서 일식은 그야말로 몸신학의 실천이며 몸 수행의 극치이다.

> 밥은 제물(祭物)이다. 바울은 너희 몸은 하나님의 성전이라고 한다(고전 3:16). 우리 몸이 하나님의 성전인 줄 아는 사람만이 능히 밥을 먹을 수 있다. 밥은 하나님에게 드리는 제사이기 때문이다. 내가 먹는 것이 아니라 하나님에게 드리는 것이다…. 그러니까 밥을 먹는다는 것은 예배요, 미사다. 내가 먹는다고 생각하는 사람은 제물을 도적질하는 것이다. 하나님을 사랑한다는 것은 밥을 먹는다는 말이다.(어록 186-7)

십자가 위에서 행해진 예수의 희생은 밥(떡)을 먹는 성찬식의 완성을 의미한다. 여기에서 다석은 매우 흥미로운 통찰을 전개한다. 예수는 "나는 생명의 떡이니라." 하셨고, 또한 "나는 하늘에서 내려온 살아 있는 떡이니 사람이 이 떡을 먹으면 영생하리라. 내가 줄 떡은 곧 세상의 생명을 위한 내 살이니라."(요 6:48, 51) 하셨다. 곧 십자가 위에서 <u>예수는 밥이 되었다</u>는 것이다. "예수는 십자가의 자기를 바쳤다. 바쳤다는 말은 밥이 되었다는 말이다. 밥이 되었다는 말은 밥을 지을 수 있는 쌀이 되었다는 것이다. 쌀이 되었다는 것은 다 익었다는 것이다. 성숙하여 무르익은 열매가 된 것이다."(어록 187)

따라서 모든 식사는 성찬 예식으로 간주되어야 한다. "예수께서 십자가에 못 박혀 피 흘리고 희생당할 때 그 제사야 말로 우리가 먹고 마시는 양식이라고 생각해야 한다. 이렇게 알고 먹는 것이 성찬이다. 날마다 음식을 성찬으로 먹어야지 식욕으로 먹어서는 안 된다. 이것이 상의극치일정식嘗義極致日正食이다."(어록 100) "나는 어제 먹은 밥은 예수의 살로 물은 예수의 피로 알고 먹고 있다.(저녁 한 끼만 먹기 때문) 미사엔 성찬 때에만 그같이 알고 먹는 것이 아니라 항시 먹는 밥이나 듣는 소식도 예수 그리스도로 알고 먹고 듣는다."(어록 223)

그는 인생의 목적은 결국 밥이 되는 것이 아니냐고 묻는다. "인생은 무엇인가. 무르익는 것이다. 제물이 되는 것이다."(어록 187, 제소리 130) 밥과 같은 희생 제물로 바쳐지기 위해서 성숙되는 것이다. 밥이 되는 인생은 성령의 열매인데, 다석은 그것을 사람다운 사람, 곧 유교가 말하는 인의예지仁義禮智의 네 가지 덕목을 갖춘 인격체가 되는 것이라고 생각했다. 밥으로서 온전한 인간성은 하나님께 바쳐지기 위해 반드시 성취해야 하는 것이다. "인생은 밥이다. 이 밥은 하나님께 바쳐지는 성령의 열매다. 성령의 열매란 사람다운 사람, 인격이 되는 것이다. 하나님께 바치는 것은 인격을 바치는 것이다. 인격이란 인의예지다. 인의예지가 인간의 본성이다. 이 본성을 우리는 하나님께 바치는 것이다. 그것을 우리는 말씀이라 한다."(제소리 133)

우리의 먹는 목적은 참 인간성을 성취하자는 것이다. 『중용』 앞머리 구절에 따라 다석은 이런 "사람이 된다."는 인간화(인격성장)의 길을 도道라고 했다(率性之謂道).(어록 187, 제소리 131) 이런 관점에서 볼 때 다석은 예수를 참된 인격자, 곧 유교적인 네 덕목을 확실하게 성취하신 도의 완전한 구현자로 이해했다. 더욱이 그의 동 아시아적 그리스도교 사상에서 볼 때 '말씀'이란 어떤 교의보다는 참된 인격에 이르는 지혜를 의미한다. "말씀이야말로 인격의 표현이기 때문이다. 말씀을 통해서 우리는 인격을 바친다."(제소리 133) 그러므로 우주적 성찬으로서 참 인격에는 우주적 구원의 힘인 성령의 말씀이 따른다. "특히 인생이란 밥을 통해 우주와 인생이 얻는 영양은 무엇일까? 그것은 말씀이다. 인생이란 밥에는 성령의 말씀이 있다. 온 인류를 살리는 우주의 힘이 되는 성령의 말씀이 있다."(어록 188, 제소리 132)

3. 예수는 '꽃피'다: 꽃피 예수, 미학적 그리스도론

다석은 은유적으로 붉은 꽃은 자연의 피요 인간의 피는 자연의 꽃이라 생각했다. 이런 생각에서 다석은 꽃을 곧 피라고 했다. 이런 사고를 예수의 십자가 피 흘림에 적용하여 그는 흥미로운 구원론적 '꽃피' 그리스도론을 제시했다.

꽃은 피처럼 붉다고 꽃은 핀다고 한다. 꽃은 자연의 피요, 사람의 피는 자연의 꽃이다. 꽃이 피요, 피가 꽃이다. 꽃다운 피, 피다운 꽃이 예수의 십자가에서 흘린 피다. 예수가 십자가에서 흘린 꽃다운 피가 꽃피(花血)

다. 한 마디로 의인이 흘린 피다. 아무리 흉악한 세상도 의인이 흘린 꽃피로 씻으면 정결케 된다.(어록 165-6, 제소리 156)

자연이나 인생의 꽃이 피는 것은 삶의 마지막에 핀다는 현상에 근거하여 다석은 '꽃이 끝'이라는 통찰을 발전시켰다. 그리고 그는 십자가에 못 박힘이 곧 우주적 꽃의 피어남이라는 십자가의 미학적 그리스도론을 전개했다.

현재는 '끝 – 꽃'이다. 하나님은 알파와 오메가이다. 하나님은 처음과 끝이다. 현재의 현(現)은 꽃처럼 피어나는 것이요, 현재의 재(在)는 하나님의 끝이다. 인생의 끝은 죽음인데 죽음이 곧 끝[끗]이요, 꽃[꼿]이다. 예수가 숨진 십자가를 바라보는 것은 꽃구경을 하는 것이다. 죽음이야말로 엄숙하고 거룩한 것이다. 꽃다운 피, 꽃피를 흘리는 젊은이의 죽음은 더욱 숭고한 꽃을 피우고 있다.(어록 204, 제소리 149)

나무는 꽃이 떨어진 후 열매를 내 놓는다. 다석은 이런 자연현상을 그리스도론에 비유적으로 적용한다. 십자가 위에서 예수의 죽음이 우주적 꽃이 지는 것이라면, 부활은 우주적 열매를 맺는 일이다(花落能成實).

예수는 죽음을 꽃이 떨어지는 것으로 생각했다. 꽃이 피는 것은 진리요, 꽃잎이 떨어지는 것이 십자가다. 십자가는 죽음을 넘어서는 진리의 상징이다. 십자가를 믿는 것은 진리를 믿는 것이다. 죽음이 삶에 삼키 우는바 되는 것이다. 이 말은 정신이 육체를 극복한다는 말이다.(어록166, 제소리 157)

이른 봄 한국의 산과 들에 흔히 피는 진달래꽃이 피어나는 것을 보면서,

다석은 이런 꽃피 그리스도론을 구상하면서 시인처럼 탄식했다. "남의 짐을 가로맡아 먼저 지는 진달래야, 십자가 위에 달리신 님도 한 송이의 진달래지."(제소리 64) "인류의 짐을 지고 십자가에 달릴 진달래야."(제소리 66)[10]

4. 예수는 '씨올'이다: 씨올 예수, 인간론적 그리스도론

다석은 예수를 우주적 씨올로 보았다. 이와 같이 그는 삼위일체에 관해 고전적인 심리학적 흔적(St. Augustine) 또는 사회학적 흔적(Jürgen Moltmann)보다는 자연적 삼위일체 흔적론(*vestigium Trinitatis*)을 생각했다. 즉 예수는 씨요, 하나님은 나무요, 성령은 씨와 나무를 포함하는 생명이라고 생각했다.

> 예수의 생명과 신(神)의 생명은 얼의 생명으로는 한 생명이다. 예수의 얼이 씨라고 하면 하나님의 얼은 나무다. 씨는 어디서 왔나. 나무에서 왔다. 나무는 씨의 근원이다. 예수는 하나님으로부터 왔다. 그리고 씨가 터 나오면 또 나무가 된다. 이것은 하나님께로 돌아가는 것이다.(어록 148)

여기서 다석 사상은 그가 스스로 선언한 만큼 그렇게 비정통적인 것은 아니고, 분명히 삼위일체적이다. 예수의 얼은 하나님의 씨, 영원한 생명의 얼이다. 다석은 이러한 씨올 그리스도론의 조명으로서 삼위일체의 상호내주성(*perichoresis*)를 설명한다. "예수가 "나를 본 자는 아버지를 보았느니라"(요 12:45)라고 하였을 때의 '나'는 자기 속에 있는 하나님의 씨(얼)를 가리키는 것이다. 내 속에 있는 하나님의 씨, 하나님이 보내신 자 곧 말씀(로고스)을

---

10) 또한 일제의 압박 및 고통에 시달렸던 조국과 민중의 아픔과 한(恨)을 생각했을 것이다. 공부 5:536-7, 6:133-4, 7:13-4 참조.

믿는 게 구원이요, 영생이다(요한 12:50)."(어록 277)

이와 같은「요한복음」의 구절을 근거하여 다석은 예수만이 아니라 우리도 하나님의 독생자들로서 하나님께로부터 오는 생명의 씨를 가지고 있다고 주장했다. 다만 예수와 우리 사이에 차이점이란 예수께서는 우리가 따르고 본받아야 할 패러다임으로서 맨 처음으로 무르익은 씨의 열매가 되었다는 것이다. 예수는 하나님의 씨가 되어야할 목적을 한꺼번에 그리고 모두를 위해 확실하게 "싹티워 완성한" 그리스도이다.(어록 341)

예수의 얼만 씨가 아니다. 모든 사람의 얼도 다 씨다. 그것을 알려주는 것이 종교다. 다시 말하면, 얼로는 예수도 나도 다 하나님의 씨다. 예수가 먼저 익은 열매라면 나도 익은 열매가 되어야 한다. 예수를 믿고, 하나님을 믿고, 나를 믿어야 한다. 얼의 생명으로는 한 생명이다. 얼의 나를 믿는 것이 예수를 믿는 것이요 하나님을 믿는 것이다. 예수와 나는 얼로는 하나님으로부터 온 씨다.(어록 148, 제소리 167)

자신의 참나(眞我)를 알게 하기 위하여 예수가 오신 것이다. 예수를 믿는 것은 내가 죽지 않는 생명임을 알기 위해서 예수를 믿는 것이다. 내가 하늘에서 온 씨라는 것을 알아야 한다. 예수도 씨요, 나도 씨다.(어록 149)

거듭 살펴보았듯이, 그리스도론의 심층적인 목적은 그 인간학적인 함의, 곧 진정한 우리 자신(참나)의 자기실현에 있다. 이 점에서 다석은 유교와의 대화를 통해 내 안에 있는 씨(속알)의 인간학을 발전시켰다. 우리 안에 있는 하나님의 씨가 내적인 씨요 참 생명이다. 그것은 유교에서 말하는 덕德으로서 도덕적 힘이며, 왕양명(王陽明, 1472-1529)이 주장한 인간의 선에 대한 본래적인 앎, 곧 양지良知이다. "예수는 내 속에 있는 속알 곧 하나님의 씨가 참 생명임을 가르쳐 주었다. 그러므로 먼저 내 속에 있는 속알에 따라야 한다. 그 속알이 참 예수의 생명이요, 나의 참 생명이다."(어록 308)

우리의 참된 주체성은 우리의 육체적인 외관이라기보다 내적인 씨(속알), 즉 얼에 있다. 그러한 우리의 참된 주체성은 우주의 영적 에너지인 기氣와 관련되어있다고 본 다석의 통찰은 매우 중요하다. 유교적인 용어로 나의 참 된 자기, 나의 내적인 씨(속알), 또는 나의 참 생명은 바로 다름 아닌 호연지기浩然之氣라는 것이다.

어머니 배에서 나온 것은 나가 아니다. 속알이 나다. 정신이 나다. 속사람이 나다. 겉사람(몸)은 흙 한 줌이요, 재 한줌이다. 그러나 참나인 속사람은 하늘나라를 세울 수 있다. 그것은 한없이 크고 한없이 강한 나다. 그것이 호연지기(浩然之氣)의 나다. 호연지기를 가진 나가 기체(氣體)요 영체(靈體)다. 이 영체가 자라나는 것이 정말 사는 것이다….

흙 한 줌이 나가 아니다. 우주와 지구를 통째로 싸고 있는 호연지기(浩然之氣)가 나다. 그것은 지강지대(至剛至大)하여 아무도 헤아릴 수 없고 아무도 견줄 수가 없다. 그것이 나다. 참나다.(어록 192)

그리스도론의 목적은 결국 이런 인간학, 즉 참된 자기실현에 있다. "예수의「나」는 결국 당신 개인의 나"다.(어록 272) 내적인 씨(속알)로서의 예수는 전적으로 다른 존재가 아니라 우리 속에 숨어서 잠재되어 있는 진정한 인간성이다. "싹이 튼 나, 부활한 나, 그이가 예수다."(제소리 93) 유교에서 말하는 본성이 예수 그리스도를 통하여 예수그리스도 안에서 온전히 드러나고 완전히 회복되었다. 그것을 다석은 원혁명元革命이라 칭했다. "유교의 성性이라는게 기독교의 하나님이 보내신 자다.(요 6.29)… 이 성性을 찾아야 원혁명을 할 수 있다."(어록 371)

5. 예수는 얼이다: 얼 예수, 성령론적 그리스도론

다석의 인간론적 그리스도론은 성령론적이다.

> 성령이 그리스도요, 성령이 말씀이요, 성령이 참나이다. 그리스도를
> 증거하고 참나를 증거하는 것뿐이다. 진리의 영을 받고 진리의 나로 몸나
> 에서 자유함을, 죽음으로조차 자유함을 보여주는 것이다. 우리가 성신을
> 받는 것은 영원한 생명을 얻기 위해서다. 영원한 생명이란 성령으로 하나
> 님의 아들이 되는 것이다. 우리가 누가 15장에 탕자처럼 아버지께로 돌아
> 가는 것이다.(어록 199)

다석은 성령(pneuma)과 관련하여 여기서도 한글 '숨'이라는 말을 가지
고 한글놀이를 한다. 숨이란 호흡하는 것이다. 그는 일상적인 육체적 호흡
을 '목숨'이라 하고, 이 목숨을 넘어 영적인 차원으로 '말숨'도 있고 '얼숨'
도 있다고 하였다. '말숨'이라 할 때의 발음이 '말씀'이라는 말과 유사한 것
에 주의를 기울인다. 이러한 생각으로부터 다석은 로고스와 성령 사이의
이원론을 극복한 흥미로운 말숨 성령론을 제시한다.

> 말숨(말씀)은 숨의 마지막이요, 죽음 뒤의 삶이라고 할 수 있다. 말숨
> 쉼은 영원을 사는 것이다. 죽음 이후의 영원한 생명을 사는 것이다. 말숨을
> 생각하는 것은 영원을 생각하는 것이요, 말숨이 곧 하나님이기도 하다.
> 말숨(말씀) 쉬는 것은 하나님을 믿는 것이요, 하나님을 사는 것이다. 말숨
> 은 우리 속에 타는 참의 불이다. 속에서 장작처럼 쓰여지는 것이 말숨이다.
> 속에서 태워지는 장작(가스) 그것이 말씀이다. 참이란 맘속에 쓰여지는
> 것이다… 우리 맘속에 영원한 생명의 불길이 타고 있다. 하나님의 말씀이

타고 있다. 그것이 생각이다. 사람은 하나님의 말숨이 불타는 성화로(聖火爐)다. … 하나님의 말숨을 숨쉬지 못하면 사람이라고 하기 어렵다.(어록 205)

다석은 성령을 유교의 사서四書 가운데 하나인 『대학』大學에 나오는 주요 개념인 명덕明德에 비교할 수 있다고 보았다. "성령은 공자孔子가 말한 명덕明德이다. 명덕이 밝혀야 한다."(어록215) 그는 또한 성령을 프뉴마와 매우 유사한 동아시아적 개념인 기氣와 일치한다고 보았다. "성신이란 별게 아니다. 기운이 동하는 게 성신이다. 氣卽命, 命卽氣다."(어록365) 그리고 그는 설명한다.

氣는 하늘의 구름을 나타낸 그림이다. 구름이 바람에 의해서 움직이는 것을 나타낸다… 구름의 움직임을 통해서 구름을 움직이게 하는 바람, 또 바람을 움직이는 힘이 기(氣)다… 氣는 만물의 생성(生成)의 근원이 된다… 성신도 나는 형이상학적인 바람(風)이라고 본다. 바람이라 氣의 움직임이다. 저 꼭대기(절대계)에 있는 氣가 흘러내려와 나와 통하는게 도(道)다. 도란 달리 생각할 것이 아니라 길(道)이다.(어록 369)

도道란 다름 아닌 기氣가 통하는 길이요. 따라서 여기서도 도의 신학은 기의 신학, 곧 숨신학으로 연결된다. 다석은 '예수 기도(Jesus Prayer)'를 동아시아적으로 심화시켜 전개했다. "우리 [주]님은 숨님"이다(일지 1957. 10. 8). 그리고 "내가 숨을 쉰다는 것은 성령의 숨을 쉬는 것이다. 그리하여 진리를 체득하는 것이다. 이 모든 것은 기도에 있다. 기도는 생각이요, 성신은 권능이다. 성신의 힘으로 숨 쉬고 솟아나는 것이다. 그것이 빛을 비추는 것이다."(어록 184) 그러므로 다석의 성령론은 기의 신학 또는 숨신학과 깊은 연관성을 가지고 있다.

6. 예수는 '길(道)'이다: 도 예수, 우주생명적 도
그리스도론

「요한복음」14장 6절에 따라 다석은 예수를 길, 하나님 안에 있는 생명을 향한 진리의 길이라고 이해했다.[11] 그리스도는 우리가 하나님(생명)과의 일치를 얻을 수 있도록 (진리와 함께) 안전하게 걸을 수 있는 가장 훤한 길(행길)이다. 그것은 천인합일天人合一이라는 유교의 목적과도 부합되는 것이다. 다석은 다음과 같이 설명했다.

> 예수가 본 길(道), 참(眞理), 삶(生命)은 이렇게 말할 수 있다. 사람은 하늘로부터 땅에 내려왔다가 다시 위로 올라가는 것을 '길'이라고 보고 그 길을 훤하게 걸어감을 '참'이라 보고 아버지와 아들이 훤 빛으로 하나가 되는 것을 '삶'이라고 본 것 같다. 사람의 아들(人子)은 하늘에서 와서 하늘로 간다. 이보다 훤한 길이 없다. 이 길을 틀리지 말고 곧장 똑바로 가는 것이 참(진리)이다. 그리하여 하나님과 만나는 것이 삶(生命)이다. 철도에 비기면 철도는 길이요, 기차가 진리요, 도착이 생명이다.(어록 167, 제소리 157-8)

앞에서 살펴보았듯이, 다석에게 예수는 궁극적인 참 '나'다.[12] 길과 진

---

11) 공부 1:508-509 참조. 다석은 또한 그리스도를 "행길"로 표현한다(공부 7:534)
12) 다석은 또한 참나(眞我)를 십자가를 통해 참 살길을 연 '하늘 나'로 표현한다. "하늘 ㄴ가 춤솖 길욿 예수지신 _ㅣ·+[십자가]"(일지 1974.1.28., 또한 공부 7:545 참조).

리와 생명은 결국 이런 참 '나'를 말한다. "길이라는 것은 영원히 오고 영원히 가는 길이다. 그런데 그 길은 '나'가 가고 오고 한다. 내가 자꾸 그 길을 오고 가면 내가 곧 길이 된다. 누에 입에서 고치실이 나오듯이 거미 꽁무니에서 거미줄이 나오듯이 내게서 길이 나온다. 하나님이 주신 얼의 '나'가 길이요, 진리요, 생명이다. 예수는 자신 속에 하나님이 보내신 '나'가 길이요, 진리요, 생명임을 깨달은 것이다. 예수는 참나와 길이, 참나와 진리가, 참나와 생명이 둘이 아닌 것을 알았던 것이다."(어록 43-4)

이런 표현들이 낯설게 들릴지 모른다. 그렇지만 이것은「갈라디아서」2장 20절의 바울의 말씀, "그런즉 이제는 내가 사는 것이 아니라 내 안에 그리스도께서 사신다."라는 구절을 동아시아적으로 기발하게 해석한 것이라 할 수 있다. 그의 동아시아적 관점으로부터 이 구절이 실제로 의미하는 것은 내 안에 거하시는 그리스도가 바로 참나(진정한 인간성)라는 것이다. 그러면 심心, 성性, 리理와 같은 참된 인간성에 관한 유교적 통찰들이 그리스도론, 보다 정확히 말하자면 이미 몇 가지 사례로 살펴본 것처럼, 도-그리스도론을 구성하는 데 심오한 자원으로 활용될 수 있을 것이다. 그래서 다석은 "하나님께 가는 길은 자기 마음속으로 들어가는 길밖에 없다."고 했다.(어록 52) 더욱이 그는 도道는 신유교적 개념인 리理와 불교적 개념인 다르마(法)와 같다고 보았다.

길이란 우리가 움직여 나가는 데는 없어서는 안 될 것이다. 길이 없다면 우리는 꼼짝 할 수 없다. 공간(空間)은 죄다 이 길을 위해 있다. 원자(原子) 전자(電子) 사이의 공간, 세포 사이의 공간도 이 길을 위한 것이다. 길이 없다면 원자나 세포는 제구실을 다할 수 없을 것이다. 분간(分間)한다는 낱말도 공간을 전제하고 있다. 모든 이치가 다 분간할 줄 아는데 있다면 이치는 곧 길이 아니겠는가. 길이 곧 이치인 것이다. 도(道)라는 것은 길을 말한다. 허공(虛空)이 진리라는 말은 이런 점에서 이해되어야 할 것이다. 불교에서 말하는 법(法)도 이러한 이치와 길을 가리킨다. 도(道)라는 글자나 이(理)라는 글자는 같은 뜻이다. 참 이치가 곧 길이다.(어록 170-1)

다석은 우리에게 도道의 더 깊은 의미가 빔(빈탕)이나 허공에 있음을 상기시켜 주었다. "꽃이 아무리 아름답다고 하지만 꽃의 아름다운 윤곽을 드러내주는 것은 허공뿐이다."(제소리 288) 사실 없음(빔, 허공, 無)이 있음(꽃, 실체, 有)보다 더 근본적이다. "꽃 테두리를 보는데 보통 꽃 테두리 안의 꽃만 보지 꽃 테두리 겉인 변두리의 빈탕(허공)에는 눈길조차 주려 않는다. 꽃을 있게 하는 것은 허공이다."(어록 241)

이 점에서 동아시아적 근본-메타포인 도는 그와 대응되는 서양의 근본-메타포와 결별한다. 그것은 그림과 의학 분야에서 현저하게 드러난다. 서양화는 사물에 초점을 두는데 비하여 동양화는 빈 공간에 더 주의를 기울인다. 여기에는 심오한 동양적 지혜가 있다.13) "서양西洋 사람은 없(無)을 모른다. 있(有)만 가지고 제법 효과를 보지만 원대遠大한 것을 모른다."(어록 309) 여기서 유영모는 허공에 대한 놀라운 신학적 통찰을 제공했다.

아주 빈 것(絶大空)을 사모한다. 죽으면 어떻게 되나 아무것도 없다. 아무것도 없는 허공이라야 참이 될 수 있다. 무서운 것은 허공이다. 이것이 참이다. 이것이 하나님이다. 허공이 없이 진실이고 실존이고 어디 있는가.

---

13) Heup Young Kim, "Response to Peter Lee, 'A Christian-Chinese View of Goodness, Beauty, and Holiness," *Christianity and Ecology: Seeking the Well-being of Earth and Humans*, ed. by Dieter T. Hessel and Rosemary R. Ruether (Cambridge, MA: Harvard University Press, 2000), 357-363 참조.

우주가 허공 없이 어떻게 존재할 수 있는가. 허공 없이 존재하는 것은 없다. 물건과 물건 사이, 질(質)과 질 사이, 세포와 세포 사이, 분자와 분자 사이, 원자와 원자 사이, 전자와 전자(電子) 사이, 이 모든 것의 간격은 허공의 일부이다. 허공이 있기 때문에 존재한다.(어록 161)

절대의 허공이 하나님이라고 담대하게 선언한 것에 한 걸음 더 나아가서 다석은 다음과 같이 흥미로운 도교-불교-그리스도교적 부정신학을 제시하였다.

우리의 생명이 피어 한없이 넓어지면 빔(空 : 절대)에 다다를 것이다. 곧 영생하는 것이다. 「빔」은 맨 처음 생명의 근원이요, 일체의 근원이다. 하나님이다. 나도 인격적인 하나님을 생각한다. 하나님은 인격적이지만 우리 같은 인격은 아니다. 인격적이란 맨 처음 일체란 뜻이다. 있없(有無)을 초월하였다. 하나님을 찾는 데 물질에 만족하면 안 된다. 있는 것에 만족 못하니 없는 하나님을 찾는 것이다. 그래서 하나님은 없이 계신 이다.(어록 285)

7. 예수는 '없이 계신 님'이다: 없이 계신 예수, 부정신학적 그리스도론

다석은 '하나'에 대한 신비주의적 생각을 가지고 있었다. "결국은 하나(절대)밖에 없다."(어록 19) "모든 문제는 마침내 하나(절대)에 연결되었을 뿐이다. 문제는 언제나 하나(절대)인데 하나(절대)로 참 산다는 것이다."(어록 40) 다석은 이 절대의 하나를 주 하나님과 같은 것으로 보았다. "하나가 님

(主)이요 님은 하나이다. 주일主一이다."(어록 45) '하나님'이라는 우리말은 이 '하나'라는 말과 '님'이라는 말로 구성되었다. 다석은 도교와 신유교 우주론의 정상에서 하나님의 절대적 '하나'성을 추론했다. "신은 하나이다. 무극이태극無極而太極이다. 오직 하나님뿐이다."(어록 186) "허무虛無는 무극無極이요, 고유固有는 태극太極이다. 태극 무극은 하나라, 하나는 신이다. 유有의 태극을 생각하면 무無의 무극을 생각하지 않을 수 없다. 그래서 하나다."(어록 240)

이미 살펴본 것같이, 결국 이런 관점에서 다석은 독창적인 동아시아적 신론을 제시한다. 즉 하나님은 '없이 계신 님'이라는 것이다. "없이 계신 하나님을 함부로 이름을 불러서는 안 된다."(어록 269) "하나님은 없이 계신 이다. 하나님을 보았으면 좋겠다는 것은 어림없는 말이다."(어록 275)

이러한 '없이 계신 이'는 역사적으로 예수 그리스도의 십자가(없無, 비존재)와 부활(있有, 존재)의 사건으로 증명되었다. 그분은 없음(無, 無極, 空)인 동시에 있음(有, 太極, 色)이다. "하나님은 없이 계신 이다. 없으면서도 계신다. 사람이란 있으면서도 없다. 있긴 있어도 업신여겨진다."(어록 371) 마찬가지로 예수도 '없이 계신 님', 있지 않지만 있는 분이다. 우리는 있어도 없는 존재(色卽是空)이지만 그분은 없어도 항상 계신 존재(空卽是色)이다. "있시 없을 나는 색즉시공이요, 없에 계신 님은 공즉시색이다."(제소리 68)

다석은 이러한 도에 관한 동아시아 최고의 우주발생론적 역설의 입장에서 예수 그리스도를 이해했다. "그는 십자가를 무극이 태극이라고 본다. 동양의 우주관이다. 동양의 우주관을 몸소 보여 주신 이가 예수님이다. 그는 살신성인殺身成仁이었다. 자기를 제물로 바쳐 인류를 구원하고 하나님의 나라를 열었다는 것이다."[14] 그리스도 안에서 무극과 태극은 하나가 되

---

14) 김흥호, 「동양적으로 이해한 유영모의 기독교관」, 박영호 엮음, 『동방의 성인 다석 유영모』 (서울: 도서출판 무애, 1993), 299.

었다. 역사 속에서 이것은 아버지와 아들의 사랑(父子有親)과 효의 관계로 드러났다. 다석은 십자가에서 피는 예수의 꽃피를 보면서 찬란하고 장엄한 우주의 꽃이 피어나는, 즉 새로운 우주의 발생을 보았다. "유영모에게 있어서는 우주 궤도의 돌진이 십자가요, 우주 궤도를 도는 것이 부활이요, 세상을 비추는 것이 하나님의 우편에 앉으신 심판이다."[15]

결론

다석 유영모는 신학을 체계적으로 연구한 조직신학자가 아니며, 조직신학이라는 장르로 논문을 쓴 적도 없다. 그럼에도 불구하고 그의 예수 그리스도에 대한 독창적인 생각들은 다이아몬드의 원광석처럼 조직신학적으로 신선한 충격을 준다. 한마디로, 예수는 도의 체현이라고 요약할 수 있을 것이다. 말하자면, 그리스도는 '효자'(인간관계의 사랑, 곧 인[仁]의 원-패러다임)이며, '밥'(우주적 희생 제물)이며, '꽃피-피꽃'(우주발생적 화초)이며, 생명의 씨올(참나)이며, 얼(생명의 숨쉼, 곧 氣)이며, '없이 계신 님'(無極而太極의 실현)이다. 특성적으로는, 그의 도-그리스도론은 유교적이고, 성례전적이며, 미학적이고, 인간학적이며, 성령론적이며, 우주적이며, 도가 사상과 유사한 부정신학적(apophatic)이다.

다석의 도-그리스도론은 한국의 유불선 삼대 전통종교들의 긴밀한 역사를 자연스럽게 보여준다. 예수 그리스도가 도의 체현이라면, 이 삼대종교들의 가르침들이 이 점에 모두 수렴한다. 예수는 완전한 인간성(인격)을 이루고자 했던 유교의 군자 프로젝트를 완전히 성취하신 분이다. 또한 도

---

15) 같은 글, 301.

교와 유교가 추구한 허虛와 공空의 약함과 반전의 역설을 역동적 권능으로 펼치시며 역사적이고 우주적으로 현현하신 분이다. 다석의 그리스도론은 도가의 우주론과 유가의 인간론을 완성한 것이라 볼 수 있다. 이러한 유교와 도교적 시각에서 다석은 그리스도를 역사적 지평을 넘어서 지구상 혁명뿐만 아니라 우주적 개벽을 성취한 분으로 이해한다. 즉 그는 그리스도를 무극과 태극의 역설적 변화(즉 십자가와 부활 사건)를 통하여 신-인간-우주적 도의 궤적을 변형시켰다는 우주적인 큰 그림에서 이해한다.

다석은 유가적 특성을 계승하여 그리스도론의 목적은 결국 인간론이라고 생각하며 적극적으로 인간론적 측면을 논한다. 그러나 동시에 도가적 특성을 계승하여 신과 초월성을 논하는 데 있어서 언어와 개념의 능력에 대하여 부정적이다. 도-그리스도론의 이러한 부정신학적 요소가 앞으로 많은 가능성을 예고하고 있다. 음양이론으로 보면, 다석의 유가적 도-그리스도론이 동아시아 그리스도론의 양의 측면이고, 그의 도가적 도-그리스도론은 음의 측면을 표출하고 있다. 다른 글에서 언급하였듯이, 도-그리스도론의 도가적 측면이 양의 그리스도가 저물고 음의 그리스도가 차오르는 제3천 년대에서는 크게 각광을 받을 것이다.16) 결국 "그리스도는 영원히 오시는 분"이기 때문이다.(어록 341)

이러한 다석의 통찰들은 종교혼합syncretism인가? 이 질문은 어떤 이들에게는 중요하겠지만, 사실 핵심을 벗어나고 있다. 왜냐하면 근본주의 그리스도인들이 잘못 인식하고 있는 것처럼, 한국 그리스도인들에게 있어서는 그리스도교와 한국의 토착 종교들을 분명하게 분리하는 것이 불가능하기 때문이다. 토착 전통들은 우리 삶의 양식을 형성해왔고, 우리 삶(또는 종교 DNA)의 일부로서 우리 속에 뿌리깊이 박혀있다. 신앙이 삶의 총체성에 관

---

16) Heup Young Kim, *Christ and the Tao* (Hong Kong: Christian Conference of Asia), 173-4 참조.

련된 것이라면, 어쩔 수 없이 이것들과 어떻게든 우리와 관계를 가질 수밖에 없다. 다석의 통찰들은 공론적 합성이라기보다는 성경을 우리의 삶과 세계관을 형성해 온 토착 종교들의 경전들과 더불어 철저하게 읽은 다음 체득한 깨달음들이다. 이러한 간경전적 해석(또는 다종교적 해석)을 통하여 다석은 그리스도교 신앙을 보다 의미 있고, 적절하고, 실천적으로 이해할 수 있었던 것이다. 그의 모든 글과 일기는 실제로, 성경 구절들이 한국인들 마음에 닿고 감동을 주도록 하기 위한 목적으로 쓰였다고 해도 과언이 아니다.

다석은 무엇보다도 진심으로 성경을 철저하게 읽었다. 또한 그에게 주어진 문화·언어적 맥락을 솔직하고 중요하게 받아들였다. 그는 그것을 우리가 사는 삶의 현장에서 우리에게 주어진 메시지라고 생각하고 충실하게 그 뜻을 캐고자 했다. 아마 '오직 성경으로만'*sola scriptura*이라는 종교개혁 전통을 계승한 정통 장로교회 신자들보다 훨씬 더 열심히 성경을 읽었을 것이다. 매일 그는 마치 예식을 거행하듯 성경을 읽었다. 새벽에 일어나자마자 그날의 성경 구절을 계속 읽었고, 암송했고, 깨달음이 올 때까지 그 구절에 대해 명상했다. 과거 선비들이 그리했듯이 그는 깨달음을 한시 또는 한글시로 압축하여 표현했다. 이렇게 쓴 시들이 『다석일지』의 가장 중요한 부분을 차지하고 있다. 그는 이러한 명상적 성경 해석을 닭이 계란을 낳는 것에 비유한다. 닭이 먹이를 먹고 소화하듯 아침에 열심히 하나님의 말씀을 읽고, 외우고, 명상하여 나를 깨닫는(안)다('나알'). 그리고 닭이 매일 계란을 낳듯이, 그는 깨달음의 시(알)를 낳는다('알나').

이렇게 독창적인 다석의 생각들을 보수적인 다른 한국 그리스도인들이 받아들일 수 있을 것인가? 이것은 매우 중요한 질문이다. 한국 그리스도인들의 대부분은 아직도 반문화적으로 이식되고 기계적으로 전수된 서구적인 그리스도론을 추종하기를 원한다. 그러나 다석이 보기에는 우리 문화적 상황에서 그러한 서구적 그리스도교 신학은 너무 교리적이며 추상적이고, 이질적이며 부적절하며 비현실적이다. 그들은 종교문화적 자기화의 과정에 있어서 필수적인 개인적 특수성과 공동적 지역성에 대한 배려가 생략된 것들이다. 참된 보편성은 반드시 참된 개별성을 담지 해야 한다. 복음(말씀)을 보편적으로 이해한다는 것은 무엇보다도 우선적으로 그것이 떨어져 열매를 맺을 땅의 구체적 지역성(육신)을 전제로 한다. 구체적 맥락성이 결여된 그리스도에 대한 신앙고백은 막연하고 모호하고 불완전하고 불충분한 것이다. 오히려 그리스도론의 목적은 이제 여기에 주어진 구체적 맥락 속에서 역사하시는 그리스도의 영(성령)의 명령에 응답하는 책임 있는 행동과 우리 삶의 참된 의미를 분간하는데 있다고 해야 할 것이다. 그러므로 다석에게 있어서는 예수 그리스도에 대한 교의적인 추상보다는 그러한 믿음을 "어떻게 현실에 적용하는가?" 하는 실존적이고 윤리적인 과제가 훨씬 중요하고 시급한 관심사였다고 할 것이다. 이러한 관점에서 볼 때, 한국 민중운동의 선구자라고 할 수 있는 함석헌이 그의 제자이었음은 결코 우연이 아니었다. 민중신학에 크게 영향을 주었던 함석헌의 씨올사상도 사실은 다석으로부터 배운 것이다.

그리스도의 도에 따라 살아가고자하는 도-그리스도론은 그리스도를 단지 생각만 하는 것이 아니라, 내 온 몸과 우리 공동체의 온 연결망을 통해서 그리스도의 영인 말씀을 먹고, 마시고, 숨 쉬는 것(말숨)이다. 그리스도의 도를 따라 산다는 것은 우리로 하여금 말씀을 이해하는 차원보다 한 단계 더 나아가게 한다. 말하자면, 성모 마리아처럼 그리스도교 신앙 안에 하나님의 말씀을 임신하여 나만의 독특한 자식(알)을 잉태하는 것이다. 동아시아의 그리스도인들에게 동아시아의 윤리ㆍ종교적 메타포(道)를 적용하는 것은 유럽과 미국의 그리스도인들이 희랍과 서구의 철학적 메타포(Logos)를 사용하여 그들의 신학을 구성하였듯이, 정당한 것이다. 그것은 마치 우리의 알을 생산하기 위해 우리 땅에 흩트려져 있는 먹이를 주워 먹듯, 정당한 신학적 과정인 것이다. 이러한 동아시아 신학의 구성을 위하여 다석 유영모는 훌륭한 기반을 마련해 주었다. 결론적으로, 예수를 도의 체현으로 고백하는 도-그리스도론은 동아시아인들에게는 다름 아닌 '말씀이 육신이 되다'라는 말씀을 믿고 하나님의 말씀을 숨 쉬며 그 말씀이 내 몸에서 성육신되는 삶을 살아가자는 것이다. 다시 말해서, 그것은 말씀의 몸신학과 숨신학인 것이다.

제9장
유일한 스승,
한 나신 아들 예수

말씀(道)으로 몸 일우고 뜻을 받어 맘하시니

한울밖엔 집이 없고, 거름거린 참고 옳음!

뵈오니 한나신아들 예수신가 하노라.

(제소리 354)

1. 유일한 스승: 예수

다석에게 예수 그리스도는 유일한 스승이었다. "그리스도는 영원한 그
리스도입니다. 아버지가 줄곧 보내주는 생명입니다…. 그러니까 아버지는
예수 그리스도를 보내어, 예수가 살았을 때의 일과 같은 것을 자꾸 계속해
서 오늘날까지 보여주는 것입니다."(강의 878-9) 또한 그는 "예수는 우리의
대표"라는 것을 분명히 했다(강의 874). 예수 그리스도는 다석에게 "내 뜻 가
운데 사람," 곧 의중지인意中之人이며, 택덕사擇德師이며, 스승이다(강의
781). 그를 종교다원주의자라고 하는 이들이 많지만, 그러나 그는 "최후까
지 진실로 영원히 잊을 수 없는 이가 예수 그리스도"이고, "이 사람은 선생

이라고는 예수 한 분밖에 모시지 않습니다."라고 말했다.

이 사람에게는 의중지인물(意中之人物)이 있습니다. 의중지인(意中之人)이라고 하면 연인으로 알기 쉽습니다. 그러나 의중지인은 내 뜻 가운데의 사람이며, 내가 잘못하면 왜 그렇게 하느냐며 잘하라고 책망하는 벗을 말합니다. 이 사람을 보고는 책선(責善)할 일이 없다고들 하지만, 이 사람에게는 예수 그리스도가 선행을 하도록 타이르는 책선이요 의중지인입니다. 최후까지 진실로 영원히 잊을 수 없는 이가 예수 그리스도입니다. 택덕사(擇德師)하는 데도 마찬가지입니다. 예수가 이 사람의 스승입니다. 예수를 선생으로 아는 것과 믿는 것은 다릅니다. 이 사람은 선생이라고는 예수 한 분밖에 모시지 않습니다.(강의 780-1)

또한 하나님께로 가는 길에 으뜸 선생은 "한 나신 아들" 예수 그리스도이다. 다석은 독생자獨生子를 '외아들'보다는 "한 나신 아들"로 해석했다. 아들 모두가 죄인인데, 독특하게 태어나신 온전하신 한분이라는 뜻이다. (마강459-464) 그 외의 붇다(깬 이), 공자, 노자(늙은 이)와 같은 성현들도 진리와 하나에 대한 계시와 말씀을 주셨으나, 구약과 같을 뿐이다. 그러나 구원은 예수 그리스도와 같은 살신성인의 믿음을 통해서만 가능하다(마강311-323).

"우리가 뉘게로 가오리까"라는 제목의 글 「소식 4」에서 다석은 그가 존경하는 노자, 석가, 공자에 의해 설립된 도교, 불교, 유교를 거침없이 비판했다. 그리고 인자(예수)만이 바른 길이라고 선언했다.[1] 우선 몸을 닦는 노자신老子身에 대해서는 "노담老耼의 함덕含德이 자연 생생의 대경대법이었다. 마는, 생생지후生生之厚로 돌아, 불사욕不死欲에 빠지게 되니, 도사道士

---

1) 일지4: 603. 또한 김흥호 편, 『제소리의 소리: 다석 류영모의 강의록』(서울: 솔출판사, 2001), 354.

는 도道에서 미혹 건질 길이 없어라."고 한탄하였다. 마음을 딱는 석가심釋迦心에 대해서는 "석가의 정각正覺도 한번 함직도 하였다마는. 삼십 성도成道에 오십 년 설법이 너무 길찻더냐? 말법末法이 되다 못 됨은 무뢰無賴 진배없어라."라고 비꼬았다. 그리고 학문가를 이룬 공자가孔子家에 대해서는 "공자의 호학好學을 일찍 밟아보면 했다마는 명기名器를 일삼은 데서 체면치레에 흐르니 유기인由己仁, 극기복례克己復禮는 입지立志조차 못 봤다."라고 혹독하게 비판하였다. 그러나 인간의 아들 인자人子 예수에 대해서는 모두의 인용문과 같이 칭송하였다.

한 나신 아들(獨生子): 성육신

다석은 성육신 사건을 문자 그대로 믿었다. 다시 한 번 『다석일지』에 기록된 "쇠북소리와 딤 울림"이라는 제목의 한글시를 살펴보자.

임의 부림이 고디에 다다르민

이에 얼김으로 베이시도다.

임의 것이 여긔 기다렷사오니

말슴대로 이루어지이다.

이에 나신 아들이 나려오샤

우리사이에 머므르섯도다.

한우님의 고디는 우리 때믄 비르샤

우리로 ᄒ야금 늘삶(그리스도)에 드러감을 엇게 ᄒ소서.

(일지 1955. 10. 12)

천사(임의 부림)가 동정녀 (고디) 마리아에 도달한다. 동정녀는 성령(얼김)

으로 예수 그리스도를 잉태한다. 성모의 거룩한 순종으로 말미암아 독생자가 탄생하게 되고, 그러므로 우리 사이에서 그분이 머물게 되셨다. 다석은 동정녀(한우님의 고디)에게 "죄 많은 우리를 빌고 빌어서 우리로 하여금 영원한 생명(늘삶)에 들어가게 하소서"하며 기도한다. 여기서 그리스도를 한글로 풀어 "늘삶", 곧 영원한 생명으로 표현한 것도 매우 흥미롭다.

늙어서도 이러한 그리스도의 성육신에 대한 신앙은 다석에게 절대적이었다. 83세가 되었을 때 하나님 나라를 몹시 사모하며 다석은 '하나님의 아들'이라는 제목으로 예수 그리스도를 다음과 같이 묘사했다.[2]

한웋님 아달

얼김으로 마리아게 비게ㅎ신 ㅇ들예수

몬ㅁㄷ 닿 올ㅂ로 ㅁ인 민꼭듸기로 좇ㅊ

ㄴ리어 보임시게 된 외ㅇㄷ님 씨울 식

(일지 1973. 9. 7)

풀이하면: 하나님의 아들. 성령으로 마리아에게 잉태하게 하신 아들 예수. 모든 만물을 당연하고 올바르게 붙잡아 맨 꼭대기 하늘나라로 좇아 올라가게 한다. 이 세상에 내려와서 보여 주신 이시고, 외아들 독생자이며, 죽음이 없는(生死無) 생명의 씨알이다(공부 7:437). 이와 같이 다석은 절대적인 독립생명이며 태초의 말씀인 독생자("絶對獨生至誠子")의 성육신을 완전히 믿는다(일지 1971. 4. 24). 성모 마리아를 통해 말씀이 육신이 되는 그것이 몸신학의 원형이라고 할 수 있다.

---

2) 또한 일지 1973.12.11. 참조.

예(땅)와 하늘을 잇게 '이어이'(예)하는 '수': 십자가

다석은 십자가(+)를 한글 '一', 'ㅣ', 'ㆍ' 세 모음이 합해진 것으로 보았다. 그리고 그리스도를 "남게 달니신 예수"라고 명명했다. 김흥호는 이것을 다음과 같이 설명했다. "一 ㅣ ㆍ 으이아는 수평선 수직선 태극점, 세상 죄의 수평선을 의義의 수직선이 뚫고 올라가서 아버지 가슴 한 가운데 도달하는 가온찍이 점심이 으이아요 십자가다. 으는 땅, 이는 사람, 아는 하늘, 천지인 삼재가 모인 인仁자가 십자가다. 인자人子 그리스도다. 인생과 자연과 신의 일치가 십자가다. 남게 달리신 예수, 십자가에 달리신 예수인데, 남게는 나무(南無)요 귀일하신 예수다. 하나님 뜻에 복종하신 지고, 믿고, 빛이 된 예수다. 예수는 이 땅의 힘으로 밀힘이다."(공부 1:28)

다석의 글을 살펴보자.

> +(一 ㅣ ㆍ) 남게 달니신 예수
> 난게 따라지이다
> 우리 다 가튼 나신 아들
> 우리 한가지 한나신 아들(나난 나는 못난 나지만)
> 지고 믿고 예는 길이, 오직 우리의
> 예예혜브터 까지 이어이에 수거니.
> (일지 1955. 12. 26)

이 글에서도 한문처럼 한글에도 다의적 표현을 가능하게 만들고자 하는 다석의 노력을 엿볼 수 있다. '난게'는 두 가지의 뜻을 가지고 있다. 첫째 그것은 십자가에 달리신 예수는 나무에서(난게)라는 뜻이다. 둘째 '난'은 나(吾)를 게는 '제게'의 '게'(天父)를 의미한다고 볼 수 있다. '지이다'도 '지'(落)

다와 그렇게 해달라는 '지이다'의 기원祈願이 포함되어 있다. 곧 십자가 나무에 달려 떨어지신 예수를 따라, 나는 하나님의 뜻을 따라(順應) 지기를 기원한다는 뜻이다. 여기서 만인독생자설이 부연된다. "우리는 모두 똑 같은 새롭게 터나오는 하늘 위에 독생獨生하여 나오는 부활의 아들들이다." 나는 못난 나이지만, "십자가를 지고 아버지를 믿고 이 세상을 여이는(예는) 길이 오직 우리의 나아갈 길이다. 예 땅에서 예 사람을 거쳐 해 하늘까지 계속 이어, 이 예 이 세상을 떠나서 올라가는 수, 힘이요 믿음이다. 이렇게 지고 가는 이가 예수, 이어이 예수다." 다석은 '예수'를 한글로 풀어 이와 같이 예(땅)와 하늘을 잇게 '이어이'(예) 하는 '수'라고 한다. 예수는 이 땅에서 그런 '수,' 힘과 믿음을 주는 밑힘이다. '믿음'과 '밑힘'을 한글놀이하여 연결하고자하는 시도도 보인다(ㄷ -> ㅌ, ㅇ -> ㅎ). 다석의 '예수'에 대한 한글놀이는 계속된다.

> 임 이름 '예수' '이만 우에'ㄹ 가리라.
> 우리 참 우린 참참참
> 갈 데 업서 오오오 와요(왜오? 와 꼭 가튼 소린데오).
> 예(이어이에와 꼭 가튼 소리데오).
> 아ㅂ게 하도 하흔 수에
> 아들내ㅡ일내ㅡ흥신
> 수.
> 예수여,
> 임이여, 우리 임의 이름. 이룸이여.
> 우린 이만 우엘 가리라.
>
> (일지 1955. 12. 27)

[해설]

임 책임, 이름 완성, 십자가는 책임을 완성하는 것이다. 이 땅에서 책임을 지는 것이 예수다. 예는 땅이요 수는 힘이다. 이만 세상에서 살고 하늘 위엘 올라가는 것이 예수다. 예, 여기를 빠져 나가는 수, 힘이다 우리들이 이 세상에 도착해서 한참 동안 살면서 무엇을 하자는 것인가. 참참참이다. 참 진리를 참 탐구하는 모든 고통을 참 인내하는 참, 한참동안이 인생이다. 갈 데 없어서 오고 온 것이 아니다. 이 세상에 와요와 왜요는 똑 같은 소리다. 온 데는 왜 왔는가. 그 이유가 있다… 진리를 깨닫고 하나님의 뜻을 알기 위해서 왔다. 예수라는 예는 이어이에와 똑 같은 소리인데, 이어는 시간, 이에는 공간, 시간과 공간이 곱해진 순간이 이제 여기 가온찍이 깨달음이다. 예는 진리를 깨닫고 하나님의 뜻을 아는 것이다. 수는 생명·힘인데, 수는 형이상의 생명이다. 아버지는 하늘 게 계시고, 하한, 하도 무한한 영원한 생명의 능력을 가지신 분이다. 아버지께서 아들을 내시고, 아들이 할 일을 내시고, 일을 할 수 있는 힘을 주신 것이 수다. 예수는 이 순간 이 공간에 진리를 깨닫고 하나님의 힘으로 하나님께서 맡기신 책임과 사명을 완수하는 분이다. 예수는 진리를 깨닫고 십자가의 도를 걸어가는 영원한 생명이다. 예수여, 하나님을 머리 위에 임이여, 우리 주님에 도달하고[이름] 우리 책임을 완성하고[이룸] 이 세상을 구원하신 책임이여. 주님이여 우리도 이 땅에서 우리 책임을 완성하고 이만큼 살고 하늘 위엘 갈 것입니다.(공부 1:291)

"임 이름 '예수' '이만 우에'ㄹ 가리라."는 마지막 문장에 다시 반복된다. 원본에는 임의 'ㅇ'위에 작대기 '―'를 더 붙여 놓았다. 임도 되고 힘과 된다. 이름은 이룸과 연결하고자 하는 것이 마지막 문장에서 들어난다. "예수 이름으로 기도합니다." 할 때 이름은 단지 이름(姓名)으로만 이해하는 것이 아니고 그것을 완성함(이룸)으로도 함께 생각해야 한다. 예수는 사람이 예 땅에서 하늘로 올라가는 우주인이 될 수 있게 하는 원동력이요 밑힘이다. 예수의 예, 이어이에는 시간(이어)과 공간(이에)이 곱해진 순간, 가온찍기이다. 그러한 가온찍기는 "이제 여기"here and now에 찍힌 4차원적 점심點心이다. 이것은 종말론의 동양적-한국적 표현이되, 시간과 공간의 절대적 분리와 선형적 시간관을 전제한 뉴톤의 기계적 우주관을 넘어선 시간과 공간의 상호적 일치를 통찰한 아인슈타인의 탄력적 우주관을 포용한다. 서구 신학의 종말론은 선형적 시간관을 전제한다. 다석은 그러한 선형적 종말론을 넘어선 가온찍기의 그리스도론을 전개한다.[3]

또한 여기서 십자가의 신학이 여실히 강조되고 있다. 그러한 예수는 "이 땅위에 세운 하늘의 생명 능력 공동체"라는 김흥호의 표현이 흥미롭다 (공부1:291). 신앙의 윤리적 책임, '이제 여기', 그리고 십자가의 신학을 강조한 다석의 그리스도론은 겉은 한국적 모습을 하고 있어 새롭고 이상해 보이지만, 속은 개혁신학 전통을 빼닮고 있다. 다석이 항상 주장해왔던 동양 문명의 뼈에 서양 문명의 골수를 집어넣은 것이다. 이 비유에 따른 서양문명과 동양문명 중 어떤 것이 주主고 종從이냐 하는 문제에 대해서 결국 다석은 같은 것이라고 대답한다. "뼈 없이 골수가 있을 수 없고, 골수 없이 뼈가 있을 수 없습니다. 다 하나입니다."(강의 311)

거룩할 우리 고디: 부활과 승천

그리온 걸 그리우고 드디어 오른이

---

[3] 다석의 종말론은 창조와 종말과 내가 하나가 되는 '영원한 현재'와 유사하다. "이 긋이 태초의 맨첫긋과 종말의 맨마지막 맞끝이 한통이 되어 영원한 생명이 되는 것"이다(「긋 끝 나 말씀」, 일지4:345).

누구리?

무리여.

거룩할 우리 고디!

ㅏ 잡은 걸 손에 잡고 (子)어린이를 (爻)본닫게 하는 것이 敎

ㅏ 잡은 걸 (具)보배롭게 잡은 거이 貞

(일지 1956. 1. 21)

위 글에서 다석은 예수를 "거룩할 우리 고디"라고 불렀다. 고디란 정숙
(貞)함을 뜻하고, 그래서 다석은 그리스도교를 "정교貞敎"라고 하였다(공부
1:327). "높은 진리의 세계," 곧 하늘나라가 그리운 것이다(걸). 그래서 이 시
의 제목은 "그리온"이다. 하늘나라를 그리워하며 위로 깨어 올라야 한다.
그래서 다석은 그리스도를 "그리온 걸 그리우고 드디어 오른 이"라고 하였
다. 그리스도는 그리운 하늘나라를 그리워하다가 드디어 하늘나라에 높이
오른(승천) 이라는 것이다. 이와 같이 다석은 그리스도의 부활과 승천을 인
정했다. 나아가서는 심지어 무리여, 모든 사람들이여, 이 거룩한 우리 고디,
그리스도를 보배롭게 잡고(貞) 어린이들을 본받게(敎) 하라고 권고했다. 다
석은 그리스도의 부활과 승천을 문자 그대로 믿었다. 그것은 다석의 동아
시아적 시각에서는 그리 어려운 일이 아니었다. 다석은 예수의 십자가와
부활의 역사적 사실을 계란이 병아리로 부화하고 고치가 나비가 되는 자연
현상을 통해 가능한 일이라고 믿었다. 그래서 그는 고치로 암시되는 십자
가의 신학을 충실히 신봉하였으며, 나비의 비상으로 상징되는 부활의 승리
와 승천을 인생의 목적으로 보았다. 십자가와 부활·승천의 사건을 이러한
동양적 견성의 차원에서 이해했고, 그것을 수행의 기조로 삼고 실천했다.

펴참

펴참 [에 1:23 克領 고첫 10:26 엡 3:19 프레로마 엡 4:10 全充]
걸채려는데서 밸이 썩고. 펴채려는데서
숨을 살린다. (걸챔 = 貪) (펴참 = 充)
그리스도 펴참이시다.
참이 첨브터 잇고 그리스도가 맨첨 오시고.
늘 오시나. 사람 사람 숨 숨이 펴채여서만
참을 보고. 그리스도을 알가 한다. 그러므로
누구나 예수처럼 낫다 주고, 내렷다 올라야 된다.
낼 거룩 근데. 모레 또 오름을 차자지이다.
환빛 보이십소서. 아멘.

(일지 1956. 4. 25)

죽기로 작정했던 전날(1956년 4월 25일) 쓴 이 시에서 다석은 "그리스도는 펴참이시다."라고 고백했다. '걸챔'은 탐욕이고, '펴참'은 충만이다. 걸식든 것처럼 걸을 자꾸 채워 두면, 물이 고이면 썩는 것처럼, 배알이, 배 속이, 몸도 마음도 썩게 된다. 썩으면 죽는다. 펴서 채워야(푸레로마), 충만하게 되고, 숨을 쉬고 살게 된다. 걸어서 채우는 것(걸챔)이 아니고 펴서 채워야 한다(펴챔). 펴서 꽉 차게 되고 참이 되어야 한다, 그리스도는 그런 "펴참"이다. 펴져서 가득 찬 참이다. 참은 처음부터 있었고 그리스도는 맨첨으로 오신 참이다. 그리고 지금도 항상 늘 오시는 참이다. 사람마다 숨을 쉬고 숨이 펴차고 충만해져야 참을 보고 그리스도를 보고 알게 된다. 계속해서 김흥호는 해설했다. "그리스도를 아는 사람은 예수처럼 낳았다 죽어야 하고, 내려갔다 올라가야 한다. 성육신, 십자가, 부활, 그리고 승천의 우주적 하강-상승운동에 참여해야 한다. 땅으로 내려오셨던 바로 그분이 모든 것을 완성하시려고 하늘 위로 올라가시는 것처럼 우리도 이 땅에 내려왔다가 모든 것을 완성하기 위하여 하늘 위로 올라가는 것이 죽음이다. 죽음을 통해서 우리는 기체가 되고 영체가 되어서 우주의 펴참이 되고 말씀이 되고 진리가 되어 사랑을 가르치고 구원하게 된다. 내일 하루도 거룩한 가운데서 살고, 모레는 죽는 날이니 하늘로 올라가서 환빛을 볼 수 있도록 하여 주시옵소서. 아멘."(공부 1:482)

이글이 함의한 죽음에 대한 김흥호의 도가적 풀이가 흥미롭다. "그리스도가 펴참인 것처럼 죽으면 펴참이 된다. 날개를 펴고 우주에 가득 찬다. 영체가 되어 붕새처럼 우주 밖을 소요유逍遙遊 하게 된다. 사람은 살아서는 물처럼 액체요, 죽으면 공기처럼 기체가 된다. 물은 고이면 썩고, 불은 펴참이 되어야 산다. 불이 되는 것이다. 펴참이 된다. 하나님의 신비가 얼마나 길고 높고 깊은지 알게 된다. 내가 신비가 된다. 신비가 되어 빛을 비춘다." (공부 1:482) 내일 모레 죽기로 작정하고 죽음을 앞에 둔 다석이 사후에 대해 생각하고 있는 것을 대신 말해준다. 이어서 다석은 『다석일지』에 주기도문의 첫 절을 기록했다.

> 하늘에 계신 우리 아부지여 이름이 거룩히 녁임을 바드시옵소서.
>
> (마태 6:9)

햇사람 빛의 사람

죽기로 작정했던 사망예정일(1956년 4월 26일)에 죽지 않았던 다석은 이후 그리스도를 "햇사람 빛의 사람"이라고 말했다. "오늘 온 오늘이 올 오늘이라고 햇사람은 말이오." 오늘은 온(과거, 기재) 오늘과 올(미래, 장래) 오늘을 포함한다. 또한 오늘은 오(시간)과 늘(영원)이 하나가 되는 것이다. 즉 폴 틸리히Paul Tillich의 표현을 빌리면 "영원한 현재"eternal now이다. 그리고 며칠 후 다석은 「요한복음」 14:6에 내오는 "길, 진리, 생명"을 다음과 같이 해석했다. "그러면 예수의 보신—길, 참, 삶—곧 사람은 하늘로부터 따에 나려왔다가 우로 올라가는 것을 '길'이라고 보고, 그 길을 환ᄒ게 걺이[걸어감이] '참'이라 보고, 그 참이 길이길이 '삶'이라 보고, 삶은 아ᄇ지와 아들이 하나라 보는 '환'(빛)이라 보신 것 같습니다."(일지 1956. 4. 29) 다석은 예수 그리스도를 환빛으로 하나님 아버지(聖父)와 합일을 하는 부자유친父子有親을 이루신 효자중의 효자라고 말했다. "예수가 한웋님에 대해서는 그 누구보다도 효자孝子인 것입니다."(강의 916) 예수가 보여준 길이란 부자유친을 이루는 아버지에게 가는 길이다. 그 도상(길)에 현존하는("있다") 아버지를 찾는 것이 진리(참)요, '있'는 아버지와 함께 살아가는 것이 생명(삶)이다. 예수 그리스도가 길이라 함은 그렇게 아버지로부터 와서 아버지로 돌아가는 길을 말한다. 그 길은 곧 부자유친을 이루는 가온찍기를 말한다. 그러므로 다석 신학은 그 길에 대한 확신과 신념을 갖는(道確信念) 도의 신학이라 할 수 있다.[4]

　　예나 이제나 사람은 길을 뭇습니다.
　　예수께서는 '내가 곧 길이다' 잘라 말슴ᄒ셨습니다.
　　아ᄇ지가 없으시면 아들이 잇슬수 없고,
　　아들이 아니면 아ᄇ지는 모를 것입니다.
　　……

---

[4] 1923년 1월 19일자 다석의 글 『동명』을 보면, 그는 젊은 시절부터 이미 "생명 완성"이 모든 종교의 목적이라고 보았다. 이러한 생명의 길을 가는 사람은 "내가 곧 길이요, 진리요, 생명이니라." 하는 도확신념(道確信念)을 갖추어야 한다고 말했다.(제소리 397)

곧혀 생각! 생각, 생각, ᄒᆞ야 몬(物)이란 허믈을 벗겨 나가는 데서 무슨 큰 뜻(사람으로는 쇠집어 낼 수 없는)이 나루게 되는 것을 '있다' '참'이다 '삶'이다 보는 것입니다. 우리가 이러케 된 근을 길이라 알 것입니다. [요한 14:6]

(일지 1956. 5. 1)

예수가 말한 "생명, 진리, 길"은 또한 "삶, 빛, 뜻"으로 표현된다.

숨ㅅ김 = 환빛 = 펴참 = 얼뜻

氣息 = 光明 = 充滿 = 意志

위의 도식을 김흥호는 다음과 같이 해석했다. "생각은 아버지께로 가는 생각이다. 생각은 빛이다. 환빛이다. 빛은 펴참이다. 우주에 충만하다. 빛은 하나님께 가는 길이다. 얼을 찾는 뜻이다. 얼뜻이다. 뜻은 숨어 있기에 숨김이다. 숨김은 찾아내기에 숨이요, 김이다. 숨과 김은 호흡이요, 우주에 가득 찬 것이 김이요, 그 속에 사는 것이 숨이다. 숨김은 삶이다. 삶, 빛, 뜻, 이것이 생명, 진리, 길이다." 그래서 "가슴에 숨김을 받고 배에 얼뜻을 맡고 가는" 그리고 "숨김이라는 생명과 얼뜻이라는 사명을 가온찍이 합일"해서 생명과 사명의 합일, 곧 천명을 이루는 것이 사람이 해야 할 일이다.(공부 1:510)[5]

생명원성(生命願誠) - 기독(基督)

다석은 『주역』周易의 「건괘」乾卦에 나오는 '원형이정'元亨利貞이 "하나

---

[5] 일지 1956.5.2. "숨김과 얼뜻"이란 제목의 시를 보라.

님을 좇는 길"을 말해준다고 생각했다(강의 405). 원형이정의 원元자는 "하늘 밑에 사람이 앉아 있는 꼴"이라고 한다. 그래서 사람은 "하늘과 통해서 쉬지 않고 기氣를 마시어 원기元氣를" 줄곧 차려야 한다. 다석은 "이 하늘의 원기를 받아서 사는 것"이 바로 사람의 행복이라고 말했다. 실상 향락享樂도 남녀의 관계가 아니라 "하늘과 통해야 가능"한 것이다. "제향祭享은 제사를 지내고 제물을 음복하는 것을 말한다." 사람은 그런 "제향의 끄트머리"이다.(강의 406) 다석은 "사람은 하나님의 원자元子"이고, "원자는 독생자獨生子"라고 주장했다. 원자인 사람은 항상 원형元亨을 생각하며 제향을 지내야 한다. 매시간이 "제향을 지내는 시간"이 되어야 진정한 사람, 원자가 될 수 있다.

다석은 "그리스도가 내 양식이라면 나를 위해 대속代贖되는 만물은 죄다 그리스도이다."라고 주장했다. "이 사람은 어제 먹은 밥을 예수의 살로, 마신 물을 예수의 피로 압니다. 미사 때나 성찬 때만 그렇게 알고 먹는 게 아니라 늘 먹는 밥이나 듣는 소식을 전부 예수 그리스도로 알고 먹고 듣고 지냅니다."(강의 870) 피상적으로 보면, 다석의 그리스도론은 위험수위를 넘는 듯 보인다. 다석은 예수도 자기완성을 위해 이 세상에 나온 것이라 했다. "예수라는 분은 이 세상에 무엇을 보이려 오신 분이 아닙니다. 자기완성을 위해서 계속해서 나오신 것입니다. 지금도 완성하려고 그 뜻을 이어오는 게 아니겠습니까?"(강의 310)

그러나 이것은 그저 예수를 믿으면 구원을 받는다는 일반적인 단순한 신앙('값싼 은총')에서 오는 폐단을 지양하고 하나님의 원자인 사람으로서 해야 할 도리와 말씀에 따르는 행위, 곧 주체적인 자기완성('값비싼 은총')을 강조하려는 수사학적 요소가 있다는 점을 감안해야 할 것이다. 앞 절에서 살펴본 바와 같이 예수 그리스도에 대한 그의 신앙은 분명했다. 다석은 예수를 믿는 것만으로 모든 것이 다 된다는 식이 믿음을 넘어서야 한다고 강조했다. 예수는 이미 오셨고, 오셔서 보여주신 것은 생명의 완성이다. 그런데 재림만을 바라고 있는 것('그림')은 자기 욕심이고, 정말 해야 할 일은 예수를 따라 자기의 생명완성에 정진하는 일이라고 주장했다.

> 예수 오시기 前에 人間慾望은 그리스도 엿습니다. 예수가 오셔서 우리
> 가 본(앎) 그리스도는, 生命願誠으로 보인 것입니다. 예수가 하늘로 도라
> 가신 뒤에, 信者들은 다시 各自慾望의 主로 다시 오시기를 바란다 ᄒ니
> 生命誠願은 發心도 못하는 것 같다.
> (일지 1955. 6. 3)

이 생명완성을 김흥호는 그리스도가 십자가-부활-승천의 단계를 통해 보여 주신 것이라 설정하고, 그것을 또한 비유적으로 애벌레-고치-나비의 삼단계로 이해했다(공부 1:61). 그러나 그것보다는 성육신(애벌레)-십자가(고치)-부활/승천(나비)의 단계로 비유하는 것이 더 적합할 것이다. 이어서 그 다음날 다석은 「기독」基督이라는 제목으로 다음과 같은 한시를 적어 놓았다.

> 人間慾望渴基督 耶蘇克終實基督
> 生命誠願發心時 念玆在玆達基督
> (일지 1955. 6. 4)

"인간은 목이 마르게 그리스도를 기다렸다. 예수는 드디어 자기를 극복하고 실지로 그리스도가 되고 말았다. 우리도 생명의 완성을 진심으로 마음속에 발한다면, 생각을 통하여 자기를 완성하고 그리스도에 도달할 수 있다."(공부 1:62) 이 시는 언뜻 보면, 보편적 그리스도론을 주장하고 있는 것으로 보인다. 그러나 이것은 앞에 나온 "생명원성"의 배경을 고려하여 이해해야 할 것이다. 자기욕망대로 재림만을 고대하며('그림') 자기완성의 수행

('올림')을 소홀히 하는 일반적인 그리스도교 신자들의 폐단을 경계하고 있는 것이다.

없음_에 계심

며칠 후(1955. 6. 7) 다석은 인간을 "있다가 다시 온"("있다시온")-"존재세계에서 진리답게" 이 세상 와서, "이 땅에 있다가 다시 간"("옛다시간")-이 세상을 다시 떠나야 하는 존재라고 규정했다(공부 1:69). 그리고 우리(나)와 참존재(참나)인 그리스도를 대비했다. 우리는 지금 있어 보이지만 실제로는 없는 존재지만, 그리스도는 지금 없어 보이지만 영원히 존재하는 '님'이다. 나는 "있이 없을 나"이고 우리 인생은 "있시 없음"(있지만 없고 없을)이지만, 그리스도 그이는 "없에 계신 님"(없는데 계신 님)이고 "없음 계심"(없고 없을 이지만 있음)의 존재이다.

있다시온	옛다시간	있이없을나	없에계신님
如來	善逝	在無我	未見親
제 생각	제불꽃에	살아져야	-말씀-
있다시옴	옛다시감	있시없음	없음에계심
如來	善逝	人生	그리스도

다석은 예수를 하나님의 씨로 난 사람(요1 3:9), 곧 "인자의 대표"로 간주했다(강의 847). 그러므로 예수만이 '외아들'이 아니다. "하느님의 씨(「요한1서」3:9)를 타고나, 로고스 성령이 '나'라는 것을 깨닫고 아는 사람은 다 하느님의 독생자獨生子"라고 주장했다(강의 849). 보편적 그리스도론으로 들리는 이 말은 물론 모든 사람이 다 그리스도라는 것이 아니라, "이제는 내가 사는 것이 아니요 오직 내 안에 그리스도께서 사신 것이라."(갈2:20)는 것을

깨닫고 고백을 할 수 있는 이들에 해당되는 것이라 이해해야 할 것이다. 그것은 "덮어놓고 예수만 믿으면 영생할 수 있다."고 하는 '값싼 은총'에서 벗어나 말씀의 성육신, 내 안의 그리스도의 체화를 통해 참나를 이룩하자는 도의 신학 그리고 몸신학의 선언이다.

슨손, 보리살타(菩堤薩埵), 선비

다석은 예수 그리스도를 유불선의 인간모형인 신선, 보살, 선비의 원형이라고 간주했다. 우선 다석은 예수를 "슨손"이라고 표현했다. 김흥호는 이 말을 "슨사온"으로 독립('슨')해서 '사'는 '온'전한 사람이 합친 말로 풀이했다(공부 2:60-1). 그러나 좀 더 자세히 보면, 다석이 'ㅅ'과 'ㄴ'을 가지고 한글놀이를 하고 있는 듯하다. 땅('ㄴ')과 가로막혀 있는('ㅡ') 하늘 위에 생명('ㅅ')이 땅으로 내려와 하늘과 땅을 있는 점('··')으로 가온찍기를 했다는 말이 함의되고 있다고 볼 수 있다. 또한 이 말의 모음들을 세우면 "신선"이라는 말이 되어, 도가선가적 정서가 흠뻑 풍기기도 한다. 또한 다석은 그리스도를 진리를 찾아가는 사람인 "보리살타"菩堤薩埵, 곧 보살이라고 부르기도 했다(일지 1956. 9. 29). 그리고 예수를 "선뵈람", 곧 선비라고도 했다(일지 1952. 5. 31). 선비 '士'자는 땅위에 선 십자가다. 그리스도는 하나님의 뜻인 인류의 구원을 위해 살신성인한 십자가에 매달려 제물이 된 선비의 모형이라는 것이다. 그리스도를 선비(儒), 보살(佛), 신선(仙)으로 보는 다석의 입장은 그리스도교가 유교, 불교, 선교와 같다는 식의 종교다원주의적 발상이라기보다는, 온전한 인간성의 모형인 예수 그리스도는 우리의 전통적 종교문화인 유불선의 인간모형으로도 이해할 수 있다고 말하는 것으로 이해해야 할 것이다.

언니, 우리 「님」 예수

다석은 예수를 "언니, 님 되신 내 언니"라고 표현하기도 했다. 오늘날 세대에서는 흔하지 않는 말이지만, 우리 어릴 때만하더라도 언니라는 호칭은 남녀 형제가 공동으로 쓰던 믿음의 대명사이었다. 가장 가까운 혈육인 언니가 가는 곳은 어느 곳이던 믿고 그냥 따라갈 수 있었다. 그와 같이 언니를 믿고 따라 갈수 있듯이, 우리는 그리스도를 따라가면 된다고 다석은 말했다.

> 언니. 님되신 ㄴ 언니 뜨러ㄴ ㄱ믄 돼요! 돼!
> ㅇㅂ 계신 우리 계시골 ㄹ 뜨위일도 츰읾!
> 이데릭 우리 울리워 도ㄹ ㄱ온 님닌듬!
>
> (일지 1959. 8. 23)

풀이 하면:

예수는 언니와 같다. 우리가 머리에 이고 따라가야 할 님이다. 그 님을 따라가기만 하면 모든 문제는 해결된다. "아버지가 계신 우리 사랑하는 시골 고향으로 가는 땅 위의 길, 그 길을 가기 위해서 땅 위에서 할 일도 예수님은 잘 알고 있다. 언제나 이제다. 우리를 울리고 감격시켜서 아버지께 돌아가게 하는 것은 예수님의 말씀이요 십자가다. 이대로 우리를 울리면서 회개시키고 아버지께 돌아가신 예수님을 머리 위에 인 다음 나도 십자가를 지고 예수를 따라가는 것뿐이다. 우리 님은 예수밖에 없다."(공부 3:410) 다석은 "우리 언니 우리 성언 언니 예수 ㄴ님"이라는 표현도 사용한다(일지 1973. 12. 11). 이것은 즉 "우리 언니 우리 형인 거룩한 내 주 예수"라는 말이다.

십자가로 본 인자 예수

「성서조선」에 소식 4: "우리가 뉘게로 가오리까"라는 제목으로 다석은 예수 그리스도의 일생에 대한 그의 신앙을 고백했다. 그는 십자가의 가로대와 세로대로 나누어 정통 그리스도교 신앙과 별로 다름이 없는 그의 믿음을 보여주고 있다. 그에게 예수 그리스도의 일생을 통한 성역은 "새천지의 개벽"의 시작이요, 인간에게 하늘 문(天門)을 열어 준 역사적, 우주적 대사건이었다.

　　인자(人子)를 가로(橫) 보면

　　(생전, 제 욕심만 채움을 복으로 아는 구인생관[舊人生觀]으로 보면)

　　미천한 데서 나서, 30 평생을 출세한 것이 없고, 최종 3년 간, 광인(狂人) 지목을 받다가, 폭사(暴死)를 당한 것이 예수의 인간생(人間生)이었다. 누가 돌아다나 보랴.

　　인자를 세로(縱) 보면

　　(속안[俗眼]에는 보이지도 않고, 본 사람의 말도 믿지도 않겠지마는.)

　　목수 요셉의 아들 예수가 설흔살에, 한울문(天國門) 세울 일을 믿었다면,—3년 동안 세상을 책망하는 채찍으로 묵은 누리를 다 헐어냈다면—

　　묵은 누리의 돌바침이

　　(안식일을 중심으로 한 고식생활로 된 세계니, 무망의 인생은 고역이라. 안식을 최대 이상으로 할밖에)

　　새로 세운 나무기둥에

　　(십자가를 중심으로 한 극복사명으로 된 세계니, 신망의 인생은 성역이라, 영원진작을 최상 이상으로 한다)

밀쳐서 깨졌다면,…

— … 그 돌바침이 깨지는 바람에,

목수의 묵은 꺼풀로(한번 안 버릴 수 없는 몸)

들리어서, 그가 세운 기둥나무에 걸려 있었다면,—

(묵은 꺼풀일망정, 밀알같이 여문 몸이라.)

사람이 걷우어서, 땅에 나려 묻었더니,

묻은 지 사흘만에,

새 생명의 싹이 나서,

다시 살아났다면,—곧이 들을까?—

이것이 한나신아들로, 33년 간에 일우신 성역!

새 천지의 개벽은 이로 좇아 시작이다.

그 뒤로 인간은 천문(天門)으로 통하게 되었다.

(일지 4:603-4)

제10장
다석 구원론

萬古로 人生된 同胞 온 분이여

언제나—하늘에서나 따에서나—

一時改革ᄒ면 영영 富貴榮達ᄒ리란 所見은 꿈에도 들지 말아요!

아이에 삶이란 트러백히는 것이 아니고 백힌데서 트고 나감이며. 집짓고

드러서만 살림이 아니고 人間을 크게 여러나감으로만 참 살길을 것는

것입니다.

그리스도가 世上을 救贖햇대도 이 世上 人間들이 세상에서 밥을 알마지

먹고 옷을 알마지 입고 자미 보며 놀게 된 것이란 것이 아닌 것은 우리가

目見ᄒ고 當面흔 바입니다.

그밧게 무슨 改革 무슨 改革이 人間에게 世上榮達을 가져옵디가. 또는

이담 가져올 것같습니가. 人生 그것이 머리카락 발톱긋까지

改革—永永改革—에 드리는 길입니다.

(일지 1956. 4. 29)

다석은 본회퍼(Dietrich Bonhoeffer, 1906-1945)처럼 "값싼 은총"에 따른 무
책임한 일회 완전 구원론을 배격했다.[1] 예수 그리스도가 본보기를 보인 살

신성인의 믿음을 강조했다(마강 13장). 다석의 신학에서 개혁 전통을 볼 수 있는 대목이다. 한국유교가 개혁 전통과 유사한 점이 많다.[2] 다석의 신학 속에서도 그가 신앙초기에 연동교회를 다니면서 익힌 장로교 신학의 특징이 배어있다. 개혁전통의 가장 중요한 기본강령의 하나가 바로 말씀에 의해 "개혁되었고 항상 개혁되는"*reformata semper reformanda*, 곧 다석이 말하는 영영개혁永永改革이기 때문이다. 여기서 또한 다석이 왜 그토록 말씀을 강조했는지도 이러한 개혁신학의 영향이 아닐까 유추해 볼 수 있다. 그의 비유에 의하면 그의 신학은 개혁신학의 골수를 유불선, 특히 유교에 의해 다져진 우리 척추에 이식한 것이 할 수 있다. 그의 『마지막 강의』에서 강의 내용을 보면 이러한 개혁신학의 영향이 여실히 들어 난다. 다석은 분명하게 믿음과 은혜 중심의 개혁전통 신학에 서있다. "믿음으로 그냥 딛고 나가봐요… 할렐루야! 아멘. 꿈을 깨니까 일어섭니다."[3] 또한 그는 말했다.

그러니까 율법적으로 맞추려고 하면 맞는 듯 맞는 듯하다 틀린단 말이에요. 그래 수용할 수 없단 말이에요. 그러나 반대로 성령이 함께하시는 진리의 뜻대로 숨을 쉬고 피를 돌려서 들어가면 험한 길 좁은 문으로 들어가는 영원한 생명의 법으로 자라 나가는 것입니다. [지금] 이렇게 복잡하게 말하지만, 다른 말로 하면 쉬운 것이 있어요. 은혜라는 (그)것은 성신[령]이 함께해서 진리의 올을 좇아서 성하게 올라가[요]. 옳게 숨을 쉬고

---

1) 본회퍼는 그리스도의 제자에게 부여한 하나님의 은총은 "값싼 은총"이 아니고, 예수가 십자가에서 보여 준 것 같은 "값비싼 은총"이라고 주장했다. 디트리히 본회퍼, 『나를 따르라(그리스도의 제자직)』(서울: 대한기독교서회, 2010) 참조.

2) 김흡영, 「존 칼빈과 이퇴계의 인간론에 관한 비교연구」, 『도의 신학』(서울: 다산글방, 2000), 231-291 참조.

3) 마강 290. 박영호 편에는 "믿음으로 그냥 딛고 나가봐요… 할렐루야! 아멘. 꿈을 깨니까 얼이 일어섭니다. 우리가 이 세상을 지나가는 것은 하룻밤 꿈꾸는 것이에요…. 험한 길을 지나서 마지막 문을 나가면 깨는 것입니다."라고 되어 있으나 원 녹음에서 "얼이"라는 말이 없고, 본문에 인용된 데로다.

옳게 말씀이 들어가고 하는데, 그렇게 하는 정신은 예수를 믿는 게 돼요. 그런 정신으로 예수를 믿고 가면 그 길은 기름 바른 길이 돼요. 기름을 발랐다는 것은 그리스도의 길이 된다는 말이에요. 예수는 그리스도예요. 예수를 믿어서 그리스도의 길을 걸어 나가요. (그러면) 속알만(이) 흠집 없이 길러지는 게 그리스도의 길이에요. 그 길로 가는 사람이 많지 않아요. 그러나 정말 갈 길은 그길 뿐이에요. 그렇게 하는 것이 예수를 믿음으로서 죄 정함을 받지 않고 구원[의] 길로 들어가서 영생의 나라로 들어가고 만다는 것입니다. 은혜로만 구원을 얻는 다는 거예요. 믿음만으로 구원을 얻는다는 게 그 소리입니다. 하려고 해도 틀리고 하려고 해도 틀리는 율법을 실행한다는 것이 아니에요. 율법을 좇는 거 아니에요. 그렇게 까다롭게 고르지 말고 그리스도의 길을 디디고 나가는 거예요. [하나님 아들이 되는] 그리스도의 길이라는 것은 좁은 길이니까 험하지요. 그 길이 험하지만, 미끄러지지 않도록 주의(를)하고 착착 왼발 내디디고 바른발 내디디고 가면 가장 순하게 그 길을 죄다 통과해요. 많은 사람이 좁은 길로 가지는 않아요. 그러나 적은 사람이 가더라도 그것은 생명 길이에요. 생명 길을 밟고 나가면 뜻밖에 그렇게 어려운 길이 아니에요. 뜻밖에 생명 문이 있는데 얼핏 보기에 대단히 좁은 문 같아요. 그러나 순하게 나가면 순하게 나가진다는 것입니다.(마강 313-4)[4]

이 인용문을 읽어보면, 다석의 그리스도교 신앙과 구원론에 대한 의문은 사라진다. 그 내용이 일반 목회자와 부흥사들의 설교와 별로 다르지 않다. 오히려 어거스틴, 루터, 칼빈을 이은 개혁신학의 계승자로 보인다. 심지어 니고데모까지 인용하면서 믿음에 대한 중생을 강조했다. "믿음 그대로

---

4) 녹취된 CD를 듣고 수정했다. ( ) 안은 녹취에 포함되어 있는 부분, [ ] 안은 편집자가 수정한 부분이다.

나가봐요. 그럼 뜻밖에 순하게 나가지는 거예요. 그것은 크게 거듭나는 겁니다."(마강316) 금욕주의를 방불한 수행을 강조하는 그가 율법보다는 은혜를 강조한다. 유교를 넘어서는 그리스도인의 도덕적 행위에 대한 그의 치열한 주장에는 믿음이 전제되고 있다. 예수는 그리스도요, 그리스도에 대한 믿음을 강조하고 있다.[5] 믿음과 은혜라는 개혁신학적 칭의론의 전제 아래서 그의 수행론과 수양론이, 성화론으로서, 전개되었던 것이다. 이것은 칼 바르트가 '율법과 복음'의 도식을 '복음과 율법'의 도식으로 뒤집고 루터의 칭의론을 넘어서 칼빈의 성화론을 발전시킨 점과 공명한다.[6] 이러한 바르트에 의한 현대신학의 패러다임 전환은 다석신학을 이해하는데 도움이 된다. 누구보다도 칼빈전통을 고수했던 바르트도 결과적으로 칭의론보다는 성화론을 강조하게 된 것이다. 칼빈도 칭의론보다도 성화론의 신학자로 분류된다. 그리스도에 의한 구원이 역사적으로 성취되었고, 그래서 은혜가 존재론적인 사실이 되었다. 그러므로 지금 그리스도인이 할 일은 그 은혜 아래서 성령의 인도에 따라 우리 삶의 성화에 전념하는 것이다. 우리말로 하면 수신修身 또는 수행修行을 해야 하는 것이다.

다석도, 이러한 바르트 신학의 도식전환은 몰랐겠지만, 예수 그리스도에 의한 구원의 존재론적 완성을 중용의 천명지위성天命之謂性과 양명의 양지良知론에 의거해 유교적으로 이해했다. 믿음과 은혜에 의한 칭의稱義는 예수 그리스도에 의해 이미 존재론적으로 완성되었으므로, 그것을 믿는 그

---

5) 『성서조선』157호(1942)에 기고한 「부르신지 38년 만에 믿음에 드러감」을 보면 다석이 1942년 1월4일 중생의 체험을 하고 그동안 구원을 율법적으로 해석한 것에 대해 철저하게 회개하고 말씀대로 믿겠다고 맹세하고 다음과 같은 "믿음에 드러간이의 노래"를 부른다(일지 4:597-602). "새로 삶의 몸으로는 저 「말슴」을 모서 입고, 새로 삶의 낯으로는 이 우주가 나타나고, 모든 행동, 線을 그니. 만유물질! 느러섯다. 온 세상을 뒤저 봐도, 거죽에는 나 없으니. 位而無인 나(脫私我) 되어 반작! 빛. 요한 1장4절."(같은 글, 602)
6) 칼 바르트의 도식전환에 대해서는 Heup Young Kim, *Wang Yang-ming and Karl Barth: a Confucian Christian Dialogue* (Dunrham: University Press of America, 1996), 67-76 참조.

리스도인이 그리스도의 제자로서 지금 해야 할 일은 성화聖化와 수신인 것이다. 성화와 수신을 위한 인간의 노력을 강조하며, 그것을 위해서는 존심양성存心養性과 같은 유교의 가르침도 도움이 된다고 다석은 확신했다. 다석은 이 대목에서 유교가 지나치게 조상제사에 치중하여 효孝의 근본적 목적인 사천事天을 망각했다고 비판하는 것을 잊지 않았다. 수신과 효는 하나님을 섬기는 것을 전제로 해야 한다는 것을 분명히 했다(마강48). 다시 말하면 믿음과 은혜가 그의 신학 담론에 대전제라는 것을 재확인한 것이다.

그러한 믿음과 은혜의 구원론을 전제한 후 다석은 성화론 곧 수양론을 전개했다. 이 점을 인식해야 다석에 대한 오해를 풀 수 있다. 예수 그리스도에 의한 구원의 존재론적 완성이 동서양의 회통에 존재론적 근거가 되는 것이다. 믿음은 그것을 '그림'으로만 성취되는 것이 아니다. 칭의를 이룬 다음에는 그리스도의 제자로서 그리스도인에게는 '오름'의 행위, 곧 성화가 더욱 중요한 것이다.

오름 그름
그리운 님
따러 오름이 올코.
올님이거니 그림만으로 글타.
나 나고 보니
그님의 벌서 오셧겠스미오
나 잇스니
그님이 머므리심이겟스미오
나 가는 수는
그님이 올라 거셧스미다.
(일지 1955. 10. 16)

옳음 그름. 그리운 님[그리스도]을 따라 오름이 옳고. 올[재림할] 님이

거니 그리는 것은 잘못되었다. 내가 나오고 보니 그님은 벌써 오셨겠음이

오. 나 있으니 그님이 머무르심이겠음이오. 나아 갈수 있는 수가 있는 것은

[이미] 그님이 올라 가셨음이라.7)

믿음은 종말론적 재림을 그리워 함(그림)만이 아닌 여기 이제에서 위로

솟구쳐 오르려는 행위(오름)의 노력이 필요하다. 나의 탄생과 인생과 승천

은 이미 그리스도(그님)께서 성육신(이 땅에 오심), 공생애(머무심), 그리고 승천

(하늘에 오르심)을 통해 존재론적으로 확립시켜 놓았기 때문에 가능하다. 제7

장에서 언급한 "나그네"(나는 그님의 것)이고 그진네(이 세상 그 집에 속한 너)에서

벗어나야 한다는 "나그네-그진네"라는 제목의 한글시는 바로 이 글 다음에

이어서 써놓은 것이다.

다석에 있어서 구원이란 결국 죄악에 빠져 소아小我가 된 인간이 예수

그리스도를 향한 믿음을 통해 인간의 본성, 천성, 하나님의 형상을 회복해

대아大我가 되는 것이다. 여기서 그리스도교의 구원론은 유교의 인간론과

연결되어 구체화된다. 죄악에 함몰된 헛된 나(小我)는 헛된 나를 부정하고

(無我) 대아의 원형(하나님의 형상)인 그리스도를 믿음으로 비로소 참된 나(大

我)로 중생할 될 수 있는 것이다. "신앙을 갖는다는 것은 큰 내 속으로 들어가

는 것이다."(강의 920) 그리고 그 신앙은 자기를 부정하는 무아의 단계를 거

쳐야 하는 것이다. 그러나 이런 모든 것은 궁극적으로 일부러 그렇게 하는

인위人爲적인 것이 아니라 저절로 그렇게 하는 무위無爲적인 것이다. 이 대

목은 무리하더라도 믿으면 모든 것이 다 된다는 식의 '값싼 은총'을 파는 대

중적 구원론과 기복적 신앙론에서는 완전히 벗어나는 것이다. 그러나 신학

---

7) 공부 1:202 참조

적으로 볼 때에는 다석의 입장이 그것들보다 훨씬 더 합당한 것이다. 여기서 또한 도교의 무위사상이 신학을 더욱 명료하게 하는데 도움을 준다.

> 믿고지다라곤 말씀ㅁ
>
> 지고 저서 믿습니다.
>
> 비슷
>
> 비즘
>
> 빚 힘
>
> 빛이다.
>
> (일지 1955. 12. 26)

[해설]

믿고 진다라고는 말하지 마시오. 지고 저서 믿습니다. 그 둘은 비슷하나, 빚지고 져서 힘이 되는 것이다. 빚힘이 비침이 되고, 빛이 된다.

참 믿음은 내가 믿으면 다된다는 식의 인위적인 것이 아니라는 말이다. 믿음(믿힘)도 궁극적으로는 빚진 것(힘)이지 내 스스로가 만든 것(힘)이 아니라는 말이다. 인위적인 억지로의 믿음이 아닌 무위적인 저절로의 믿음을 설파한 그리스도교 신앙과 무위자연의 도를 접목한 아름다운 글이다. 빗-빚-빛(ㅅ-ㅈ-ㅊ), 빚힘-비침-빛, 믿음-믿힘(ㄷ-ㅌ, ㅇ-ㅎ) 등의 한글 말놀이들이 또한 감미롭다. 이 글은 "으이아 십자가 남게 달리신 예수" 바로 전에 나온다. 기복신앙과 싸구려 구원론을 비판하고 무위자연 사상으로 그리스도교 신학을 오히려 진일보시켜 준 대목이다. 본회퍼는 "값싼 은총"에 대항하여 "값비싼 은총"을 주창하여 도움을 주었지만, 테제와 안티-테제라는 서구적 이원론과 무엇을 꼭해서 만들어야 한다는 있음(有)에 대한 강박관념을 벗어나지 못했다. 그러나 다석은 무위사상과 연결하여 신앙은 근본적으로 인위적인 것이 아닌 무위적이라는 것을 강조했다. 신앙은 자기 비움이며 나없음(無我)이다. 내 힘으로 억지로 하는 것(人爲)이 아니라 성령의 은총으로 저절로 그렇게 되는 것(無爲)이다. 내가 있는 인위적인 것(小我)이 아니라 내가 없는(無我) 계시적인 것이다. 내 뜻대로 하는 것이 아니고 아버지 뜻대로 하는 것이다. 김흥호는 다음과 같은 주석을 달았다.

땅을 믿고 나뭇잎이 지는 것이라고는 말하지 말라. 나뭇잎이 지고 지면 땅에 미치는 것이다. 믿고 지면 유위절사(有爲絶死)요, 지고 믿으며 무위 자연(無爲自然)이다. 믿는 것은 인위적인 것이 아니다. 인위적인 것은 패망으로 이끈다. 지고 지는 것은 어쩔 수 없이 지는 것이다. 지고 져서 내가 없어지면 남는 것이 무아요, 무아가 되면 저절로 대아가 되어 힘이 생긴다. 그것이 믿음이다. 진리를 깨달으면 힘이 생긴다. 그 힘이 믿음이다. 진리를 깨닫는 것은 내 힘이 아니다. 계시다. 내가 없다. 뒤로 누우면 물에 뜬다. 그것이 믿음이다. 내 힘을 믿고 엎드리면 빠져 죽는다. 엎드리면 통일이요, 누으면 귀일(歸一)이다. 통일은 죽고 귀일은 산다. 통일과 귀일은 비슷하다. 그러나 천지의 차를 빚어낸다. 통일은 죽고 귀일은 산다. 빚(借)지고 꼼짝도 못하고, 지고, 얻어맞고, 땅에 떨어진 후에 다시 힘이 생긴다. 죽어서 사는 힘, 그것이 부활이요 믿힘이다. 부활의 힘이 빛으로 솟아나오는 광명이다. 밑힘 땅속에 압력(應無所住)에서 금강석이 되고, 금강석에서 나오는 빛(生其心)이 밑힘에서 나오는 빛이다. 나무는 져서 힘이 되고 힘은 빛이 된다. 이것이 십자가와 부활이다. 십자가는 지고 지는 것이다. 내 뜻대로 마옵시고, 아버지 뜻대로 하는 것이다. 가을바람 에 나뭇잎이 지듯 십자가 위에서 죽는 것이다. 그리고 땅 속에 들어가 밑힘 이 되고 사흘 만에 빛으로 터나온다. (공부 1:287-8)

이와 같이 다석은 그 당시 일반적으로 "예수만 믿으면 구원받는다."라는 식의 너무 단순한 '값싼 은총'의 구원론을 경계하며, 오히려 '값비싼 은총'의 성화론과 같은 수도적 삶의 실천을 강조했다. 또한 그것은 존 칼빈과 칼 바르트의 '율법과 복음'의 도식에서 '복음과 율법'의 도식으로 전환함으로써 개혁신학이 칭의론justification 중심에서 성화론santification 중심 신학으로 전환한 것과 맥을 같이한다. 그리고 그는 도가적인 해석학적 지평에서 한 단계 더 나아가서 구원과 성화의 무위적 성격을 강조한다. 성화도 소아적인 내가 죽은 무아의 무위적인 입장에서 접근해야지 그렇게 하겠다고 어떤 목적을 가지고 아직 내가 살아 있는 상태에서 인위적으로 하는 것이 잘못된 것이라고 분명히 경계한다. 그런 무아의 무위적 입장이란 도가적인 용어이긴 하지만, 그것은 그리스도교 신앙과 전혀 동떨어진 것은 아니다. 사도 바울이 말한 성령의 인도에 따른 자기 비움kenosis을 동양적으로 표현한 것으로 보면 될 것이다(빌 2:7). 그러므로 자기 비움을 체득하기 위한 수도와 수행, 곧 몸신학이 다석신학의 핵심을 이루게 된다. 그래서 또한 다석신학이 도의 신학적 특성을 갖게 된다. 도道란 결국 믿고 알게 된 것을 저절로 행하게 되는 지행합일을 이루는 경지를 말하는 것이다. 그러므로 도의 신학에서는 칭의(믿음의 지식)와 성화(믿음의 실천)가 합일하고 격물(진리를 깨달음)과 수신(진리로 몸닦음)이 하나가 되게 하는 수행과 수도가 필수적인 내용이 된다.

제4부

다석 몸신학:
빈 탕한데 맞혀 하늘몸놀이

제11장
몸과 숨의 영성:
'여러 밤' '그이'의 '하늘놀이'*

몸성히, 맘놓이, 바탈틔히

빈탕한데 맞혀 하늘놀이

1. 새 길을 열며

다석 유영모는 그의 제자 함석헌과 더불어 20세기 한국이 배출한 최고의 사상가로 평가된다. 2008년 여름 서울에서 개최된 '제22차 세계철학대회'XXII World Congress of Philosophy에서 한국준비위원회는 한국을 대표하는 철학사상가로서 유영모와 함석헌을 선정하고 특별 프로그램을 마련했다 (7월30일-8월5일). 그럼에도 불구하고 한국 그리스도교계에서는 '유영모가 과연 그리스도인인가?' 하는 원초적인 의문을 제기하며 "한국신학의 광맥"으로서 그의 중요성을 홀대하고 있다. 그러나 유영모 사상의 기조는 확

---

* 초기 버전, 김흡영, 「'여러 밤' '그이'의 '하늘놀이': 다석 유영모의 기도와 영성」, 『기독교사상』 596(2009), 103-130에 게재.

실히 성경에 있으며, 성경 말씀을 중심으로 한 영성 수련에 따른 통찰에 있었다는 것을 결코 간과해서는 안 된다.

특히 한글과 한국문화의 중요성에 대한 의식고취보다는 영어몰입교육 등 언어와 경제적 실용이 서구화의 가장 큰 반사이익을 얻은 그리스도인들에 의해 우선적으로 주장되는 지금의 상황에서 유영모의 눈물겨울 정도로 끈질겼던 한글사랑이 한국 그리스도인들에게 암시하는 바가 크다. 부제로 '여러 밤'이라 한 것은 '밤 셋'이란 뜻을 가진 유영모의 아호 다석多夕을 한글로 풀어서 표현해 본 것이고, '그이'란 '선생' 또는 '군자'를 다석이 자주 그렇게 호칭했다. 그래서 '여러 밤 그이'는 다석 선생을 지칭한다. '하늘 놀이'라는 것은 나중에 살펴보겠지만 다석신학에 있어서 최상의 기도법을 말한다. '몸성히', '맘놓이', '바탈퇴히'는 다석이 순 한글로 표현한 그리스도교 영성 수련법이다. 다시 말하면 이들은 '한나신 아들'인 독생자 예수 그리스도의 형상을 닮은 '참몸', '참맘', '참바탈'을 성취하기 위한 다석의 수양법, 곧 전통신학적의 용어로 굳이 말하자면 성화론에 해당 한다. 실제로 다석은 이것이 그리스도교, 유교, 불교 등 모든 종교들과 경전들이 말하는 영성 수련의 핵심이라고 했다.[1]

다석의 수양법은 말로는 "성령! 성령!" 하지만, 구체적인 영성수련법이 빈곤한 한국 개신교에게 앞으로 소중한 자원이 될 것이며 큰 길잡이 역할을 해 줄 수 있을 것이다. 이글에서는 "몸성히, 맘놓이, 바탈퇴히, 빈탕한데 맞혀 하늘놀이"라는 구절을 화두로 놓고 살펴보고자 한다.

---

[1] "그리스도의 성경을 보나, 유교 경전을 보나, 불경을 보나, 희랍의 지(智)를 보나, 종국은 이 <몸성히>, <맘놓여>, <뜻태우>에서 벗어나는 것이라고는 하나도 없는 것이다"(「몸성히, 맘놓이, 뜻태우」, 일지 4:411). '뜻태우'는 '바탈퇴히'로 발전한다.

2. 기독자의 삶과 영성

다석에게 있어서 영성과 일상(聖과 俗)은 서로 따로 떨어져 있는 것이 아니고, 일상의 삶 전부가 곧 영성이고 기도이다. 「기독자」라는 제목의 한시에서 이러한 생각이 분명하게 표출된다.

기독자(基督者)

기도배돈원기식(祈禱陪敦元氣息)

찬미반주건맥박(讚美伴奏健脈搏)

상의극치일정식(賞義極致日正食)

체성극명야귀탁(締誠克明夜歸託)

(일지 1956. 12. 8)

기도배돈원기식(祈禱陪敦元氣息)

다석에게 있어서도 그리스도인이란 기도하는 사람을 말한다. 그리고 기도는 보통 교회에서 가르치는 것처럼 숨을 쉬는 것이다. 그러나 여기에서 숨을 쉰다는 것은 단지 상징적이고 영적인 것만이 아니라 실질적으로 호흡하는 것을 의미한다(元氣息: 기도는 본래 숨을 쉬는 것이다). 그리고 '배돈'陪敦이란 "조심조심 후하게 또한 정중히 두텁게 하는 것"을 말한다. 다석은 이 구절을 이렇게 풀어준다: "우리가 기도를 하는데 숨을 쉬면 두텁게 후하게 그리고 정중하게 하는데 그 '원'元은 숨입니다. 그래서 기도드린다는 말은 안 됩니다. 호흡을 드린다는 말이 옳습니다. … 우리가 숨 쉬는 것, 곧 호흡하는 것을 바로 하느님에게서 받아서 하는 것이 기도입니다. 즉, 기도는 우리의 '원기식'을 두텁게 해서 말하는 것입니다."(강의 365-6)

이 구절(祈禱陪敦元氣息)에는 또 다른 흥미로운 해석을 가할 여지가 있다. 즉 기도란 배돈하게 원기를 호흡한다(息)는 말이 된다. 기도란 원기元氣, 즉 우주의 근원 또는 숨이 되는 기운, 곧 성령의 호연지기浩然之氣를 숨 쉬는 것이다. 다석이 선도仙道와 관련이 있었다는 것을 추측해 볼 수 있는 대목이다.[2] 다석은 호흡하는 숨 하나하나 속에서도 놓치지 않고 나와 하나님의 관계성 그리고 내가 그리스도교 신앙인이 된 의미를 음미하고 묵상하며 숨을 쉬었던 것이다. 예수기도처럼 숨을 흡吸하면서 하나님을 받아드리고 숨을 호呼하면서 하나님에 대한 나의 믿음과 공경을 바쳤던 것이다.

찬미반주건맥박(讚美伴奏健脈搏)

다석에게 영성은 다만 정신적이고 영적인 것이 아니라 인간 생명의 가장 기본적인 생물적이고 육체적인 차원에서 확인되고 체험되어야 한다. 살아있다는 것은 숨을 쉬는 것이요 맥박이 뛰고 있다는 것이다. 그래서 숨 쉬는 것이 곧 하나님에 대한 기도요, 맥박이 건강하게 뛰는 것이 곧 하나님에 대한 찬미 반주이다. 그는 말한다. "맥박은 건강해야 합니다. 맥박이 건강하게 뛰는 뚝딱뚝딱 하는 소리는 참찬미입니다. 다른 것을 부러워하지 않습니다. '몸성히 맘놓이 바탈퇴히'로 나가는 것이 '건맥박'으로 나가는 것

---

[2] 다석은 한민족의 종교 문화의 근본 줄기인 신선 사상을 이어받아 "신선처럼 욕심을 버리고 자유롭게 살았다."(박재순, 『다석 유영모: 동서 사상을 아우른 창조적 생명 철학자』[서울: 현암사], 35-6) 다석은 그 신선(神仙)사상, 선도(仙道)를 사상적으로만 계승한 것이 아니라 직접 몸으로 실천하는 일종의 선도 수행을 했던 것으로 보인다. 박재순은 다석의 수행법에 나오는 정기신(精氣神)이 대종교의 성명정(性命精)을 거꾸로 놓은 것이라고 했다(같은 책, 58). 그러나 정기신(精氣神)은 선도수련에 핵심적인 개념들로서, 각각 하단전(下丹田), 중단전(中丹田), 상단전(上丹田)의 역할을 지칭한다. 그래서 정을 충만하게 하는 정충(精充), 기를 장하게 하는 기장(氣壯), 신(얼)을 밝게 하는 신명(神明)이 선도수련의 일차적 목적이 된다(고경민, 『영생하는 길』[서울: 종로출판사, 1974], 45-50). 그러므로 다석이 선도의 영향을 받았고, 몸소 그 수련법을 응용하여 수련했다고 생각된다.

입니다. 이것이 찬미가 아니고 무엇이겠습니까?" 그래서 다석은 참 삶을 사는 그리스도인의 모습을 다음과 같이 설명한다. "맥박이 팔딱팔딱 찬미하며 반주합니다. 이렇게 뛰는 것이 그리스도인의 피입니다. 기도는 배돈하고 '원기식'을 드리며, 찬미에는 '건맥박'으로 반주하는 것이 그리스도인의 모습이 아닌가 합니다."(강의366) 그 '건맥박'을 달성하는 방법이 바로 다름 아닌 '몸성히 맘놓이 바탈퇴히'인 것이다.

바울은 「로마서」에서 우리 몸을 "하나님이 기뻐하시는 거룩한 산제사로 드리라."고 권면했고, 이것을 우리가 드릴 "영적 예배"라고 정의했다(롬 12:1). 그러나 많은 그리스도교 영성전통들은 희랍사유의 이원론적 영향을 받아서 영적인 것과 정신적인 것만을 숭배하고 몸과 육체를 경시하는 경향을 가지고 있다. 오늘날 '몸신학' 또는 '몸의 영성'이 주목을 받고 있는 이유도 이 단점을 보완하기 위해서이다. 다석의 '찬미반주건맥박'과 '몸성히'라는 통찰은 이러한 상황에서 큰 도움을 줄 수 있는 영성신학적 자원이다.

상의극치일정식(嘗義極致日正食)

물론 이러한 공경의 자세는 건강을 위해 음식을 섭취하는 식사 때에도 적용된다. 모든 식사가 곧 성만찬이요, 곧 제사인 것이다. 그는 강조한다. "이 한마디만큼은 기억해주십시오. '상의극치일정식'은 제사이고 성찬입니다. 애식과 회식의 정신으로 먹는 것이 상의극치인데, 성찬은 제사의 근본입니다. 그러나 여기에는 아직 가짜가 들어 있습니다. 먹고 마시는 것을 허락하여 주신 하느님께 감사를 드리는데, 예배당에서만 해서는 안 됩니다. 그 정신을 가지고 일상을 사는 것이 '상의극치'가 됩니다. 보본추원報本追遠의 정신을 매끼 식사 때마다 표시하여야 극치를 이룰 것입니다."(강의: 329) 교회에서 예배할 때만이 아닌 모든 식사 때는 물론이고, 일상의 삶 전부가 바로 산제사요, 예배인 것이다(롬 12:1).

체성극명야귀탁(禘誠克明夜歸託)

다석은 하나님을 알기 위해서는 '체성극명'禘誠克明 해야 한다고 말한다. 체禘란 조상을 기리며 정성껏 봉양하듯 하나님을 추원하는 것이요 성誠은 '참'을 존재론적으로 이룸을 말한다. "하느님에 대한 추원追遠을 옳게 하는 것이 체禘요, 이에 바로 들어가면 성誠입니다. 체성禘誠은 치성致誠입니다. 이 '체'를 밝혀야 '성'을 이룰 수 있습니다. 극은 늘 하자는 것입니다. 철저하게 '체성'을 하자는 것입니다. 이렇게 하여야 하느님을 알게 됩니다. 늘 '체성'을 밝히면 밤, 곧 신탁神託에 들어갑니다. 말씀이 늘 참에 들어갈 수 있습니다. 이래야 우리가 세상을 떠날 때 떳떳하게 들어 갈 수 있습니다. 영원한 밤에 들어갑니다."(강의 367) 그러므로 체성극명야귀탁! 이 한 구절로 다석은 신학을 명쾌하게 정의하고 있다. 신학은 바로 다름 아닌 체성 극명하여 신탁에 들어가려고 하는 인간의 노력이기 때문이다.

3. 몸성히, 맘놓이, 바탈틔히

몸성히

기독자의 참 삶과 영성에 들어가려면 우선 "하나님의 성전"(고전 3:16)이요, "거룩한 산제사"(롬 12:1)인 우리 몸을 성하게 '건맥박'할 수 있게 해야 한다. 다석은 이것을 '몸성히'라고 칭한다. 이 대목에서 다석이 "몸이 성하면 몸이 성하지 않는 사람을 도와주어야 합니다."라고 말했다는 것을 주목해야 한다(강의 56). 왜냐하면 다석의 '몸성히'가 온전한 사람만을 위한 것으로 우생학적 오해받을 수 있기 때문이다.

맘놓이, 몸비히

그리고 무엇보다도 마음을 내려놓아야 한다. 곧 마음을 비워야 한다. 다석은 이것을 '맘놓이' 또는 '몸비히'라고 칭한다.3) '몸비히'는 '자기비움(kenosis)'의 영성(빌 2:7)을 다석의 방식으로 표현한 것이라 할 수 있다. 마음은 진공이 될 때까지 깨끗하게 비워야한다. "마음을 비워야 합니다. 진공을 만들어 놓으면 한데 쏠려 몰려들어 옵니다." 그 몰려들어 오는 참된 것들, 곧 '속', '곧', '믿'(忠信)을 말아서 채워야 한다('챔말기'). 이 '말기'는 결국 '맑기'에 이르게 된다고 다석은 설명한다. "'말기'만 채우지 말고 몸성히 비어 있으면 영원히 맑고 맑아집니다. 이승에서가 아니라 죽음을 넘어 저승에서 그러하다는 말입니다. 가는 길에서는 속을 보이게 될 것입니다."(강의 55)

바탈틱히

'몸성히'와 '맘놓이'의 두 단계는 '바탈틱히'의 과정을 지향한다. '바탈'은 나의 바탕, 개성個性을 말한다. '틱히'의 '틱'는 본래 'ㅌ' 밑에 '아래아 · '자를 쓰는데, '태워버린다'(燃)라는 뜻과 '태워나간다'(乘)는 두 가지 의미를 동시에 가진다(강의 174-6). 즉 나의 못된 버릇과 악한 바탕을 끊임없이 태워 변화시켜나가는 성화의 과정을 말한다. 다석은 말한다. "'나'밖에

---

3) 다석은 '몸'을 '맘' 그리고 '몸'과 구분한다. "<맘>이란 아직 상대적인 세상에 욕심을 붙여서 조금 약게 영생에 들어가려는 것이다. <몸>이란 모든 욕심을 다 떼어버리고 자신을 세워 가겠다는 것이다. <몸>에서 우상의 세계를 가리키는 <__>를 떼어버리면 <몸>이 된다. 그러기에 「매임과 모음이 아니!」 또는 「맴과 몸이 아니!」 하고 강조하기에 이른 것이다."(「매임과 모음이 아니!」, 741-2)

없습니다. 단지 내 바탈을 태워서 자꾸 새 바탈의 나를 낳는 것밖에 없습니다. 종단에는 아주 벗어버리는 것입니다. 새로운 '나'를 하느님 뜻대로 자꾸 낳아가도록 노력하는 것이 우리 인생입니다. 이렇게 여러분께서도 바탈을 태워주시면 감사하겠습니다."(강의:206)

'바탈틔히'는, 내 바탈(自)을 스스로 태우는(燃, 然) 것이고, 그래서 그것을 다른 말로 옮기면 곧 자연自然인 것이다. 그리고 다석은 스스로 '자'自자는 '코 속'을 형상한다고 본다. 그러므로 자연은 또한 코가 불탄다, 즉 코로 숨 쉰다는 것을 표상한다. "우리 동양 말로 '자연'自然은 불탄다는 말입니다… 우리가 숨 쉬는 것은 불 타 들어가는 것입니다. 그래서 코 속이 불탄다는 말입니다."(강의377) 이것 또한 다석과 선도의 연관성이 보이는 대목이다.

이것은 고경민(靑山)의 공진空眞에 대한 가르침과 유사성을 가지고 있다. '참몸'을 만들어 가는 '몸성히'는 올바른 몸인 정체正體와 진체眞體를 체현하기 위해 몸을 고르는 '조신'調身에 해당하고, '참맘'을 향한 '맘놓이'는 올곧은 마음인 정심正心과 진심眞心을 구현하기 위해 맘을 고르는 '조심'調心과 유사하고, '참바탈'로 성화하려는 '바탈틔히'(自然, 코 속이 불타는)는 '참숨'인 정식正息과 진식眞息을 이행하고자 호흡을 고르는 '조식'調息과 관련된다.4) 이와 같이 '몸성히, 맘놓이, 바탈틔히'는 '조신(몸고르기), 조심(맘고르기), 조식(숨고르기)'과 대비된다. 그것을 도표로 하면 다음과 같다.5)

몸성히 體操 (참몸)	몸고르기 調身 − 正體 = 眞體	
맘놓이 情操 (참맘)	맘고르기 調心 − 正心 = 眞心	
바탈틔히 志操 (참바탈, 참숨)	숨고르기 調息 − 正息 = 眞息	

---

4) 고경민(청산선사), 『국선도』 1(서울: 도서출판 국선도, 1993), iv.
5) 다석은 '몸성히, 맘놓이, 뜻태우'를 각각 체조(體操), 정조(情操), 지조(志操)를 우리말로 나타낸 것이라 했다(「몸성히, 맘놓이, 뜻태우」, 일지 4:410). 이후 '뜻태우'가 '바탈틔히'로 발전한다.

4. 빈탕한데 맞혀 하늘놀이: 다석의 우주 산보 기도

빈탕한데 맞혀놀이(空與配享)

다석에게 있어서 사람살이(살림 또는 삶)의 궁극적인 목적은 '공여배향' 空與配享이다. 그는 공여배향이 "인간으로 나서 본 인간에 대한 결론"이라고 말한다(강의 458). '공여배향'을 한글로 풀이한 것이 '빈탕 한데 맞혀놀이'이다. '빈탕'은 크고 큰 허공, 즉 "공공허허대대실"空空虛虛大大實을 말한다. '안팎한테'(안과 밖이 하나가 되는 한데 + 하나 = 한테)에서 나온 '한데'는 '베풀' 여(與)에 해당된다고 할 수 있다(강의 466). '맞혀'는 맞추어 간다라는 뜻으로 배配, '놀이'는 제사의 유희삼매에 빠져 노는 것(享)을 말한다. 다석이 내린 "인생의 결론"을 한 마디로 하자면, 이와 같이 "빈탕 한데에 맞추어서 놀이하자!"는 것이다(강의 467). 그것은 곧 바울의 말씀에 의하면 우리 몸을 "거룩한 산제사"로 "영적 예배"를 드리자는 것과 공명한다(롬 12:1).

빈탕한데 맞혀 하늘놀이: 우주 산보

다석의 '빈탕한데 맞혀놀이', 곧 거룩한 산제사로서의 영적 예배는 "산보" 또는 "정신 하이킹"이라고 제목을 부친 그의 기도문에서 정점에 이른다. 그 기도문을 살펴보자.

> 산보
> 높고 높고 높고 산보다 높고 산들보다도 높고 흰 눈보다도 높고 삼만
> 오천육백만 리 해 보다도 높고 백억 천조 해들이 돌고 도는 우리 하늘
> 보다 높고 하늘을 휩싼 빈탕(虛空)보다도 높고 허공을 새겨낸 마음보다

높고 마음이 난 바탈(個性)보다 더 높은 자리에 아버지 한나신 아들 참거룩하신 얼이 끝없이 밑없이 그득 차이시고 고루 잠기시며 두루 옮기시사 얼얼이 절절이 사무쳐 움직이시는 얼김 맞아 마음 오래 열려 예여오른 김 큰김 굴려 코뚤리니 안으로 그득 산김이 사백조 살알을 꿰뚫고 모여 나린 뱃심 잘몬의 바탕 힘 바다보다 깊이 땅 아래로 깊이 은하계 아래로 깊이 한 알 알을 꿰어 뚫다. 이 긴김 깊이 코김 뱃심으로 잇대는 동안 얕은 낮에 불똥이 튀고 좁은 속에 마음종 울리다 마니 싶지 않은가, 우는 이는 좋음이 있나니 저희가 마음 싹임(消息)을 받을 것임이라. 우리 마음에 한 목숨은 목숨키기 깊이 느껴 높이 살음 잘몬의 피어 올리는 피도 이 때문 한 알 알의 부셔져 내리는 빛도 이 때문 우리 안에 밝은 속알이 밝아 굴러 커지는 대로 우리 속은 넓어지며 우리 꺼풀은 얇아지니 바탈 타고난 마음 그대로 왼통 속알 굴려 깨쳐 솟아나와 오르리로다.[6]

다석은 이 기도문을 노래처럼 외우면서 깊게 기도했다고 한다.[7] 그 내용은 "정신 하이킹"이라고 명명한 것처럼, 우주를 관통하고 "높이 높이 올라 하나님의 보좌까지 올라갔다가 거기서 얼김[성령]을 받아가지고 다시 이 세상에 내려왔다가 다시 내 목숨을 키워 올려 결국은 마음의 꽃을 피우라는 것"이다. 다석의 기도는 그야말로 하늘을 무대로 우주 산보를 하고 있는 것이다. 그래서 나는 '빈탕한데 맞혀놀이'에 하늘을 덧붙여 '빈탕한데 맞혀 하늘 놀이'라는 이름하고, 이것이 '몸성히, 맘놓이, 바탈퇴히와 더불어 다석 영성신학의 요약이라고 주장한다. 이 기도문에 대한 다석의 해설을 직접 들어보자.

---

6) 「산보」, 일지 4:487; 또한 김흥호, 『제소리: 다석 유영모 선생님의 말씀』(서울: 풍만 1986), 122.
7) 다석은 무주사상을 주장하며, 자신의 삶의 자리는 광활한 우주이고, 성령의 기운으로 우주와 합일을 이루는 우주 산보와 같은 기도와 수행이 곧 자신의 삶이라고 고백한다. 「제소리」, 일지 4:611-2; 또한 『제소리』, 315-6을 보라.

맨 처음에 산에서 부터 시작하여 해를 거쳐서 은하계 저편 우주를 싸고 있는 빈탕 한데 저편에 거기가 마음인데 그 마음 한복판에 하나님의 보좌를 생각하고 그 보좌에서 생명의 강처럼 흘러 내려오는 얼김을 생각해 본다. 그래서 이슬이 내리듯 내 마음에 내려 그 얼김으로 입이 뚫리고 코가 뚫리고 눈이 뚫리고 귀가 뚫리고 마음이 뚫리고 지혜가 뚫려서 사백조 살알 세포를 다 뚫고 그 기운이 배 밑에 모여 자연을 움직이는 힘이 되어 은하계를 뚫고 태양계를 뚫고 내리어 우리 얼굴에 불똥이 튀게 하고 우리 마음에 종을 울리게 하여 깊이 느끼고 깊이 생각하여 마음을 비게 하고 마음을 밝게 하면 우리 마음속에서 깨닫게 되는 것이 있으니, 그것이 우리의 목숨 키우고 우리의 생명을 키워가는 것이다. 그래서 깊이 느끼고 높이 살게 하는 것, 깊이 생각하고 고귀하게 실천하는 것 그것이 생명의 핵심임을 알게 된다.[8]

다석의 기도, 하늘 산보는 빈탕한데 우주(大宇宙)와 맞혀 노는 것에 끝나는 것이 아니라, 내 몸 속의 우주(小宇宙)와 긴밀하게 연관되어 나타난다는 것을 유의해야 한다. 대우주와 소우주가 내 안팎에서 성령(얼김)을 통해 소통되고 있고 나는 그것에 맞혀놀이하고 있는 것이다. 이것은 바로 대주천大周天과 소주천小周天을 지칭하고 있는 것이 아닐까? 1943년 그가 삼각산 마루에서 경험한 천지인 합일의 체험을 한 후 남긴 다음과 같은 시구를 고려할 때 이 기도문은 그 경험을 바탕으로 유불선을 회통할 뿐만 아니라 그것을 훌쩍 넘어서는 그리스도교의 영성을 보여주고 있다.

瞻徹天 潛透地   우러러 하늘 트고 잠겨서 땅 뚫었네
申身瞻徹極乾元氣!   몸 펴고 우러러 끝까지 트니 하늘 으뜸 김![몸

8) 「산보」, 일지 4:873-4. 『제소리』, 123.

성히]

沈心潛透止坤軸力 　 맘 가라앉혀 잠기고 뚫어서 땅 굴대 힘 가운데 디뎠네[맘놓이]9)

좀 더 구체적으로 이 기도문은 다음과 같은 영성의 단계와 구조를 제시하고 있다.

> 땅 위: 지구-우주(우주인) -〉 빈탕한데(虛空): 노자(도교) -〉 마음(心): 부처(불교) -〉 바탈(性): 공자(유교) -〉 아버지 하나님: 성부 -〉 한나신 아들: 예수(성자) -〉 참거룩하신 얼: 성령 -〉 얼(숨)김(성령): 김(氣) -〉 큰김 - 코 뚫리니 -〉 산김 - 사백조 살알 뚫고 -〉 뱃심 잘몬의 바탕 힘(단전) -〉 바다 - 땅 아래 -은하계 -〉 한 알 알 꿰어뚫다(玄牝一竅) -〉 긴김 - 코김 - 뱃심 - 낮에 불똥 - 마음 종 - 마음 싹임(소식) - 목숨 - 올리는 피 - 내리는 빛 - 밝은 속알(덕) - 속은 넓어지고 - 거플 얇아지니(피부호흡) - 바탕 울려 속알 굴려 -깨쳐, 솟아나와, 오르리로다.

여기에서 다석의 영성이 지닌 다섯 가지의 특징을 추출해 낼 수 있다.

첫째, 다석의 영성은 지구의 좁은 범위를 넘어 선 광활한 우주를 무대로 하는 영적 우주인으로서 우주적 영성이다(빈탕한데 맞혀 하늘놀이).

둘째, 다석의 영성은 동양의 모든 영성 전통들을 관통하고 있을 뿐만 아니라, 그들을 통전하여 더 높이 승화된 그리스도교 영성의 새로운 동양적

---

9) 박재순 새김(박재순, 『다석』, 54). 한시 첫 부분은 몸성히, 둘째 부분은 맘놓이와 연관된다고 볼 수 있다. '첨철천 잠투지'는 선도의 대주천(大周天) 행공과 현빈일규(玄牝一竅)의 체험을 말하고 있다고 볼 수 있다.

지평을 열고 있다. 여기서 빈탕한데(虛空)는 노자와 도가 사상의 단계, 마음(心)은 부처와 불교의 차원, 바탈(性)은 공자와 유교의 경지를 함의하고 있다. 그리고 그리스도교의 영성은 그 단계의 하늘들을 훌쩍 넘어 더 높은 차원의 하늘(하나님의 보좌)과 소통하는 길로 묘사되고 있다(도의 신학).

셋째, 다석의 영성은 삼위일체적 영성이다. 다석에 있어서 영적 에너지의 근원은 아버지 하나님(성부), '한나신 아들'(성자), '참 거룩하신 얼'(성령), 곧 삼위일체 하나님이다.

넷째, 다석의 영성은 성령 중심적이며, 그 얼김은 숨과 김(氣)를 통하여 역사한다. 그리고 삼위일체 하나님의 기氣는 숨을 통한 성령의 강림에 의해 우리 몸에서 구체적으로 육화한다(숨신학).

다섯 째, 다석의 영성은 몸의 영성이다. 정신하이킹은 정신적 유희삼매로 끝나지 않고, 그 성화의 과정은 우리 몸의 변화를 통하여 구체적으로 체화된다. 그야말로 몸성히, 맘놓이, 바탈틔히가 몸의 실질적인 변화와 징조로 나타난다. 그러므로 이것은 단순한 영적 '하늘놀이'가 아니라, 성령과 기를 통해 소통과 연합에 이르는 '하늘몸놀이'인 것이다(몸신학).

5. 새 하늘을 열며.

빈탕한데 맞혀 하늘몸놀이: 삼천 년대의 새로운 그리스도교 영성

인간이 대기권을 뚫고 지구 밖 우주를 향해 나아가기 이전에 다석 유영모는 이미 우주적 영성을 체득하고 스스로 "영적 우주인"이 되었다. 그가 자주 오른 북한산 등반은 단순한 하나의 등산이 아니라 우주를 단전 안에 품고, 굴리고, 더불어 숨 쉬었던 우주 산보, 영성 수련이었던 것이다. 기도라는 것은 단지 물질적 축복을 요구하는 인위적인 것이 아니라, 삼위일체 하나님이 주시는 우주적 호연지기를 숨쉬며, 체화시키며, 우주적 생명운동(율려)에 맞춰서 춤을 추는 '빈탕한데 맞혀 하늘몸놀이'였던 것이다. 값싼 표피적 그리스도교 영성이 판을 치고 있는 오늘날 다석의 영성은 마치 진흙탕 속에 숨겨져 있는 금광석과 같이 그 중요한 가치의 빛을 발하고 있다.

이러한 다석의 영성은 비단 한국 그리스도교를 위해서만 아니고, 서양의 문턱을 벗어나 드디어 고향으로 돌아온 세계 그리스도교에 큰 영성적 희망을 보여주고 있다. 다석 영성신학의 중요성은 종교다원주의와 같은 배타적 인식론적 관념론을 넘어서서 다원종교가 실재하는 동양적 상황에서 그리스도교 영성의 통전적 정체성(또는 보편적 구체성)을 구현했다는 점에 있다. 다석의 그리스도교적 사유 속에는 글로벌 시대의 현대신학이 갈망하는 패러다임(다종교, 다문화, 학제 간)을 위한 많은 단초들이 내포되어 있다.

더욱이 다석은 첨단과학과 디지털 문명에 의해 인간이 사이보그cyborg로 기계화 되어가는 트랜스휴먼trans-human, 포스트휴먼post-human 시대에 대처하기위해 시급히 필요한 '몸과 숨의 영성'의 한 지평을 선보이고 있다.[10] 그러므로 '다석이 그리스도인 인가?' 라는 등의 원초적인 의문을 제기하며 폄하하는 것은 더 이상 바람직하지 않다. 그것은 우리의 한 소중한 영성적 유산을 무시하고 파괴하는 일이다. 다석 사상의 기조는 성경에 있었으며, 성경 말씀을 중심으로 한 영성 수련에 따른 통찰에 있었다는 것은 분명하다. 다석의 새벽기도는 성경구절을 암송하며 나를 반성하고 알아가는 '나알'의 과정에서 시작하고, 성경말씀을 품고 알을 낳는 '알나'의 과정에서 종료된다. 이 '알나'의 과정을 통해 그의 주옥같은 한시와 한글시들이

---

10) Matrix 속의 분신과 기계 인간에게는 몸과 숨이 없다. 그리고 트랜스휴머니즘에 대한 신학적 평가에 대해서는, 김흡영, 「신학자가 보는 삶과 죽음」, 『삶과 죽음의 인문학』(서울: 석탄출판, 2013), 147-189 참조.

탄생했다.

더욱이 언어와 문화적 주체성보다는 경제적 실용성이 우선하는 오늘의 상황에서, 다석의 눈물겨울 정도로 끈질겼던 한글사랑이 주는 의미를 지금까지 서구화과정에서 오는 반사이익을 독점하다시피 해왔던 한국 교회와 그리스도인들은 다시 한 번 깊게 음미해야 할 것이다. 또한 여러 가지 어려운 미래에 대한 징조가 지금 나타나고 있다. 이러한 때 '여러 밤 그이의 하늘놀이', 곧 다석 선생의 기도는 우리에게 호방한 호연지기를 숨 쉬게 한다. '한나신 아들' 독생자 예수 그리스도의 형상을 닮은 '참몸', '참맘', '참바탈'을 체득하고 구현하기 위한 '몸성히, 맘놓이, 바탈틔히, 빈탕한데 맞혀 하늘몸놀이'의 다석 수련법은 지금은 비록 밤하늘 저쪽에서 빛나고 있는 듯하지만, 앞으로 한국 그리스도교의 밝은 미래와 삼천년 대에 높이 떠오를 세계 그리스도교 영성의 새 하늘을 준비하고 있다.

몸성히, 맘놓이, 바탈틔히,
빈탕한데 맞혀 하늘몸놀이

제12장
다석 몸신학

일름에는 메뿐. 말에는 말씀이 만하흥. 말

고린도 후 1:20-22 고린도 전 12:4 –

尋牛室 이야 象徵天

(일지 1956. 1. 4)

상기 인용시의 제목은 '소'이다. 소는 하늘(우주)을 상징한다. 또한 그것은 '하나님께 드리는 제물(메)'이고, 그래서 '교회는 소를 찾는 집'이라 할수 있다. 김흥호는 다음과 같이 해설했다. "하나님의 내리시는 일름에는 바치는 제물뿐. … 말에는 말씀이 너무 많아 말씀 이만하고 제사를 지내라는 말뿐이다…. 약속은 그리스도가 되었다. 말은 제물이 되었다. 마음은 몸이되었다. 말씀이 육신이 되었다. 말은 그만하고 제물로서 몸을 바치면 하나님께서는 성령을 내려주신다."(공부 1:306-7) '하나님의 내리시는 일름', 곧하늘의 명령인 천명天命은 우리 몸을 산 제물로 바치라는 것이다(롬12:1). 이『다석일지』의 초기 구절에서 말제사에서 몸제사로, 말예배에서 몸예배로, 말신학에서 몸신학으로 패러다임 전환하려는 다석의 의지가 보인다.

이것은 중요한 선언이다. 말(설교)로만 하는 제사가 아닌 몸으로 하는 제사가 되어야 한다는 것이다. 한국 그리스도교는 필라델피아에 있는 자유의 종이 상징적으로 보여주는 것 같은 딸랑이 패스트-후드fast food식 영성을 탈피하여 에밀레종과 같은 동양 특히 한국적인 몸으로 울리는 뚝배기 영성으로 제대로 제자리를 잡자는 것이다. 뿐만 아니라 이것은 형식적인 말 중심의 예배에서 몸과 숨을 가지고 행공하는 예배로 전환하게 된다. 하강하는 성령의 기운을 받아 우리 맘은 몸 아래로 깊이깊이 내려가고, 우리 몸은 산 제사의 제물로 성령의 불에 타서 향기가 되어 높이 높이 올라가 하나님에게 상달된다. 신-성령-맘-(몸)-몸-성령-신. 이른바 "몸몸·몸몸"의 행공으로 승화되는 것이다.1) 맘이 몸이 되는 '맘몸'은 성육신에 해당하고, 몸이 맘이 되는 '몸맘'은 십자가와 승천을 따르는 제자도의 실천이라 할 수 있을 것이다.

영성은 예배다. 예배에서는 마음(心)은 내려놓아야 하고 몸(身)은 올라가야 한다. "몬을 픠여올려, 맑금 태울 것도 같고, 몸이 말려내려 엉길 것도 같흐이."(일지 1957. 3. 18) 하늘은 내려오고 나는 올라간다. 신神은 내려오고 (성육신) 신身은 올라간다(승천). 이것이 그리스도교의 신앙고백에서 몸의 부활이 중요한 이유이다. 또한 십자가와 부활은 계란이 그 껍질을 깨고나와 닭이 되는 것과 같은 견성이고, 그것은 몸 치솟음의 수련이다. 불이 내려와 소를 태우고 소(번제)가 타서 곧바로 냄새로 올라가 하나님을 즐겁게 하듯이 내 맘에 불이 내려와 내 몸을 태워 그 향기가 위로 치솟게 한다. 이렇게 하여 다석은 그리스도교 신학을 몸으로 체득하게 하는 동양의 수련법과 연결시킬 수 있는 가능성을 열어 놓았다. 그리스도교 신학사에서 그러한 시도는

---

1) 다석의 몸신학은 몸만 말하는 것으로 볼 수 없다. 사실상 마음(맘)을 포함한 몸신학으로 보는 것이 더 정확할 것이다. 또한 한글 '몸'자는 율려(律呂)의 '몸'자와 유사한 모형을 가지고 있다는 점을 포착해야 한다. 다석의 몸신학에는 우주의 율동에 맞춰 자연스럽게 몸과 맘, 곧 몸이 조화를 이루는 율려사상이 깔려 있다.(일지 1955.4.27. 또한 제4장 "계시" 참조)

매우 귀한 것으로서 그리스도교 수련법의 한 중요한 전기를 마련할 수 있을 것이다.

고디 화살: 꿈몸 · 깬몸, 꿈틀 · 깬틀

> 네 몸에 달린 바리 꿈밧글 거러간다곤 녀기지 마라
> 똑바로 네 몸 눈은 하늘 우에 과녀글 마치려 들고
> 놉히놉히 치켜들고 나가게 생긴거시니라.

(일지 1955. 10. 24)

다석은 사람을 '꿈틀꿈틀하는 동물', '꿈을 꾸는 꿈의 조직 꿈의 형식 꿈의 틀'이라고 생각했다. 인간은 꿈틀꿈틀하는 동물과 같이 아직 인간이 아니다. 이러한 '동물성을 뚫고 나와야 꿈의 틀을 깨고' 나올 수 있다. 사실 '태양도 역시 꿈틀에 지나지 않는 가짜 빛'이다. "내 몸과 발도 동물의 꿈틀 거림에 불과하다. 이제부터 눈이 아니라 마음의 눈을 떠야 한다. 마음이 깨어나야 몸도 깨어날 수 있다. 하나님의 뜻, 천명天命을 알고 목숨이 바로 뚫려야 한다. 몸은 하늘의 과녁을 맞히는 화살과 같다. 그러므로 높이높이 치켜들고 식식을 초월"해야 한다. 내 몸이 곧 '고디 화살'이다. 그러한 몸이 '깬몸'이다. 아직 그렇지 못한 몸은 아직 '꿈몸'이다. "깬 마음과 깬 몸이 일치할 때 하늘의 과녁은 뚫리고, 뜻이 하늘에서 이루어진 것처럼 땅에서도 이루어 진다." 중용中庸이란 바로 이러한 꿈틀꿈틀하는 꿈틀에서 '꿈깸'이요, 사람이 꿈틀에서 깨어나서 '깬틀'이 되어가는 것이다. 몸신학이란 믿음으로 꿈몸에서 깬몸이 되고, 말씀에 능력에 의해 내 몸이 '고디 화살'이 되게 하는 것이다."[2] 그런 의미에서 다석은 깬몸이 되려고 꿈틀거림을 믿음이

---

2) 공부215-6 참조 '깬몸'과 '깬틀'은 '꿈몸'과 '꿈틀'에 대비하여 내가 만든 조어이다. 다석에게

라고 했다. "그리스찬은 제 살의 꿈틀거림을 보고 미듬이라 흔다."(일지 1955. 10. 26) 얼마 후 다석은 몸의 고디에 대해 더욱 자세히 이야기했다.

몸의 고디여 네 가슴을 봄

앞서 나가 살고 도라온 무근 피와 그 피에 실려온, 우에서 오늘날 새로 주신 즘생을 밤낮없이 불살워 새 피를 내는 허파 앞에.

새피를 바다 온몸에 벌려 잇는 四百兆(万万万) 살알에 돌려 이바지어 드러우려는 믐밖에 머금이 없는 「염통」 pope 넙(드림마튼이)가 있는 가슴에 네 나가슬테다.

다음은 허리, 새피가 깊은 허리 기둥뼈 안쪽으로 굳게 달린 콩팥에 가서는 알짬샘물로 되어 잠근 동산 덮은 움물로 간직흐도다. 또 그 움물가에서는 알잠샘물이 구름 피우듯이 온몸 우로 떠오르도다.(雅 4 12)

우리 얼은 그 떠오른 구름으로 하야 살이 지는 것이로다.

살이 진 얼은 다시 거룩흔 생각의 구름을 피어 올리도다.

할렐루야!

그것은 곧 하우님쎄로 올라가는 기름이오, 빛이로다.

참 목숨의 기림빛이로다. 빛난 기름이로다.

참 바드실 만한 목을 드림이로다. [로 十二장 一]

(일지 1956. 1. 18)

있어서 '고디'(곧이)란 정직과 순결을 포함한 신앙의 정조(貞操)를 말하며, 심리적인 마음 상태뿐만 아니고 똑바로 된 몸의 자세를 말한다. 신(神)과 신(身)이 수직선(垂直線)을 이루는 일좌(一座), 곧 다석의 유명한 정좌(正坐) 자세가 그 대표적인 예이다.

[해설]

몸(身), 우주의 고디(精神) 알짬이여, 몸, 너의 가슴 염통을 본다. 가슴은 네가 나가서 독립하고 네가 자립하는 것이다. 너의 핵심은 무엇일까. 너의 속에 피어오르는 꽃피가 있다. 앞서 나가서 살고 있는 생명을 다 바치고 돌아온 정맥의 묵은 피와 그 피에 실려온 위의 하나님께서 오늘날 나를 살리기 위해서 주신 희생제물 짐승을 내 몸과 내 마음과 내 정신과 그리스도와 하나님께 드리기 위해 밤낮없이 제물을 불살라 묵은 피를 새로운 꽃피로 만들어내는 허파 폐장과 허공 앞에 한없는 감사를 드린다. 허파로부터 새 피를 받아 동맥을 통해서 온몸에 벌려 있는 각각 독립해 스스로 살고 있는 4백조 살알 세포에 피를 돌려 제물을 이바지하여 드리어 올리는 일편단심밖에 아무 생각이 없는 펌프, 천주교의 법황(포푸) 같은 염통, 밥제물을 맡아 하나님께 드리는 제사장, 마음이 있는 염통 가슴에 너 자신 나가 독립하여 서야 한다.

다음은 허리 텅 빈 진리, 새 피가 깊은 허리 척추 기둥뼈 안쪽으로 굳게굳게 고집하여 매달린 콩팥에 가서는 알짬(精)샘물, 생식(生殖)의 샘물, 생명의 샘물, 기운의 샘물, 정신의 샘물, 성령의 샘물로 변화되어 정조를 지키어 자물쇠를 잠근 동산 언제나 뚜껑을 덮어 두어 함부로 열 수 없이 닫은 우물로 깨끗하고 신성하게 간직하도다. 또 콩팥 우물가에서는 알짬(精)의 샘물이 구름 피듯이 기운이 되어 온몸 온 우주에 위로 피어 떠오른다. [아가 4:12] 나의 누이 나의 신부는 문 잠긴 동산, 덮어 놓은 우물, 막아 버린 샘, 동정녀. 우리의 얼정신은 그 알짬샘물이 피어오른 기(氣)가 떠오른 높은 구름으로 말미암아 정신이 깨어나고 살이 찌는 것이로구나. 살이 쪄 깨어난 정신은 다시 거룩한 하나님을 생각하는 그리움의 구름을 피어올리는도다. 할렐루야 하나님을 찬양한다. 알짬샘물은 곧 하나님께 올라가는 정신 성령의 기름이요 생각의 빛이로다. 참목숨 영원한 생명 하나님을 찬양

하는 생각의 빛이다. 영광된 성령의 향내 나는 기름이다. 참으로 받으실
만한 목숨 앞에 우리 목숨을 드리는 것이다.(공부 1:319-20)

이와 같이 다석은「로마서」12장1절에서 사도 바울이 권면한데로 몸제
사를 주장했다.3) "그러므로 형제 여러분, 하나님의 자비가 이토록 크시니
나는 여러분에게 권고합니다. 여러분 자신을 하나님께서 기쁘게 받아 주실
거룩한 산 제물로 바치십시오. 그것이 여러분이 드릴 진정한 예배입니다."
(공동번역) 그러나 단지 막연히 몸제사를 언급하는 것이 아니고 실제로 실행
하는 수련법을 제안했다. 이것은 다석에 의해 바울의 권고가 한국의 수련
전통(선도)과 접목되어 한국적 그리스도교 영성수련법이 탄생하는 역사적
으로 중요한 대목이다. 사실 이 대목은 단전호흡과 같은 선도수련을 해 본
적이 없는 사람들은 이해하기가 어렵다. 지금까지 일부 다석학자들이 그런
경험이 없었기 때문에 '몸나'를 버리고 '얼나'로 솟구치는 것이 다석신학
의 요체라고 잘못 이해한 것이다.4) 여기에서 분명히 보여주고 있듯이 결코
다석은 몸을 소홀히 다루고 있지 않다. 오히려 그것과는 정반대이다. 다석
은 몸을 하늘나라를 향한 '고디 화살'이라고 규정한다. 그리고 이 구절에서
그 몸의 '고디'화, 즉 몸을 바로 잡는 '몸성히, 맘놓이, 바탈퇴히' 영성수련
법의 기초를 몸의 구체적인 구조를 통해 설명하고 있는 것이다.
염통을 몸의 대제사장(교황)으로 보고, 교황 '닙(pope)'과 '밥'의 발음이

---

3) "인생은 무엇인가 무르익는 것이다. 제물이 되는 것이다. 밥이 되는 것이다. 밥이 될 수 있는
사람 만이 밥을 먹을 자격이 있다… 인생은 하나님의 말씀을 바칠 수 있는 밥이다… 인생은
밥을 먹고 육체를 기르고 이 육체 속에는 다시 성령의 말씀이 영글어 정신적인 밥 말씀을 내놓
을 수 있는 존재다… 그리스도가 밥이 되었으니 우리도 밥이 되었다는 것이다. 밥은 제사드릴
때는 맘이라 하는 모양이다… 하나님께 드리는 맘 이것이 인생이다."(「맘」, 일지 4:469, 471,
472)
4) 박영호 선생은 다석 사상이 수련을 통해 체득한 깨달음을 기초로 하고 있음을 간과해 왔다는
것을 내게 솔직히 인정한 적이 있다.

유사하다는 점을 시사한 것도 흥미롭다. 심장은 그리스도의 지체인 내 몸의 대제사장(됨)인 것이다. 그리고 그것은 내 몸 전체가 하나님의 제물, 밥인 것처럼 심장도 또한 내 몸의 밥인 것이다. 이 부분은 나중에 '염통 노래'에서 더 자세히 논할 것이다. 다석은 허파-염통-콩팥을 논하면서 몸속을 깊이 내관內觀했다. 그리고 '알짬샘물'과 '구름' 그리고 그 구름으로 얼이 살찌는 것을 논했다. 이곳에서 알짬샘물은 정액精液이고, 선도에서 말하는 정精이요, 구름은 기氣를 상징하고 있다. 그리고 얼이 살찐다는 것은 정精이 기氣로 구름피어 떠오르듯 기화氣化하여 신神이 강화("살이 진 얼")되는 것을 언급하고 있다고 볼 수 있다. 다시 말하면, 선도에서 말하는 정기신精氣神 그리고 정을 충실하게 해서 기를 확장하고 신을 밝게 하는 정충精充ㆍ기장氣張ㆍ신명神明을 연상하게 하는 대목이다.5) 그러나 여기서 신神은 하나님이 아니라 얼로 보는 것이 적절하다.

그러나 다석의 몸신학이 이렇게 수행 방법론적 유사성을 가지고 있지만 일반적인 선도와 분명히 다른 점을 가지고 있다. 첫째, 다석의 몸신학에는 하나님에 대한 절대적인 믿음이 전제되고 있다. 둘째, 우선적으로 그것의 목적은 도력을 익혀 초능력을 행사하거나 수명연장이나 건강증진에 있지 않고 철저하게 몸을 하나님에게 제물로 드리는 예배행위에 있다.6) 그래서 다석은 웰빙well-being보다는 오히려 웰다잉well-dying에 주안점을 두었다고 하겠다. 셋째 그것은 몸의 고디, 하나님 앞에 부끄러움이 없는 도덕성과 윤리성을 요구하고 있다.

---

5) 고경민, 『국선도 1』(서울: 도서출판 국선도, 1993), 151-163 참조.
6) 청산 고경민의 국선도와 다석 유영모의 몸신학 사이의 근본적 차이는 전자가 '살고(죽지 않고) 사는 공부'라면, 후자는 '죽어서 사는 공부'라는 점이다. 영생을 전자는 생(生)의 연속성 안에서 추구하는 반면, 후자는 연속성보다는 종말론적 중생을 전제로 한다. 청산에게는 다음과 같은 말을 기대하기 어렵다. "나는 왜 피는고 하니 펴서 떨어지려고 피는 겁니다. 떨어지는 목적은 피려는 것입니다. 사람은 왜 나왔느냐. 살고 죽으려고 나왔다."(마강 202)

그런즉, 뭄의 밝은 속알아

네 열린 무덤 가튼 목구멍으로, 네 다림터 가튼 밥통으로 때업시

더러운 즘승을 잡아 드릴 가보냐!—주시는 것밖에—

그 다음은, 네 집안의 알잠샘물을 한방울인들

네 집밖으로 흘리어 내어 샐거시랴!(箴五 15-23)

(일지 1956. 1. 18)

[해설]

　　그런즉 정신이 깬 철든 속알 지혜로운 사람들아. 네 목구멍은 열린 무덤
이고 네 밥통은 약탕관 같은 가마솥이다. 밥 먹는 장례식을 때 없이 무시로
더러운 부정한 짐승을 잡아들여서 되겠느냐. 때는 불 때는 때이니 하루에
한 번 가을에만 추수해 들여야 할 것이 아닌가. 그것도 하나님께서 허락하
신 깨끗한 제물을 드려야 할 것이 아닌. 그 다음에는 이 제물이 변하여
네 몸집 안의 알잠샘물 정신의 샘물을 한 방울인들 네 몸집 밖으로 흘리어
내보내고 설하여 새도록 할 수 있겠는가.(공부 1:320-1)

　　몸예배는 짐승 같은 제물(고체)이 변하여 알잠샘물(액체)을 되게 하고, 다
시 그것을 구름 같은 기운(기체)으로 승화(氣化)시키는 영성수련이 수반되
어야 한다. '고디 화살'인 몸이 '고디'를 이루기 위해 알잠샘물(精液)을 색정
色情에 사용하지 말라는 것을 잠언과 연결하여 강조한다. "너는 네 우물의
물을 마시고 네 샘에서 솟아나는 물을 마셔라. 어찌하여 네 샘물을 바깥으
로 흘러 보내며 그 물줄기를 거리로 흘러 보내려느냐. 그 물은 너 혼자만의
것으로 삼고 다른 사람들과 나누지 말아라."(잠 5:15-23, 공동번역) 며칠 후 다
석은 본격적으로 "염통노래"를 노래했다.

염통노래

우린 웨 우에 나가 만,

든든 쉬자는 숨고동,

튼튼 타 염통노래.

그리온 걸 그립게 알고 드디고 오른 이[7]

누구리

무리 ㄹ 우린

그리 거룩 나가만 잡아

거룩 코 잡소니.

치오름 허파,

알잠 허리,

아븐 염통 넙 폽(pope)

밤낮 드리마튼이어다.

―고디, 암.

(일지 1956. 1. 22)

[해설]

　염통은 심장이다. 심장은 중심이다. 우주의 심장은 하나님이다. 하나님을 찬미하는 노래 우리 우(위)에서 왔다고 우리다. 위로 올라간다고 우리다. 우에는 웨요 왜다. 사람이 웨 왜하고 생각하고 또 생각한다. 웨 왜는 소도 아는 말이다. 내 육체도 소다. 종당에는 잡아 바칠 소다. 사람은 제물이 되어 웨 우에, 하나님 앞에, 나가면 나와 가가 합치면 만이다. 나가야만 그것이 나의 바탈이다. 내 염통은 튼튼한 쉼 없는 숨고동이다. 염통만 쉬지

---

7) 원문에서는 '고'와 '디'를 큰 글자로 써 '고디'로 표현하고 있다.

않는 것이 아니라 허파도 쉬지 않는다. 자는 동안에도 피는 돌고 숨은 쉰다. 자강불식이다. 염통은 언제나 활동한다. 염통은 언제나 노래 부른다. 염통이 부르는 노래가 무엇인가… 그 그 그를, 글을 그리워하는 것이다. 아버지께로부터 온 걸 아는 것이다. 온 걸 알고 온 게를 그리워하는 것이다… 이상세계를 그리워하고 그렇게 알고 드디어 비행기처럼 하늘나라에 오른 사람이 누굴까. 우리 인류의 대표요 중심인 그리스도다. 그리고 우리 모든 성인 성도, 그리, 하늘 위로 거룩하고 깨끗하게 나가야만 한다. 그것이 나 자신을 붙잡고 하나님 아버지를 붙잡는 것이다. 하나님 아버지를 붙잡는 것이 거룩한 것이요 나 자신을 잡는 것이다. 나 자신을 소로 잡아 하나님께 바치는 것이다. 짐승을 잡아 허파에서 불사르듯 나 자신을 잡아 허공 속에서 불사르고 나 자신을 잡아 깨끗한 마음속에서 불사른다. 연기가 치오르는 허파, 기운이 치오르는 허공, 하나님 나라에 치오르는 기체(氣體), 구름처럼 치오르는 영체(靈體), 그리고 그것이 다시 알이 되어 물알이 되어 비가 내리고 산과 들과 흙과 바위 속에서 다시 짬으로 기어 나와 샘물이 되고 옥천이 되고 영천이 되어 인류를 살린다. 허리 진리 말씀, 아버지는 진리의 피를 온 우주에 돌리는 염통 폼푸 포푸 법왕 뽑 빠빠 하나님 아버지 우주의 주인 밤낮 우리에게 은혜를 드리운다. 우주를 살리시는 아버지시며 우주의 보배를 맡으신 고디(貞 正直 神) 하나님이시다. 암 참말입니다. 아멘 찬양합니다.(공부 1:328-9)

김흥호는 이것을 "우주의 염통, 우주를 움직이고 만물을 살리시는 태양, 태극, 하나님을 찬양하는" 염통노래, 찬양시로 보았다. 앞에서 내 몸 안에서의 정기신 행공(소주천)을 언급하고 나아가서 하나님이 중심(염통)이 되는 우주의 운동(대주천)을 몸과 비교하며 자강불식하는 하나님의 은총을 칭송한 시를 이미 살펴보았다. 기도문「산보(정신 하이킹)」와 더불어 이것들은 분명히 다석의 수행시修行詩이다. 지긋이 허파, 염통, 콩팥을 내관하면서 몸 안에서 숨 쉬며 행공하고, 나아가 내 몸이 우주와 하나가 되어 하나님의 현존을 느낀 상태에서 그 호연지기인 성령을 숨 쉬며 행공한다. 단지 일반 호흡행공으로 끝나는 것이 아니라 '소'와 같은 제물인 내 몸을 성령의 불로 태워 정화해나간다(바탈틱히). 이 시에는 소와 같이 태워야 하는 제물인 내 몸을 태워나가는 수행의 행공수법과 묘미가 담겨있다. 그러므로 이 시는 다석의 한 대표적인 '크리스천 선仙'의 노래(悟道頌)라 할 수 있다. 그리고 이것을 기초로 해서 앞으로 크리스천 선 수행법의 개발 여지가 많다고 생각한다.

다석은 이러한 몸이 쳐 올라가는 수행을 "치오름(超摩)"과 "티오름"으로도 표현했다('ㅊ'-'ㅌ').8) 나를 쳐서 오르고, 나를 태워 오른다. 그러나 이 용어들 역시 일부 다석학자들이 주장하는 바와 같이 단순하게 얼이 위로 몸을 벗어나 솟구침이 아니라 「고린도후서」 5장의 맥락과 연관되어 있다는 것을 기억해야 한다. 크리스천의 치오름과 티오름은 육신의 장막, 곧 내 몸을 벗어던져 버리는 것이 아니라 종국에는 죽음에 이르는 내 몸(육신의 장막)을 성령의 능력에 덧입어 죽음을 넘어선 생명의 몸(하늘의 집)으로 전환하고자 하는 것이다.

　　지금 육신의 장막을 쓰고 사는 우리는 옷을 입듯이 하늘에 있는 우리 집을 덧입기를 갈망하면서 신음하고 있습니다…. 그렇다고 해서 우리가 이 장막을 벗어 버리고자 하는 것이 아닙니다. 다만 하늘의 집을 덧입음으로써 죽음이 생명에게 삼켜져 없어지게 되기를 갈망하고 있습니다. 이런 일을 우리에게 마련해 주신 분은 바로 하느님이시며 그 보증으로 우리에

---

8) 일지 1956.2.17. 김흥호의 주석을 참조하라(공부 1:370).

게 성령을 주셨습니다.(고후 5:2,4-5, 공동번역)

네게메 오름 드림

다석은 나아가서 나가마-네게메의 도식을 "네게메 오름 드림"이라는
제목의 한글시로 몸신학을 발전시킨다.

나가슴   마지힘 마침

나가늠   어(딕)서 오(ㅎ)리

나가마즘   마침내

나가마금   나가 타. 다. 나가리딕

마지마기   아. 나다. 나하. 나타나.

마지막   마지ㅎ이. 마치지시리딕.

(일지 1956. 3. 12)

[해설]

니은(ㄴ)과 기역(ㄱ)을 합치면 미음(ㅁ)이다. 네(ㄴ)와 게(ㄱ)를 합
치면 메다. 메는 먹을 것, 하나님께 드리는 제물이다. 나는 아버지께 드리
는 제물이다. 이 제물은 언제나 오름 정성을 드리는 것이다. …

나는 지금 때를 기다리며 서 있다. 나가슴이다. 나는 지금 내 정성을
다 바치고 있다. 나가음이다. 하나님께 나가 하나님을 맞이한다. 나가마즘
이다. 나가서 나는 하나님께 바치는 제물이 된다. 나가 금(가치)이요 마지
막 제물 금이기에 마음이다. 마지 환영과 마기 마지막 제물이기에 마지마
기요 마지막이다. 인간의 종말은 하나님을 맞이하여 막바로 바침이다.
마지막이니 임마지다. 님께 바침이 마침이다. 어디서 올리흐나, 어디서

제물을 올리나. 마침내 끝까지 나가 한 단 올라가면 다시 또 한 단 오르면 타, 나 다 타다. 내가 나 자신을 불살라서 나가 타다. 나가 나가리다. 불살라서 연기가 되어 하늘로 올라 갈 것이다. 아 나다, 나가 올라가서 나다 하고 승천하고, 한 단 더 하늘로 올라가면 나하 나타나 부활한다. 나다는 나타가 된다. 하나님의 불꽃 속에 나타난다. 나타난다(顯現)는 나타난다(燃飛)이다. 하나님은 언제나 사람의 생각의 불꽃 속에 나타난다. 부활이다. 현현이다. 마지하이. 하나님을 맞이하라. 마치지시리다. 하나님께 바침으로 우리의 제사가 마치게 될 것이다.(공부 1:398-9)

김흥호는 이것을 "생각의 불"로만 보았으나, 다석이 여기서 말하는 경지는 형이상학적, 관념적 접근을 넘어 실제로 느끼는 '몸의 불' 그리고 '숨의 불'이었을 것이다. 선도수행에서는 이러한 '불'의 느낌을 단화기丹火氣라고 한다. 그냥 생각으로 불타오르는 것이 아니라, 몸(단전)이 실제로 말씀에 의하여 불 부쳐지고, 성령(숨)에 의해 계속 불타오르는 것이다. 그래서 다석은 인간의 몸을 "불타는 나무"라고 비유하였다. 이 글을 쓰기 전 1955년 12월29일자『다석일지』에서 다석은 'ㅇ'자로 이루어진 큰 원(0)안에 다음과 같은 한글시를 기록했다.

이 ㄴ 드러 타고 '나'
ㄱ 그리워카가는 '이'
나가 맛 마지믄.
말게 밝혀 바칠 '이'지
맛에 빠질 「나」랴
치 우리 오름 나가 네게 메
ㅇ

[해설]

하나님의 아들인 이가 부모의 혈육으로 태어난 내 속에 들어 있다. 속에 있는 이는 그 하나님 아버지가 그리워 한없이 그 마음이 커져서 허공이 되고 하나님과 하나가 된 그이였다. 이 세상에 나가서 자연을 만나고 사람을 맞이하면 자연의 이치를 맑히고 인생의 도리를 밝혀 하나님께 바칠 제물이지, 맛에 빠져죽을 내가 될 수 있겠는가. 언제나 하늘에 치올라가 우리가 하나 되어 내가 언제나 네게 매여 있는 부분이요, 또 하나님께 드리는 메 제물인 것을 확실히 앎, 알아야 한다.(공부 1:301)

이것은 '나가마(ㅅ)'-'네게메'의 한글놀이를 통하여 맛과 멋에 빠지지 말고 나를 맑게 밝혀 바쳐 치고 올라 나가라는 "치오름"과 "네게메 오름"이란 생각을 시작한 대목이다. 또한 이미 살펴본 바가 있는 "신앙품앙"信仰稟卬이라는 제목의 한시는 다음과 같은 내용을 포함하고 있다.(일지 1956. 3. 14)

引伸人申(身)ㅣ 神示自天信
申示(神)奏格稟 信仰自己卬

[해설]

앙卬 자는 법을 받은 사람을 그린 글자로서 나 앙 자다. 사람은 자기 몸을 곧게 끌어 펴 정좌正坐 정립正立해야 하고, 하나님의 계시는 우리 마음속에 도달하여 말씀하신다. 신의 계시는 하늘로부터 나를 믿는 믿음이요, 신앙은 자리를 진리와 일치시켜 하늘로 끌어 올리는 것이다. 하늘은 내려오고 나는 올라가는 것이 신앙품앙信仰稟卬이다.

몸은 하늘로 끌어올리고 마음은 땅으로 끌어내려 하나님의 계시를 받는 것이 예배다. 척주脊柱는 신신身信[申]이요, 요령要領은 정앙頂仰이다. 척주를 곧게 펴는 것이 믿음이요, 허리와 목을 곧게 하고 하늘을 쳐다보는 것이 우러름이다. 믿음과 우러름이 신앙이다.(공부 1:402)

이와 같이 다석의 몸신학은 자세를 매우 중요하게 여긴다. 지금까지 신학에서는 없었던 부분이다. 몸신학은 일반 신학과 같이 지식의 인식론과 마음가짐에 관한 심리학(調心)으로 끝나는 것이 아니라, 정확한 몸가짐과 자세(調身)를 갖추고 바르게 호흡(調息)할 것을 요구한다. 곧 인체주의이다. 이것은 생각의 상상력, 견성의 깨우침으로만 끝나는 것이 아니다. 척주를 곧게 펴는 몸의 동작 그 자체가 곧 신앙의 구체화이고, 예배행위이며, 바른 신학이다. 예배는 수승화강水昇火降의 생명운동과 같이 맘(하늘)은 "땅으로 끌어내"리고 몸(나)은 "하늘로 끌어올"리는 것이다. '맘내림'이 곧 계시를 받는 자세이며, 믿음은 척추를 곧게 펴고 허리와 목을 곧게 하고 우러러 보며 '몸올림'을 하는 행공이다. 말예배가 생각 예배, 생각 예배가 다시 몸예배로 진화되어, 서구적인 '딸랑이 벨 영성'이 한국적인 '에밀레종 영성'으로 전환하게 되는 장면이다.

몸올림: 햇살림

바탈 타고 난 몸 그대로 온통 울리여
속알 굴녀 깨쳐 솟아 오르리로다. '날*아'

이 아침에 집에서 절보였다.(흐릿가) 집이란 저 사는데라. 바탈에서라.(말슴)
한늘 넌 바탕한듸. 빈탕한듸 색임 몸. 몸든 '바탈'에서 절 보였다.
이런 집에서만 이면 우의 쓴 마디만으로도 하늘에 고요히 오르나릴

'헤리코프타'가 될 것 같습니다만.

(일지 1956.4.25)

[해설]

바탈인 날개, 하늘을 날 수 있도록 탈바 날개, 날개를 타고난 마음. 어미
새가 그대로 정성을 다하여 온통 몸을 울리고 깃으로 덮고, 새알 속알을
발로 굴려, 종당은 깨쳐 솟아오르게 하여 어미새와 같이 날아간다. 이것이
죽음이다. 죽음은 깨어 솟아 날아가는 것이다. 껍질만 남겨 두고, 속알
곧 명덕(明德) 영혼이 깨어 나와 하늘로 올라가는 것, 이것을 위하여 마음
이 온통 울리며 있는 힘을 다하여 속알을 굴린다. 마음의 본성은 천명이요,
날개다. 이 날개는 생각이다. 마음은 열심히 생각하여 하나님의 말씀 속에
서 풀고 진리를 깨치고 기쁨으로 충만하게 된다. 그리하여 하늘로 날아오
른다.

말씀 깨침이 예배다. 말씀 속에서 하나님을 만나 보게 된다. 그것을
절보이라고 한다. 하나님을 보는 것이 나를 보는 것이다. 예배는 하나님께
절하는 것이고 절보는 것이다. 집이란 내가 사는 데요, 하나님의 나라요,
입장이요, 바탈은 생각이다. 생각에 서서 말씀이 선다. 이런 생각하는 마
음 집에서라면 위에 쓴 한 마디 바탈 타고 난 마음 그대로 온통 요란한
소리를 울리며 속알 엔진을 굴려 하늘로 깨쳐 솟아오르는, 하늘에 고요히
오르내리는 헬리콥터가 될 것 같다. 생각하는 마음이 프로펠러를 돌리는
헬리콥터다. 속알 엔진이 돌아간다.(공부 1:479-80)

위에 인용한 김흥호의 해설은 이 시를 자세히 부연해서 설명해준다. 그
러나 이것을 생각의 날개, 생각의 헬리콥터라고만 보는 것은 너무 형이상
학적이다. 오히려 이 시에서는 다석은 실제적인 몸의 행공을 언급하고 있

다고 보아야 할 것이다. 천명(바탈)을 타고난 맘과 몸('아래 아'자를 쓰면 이 두 단어도 몸이라는 같은 자가 된다)을 우주의 리듬(律呂)에 맞춰서 온통 울리며("몸은 거문고이고, 마음은 음악이다"), 속알(알잠샘물)을 굴려 키워, 깨쳐 올라(氣化), 하나님을 (절)보고, 빈탕한데(우주)와 일치가 되어 하늘에 솟아오르고 내리는 '몸올림'의 기도행공을 하면서 체득한 것들을 마치 헬리콥터를 탄 것 같았다고 고백한 것으로 보아야 할 것이다. 또한 이글을 기록한 때를 고려해야 한다. 이날은 사망일로 작정한 바로 하루 전날이었다. 그러나 그는 죽음을 맞이할 가능성이 없다는 것을 알고 있었던 것 같다. 죽기로 작정하고 매일을 하루같이 살아 온 치열했던 하루살이의 일 년을 회고하면서, 다시 한번 죽을힘을 다하여 기도 행공을 실행하면서, 다석은 사망 대신 죽음을 넘어서 "햇사람"(빛의 사람)이 되는 영성의 새로운 지평을 맛본다.

오늘 온 오늘이 올 오늘이라고 힛사람은 말이오.
참 챌 하루는 멀리 참 하루엣 오-늘!
낼말, 모레말, 글피말, 날 갈 말은 그만 흐고 나갈 일.
(일지 1956. 4. 26)

이날이 죽기로 작정했지만 죽지 못한 날이었다는 것을 고려하면, 다석은 시간에 대해 깊이 생각할 수밖에 없었고, 이 글은 그것에 대한 대답이라고 볼 수 있다. 오늘은 '온'(과거)과 '올'(미래)이 만나는 점이다. '오'는 흐르는 시간時間을 말하고 '늘'은 항상 있는 영원永遠을 말한다. 그러므로 오늘은 시간과 영원이 만나는 날, 곧 시간의 상대성에서 영원의 절대성이 교차하는 지점, 깨어남(見性)이 일어나는 때이다. 그것이 햇사람(빛의 사람), 곧 그리스도의 말(씀)이다. 이렇게 참(진리)이 챌(충만) 하루는 멀리 하늘의 진리가 '예'에서 이루어지는 영원한 하루('오-늘')이다. 그것은 현대신학의 용어로 말하자면, 영원한 지금eternal now이요, 종말론적 오늘이다. 그러므로 내일, 모래, 글피와 같은 시간에 관한 말은 필요 없고, 깨우침에 정진해 나가는 수행만이 남았다. 그것이 바로 햇사람이 되는 길이다.

이틀 후 다석은 이어서 햇사람이 살아가는 '햇살림'에 대해서 언급한다. 사망일을 지키지 못한 오류에 대해 고민하는 것보다 "네게메 드리러 나가만 누리겟나이다."라는 고백했다. 그리고 다음과 같이 햇살림을 살아 갈 것을 다짐한다.

> 한긋 알맞 힌듯
>
> 예가, 여름을 짜먹고 싫구며 잘 자리라 아니고,
>
> 가을을 거둬 드리러 (우로)가는 길인 줄은(알맞힌 듯)
>
> (일지 1956. 4. 28)

나는 "한긋 알맞 힌듯"이다. '한긋'은 "하나님의 아들 한 끝점," '알맞'은 중용中庸 또는 "알을 맞은 진리를 깨달은 사람," 그리고 '힌듯'은 "하나님의 말씀을 듯고 하나님의 뜻을 이루어 나 자신을 하나님께 바치는 사람"이라는 뜻이다. 이 세상(예)은 여름에 열린 과일(선악과) 같은 것을 따 먹고 (죄악 속에서) 꿈꾸며 잠자는 자리가 아니고, 영적인 "추수를 하여 실존을 하나님께 드리러 가는 길이라는 것을 알 만한 듯하다. 이 세상은 하늘에 가는 길이지, 여기 달라붙어 누워 있으라는 곳이 아니다."(공부 1:499)

체득(體得)

다석 몸신학의 목표는 말씀의 체득이다. 말씀을 읽는 것이 아니라 내 피와 살 그리고 4백조의 세포 모두가 말씀이 되게 하는 것이다. 그래서 내가 또 하나의 말씀이 되는 것이다. 여기서 한자 체體는 점을 말하고 나를 말하고, 그래서 나라는 점은 글이 되고 "끄트머리 점"이 되는 것이다. 그것은 없는끝, 곧 참(眞)의 끄트머리 점이 된다. 그래서 참의 "끄트머리 긋"인 나는 가온의 점(가온찍기)이 되고 글이 되고 말씀이 되어 참나를 성취해 나가야하는 것이다.(강의 339)

유물체물래(有物體物來) 불가유물체(不可有物體)

만물이 체(體)입니다. '체물(體物)'이라는 글자를 입으로 읽는데, 그것은 원래 글로 읽는 것이 아닙니다. 줄줄 읽는 중에 그 글이 자기 속에서 피가 되어야 하는 것입니다. 이것을 체득(體得)이라고 합니다. 이때의 '체(體)'는 체면(體面)의 '체'가 아닙니다. 그 속에 그 점(點)입니다. 그래서 '나'라는 점은 글이 되는 것입니다.

'유물체물래(有物體物來)'의 '체'는 체득한다는 뜻입니다. 만물을 만든 허공은 '체'를 가지고 있습니다. 물건 없는 물체 속에서 '체'인 허공은 '불가유물체'입니다. 이것이 동양의 유교에서 말하는 참(眞)입니다. 곧, 없는 끝이 참입니다. 잊어버릴 수 없고 내버릴 수 없고 빠트릴 수 없는 것입니다. 그것은 죽이려 해도 죽일 수 없는 끄트러미 점입니다.(강의 371)

몸성히 · 몸뇌어 · 뜻태우 사름 노릇 셋 한갖이

앞장에서 살펴 본 바와 같이 '몸성히, 맘놓이(맘뇌어), 바탈틱히(뜻태우)'가 다석의 인간론, 곧 다석 몸신학의 핵심이다. 그 셋이 바로 인간의 정의이고 그 셋을 한 가지로 할 수 있어야 비로소 사람노릇을 할 수 있다고 다석은 말했다. "사람 노릇은 이 세 가지, 이것뿐이라는 생각으로 이 셋만 갖추면 사람의 뜻이 된다고 이렇게 혼자 좋아라 합니다. 구구한 이론이 있겠지만 인간이 무엇인가에 대해 간단하게 요점을 잡으면 이 셋, 곧 '몸성히', '맘뇌어', '뜻태우' 라고 할 수 있습니다. 이것과 함께, 이것을 바로 알고 가면 누구나 실패는 없습니다. 이것을 놓치고 가면 누구나 실패할 것입니다. 이것을 꼭 붙잡고 가면 무적無敵입니다." 뜻태우란 뜻을 단단히 잡는 지조志操, 맘뇌어는 고디를 단단히 잡는 정조貞操, 그리고 몸성히는 몸을 반듯하게 갖는 체조體操를 말한다. 이 세 조목에 모든 경전의 가르침이 수렴한다고 다석은 말한다. "『성경』을 보나 유교 경전을 보나 불교의 경을 보나 그리스의 지智를 보나 종국은 이 '몸성히', '맘뇌어', '뜻태우'에서 벗어나지 않습니다." (강의 602-6) 또한 다석은 이러한 수행의 목적이 나의 한 이기적인 큰 깨달음에 있는 것이 아니고 남을 위해 이타적인 봉사를 하는 직분('나남직')을 수행하기 위한 것이라고 강조했다.

> 나남직 흔 이승
> 몸성히 남주기로 뮘븨히 챔말기로
> 바탈조히 늘사리는 죽기너메 맑기까지
> 늘사리 한늘사리란 한일살림 나남직
> (일지 1956. 10. 24)

건강한 몸을 가지고 남에게 화내지 말고 죽기까지 봉사한다. 마음은 탐욕을 버리고 맑고 맑게 하여 참 맑음의 빈탕('맘끼')이 되게 한다. 치정에 빠지지 않게 늘 본성(바탈)을 조이고 또 조여서 정精이 사리가 되게 하여 기氣가 되고 생명이 되게 한다. 그런 사리는 하늘 사리로서 나는 물론 남을 살리는 임무를 감당해야 한다. 또한 몸성히(體操), 몸비히(貞操), 바탈조히(情操)를 모든 악의 원인인 탐진치(貪瞋痴), 곧 탐욕, 치정, 분노를 극복하는 수행이다. 이런 생각을 다석의 도표에 첨가해 보면 다음과 같다.

몸성히	화내지 말고	瞋 (남) 주기	주끼
몸비히	탐욕을 버리고	貪 (챔) 말기	말끼
바탈조히	치정을 버리고	痴 (늘) 사리	살리

파사명(破邪銘)

두직향상정(頭直向上精)	대원출우천(大元出于天)
심장정중성(心臟正中誠)	무극조호정(無極操乎情)
족지자지정(足知自止定)	상존첨하솔(常尊瞻下率)
기망능득성(豈忘能得性)	일사십란성(一絲十亂成)

(일지 1957. 4. 2)

다석은 상기 한시에서 몸신학의 몸성히·맘뇌어·뜻태우 수행에 대한 구체적인 방법을 말했다. 머리는 곧게 들어 하늘로 고디를 두고 '알짬' 정精을 향상시켜야 한다. 심장(염통)은 중中에 바로 맞혀 정성껏 화기火氣를 내려 정이 위로 올라 갈 수 있도록 하는 원동력을 만들어 내야 한다. "큰 으뜸인 대원大元"에 접속하여 에너지의 근원을 하늘로부터 끌어 나오게 해야 한다(강의 617). 그리하기 위해서 대원이 있는 하늘 무극에 마음을 두고 한없이 비워 정情을 잡아야 한다(情操). 그렇게 되면 발이 스스로 디딜 데를 알고, 능히 본성을 얻게 된다. 항상 하나님(영원)을 우러러 쳐다 보며(瞻望) 우러러 사모(瞻慕)하며 이 아래의 생각과 세계를 거느리고 가야 한다(下率). 한 가닥(一絲)도 흐트러짐이 없이 꼭 붙잡고 세상의 모든 악과 어지러움을 다스리고 성취해야 한다.

다석은 정성精誠이라는 말은 하나의 개념이나 태도로 끝나는 것이 아니라, 실제로 호르몬(精)이 공급되어 말씀이 이루어지는 것(誠)이라고 했다. 이것 또한 선도의 정精과 그리스도교의 말씀을 그야말로 기뚱(氣通)차게 접목시킨 흥미로운 대목이다. 악의 근원인 탐진치를 극복하는 올바른 수행을 하려면 염통과 말씀의 화기火氣로 수기水氣인 단전의 정精을 태양이 물을 수증기로 만들어 끌어 올리듯 기화시킬 수 있는 힘을 길러야 한다. 그리고 내 몸 안에서 그 힘에 의해 나무에서처럼 물(水)은 거꾸로 오르고 불(火)은 태양 빛처럼 내리비추는 수승화강水昇火降의 생명운동이 일어나야 한다.

염통은 불입니다. 불은 화기(火氣)라고 합니다. 태양은 물을 수증기로 만들어 끌어올립니다. 염통이 없으면 호르몬이 위로 올라가지 못합니다. 정성의 '성'은 참말씀에 이르는 것인데, 말씀이야말로 불과 같습니다. 이치고 불이고 간에 말씀대로 이루는 것은 참(誠)뿐입니다. 정성이라는 말 자체도 다시 보면 하늘 말씀입니다. 호르몬이 공급되어 그 말씀 그대로 이루어지는 것이 '성'의 이치입니다. 우리의 몸이 그대로 그 뜻을 구체적으로 나타냅니다. 염통이 그 작용을 지금도 합니다.(강의 617)

내관(內觀)

必修轉目爾內界 필수전목이내계　克作本方旅行家 극작본방여행가
從發見乎一千谷 종발견호일천곡　應着自己宇宙誌 응착자기우주지
(일지 1956. 9. 10)

이러한 수행에 있어서 눈을 자기 몸속으로 돌려 깊이 들여다보는 내관이 필수적이다. "내 속에서도 아름다운 천만 골짜기를 발견할 수 있다. 자기

를 이기고 일어나서 자기의 고향으로 여행하는 사람은 하나님의 나라에 도착하면서 그 동안의 우주의 신비를 마음껏 즐길 수 있을 것이다."(공부 2:31-2) 내관을 통하여 말씀으로 정을 기화시켜 소주천하고, 더욱 깊이 자기 속으로 눈을 돌려 자기와 연합한 우주와 대주천을 돌리는 다석의 크리스천 선仙 수행법이 표출되어있다.

체조(體操)정신(精神)

이러한 몸신학 수행은 다석이 나이 81세가 되는 때 쓴 '체조정신'이라는 제목의 시에서 좀 더 구체적으로 표현되어있다. 이것을 '다석선도'라고 명명할 수도 있을 듯하다. 그가 고령의 나이에도 계속해서 이러한 체조와 수행을 계속했다는 말이 된다. 중요하게 여겼는지 그는 똑같은 한시를 앞뒤로 순서를 바꿔 번갈아 두 번이나 이틀에 걸쳐 『다석일지』에 기록하고 있다. 신선의 도풍이 물신 풍겨진다. 여기서는 두 번째 역으로 기록된 부분과 김흥호의 해설을 먼저 인용해본다.

能養浩然氣 능양호연기
積風逍遙遊 적풍소요유
褻翫濕染情 설완습염정
遠觀洞察性 원관동찰성
氣正德立生 기정덕립생
乘土體心人 승토체심인
體操心精神 체조심정신
體心操情精 체심조정정
體操精神 (체조정신)
精神 (정신)
(일지 1972. 1. 25)

[해설]

능히 호연지기(浩然之氣)를 양육하여 바람을 타고 9만리 장천을 소요유하면 얼마나 상쾌할까. 아직도 더러움을 좋다 하면 습기(濕氣)에 물든 탓이다. 먼 이상을 달관하고 인간의 본성을 통찰하여 기를 바로잡고 덕을 세우는 것이 사는 것이다. 흙을 극복하고 마음을 체득한 사람은 체조로 심정(心情)을 신비롭게 통일하고 체심(體心)으로 정정을 붙잡아 단(丹)을 만든다. 정신은 체조하고 단련해야 그것이 정신이다.(공부 7:33)

이번에는 다시 원래 순서로 되어 있는 것 인용하고 풀이를 부쳐본다.

정신(精神)

체조(體操)정신(精神)

體心操情精 체심조정정

體操心精神 체조심정신

乘土體心人 승토체심인

氣正德立生 기정덕립생

遠觀洞察性 원관동찰성

褻翫濕染情 설완습염정

積風逍遙遊 적풍소요유

能養浩然氣 능양호연기

(일지 1972. 1. 24)

정精과 신神, 곧 정신을 붙잡(體得)는 것이 수도이다. 수도는 "마음을 가라앉히고 감정을 승화시켜 정精을 붙잡아 전정성단轉精成丹 하는 것"이다. 또한 "심정을 가라앉히고 사색명상을 통하여 신언을 이해하고 신에 통하여 천리를 체득"한다. 그리하여 "승토하여 마음을 체득한 사람이" 된다. "숨을 바로 쉬고… 속알을 밝히고 생명을 일어서게 한다." "하나님을 바라보고 인간의 본성을 깨우쳐 주고 설완藝翫을 끊어 주고 습염정濕染情을 제거한다." 그리하면 "우주 밖에까지 소요유할 수 있고, 호연지기를 능양하여 우주를 내 뱃속에 집어넣을 수도 있다."(공부 7:30) 김흥호는 이 수행방법이 다석의 일좌식一座食과 관련이 있다고 본다. 이 한시에서 다석이 정精을 단丹으로 바꿔 키우는 일종의 선도 수련을 했다는 점이 확실해진다. 그리고 김흥호의 해설에서도 그것을 인정하고 있다.

교회론 중심에서 몸신학으로

이렇게 다석의 몸신학은 그동안 교회 안에 머물러 있고 말(언어)과 앎(지식)에 정초되어 있던 그리스도교 신학을 그 한계에서 탈피하여 일상의 삶을 통한 수행으로 진화시켜주고 있다. 이것은 유교가 성속의 분리를 깨고 세속에서 성스러움을 생활화한 것처럼 다석은 전통적으로 교회와 사회 그리고 신학과 문화 사이에 쌓여있는 벽을 허물어뜨리고 일상의 삶 속에서 몸('고디화살')을 성결하게 하는 몸신학으로 사회와 문화를 함께 성화시키는 일종의 그리스도교의 통전적 생활화를 시도한 것이라고 볼 수 있다. 이것은 물론 교회중심적인 전통 신학들에게는 큰 도전이다. 교회는 역사적으로 긍정적인 면과 부정적인 면을 동시에 가졌다. 교회는 그리스도교를 살려 지금까지 존재할 수 있게 했던 최고의 성스러운 기관이었던 반면, 또한 수많은 부패와 행패를 자행하며 시행착오를 거듭했던 것이기도 했다. 특히 오늘날 한국교회의 모습은 긍정적인 면보다 부정적인 면을 더욱 크게 노출하고 있다.

일부 대형교회들을 비롯하여 여러 교회들 안에서 벌어지고 있는 상황들을 보면, 과연 그들이 예수 그리스도의 몸 된 보편교회Universal Church의 한 지체에 불과함을 인식하고 산상수훈적 사랑과 환대hospitality를 베풀며 인간과 지구의 생명과 우주를 살리는 그리스도의 대속적 몸예배에 참여하고 있는가를 의심하게 할 때가 많다. 그것보다는 교회의 권익을 극대화하려는 집단이기주의와 천박한 자본주의와 상업주의, 윤리는커녕 상도의조차도 무시한 마구잡이 교회성장 마케팅 전략이 판치고, 개그와 같은 자극적 엔터테인먼트를 동원한 포퓰리즘이 자랑스럽게 기승을 부리고 있다. "교회가 죽어야 그리스도교가 살고, 그리스도교가 죽어야 나라가 산다."라는 슬로건을 내놓아야 할 판이다. 신학을 사용하여 교회를 사회와 분리시켜 성역화하고 그 안에서 자신들의 이익을 보호하려는 악마적 의도들마저 감지되고 있다.

한국교회는 겉으로는 정통보수 신학을 강조하며 세속과 분리하여 성스러움을 지향하는 듯하지만, 속으로는 더욱 세속화되어가는 경향을 보이고 있다. 한국교회는 밖으로부터의 도전과 소통을 통한 건강한 발전의 가능성은 막아놓고, 물이 고이면 썩듯이 속으로는 썩어가고 있는 것이다. 이러한 때, 다석의 몸신학은 교회의 벽을 넘어서 교회와 사회와 문화의 총체적 성화를 통한 그리스도교의 사역이라는 새로운 지평을 소개하며, 이러한 신학적 개방을 요구하고 있다. 다석은 이미 오래전에 준엄하게 교회사를 통해 나타난 교회의 오류들을 경고했다. "교회에서도 예수의 이름을 팔아서 호강하겠다는 자가 거의 교회사의 대부분을 장식하였다면 어떻게 되겠습니까?"(강의 784)

제13장
다석 숨신학(氣)

숨은 그립고 얼은 울린다.

글은 숨을 다 못 밝히겠고

말로 얼을 못 다 밝힌다.

맑을 숨과 얼은

제 그림이오, 절로 울림이어라.

(일지 1956. 1. 24)

　다석신학에서 가장 흥미로운 부분은 그의 숨에 대한 생각들이다. 김흥호는 유영모 자신을 "숨어서 말숨쉬는 숨님"이라고 표현했다.[1] 다석은 인간을 영원한 시간의 흐름 속에 숨을 쉬는 숨쉼, 곧 소식消息의 한 점으로 파악했다. 숨(氣息)과 쉼(休息)은 같은 것이고 그것을 합한 것이 소식이기 때문이다. 다석은 먹기만 하는 일상의 살림과 숨을 쉬는 영성적 삶을 구분한다. "삶은 한울이 베푼 대로요, 살림은 사람의 조작이다. 살림은 각인각색各人各色이요, 삶은 일천대동一天大同이다. 살림은 사私요, 삶은 공公이다. 삶은 숨이 위주요, 살림은 먹는 것이 위주다."[2] 다석은 또한 숨쉼(消息)은 기식氣

---

1) 김흥호, 「늙은 유영모 선생님」, 일지 4:681.
2) 「소식」, 『성서조선』 154, 일지 4:582.

息과 신식信息의 두 가지를 포함한다고 한다.3) "새파란 칼날" 같은 이제(時間)와 "씹어 넘기는 잇발" 같은 여기(空間)에서 내가 숨쉼으로 큰 기운의 자식으로 천연한 소식이라는 나의 점을 찍고, 만고를 돌아 올라간다고 읊조렸다.

天道浩蕩은 나의 逍遙遊하는 消息이다.

우주는 消息이오, 하나님은 消息主시오, 나는 消息이다.

'나'는 적으나마 無나마 光點이다. 라디오의 세트다.

작으나 無邊한 전파를 集感하며 廣播한다.

인제붙어는 나는 쌓려 일우려안한다. 主께서 이미 豊厚히 쌓으시고 完全히 일우셨다. 그것을 어떻게 하면 더 感激하느냐? 더 消息하느냐? 가願이요. 禱다.

거름거름 거러만 가고지고.

내가 세상에 있기는 消息하는 요 한울이로다!

至眞한 理致에 命中하기는!

時間에 「이제」는 새파란 칼날 같고

空間에서 「여기」는 씹어 넘기는 이ㅅ발!

거러간 자최는 나의 알바 아니오 내 아조 잊으란다.

때의 내가 숨을 쉬니 큰 氣運 속에서요,

날마다 나는 먹게 되니 百穀이 豊登함이오.

해마다 내 光陰을 消費하니 太陽이 뚜렷이 밝고나.

---

3) "氣息은 호흡으로 되고, 信息은 왕복으로 되는데 호흡의 氣는 천지간에 그득찬 대기요, 왕복의 信은 신인간에 바로 놓인 誠信이니 대기는 생리의 본원이요, 성신은 윤리의 본원이다. 코로 숨쉬는 자, 대기의 자식이오 맘으로 왕복하는 자 誠信의 자식(子息)이다. 기식(氣息), 신식(信息)하는 식(息)이 혹, 자식의 식은 아니냐?"(「소식」, 일지 4:582-3) 그러나 이 인용문에서 信息을 神息, 誠信을 聖神으로 보는 것도 좋을 듯하다.

天然한 나의 消息은 萬古를 돈가 올라가리로다.(「소식」, 일지 4: 590)

이와 같이 다석은 모든 것을 숨쉼(消息)으로 파악하는 그야말로 '숨의 신학자'였다. 이것은 다석多夕이라는 그의 아호가 상징하듯 저녁의 깊은 어둠 속에 '숨'었던 신학자로부터, 1942년 1월 4일에 경험한 중생의 체험과 함께, 우주에 자기의 점(가온찍기)을 찍고 호탕한 호연지기를 숨 쉬며 소요유 逍遙遊하는 환희의 소식을 전하는 '숨' 신학자로 변화한 것과 연관된다. 나는 그러한 그의 신학사상을 숨신학이라고 명명하고자 한다.

글은 숨을 다 못 밝히겠고 말로 얼을 못 다 밝힌다

모두에 인용한 1956년 1월 24일자『다석일지』에는 "숨과 얼, 말과 글" 이라는 제목으로 한글시에 다석이 글신학의 한계를 지적하고 숨신학의 필요성을 주창하는 듯한 대목이 나온다. 이 시는 다음과 같이 해석할 수 있다. "생명의 숨은 그리운 것이고, 성령의 얼은 우리의 가슴을 울린다. 글은 그러한 숨을 다 밝히지 못하고, 말 또는 그러한 얼을 다 밝힐 수 없다. 맑디맑은 본래의 숨과 얼은 저절로 그려져 있는 그림이요 저절로 울리는 울림이기 때문에 글과 말로 표현할 수가 없다." 김흥호는 여기에 숨은 또한 '숨'겨져 (hidden) 있다는 의미에도 연관된다고 말했다. "숨은 숨어 계시는 하나님, 숨어 계시는 실재이기 때문에 그림이나 그림으로 대상화·현상화 할 수 없다."(공부 1:335) 이 주석을 비약이라고만 볼 수 없다. 다석은 이러한 한글놀이를 좋아하고 그러한 해석의 가능성을 열어 놓고 있기 때문이다. 문자 그대로 이글은 말과 글은 한계가 있고 그들이 말숨(말씀)과 글얼(글월)이 되었을 때 생명을 숨 쉬고 성령의 울림과 공명할 수 있다고 말하고 있다.

또한 1956년 5월 20일자『다석일지』에는 "지자지지之自至之"라는 제목의 한시가 수록되어 있다. "나에게 가서 하나님에게 도달하라"라는 뜻이다. 다석은 한자 自의 모습을 풀어서 코를 상징한다고 주장했다. 그 한시에 김흥호는 다음과 같은 주석을 달았다. "태초에 하나님께서 말씀하셨다. 비조鼻祖는 태초의 조상이요, 생명은 호흡에 있고 호흡은 코에 있다. 코가 제일 먼저 생기고 코는 自 자로 나를 상징한다. 自 자는 코를 그린 것이다. 하나님의 말씀이요, 내가 생각해 보니 호흡은 나의 시작이요, 호흡으로 살아가고, 하나님께서 나에게 생기를 불어넣어 내 목숨이 되고 내가 사명을 가지게 되었다…. 코에서부터 하나님께 이르고 내 속에서 생각을 통하여 하나님을 만난다."(공부 1:535-6)[4]

김흥호는 생각을 다석의 핵심적 주제라고 믿고 모든 것을 생각으로 집중시키는 경향이 있다. 그는 여기서도 코로 쉬는 호흡이 곧 생각이라고 주장했다. 그러나 그렇게 이해하는 것은 데카르트적 사유중심의 모더니즘에서 탈피하고자 애를 쓰는 포스트-모던적 정황에서 오해의 소지가 있다. 여기서 생각은 데카르트적인 생각(cogito)보다는 각성(깨달음)에 가깝다. 무엇보다도 중요한 것은 여기서 다석이 말하고자 하는 것은 형이상적인 사유나 생각이 아니라, 문자 그대로 코로 쉬는 호흡, 곧 '숨'이라는 점이다. 그것은 말과 글을 통한 '생각'의 두뇌놀이가 아닌, 몸으로 숨쉬는 목숨이 말씀으로 숨쉬는 '말숨'과 성령으로 숨쉬는 '얼숨'과 합일을 이룬 '우숨'의 경지를 향한 '몸과 숨의 영성'의 실천 또는 수행을 뜻하고 있다고 보아야 할 것이다. 글과 말의 논리적 지평에서 탈피하여 숨과 얼의 영성적 지평에서 '새로 신학하기'가 다석신학에 묻혀 있고, 그것들을 발굴해 낸다면 그것들은 오늘날 시대정신에 적합하고 미래가 요구하고 있는 새로운 신학 패러다임의 구

---

4) 최근 자궁 속에서 태아가 생길 때, 자라는 것보다는 몸의 여러 부분이 만들어져 퍼즐 맞추듯 맞춰져 형성된다는 연구발표가 나왔다. 특히 그 퍼즐 형성의 마지막 단계가 바로 코 밑에 인중이라니 이러한 다석의 해석이 더욱 놀랍게 들린다.

성에 큰 도움을 줄 수 있을 것이다. 그러한 신학을 나는 숨신학이라고 명명하고자 하는 것이다.

제11장에서 살펴 본봐와 같이 "기도배돈원기식"이라 하며, 다석은 기도한다는 것은 본래(元) 기氣를 숨(息) 쉬는 것이라고 주장한다. 이어서 1957년 6월 28일 『다석강의』에서 다석은 "원"元에 대하여 설명했다.

> 우리가 머리 위에 줄곧 하늘을 이고 가온찍기(군)로 ' · '를 이루는 것이 '원'입니다. 우리는 온통 공간 안의 공기를 마시고 삽니다. 숨을 쉽니다. 숨을 잘 쉬어야 원(元)이라는 글자를 이해할 수 있습니다. 숨 쉬는 데서 우리는 기(氣)를 통할 수 있습니다. 곧, 신(神)이 통합니다. 신이 통하여야 힘을 얻을 수 있습니다. 더욱이 정신으로 사는 우리는 신이 건강하게 통해 있어야 합니다. 이렇게 되어야 성경을 읽어도 가르치는 이치를 알고 진리를 통할 수 있습니다…. 영원한 하늘과 연결되어 통하는 것이 원(元)입니다. 통하되 철저하게 통합니다…. 하느님과 연결되어 숨을 쉬고, 하나인 하느님 말씀을 듣고 성령을 통하여 줄곧 산 정신의 재산을 지킬 수 있는 것을 말합니다.(강의 860-1)

인체주의(人體主義)

다석신학이 이입理入보다는 행입行入에 근접한다는 점은 이미 언급했다. 이러한 입장을 선도에서는 인체주의人體主義라고 한다. 인체주의란 깨달음을 앎(지식)으로 끝나는 것이 아니라 몸으로 체득하여 그 능력을 얻어 체지체능體知體能하는 것을 말한다. 앞에서 살펴 본 다석의 기도, 산보(정신 하이킹)는 한 상상력 훈련이나 이미지 트레이닝으로 끝나는 것이 아니다. 다석은 "몸은 하늘에 끌어 올리고 마음은 땅으로 끌어내려 하나님의 계시를 받는 것이" 예배요 기도라고 말했다(공부 1:402). 다석이 1956년 11월 6일자 『다석일지』에 기재한 "빛드러 숨길 막지말고 숨길로 드러가는 빛을 고디보오"(강의 157)라는 구절은 다석이 선도와 깊은 관련성이 있다는 점을 더욱 확실하게 보여준다. "숨길로 들어가는 빛을 고디보오"는 선도에서 호흡에 집중하여 앞을 향해 곧장 나가는 호흡법, 그런 연후에 나타나는 빛, 곧 상을 바라보는 정관貞觀, 다시 말해서 식관息觀을 한글로 묘하게 표현하고 있기 때문이다. 이 대목에서도 다석신학은 인식론적인 생각—적어도 데카르트적인—만이 아니고 깊은 선도수행의 체험을 통해 얻은 통찰들에 의해 이루어진 것이라고 추측할 수 있다.

> 비뚤어지면 숨길(호흡)이 막힙니다. 숨길이 막혔다는 것은 마지막을 뜻합니다…. 숨는 길를 잊어서는 안 됩니다. 숨는 길, 곧 숨길을 잊으면 어떻게 하겠습니까? '빛드러 숨길 막지말고',[5] 빛드는 숨길을 막지 말고 숨길(息)로 숨쉴수 있는 길, 곧 자기 목숨을 그대로 계속할 수 있는 길로 들어가야 합니다. 그런데 여기 들어가는 데는 빛이 있습니다…. 역설적입니다만 숨길[얼길]로 들어가는 빛, 곧 가늘고 아주 희미하여 돌아서 다시 비추어주지 않는 먼 길만 가는 빛을 '고디 보오' 합니다. 곧장 바라보라는 말입니다. 고디 곧장 보는 것(貞觀)을 못 보고 죽을 때 목숨 길을 잊는 것이 됩니다. 이 사람은 바로 이것을 주장하는 바입니다.(강의:159)

아래 구절들에서도 다석의 선도에 대한 깊은 조예를 엿볼 수 있다.

---

5) 이 대목에서 다석은 '빛드러'라는 용어를 다의적으로 해석한다. 이 구절은 '빛이 들어오는 숨길을 막자 말라'는 뜻과 '비뚤어져 숨길 막지 말라'는 뜻을 동시에 가지고 있다.(일지 1956.11.6.; 공부 2:122-3 참조)

숨을 들이쉬는 것이 사는 것이요, 숨을 내쉬는 것이 죽는 것이다…

한번 내쉬고 한번 들이 쉬는 것이 곧 생명의 내용이다…

호흡은 변하지만 나는 영원하다(不易). 호흡과 생사가 양극처럼,

프로펠러 돌아가는데 비행기는 나는 것처럼…

계속 숨 쉬면서 변하지만 영원히 변하지 않고 살아가는 것이 도다…

(一陰一陽爲之道)

땅은 올라가고 하늘은 내려와야 한다.

몸은 기운차려 올라가고 마음은 겸손하게 내려가야 한다.

마음은 언제나 무겁게 땅으로 가라앉아야 하고

몸은 언제나 재빠르게 하늘을 섬길 수 있어야 한다.

높이 긴 김 먼숨 목숨 푹, 깊이 핀 피 깨끗이. 깊이 생각하고 높게

살아가는 것이 생명이다.

(일지 4:492-4)

"몸은 올라가고 마음은 내려가야 한다."는 구절은 몸나와 얼나를 극단
적으로 이원화하고 몸을 버리고 얼로 솟구치는 것이 다석의 가르침이라고
주장하는 다석학자들이 정독해야 할 대목이다. 다석의 의도는 오히려 정반
대에 있는 것이다. 생명의 법칙은 오히려 물은 내려오고 불길은 올라가는
일반적인 중력의 법칙에 역逆하는 수승화강水承火降의 원리에 있기 때문이
다. "지구 안에서 보면 불길은 올라가고 물은 내려오는 것 같으나, 대공大空
또는 우주에서 보면 물은 올라가고 불은 내려앉습니다. 이것을 지소선후知
所先后와 같다고 하였습니다."(강의 440) 몸(魄)과 얼(魂)의 이원론과 얼이 올
라가는 것만을 강조하다 보면, 그야말로 혼비백산魂飛魄散하게 되어 오히
려 영성을 죽이고 파괴하는 결과를 가져온다. 얼과 몸의 이원론은 영지주
의를 부채질하는 너무 간단한 도식이다. 몸성히(調身)와 맘비히(調心)를 강

조하며 숨고르기(調息)를 알았던 다석은 그 반대로 몸이 올라가고 얼이 가라앉아야 한다고 주장했다. 기본적인 방향성(Vector)으로 볼 때에는 얼은 하늘로 올라가 귀환해야 하지만, 그것은 몸과 분리된 얼이 아니라 몸(肉體)과 얼(精神)이 합일한 통전적 내가 하늘과 일치를 이루는 것(三合)을 지향하는 것이다.[6]

목숨, 말숨, 우숨

김흥호는 다석신학에서 숨을 "목숨과 말숨과 우숨"의 세 가지로 구분한다. "목숨은 코로 숨 쉬고 깊이 자는 것이다. 말숨은 천하의 소식을 듣고 고금의 경전을 보고 생각하고 연구하고 말하는 것이다. 우숨은 하나님의 거룩한 편지를 받고 세상을 초월하여 법열 속에 사는 것이다. 이것이 생명의 호흡이다."(공부 1:28) '일음일양위지도'一陰一陽爲之道에서 '일음일양'은 들숨과 날숨의 호흡으로, '도道'는 그리스도로 해석된다. "숨은 불사르는 것이다. 바람 속의 산소를 집어먹고 살고, 바람 속으로 탄소를 내보내고 죽는다. 호흡은 살았다 죽었다 하면서 더 큰 삶을 살아간다. 나뭇잎이 나고 지면서 나무는 커 간다. 사람도 나고 죽으면서 그리스도는 커 가고 있다."(공부 1:69)

이미 살펴보았던 "뉘나(누구나) 크리스천"이라는 한글시에서 다석은 크리스천을 "거룩다 그리스도록 이에 숨을 쉬는 이"로 표현한다(일지 1957. 7. 3). 물론 '그리스도록'이라는 조어는 '그리스도'와 '거기에 서도록'이란

---

6) 다석은 얼과 몸 사이의 긴장관계는 인정한다. 그러나 박영호가 『마지막 강의』의 녹취를 편집하면서 추가한 '몸나'와 '얼나' 등의 무리한 수정은 극단적 이원화를 부추길 수 있을 뿐만 아니라 다석의 몸신학에 어긋나고 있다. 선도는 물론이고 요가와 체조를 기도라고 주장한 다석에게 그것은 적절하지 않는 해석이다.(마강 249-70 참조)

뜻을 동시에 표현해서 한글을 다의화多義化하려는 한글놀이 '장난'이 포함되어 있다.

> 하느님 편으로 그리 서도록 숨을 잘 쉬어야 하므로, 그리스(서)도록 하는 것이 정신의 주인입니다. '숨'은 성령입니다. 이에 여기서 숨을 쉽니다. '그리스도'는 '예수'라는 고유명사와 같습니다. 누가 보면 장난한 것같이 보이나 이렇게 하는 장난쯤은 괜찮을 겁니다. 글자 몇 자 안되는 글이지만, 여기에 신학(神學)이란 신학은 다 들어 있습니다.(강의 903)

연경반 강의에서 다석은 다시 한 번 이 구절에 대해 강조했다. "그러니까 하느님이 거룩하다 또는 잘하였다고 하시도록, 그리고 하느님 우편에 서기를 이루도록 자꾸 계속하는 이 일을 마치 숨 쉬는 것 같이 하여야 산다는 뜻입니다."(강의 913-4) 크리스천이란 결국 거룩하신 하나님을 아버지로 모시고 하나님 편에 서서 숨을 내쉴 때는 내 숨(목숨)을 내놓고, 들이 쉴 때는 성령의 숨(말숨)으로 거듭 '나'서 하나님의 아들인 참된 나(참나)를 낳아 가는 사람이다. 그것은 매 날숨마다 나는 죽고, 매 들숨마다 거듭나, 성령의 숨을 받아 내 안에서 돌리면서 내 본 바탈 그리스도를 키워나가는 성화 과정에 참여하는 것이다. 그 성화의 과정이 곧 수신修身이며 수행修行인 것이다. 다석은 말했다.

> '나도「이에 숨쉬므로 뚜렷이 아들로 스름 나이다.」 말슴.' 나도 살아야 합니다. 코로 숨을 쉰다는 사실은, 나도 여기서 숨쉼으로 뚜렷이 아들로 '스름', 곧 '살았다' 또는 '사람으로 나온다'는 뜻을 나타냅니다.(강의 915)

우리 님은 숨님(성령)

> 우리님은 숨님
> 참 숨 쉬어지이다
> 일즉이 우리 님계서
> 『ᄋᆞᆯ 몸「졔서」아븐 얼「계」로 얼김 마즈신 근딕』 비옵기
> 「져희도 다 하나이 되어「우리」안에 있게 ᄒᆞᆸ소서」ᄒᆞ셧습나이다.
> (요 17:21-22)
> (일지 1957. 10. 8)

다석은 "우리 님은 숨님"하며 일종의 '숨 그리스도론'을 주장했다. 주님은 숨님이며, 숨님은 곧 성령이다. 일찍이 주님께서 아들은 땅에서 아버지는 하늘에서 얼김(성령) 맞으신 가운데 비옵기를, 저희들도(예수의 제자들) 다 하나가 되어 우리 안에 있게 하옵소서 하셨다(요 17:21). 그 숨님(聖神)은 문자 그대로 "숨은(隱)" 님이기도 하다(일지 1957. 10. 20). 다석의 숨 그리스도론은 주기도문 번역에서도 보인다. "땅에서 이루어지이다"를 예수에 'ㅁ'을 붙여 "예수ㅁ쉬는"으로 흥미롭게 표기하여 "예수 숨쉬는" 이라는 뜻을 표현했다. 다석 식의 예수 기도(Jesus Prayer)를 주기도문의 해석에 넣었다는 것은 획기적이다.

> 하늘 계신 아브 계 이름만 거룩 길 말슴 님 생각이니이다.
> 이어이 예수ㅁ 쉬는 우리 밝는 속알에 더욱 나라 찾임이어지이다.
> (일지 1957. 6. 21)

한숨

다석은 만물萬物을 생산하고, "시간과 공간 덩어리"인 우주를 '한 숨'이라고 말했다. 시간과 공간은 인식하기 어렵고, 우주가 "한 숨 덩어리"라는 것은 직감적으로 느낀다고 했다. 그리고 인생은 "작은 한 숨"이라 한다. "우주가 한 숨일진대, 인생은 더 작은 한 숨입니다. 한 숨쉬다 영 쉬고 마는 것이 인생입니다. 인생은 일체 한 숨입니다."(강의 945) 우주도 한숨이요. 인생도 한숨이다. 살아가면서 숨쉬기가 어려워서(息不息) 쉬고자(休) 한숨을 쉬고, 마침내 숨쉬기를 쉬(止)려 해도 죽기 싫어 또한 한숨을 쉰다. 그래서 다석은 안 쉬는 숨(不息息)인 '말숨'을 가지라 했다.[7] 즉 말씀을 가지라고 한 것이다. 말씀이 "영원불멸의 숨"이기 때문이다(공부 2:577). 그러므로 숨신학이란 한 마디로 말하면 이러한 영혼불멸의 숨, 말씀(말숨)을 쉬(息)며 한숨 속의 인생에서 얼(神)김(靈)의 숨쉼을 구현하는 것이다(강의 947-8).

맞임내 안 겠다

못 쉬는 숨을 쉬노라니 한숨

않 쉬는 숨을 쉬가지만 말슴

(일지 1957. 9. 3)

숨을 쉬는 우리

『다석강의』마지막 절의 제목은 「숨을 쉬는 우리」이다. 그 첫 번째 한글 시에 "부닫힌 몸 들린 머리 바라나니 얼 김 숨 삶"이라는 구절이 포함되었

---

7) 말숨은 마지막 숨, 숨은 말고, 그리고 말씀이라는 세 가지 뜻을 동시에 가지고 있다.

다. 다석은 이 구절을 다음과 같이 설명한다. "'부닫힌'은 들이받아서 부닫쳤다, 곧 다쳤다는 듯입니다. 부닫친 몸입니다. 여기에 머리가 하나 위로 들려 있습니다. '들린 머리'는 무엇을 바라려고 들려 있는 것입니까? 머리가 위로 들린 것은 오직 '얼[神]·김[靈]·숨[氣]'을 바라는 것이고, 이것을 잡고 살아야 합니다."(강의955) 그리고 『다석강의』는 다음과 같은 마지막 시로 끝난다.

> 울로 오름 삶의 오름 올 (旵·當年)사리가 올바른 삶
> 알몸 맥여 버리는 날 얼몲 돼서 뵈오리
> 거룩다 그리스도록 이에 숨을 쉬는 이.

이 시에 다석은 다음과 같은 해설을 부쳤다. "'울로 오름 삶의 오름 올 (旵·當年)사리가 올바른 삶.' '울'로 오르는 삶이 오른 사람의 삶 노릇이고 일찌감치 하는 사리가 올바른 삶이라는 뜻입니다. '알몸 맥여 버리는 날 얼몲 돼서 뵈오리', 알몸을 맡겨버리는 날이 옵니다. 알몸뚱이는 흙으로 되어 있습니다. 도로 흙으로 갑니다. 도로 보내어 이 다음 쓸 때가 있으면 도로 달라고 합니다. 그 날이 오면 얼, 마음, 정신의 마음이 되어서 볼 수 있습니다. '거룩다 그리스도록 이에 숨을 쉬는 이.' 우리 숨쉬는 존재가 그리스도록(그리서도록) 거룩하게 되어야 합니다."(1957. 9. 13, 강의 957-8) 다석에 의하면, 우리, 곧 그리스도인은 다름 아닌 거기(하늘나라의 하나님 우편)에 서기(立)를 이루도록 그리스도를 거룩하게 숨쉬는 존재들인 것이다. 우리는("나도") 우리 숨님 예수에 숨쉬므로(예숨) 뚜렷이 하나님의 아들이라는 사람노릇을 하며 살 수 있다는 것이다.

숨나무 명나무

숨나무에 숨이 돋고

명나무에 명이 연다.

우리는 싱명나무 뿌리 밑에 거름이어요!

어긔서 싱명나무는 볼 수 업서요.

더군다나 그 넓게 멀게 퍼진 잎사귀를 볼 수 잇서요?

더구나 그 높고 높고 높이 열린 열매를 따먹을 수 잇서요?

그러나 우리는 꿈을 귓서요

싱명나무 심은 이의 아들이 뿌리 밑까지 나리여,

우리들과 가치 거름을 흔 꿈을요!

우리 꿈은 꼭 마지니까요!

그러니까, 우리가 흙에 묻힌 꿈을 깨는 아침엔

우리가 싱명나무를 보겟서요.

그 성성흔 잎사기도 보겟셔요.

그 환 환 환빛으로 열린 싱명열매를 따먹겟서요!

우리는 숨나무 명나무!

들면 숨나무요

나면 명나무요!

할넬루야 아-멘.

(일지 1956. 12. 12)

상기 한글시에서 다석은 창세기 3장에 나오는 생명나무를 연상하며, 생명을 숨나무와 명나무에 비유했다. 해설하면, 우리는 생명나무 뿌리 밑에 뿌려진 거름과 같은 존재이다. 그래서 거름과 같은 존재에 불과한 우리는 생명나무 자체를 볼 수 없다. 그러나 우리에게는 꿈이 있다. 생명나무를 심은 하나님의 아들이 뿌리 밑까지 내려와서 우리와 같이 거름으로 심어졌다는 꿈이. 그 꿈은 현실이 되었다. 그 꿈을 깨는 순간 우리는 생명나무의 모두를 볼 수 있게 될 것이다. 그리고 빛나고 환한 영광 속에서 생명나무를 따먹을 수 있게 될 것이다. 그리고 우리는 숨을 쉬는 숨나무 명나무가 될 것이다. 그러므로 우리는 끊임없이 숨님의 숨을 들이 쉬면서 숨나무가 되어가야 하고, 숨을 내쉬면서 명나무가 되어가야 한다. 그래서 작은 생명나무가 되어야 한다. 할렐루야, 아멘이다.

김흥호는 마지막 부분을 "하나님 나라에 싹이 트면 숨나무, 열매가 맺히면 명나무다."로 해석했다(공부 2:201). "들면"을 '하나님의 나라에 들어가면'으로, "나면"을 '열매가 나오면'으로 해석한 것이다. 그러나 숨을 들이쉬고 내쉬는 숨쉼, 즉 들숨과 날숨으로 이해하는 것이 더욱 정확할 것이다. 하늘나라 생명나무를 연상하며 들숨과 날숨 한 자락 한 자락 속에서도 숨은 숨님을 놓치지 않고 붙잡으려고 고도로 집중하며 호흡 수련하는 다석의 모습이 느껴진다. 숨신학은 이와 같이 호흡 수행과 동시에 이루어져야 한다. 이러한 다석의 호흡 수행 모습은 "뚜려시"라는 제목의 다음 한글시에서 뚜렷이 보인다.

뚜려시 들어 둥글 뭉글 온 흔 웅덩이 울로,
올나 올타 옹글려 옳옳히 퍼져 오르리,
우린 올 옹으로 올라 숨은 숨을 찾아ᄀ.

(일지 1958. 10. 11)

김흥호는 이 시를 다음과 같이 해설했다. "뚜렷하게 들어 위로 올릴 것이 있다. 둥글고 뭉글한 대우주위로 올릴 것은 진리의 말씀이다. 진리를 뽑아내고 진리로 천을 짜서 옹글려 뭉쳤다가, 다시 진리의 천을 우주로 펴고 펼쳐 위로 오르니, 우리가 진리의 천을 올리는 까닭은 진리 위로 올라가 숨은 생명을 찾아가기 위해서다. 물리의 세계에서 논리의 세계로, 논리의 세계에서 윤리의 세계로 올라가는 것이 뚜렷한 인생의 길이다. 숨(생명)은 숨어 계시는 하나님이다."(공부 3:28) 그러나 이것은 상당히 형이상학적인 해석이다. 호흡 수련자의 입장에서 보면 이것은 단순히 그러한 생각이라기보다는 단전의 숨기운을 뚜렷이 바로 보며 그것을 뚜렷이 들어 둥글게 돌리는 행공을 하면, 뭉글한 기운 덩어리가 단전 웅덩이 위로 올라 열기와 함께 척추를 타고 올라가 백회를 지나 우주에 퍼져나가 하늘 보좌에 숨은 숨까지 찾아가는 일종의 대주천 호흡을 하면서 체득한 느낌을 표현한 것으로 보인다. 제11장에서 인용했던 다석이 '산보' 또는 '정신하이킹'이라고 칭하는 호흡 기도를 하면서 체험한 느낌과 일맥상통하는 점이 있다. 그러므로 지금까지 『다석일지』에 대한 해석이 김흥호의 형이상학적 상상력(생각)에 의한 종교철학적 해설이나 박영호의 교리연구에 가까운 종교적 주석이 주를 이루고 있었으나, 이것들로는 불충분하다. 앞으로 『다석일지』를 해석함에 있어서 무엇보다도 고려되어야 할 것은 그것이 우선적으로 다석이 매일매일 끊임없이 행공수련을 하는 수도적 삶을 살면서 체득한 깨달음과 느낀 점을 한시와 한글시로 기록해 놓았던 수행일지였다는 점이다.

몸신학·숨신학

이러한 다석의 숨신학은 물론 몸신학을 수반한다. 이른바 '몸과 숨의 영성'이다. 다석은 몸과 숨의 영성에서 몸을 공간으로 숨을 시간으로 대비한다. 1955년 5월 22일자『다석일지』에서 다석은 원 세 개로 이루어진 한 도형을 그리고 다음과 같은 글을 기록한다.[8)]

몬 있 은 긋 끗 으 로 物 存 在 中 心
숨 있 은 웋 끗 으 로 命 存 在 上 元

김흥호는 이 구절을 "물질세계는 공간적이요 가운데 중심이 있고, 정신세계는 시간적이요 처음에 중심이 있다. 처음이 꼭대기인가 한다."라고 해석했다.(공부 1:50) 긋은 가온찍기(가운데, 中), 웋은 하늘(꼭대기, 上)을 함의한다. 이것들을 도표로 그리며 다음과 같다.

몬 있은 긋 끗 으로	숨 있은 웋 끗 으로
몬	숨
가온찍기	웋(하늘위)
가운데 中	꼭대기 上
중심	으뜸
공간	시간
몸	숨

몸과 숨은 공간과 시간과 같다. 다석은 뉴톤류의 시간과 공간을 절대적으로 이원화하는 근대의 기계적 우주관을 넘어서 시간과 공간이 서로 분리할 수 없는 관련성을 가진 아이슈타인 이후 공간과 시간의 통전적 우주관을 이미 몸과 숨의 영성으로 이해하고 있었다. 그러므로 숨신학은 필히 몸신학을 수반한다. 20세기 후반에 들어 에코-페미니즘 등 현대 서구 신학에서도 글신학에 대한 비판과 함께 몸신학에 대한 담론들이 나오고 있지만, 이

---

8) 김흥호는 그 도형 안의 글을 다음과 같이 옮긴다: "이끗이 올 끈으로, 온 끝에까지 말씀 사르므로 생각이오니, 맨첨부터 함께계심".(공부 1:49-50)

처럼 말신학을 넘어서는 숨신학과 함께 통전적인 몸신학을 주창한 서구 신학자는 아직 발견하지 못했다.

몸신학과 숨신학은 서로 분리할 수 없는 수행법을 포함한다. 굳이 구분하자면, 몸신학은 위에서 아래로 일어나는 그리스도의 성육신 사건을 체화하려는 몸수련을 중심으로 하고, 숨신학은 아래서 위로 일어나는 그리스도의 부활 사건을 체화하여 솟아오르려는 "솟나"의 숨 수련에 치중한다. 다석이 1959년 5월 17일자 『다석일지』에 기록한 아래의 한시에 나오는 것처럼, 하나님(성부)은 성육신을 통해 내려오시고, 하나님의 아들(성자)은 부활의 능력에 의해 하늘로 올라간다. 성육신과 부활의 영성이다. 이론적으로 몸신학은 전자에 치중하는 것이고, 숨신학은 후자에 치중한다고 할 수 있다. 그러나 일상 수련에서는 그들은 하나가 되어 이루어진다. 하나님은 우리에게 성령의 숨으로 다가오시고 우리는 그것을 숨 쉬면서 말씀의 육화를 통해 몸을 성화시켜 하늘로 올릴 준비를 한다.

上天子 下地父

不忍落地仁成育 불인락지인성육　父子道理仁由義 부자도리인유의
取義如天宜復之 취의여천의복지　物心來王天諸地 물심래왕천제지

[해설]

떨어뜨리는 것이 참을 수 없이 가슴 아프지만, 씨가 싹이 트기 위해서는 땅 속에 집어넣는 수밖에 길이 없다. 하나님의 사랑은 언제나 십자가의 사랑이다. 그래서 씨는 싹이 터 자라고 자라서 하늘을 얻어 마치게 된다. 이리하여 또 다시 하늘은 회복된다. 이것이 부활의 정진이다. 부자의 도리는 땅에 떨어뜨리는 아버지의 사랑과 하늘로 올라가는 아들의 지혜로 이루어진다. 물건은 올라가고 정신은 내려오는 것이 제사祭祀이고 계시啓

示이기도 하다. 땅은 하늘로 올라가고 하늘은 땅으로 내려와 우주는 진리
와 생명으로 넘치게 된다.(공부 3:354)

몸신학과 숨신학은 동양(선도와 주역 등)의 생명원리인 수승화강의 원리
로 예수 그리스도의 우주적 화해 사건의 드라마를 이해한다. 숨스러움은
성스러움을 몸스러움은 자연스러움을 나타낸다. 성모 마리아의 성령에 의
한 잉태와 아기예수의 탄생, 즉 크리스마스 스토리는 숨스러움이 몸스러움
이 되는 과정을, 십자가와 부활 사건은 자연스러움이 성스러움이 되는 과
정을 지칭한다. 이론적으로 보면 전자는 몸신학을, 후자는 숨신학에 해당
된다. 그러나 수행에서는 몸신학과 숨신학은 서로 구분하기가 어렵다. 예
수 그리스도의 사역은 좁은 신·인간적 관계론의 지평에서 단지 죄를 대속
하는 속죄론이나 화해론으로 제한되는 것이 아니다. 그것은 온 우주(누리)
에 숨을 불어넣어 온 생명을 살리는 생명운동으로 보아야 한다. 이러한 생
명운동은 한국의 전통적 수련문화와 무관하지 않다. 개천절 단군신화에 나
오는 '곰'의 몸을 변화시키려는 극치적 수행은 몸신학을, 정월대보름의 강
강수월래는 우주의 율동과 호흡하는 율려운동의 숨신학을 표징한다. 특히
후자가 중요한 것은 수행이 개인적 차원을 넘어 하나의 공동체적인 놀이문
화(축제)로 승화되어 일상화되어 있다는 점이다. 앞으로 이러한 몸신학과
숨신학은 한국 그리스도교의 영성이 아직도 난무하고 있는 기복적인 표피
적 차원을 넘어 보다 심오하고 성숙한 단계로 발전하는데 큰 보탬을 줄 수
있을 것이다. 더욱이 그들은 한국 그리스도인들에게 시급한 신토불이의 그
리스도교 양생법을 제공해 줄 수 있을 것이다.

제 5 부

서구 신학의 위기와
도의 신학

제14장
생명·생태계의 위기와 도의 신학*

나는 만물을 비추는 빛이다.

나는 만물이다. 만물은 나로부터 나왔다.

그리고 만물은 내게로 되돌아온다.

나무 한 토막을 베어 보라. 내가 거기에 있다.

돌멩이 하나를 집어 보라. 그러면 나를 느끼리라.

(도마 77)[1]

1. 서론

최근에 벌어지고 있는 기상이변들은 지구의 생태계가 위험수위를 넘어 악화되어가고 있다는 것을 절감하게 해주었다. 인간의 탐욕에 의해 자행된 무자비한 생태계의 파괴에 대해 대지의 여신 가이아Gaia가 크게 진노하고 있는 듯 계속되는 기상이변은 "이와 같은 추세가 계속된다면, 우리는

---

* 초기 버전, 김흡영, 「생명, 생태, 신학: 신, 우주, 인간(삼태극)의 묘합(도의 신학)」,『한국기독교 신학논총』31(2004), 181-211에 게재.
1) J. 몰트만, 이신건 역,『생명의 샘』(그리스도교서회, 2000), 150에서 재인용.

없어질 것이다"라는 전망과 "인간이란 절명위기에 처한 항성에서 생존할 수 있는 종인가?"(Thomas Berry)라는 질문이 더욱 절실하게 느껴지게 했다.2)

20세기 후반부에 이르러 신학에 던져진 최대의 화두는 단연 생태계의 위기일 것이다. 린 화이트Lynn White는 지구촌에 생태계의 위기를 초래한 "역사적 근원"이 자연보다는 신의 초월성을 강조하고 인간에게 자연을 지배할 수 있는 특권을 부여함으로써 자연의 가치를 비하시키고 인간의 이익을 위하여 자연을 함부로 파괴할 수 있도록 사상적 기조를 제공한 유대-그리스도교 전통에 있다고 맹렬하게 비판하였다.3) 물론 그의 그리스도교에 대한 이해에는 많은 문제가 있지만, 오히려 과학자인 그가 생태관이 세계관, 특히 자연과 운명에 대한 믿음인 종교와 깊은 관계가 있다고 주장한 것은 신학자들과 종교인들을 크게 각성하게 하였고, 그에 대한 대안을 세계 종교전통들에서 찾게 만든 한 결정적인 동기가 되었다.

또한 20세기가 그리스도교 신학에게 던져준 큰 주제들, 곧 맥락성은 사회정의 구현을 위한 해방emancipation, 타종교들과의 대화dialogue, 그리고 생태계의 위기ecology라고 압축할 수 있다(Peter Hodgson).4) 남미해방신학, 정치신학, 여성신학, 흑인신학, 제삼세계 신학, 민중신학 등이 치열하게 주장한 해방 모티브와 프락시스의 강조는 그 동안 서양신학이 지녔던 교리적 공론과 계급적, 성적, 인종적 사유화에 대한 올바른 교정이었다. 또한 세계종교에 대한 종교학적 문맹을 겨우 극복하고 그리스도교와 세계종교 전통들의 탁월한 가치를 인식하게 된 서양신학자들은 다른 종교들이 제시하는 심오

---

2) Daniel Maguire, *The Moral Core of Judaism and Christianity: Reclaiming the Revolution* (Philadelphia: Fortress Press, 1993), 13.
3) Lynn White, Jr., "the Historical Roots of Our Ecological Crisis," *Science* 155 (1967), 1203-1207.
4) Peter Hodgson, *Winds of the Spirit: A Constructive Christian Theology* (Louisville, KY: Westminster John Knox Press, 1994), 특히 Part 2 참조.

한 지혜와 도전들을 종교 간의 대화, 종교내적 대화, 종교신학, 비교신학, 종교다원주의 등의 방법을 통하여 극복하려고 하였다. 그러나 20세기 신학은 로고스(이론)와 프락시스(실천)라는 서양신학이 전승한 희랍적 이원론을 극복하지 못하고, 종교신학계열(로고스)과 해방신학계열(프락시스)로 이원화된 채 서로 분리되어 맴돌고 있었다.[5]

생태계의 위기는 이러한 분열된 상황에 있는 20세기 신학자들 그리고 종교학자들에게 한 공동의 화두를 제공한 셈이다. 서양학자들은 앞장서서 종교(특히 그리스도교)들이 그동안 자연에 대해 취해왔던 "자폐성"을 극복하는 대안을 마련하고자 하였다(Thomas Berry).[6] 자연과학의 "좁은 지혜"microphase wisdom를 가지고 지구촌 생태계 전체에 미치는 "큰 변화"macrophase change를 일으키고 있으므로 종교전통들로부터 이러한 상황을 극복할 수 있는 보다 큰 지혜를 구해야 한다.(Brian Swimme)[7] 일반적으로 종교들이 지금까지 신-인간 또는 인간-인간의 관계에 대하여 집중해 왔는데, 이제 생태계 문제의 해결을 위해 각 종교들은 이러한 제한된 세계관을 넘어서 적절한 인간-지구의 관계론human-earth relation을 탐구해야 한다. 특히 인간에게 윤리적 초점을 맞춰왔던 아브라함 종교전통들(유대교, 그리스도교, 이슬람)의 인간중심적 세계관은 극복되어야 하고, 오히려 자연친화적인 동양종교들(특히 유교와 도교)에 주목해야 한다고 이들은 주장하고 있다.

이와 관련된 그리스도교 신학자들의 모임 하나가 1997년 하버드대학교의 세계종교연구소에서 개최되었던「그리스도교와 생태학」컨퍼런스

---

5) 김흡영,「아시아 신학의 21세기적 비전」,『도의 신학』(서울: 다산글방, 2000), 336-341 참조.
6) 특히 Mary Evelyn Tucker와 John Grim 부부가 Harvard University의 Center for the Study of World Religions와 함께 주최했던 "World Religions and Ecology"라는 conference series 참조하라. 컨퍼런스의 내용들은 Harvard University Press에 의해 series로 모두 출판되었다.
7) Mary Evelyn Tucker and John Grim, "Series Foreword," in *Christianity and Ecology: Seeking the Well-Being of Earth and Humans*, ed. by Dieter T. Hessel and Rosemary Radford Ruether (Cambridge, MA: Harvard University Press, 2000), xxiv.

이다.[8] 이 컨퍼런스에 참석한 대부분의 신학자들은 적합한 생태신학의 구성을 위해서 세 가지의 신학적 수정이 필요하다는 것에 동의한다(예컨대, Elizabeth Johnson, Sallie McFague, Mark Wallace). 첫째, 인간중심주의의 해체와 우주(지구)중심주의로의 전환(비전의 전환). 둘째, 전통적 근본 메타포(상징)의 해체와 재구성(메타포의 전환). 셋째, 정론orthodoxy과 그리스도론 중심주의로부터의 탈피와 정행orthopraxis과 성령론의 강조(초점의 전환). 이 세 신학적 수정들은 구성신학적으로 당연한 것이라고 할 수 있으나, 서양의 생태신학들은 아직도 그 희랍적 한계를 벗어나지 못하고 있는듯하다. 신을 의인화하여 인간의 모습으로 그렸던 희랍인들의 사상을 기조로 하는 서양신학에서 인간중심주의 또는 신인간동형론anthromorphism의 탈피는 그 정체성의 해체를 의미하는 매우 어려운 것이리라.[9]

그러므로 이제 새천년대의 지구촌을 위한 생명생태신학의 몫은 인간의 얼굴과 몸 등 외부의 모습보다는 산, 물, 나무 등 자연세계와의 조화에 더욱 관심을 가졌던 자연친화적 생명사상을 근본으로 하는 우리 동양인들

---

8) 헷슬(Dieter Hessel)과 루터(Rosemary Ruether)는 이 컨퍼런스의 결과를 정리하면서 현대 그리스도교 생태신학과 윤리의 핵심을 네 가지로 요약했다. 첫째, 현대신학은 인간 외에 다른 지구촌 생명공동체도 하느님에게 중요한 피조물이라는 사실을 재발견하였다. 둘째, 그리스 철학의 계층적 이원론에 의하여 수립된 우주관에 기초한 전통신학은 새로운 "우주 이야기(universe story)"와 "땅으로부터(from the ground)" 시작되는 생태학적 관심에 의하여 모두 재구성되어야 한다. 셋째, 생태학(ecology)과 사회정의(justice)적 관심은 서로 분리되는 것이 아니고 통합된 생태정의(eco-justice)적 신학과 윤리(예컨대, 에코페미니즘 또는 환경레이시즘)로 형성되어야 한다. 넷째, 생태정의적 신학은 지구와 인간의 곤경을, 특별히 가장 착취당하는 쪽에서 고려하여야 한다. 그러므로 그 규범은 생태적 적합성과 사회적 공의가 조화되도록 해야 하며, 인간뿐만 아니라 지구공동체의 모든 이웃을 포함한 연대가 이루어 질 수 있도록 해야 하며, 불필요한 소비를 억제하고 생태사회적으로 정당한 테크놀로지를 사용해서 생태계를 보존할 수 있도록 해야 하며, 그리고 분배와 참여 정의가 온전히 실행되도록 해야 한다. (*Christianity and Ecology*, xxxv-xxxvii)
9) Gordon D. Kaufman, "Response to Elizabeth A. Johnson," *Christianity and Ecology*, 23-27 참조.

에게 돌아 온 것이다. 특히 한국사상은 그 뿌리부터 우주 중심적이고 생명 중심적이었다.[10] 한국생태사상은 "인人과 물物의 조화와 공생, 즉 "인물 균"人物均을 추구하는 생태적 합리성"에 기초를 두고 있다.[11] 21세기에 필요한 생명생태신학은 이러한 동양적 비전과 시각에서 새로운 패러다임으로 구성해야 할 것이다. 그러므로 그리스도교 신학은 이제 일종의 동양적 각覺을 해야 할 것이다. 희랍문화를 기반으로 2천년 동안 번영을 누리던 양陽의 그리스도교는 그만 한계에 봉착했고, 생태계의 위기와 더불어 그리스도교는 이제 음陰의 패러다임으로 혁명적 모형전환(靜極動), 성령의 태극운동을 일으키고 있는 것이다.(Bede Griffith)[12]

생명·생태·신학이라는 주제들은 매우 광범위한 것이고, 그렇게 새로운 주제들도 아니다. 지난 수십 년간 많은 연구 자료들이 세계적으로 쏟아져 나왔고, 그들은 우리 신학계에도 비교적 잘 소개가 되어있는 편이다.[13] 그러므로 나는 여기에서 이와 관련된 주제들을 모두 다루는 것보다 앞서 언급한 세 신학적 수정 작업들(근본비전, 근본메타포, 초점의 전환)에 관련하여 우리에게 보다 적절한 생명생태신학의 구성을 위해 세 가지의 제안을 해보고자 한다. 곧 신神-인간-우주적 비전theanthropocosmic vision, 도의 신학theo-tao, 억눌린 생명의 기氣-사회-우주 전기(pneumatosociocosmic biography of the ex-

---

10) 이경숙·박재순·차옥숭,『한국 생명사상의 뿌리』(서울: 이화대학교 출판부, 2001), 특히 194-207 참조.
11) 박희병,『한국의 생태사상』(서울: 돌베개, 1999) 참조.
12) 양 그리스도교에서 음 그리스도교로의 모형전환은 오히려 동양(인도)의 영성에 매료된 서양 (영국) 수도사 Bede Griffiths에 의해 선포되었다: "This may sound very paradoxical and unreal, but for centuries now the western world has been following the path of *Yang* of the masculine, active, aggressive, rational, scientific mind and has brought the world near destruction. It is time now to recover the path of *Yin*, of the feminine, passive, patient, intuitive and poetic mind. This is the path which the *Tao Te Ching* sets before us." (Bede Griffiths, selected and introduced, *Universal Wisdom: A Journey Through the Sacred Wisdom of the World* (San Francisco: HarperSanfrancisco, 1994), 27-8)
13) *Christianity and Ecology*, 615-637에 수록된 그리스도교와 생태학에 관한 참고문헌들 참조.

ploited life)가 바로 그것들이다.

요약하면, 첫째, "신 우주 인간적 비전"이란 동양적 세계관인 하늘땅사람(天地人)의 삼재 사상을 현대적으로 재해석해서 신학의 근본비전으로 채택하자는 것이다. 둘째, "도의 신학"은 문제가 되는 전통적 로고스나 근대적 프락시스보다 자연친화적인 동양적 메타포 도道를 신학의 근본메타포로 사용해서 새로운 도 패러다임의 신학을 구성해 보자는 것이다. 그리고 셋째, "억눌린 생명의 기사회우주전기"란 '민중의 사회 전기'를 우주적 차원으로 확장해서 절명위기에 처한 생태계의 모든 억눌린 생명들을 포함하고, 우주생명력의 원기인 신기神氣, 곧 성령의 기운을 타고 생명을 살리는 살림살이에 신학의 초점을 맞춰보자는 것이다.

2. 하늘땅사람: 신우주인간적 비전 (Theanthropocosmic Vision)

첫째, 21세기에 적절한 생명생태신학의 구성을 위해서는 그 근본비전을 신우주인간적으로 패러다임 전환해야 한다. 비전이란 세계관보다도 더 근본적이고 포괄적인 의미를 가진 실재에 대한 종합적 통찰을 말하며, 비전의 변화는 곧 패러다임의 전환을 초래하게 한다. 근대 신학은 구속사관의 영향으로 지나치게 신-인간 또는 신-역사 중심적이었다. 다시 말해서 그동안 신학은 하늘(神)과 사람(인간의 구원)만 강조하고 땅(자연, 우주)을 잃어버렸다. 생태계가 종말에 직면한 지금에 와서야 서양신학자들은 크게 반성하고 땅을 되찾자고 아우성이다. 그러나 그들이 좋아하는 둘로 나누는 습성 때문에 또 문제가 생기고 있다. 하늘이 아니면 땅, 인간이 아니면 자연하며, 그들은 습관적으로 둘 중에서 하나만 골라내려고 하는 것이다. 그러나 하늘, 땅, 사람은 모두가 나누어 질 수 없는 실재의 존재론적 구성요소이고, 하늘과 땅과 연계되어 있는 사람이 참사람이다. 우리 조상들은 이것을 천지인天地人 삼재三才라고 하였다. 나는 이 중에서 천天을 신神으로 바꾸고 신(天) 우주(地) 인간(人)의 삼재로 이루어진 신우주인간적 비전을 신학의 근본 비전으로 삼아야 한다고 주장하고자 한다.

미국의 여성생태eco-feminism 신학자 존슨Elizabeth Johnson이 밝혀 준 것처럼 사실 그리스도교 전통에 있어서 창조세계Creation의 상실과 땅과 우주에 대한 기억상실증은 불과 최근 500년 동안 일어난 현상이며, 그 이전 1500년 동안에는 없었던 일이다.[14) 히브리 성서는 땅이 하나님의 완전한 소유이며(시 24:1) 그 영광으로 충만하다고(사 6:3) 진술하고 있어 상당히 자연친화적이며 여기서 자연을 떠난 종교적 의미를 찾아보기 어렵다. 그리스도교 성서에도 성육신, 몸의 부활, 성만찬적 분배, 우주적 구속과 소망 등 자연친화적 주제들이 풍부하게 포함되어 있다. 이와 같이 유대-그리스도교 성서들은 땅의 종교적 가치를 인정하고 있으므로 올바른 생태적 자연관을 추출하기 위한 성서의 재해석이 요청된다.[15)

사실 초대 및 중세 신학들은 신우주인간적 비전을 가지고 있었다. 그들은 자연을 당연히 신과 인간과 더불어 형이상학적 삼재(God-world-humanity)의 하나로 받아들였다. 어거스틴에 의하면 하나님은 두 가지의 책, 성서와 자연의 책을 인간에게 주었다. 12-13세기에 우주론, 인간론, 신론이 어울려 한 조화를 이루는 신우주인간적 신학사상은 정점에 이르렀고, 힐더가드

---

14) Elizabeth A, Johnson, "Losing and Finding Creation in the Christian Tradition," *Christianity and Ecology*, 3-21.
15) 선순화는 인간, 자연, 신의 삼각관계에서 이루지는 "생명 커뮤니케이션"이 신구약을 관통하는 주제라고 보았는데, 이것은 주목해야 할 한국여성신학적 통찰이다. 선순화,「인간, 자연, 신의 생명커뮤니케이션」, 선순화 신학문집 출판위원회 편,『선순화 신학문집: 공명하는 생명신학』(서울: 다산글방, 1999), 59-78.

Hildegard of Bingen, 보나벤투라Bonaventure, 아퀴나스Aquinas 등이 그 대표적인 신학자들이다. 힐더가드는 흙으로부터 만들어진 인간은 다른 창조세계와 근원적으로 긴밀하게 연관되어 있어 결코 그들과 분리될 수 없다고 역설하였다.16) 보나벤투라는 "피조된 만물의 장려함에 의하여 깨달음을 얻지 못한 이는 소경이요, 그들이 [신을 향해] 부르짖는 소리를 듣지 못하는 이는 귀머거리요, 이러한 모든 만물을 창조하신 하나님을 찬양하지 않는 이는 벙어리요, 이러한 수없이 많은 증거에도 불구하고 제일원인(하나님)을 인정하지 않는 이는 바보다"라고 하였다.17) 토마스 아퀴나스는 오줌으로부터 불에 이르기까지 모든 자연세계가 영롱한 신 형상(imago Dei)이라고 믿었다. "그러므로 우주전체는 모두 함께 더욱 완벽하게 신의 선함에 참여하고 있으며, 한 단일 피조물 어떤 것보다도 그것을 더욱 적절하게 기술하고 있다."18)

존슨이 지적한데로 물론 초대 및 중세 신학사상들 속에는 아리스토텔레스와 신플라톤주의의 영향에 의해 "계층적 이원론"hierarchial dualism이 침투되어 있었다. 정신과 물질, 남성과 여성, 인간과 자연을 계층적으로 확연히 구별하는 이 존재의 계층(a hierarchy of being)적 사유는 엘리트 남자를 정점으로 창조세계 안에 지배와 종속의 억압적 체계를 허용했고, 결과적으로 반여성적이고 반생태적 태도를 초래하게 하였다. 그럼에도 불구하고 아직이 사상들에게 있어서 인간과 더불어 자연은 적어도 신 앞에 질서와 조화를 이루기 위한 필수불가결한 일부분이었다. 이러한 1500년의 자연친화적인

---

16) Hidegard of Bingen, *Scivias*, tr. Columna Hart and Jane Bishop (New York: Paulist Press, 1990), 94. 또한 Johnson, 6 참조.

17) Bonaventure, *The Mind's Journey to God*, tr. Lawrence S. Cummningham (Chicago: Franciscan Heral Press, 1979), chap. 1, no. 15. Johnson, 7 재인용.

18) Thomas Aquinas, *Summa Theologogiae* (New York: Benziger Bros., 1947) 1.47.1. Johnson, 앞의 글, 7 재인용.

유산에도 불구하고 종교개혁이후 로마 가톨릭과 프로테스탄트 신학자들은 자연에 대한 관심을 상실하고 신과 인간에게만 집중하여 치명적인 결과를 초래케 하였다.

　자연신학 전통을 가지고 있었던 가톨릭 신학이 자연을 상실하게 된 이유는 사실 지적이기보다는 오히려 정치적인 것이었다. 17세기의 갈릴레오 사건 이후 신학자들은 태양 중심적이고 진화론적인 과학적 세계관과 결별하기 시작하였으나 사실상 중세의 지구 중심적 세계관은 붕괴되었음으로 가톨릭 신학은 세속적 세계관의 변화와는 전혀 관계가 없는 고립된 자유학문이 되어버렸다. 더욱이 가톨릭 신학의 프로테스탄트 신학과의 만남은 인간론으로 흡수를 더욱 가속화시켰다. 종교개혁 강령이 된 "오직"(그리스도로만, 신앙으로만, 은총으로만, 성경으로만)은 프로테스탄트 신학사상에 강렬한 인간중심적 전환을 가져오게 하였고, 하나님 앞에서 죄진 인간이 신학의 중심이 되어버렸다. 이러한 상황에서도 사실 초기 프로테스탄트 신학은 비교적 자연친화적이었다. 칼빈John Calvin은 자연세계 모든 곳에 신의 영광을 반사하는 불꽃이 있다고 말했다.[19] 그러나 그 후 자연신학과 행위에 의한 칭의에 관한 가톨릭 신학의 교리에 대항하기 위해 개신교 신학은 자연은 신이 부재한 타락한 피조세계로서 오직 그리스도에 의한 구원의 대상에 불과한 것으로 비하시키고 인간중심주의를 더욱 심화시켰다.

　더욱이 개신교 신학은 과학과 철학, 역사 등 반자연적인 인문학의 영향을 받게 된다. 베이콘Francis Bacon은 "자연은 그녀의 모든 자녀들과 함께 너희들[인간]에게 봉사하고 너희들의 노예가 되도록 정해져 있다"고 서슴없이 말했다.[20] 데카르트와 칸트 철학에 의한 "주체로의 전환"turn to the subject

---

19) John Calvin, *Institutes of Christian Religion*, tr. by Ford Lewis Battle (Philadelphia: Westminster Press, 1960). 1.5.64. Johnson, 9; 또한 필자의 「존 칼빈과 이퇴계의 인간론에 관한 비교연구」, 『도의 신학』, 231-291, 특히 277-285 참조.
20) Francis Bacon, *The Masculine Birth of Time*, Johnson, 앞의 책, 10에서 재인용.

은 자연을 외부적이고 수동적인 객체로 규정하고 인식하는 인간 주체로부터 분리시켰다. 더구나 근대 역사주의는 이 분리를 더욱 강화시켰다. 자연은 직선적 구속사와는 전혀 관련이 없는 순환적 이교도의 신이 군림하는 영역으로 그리고 인간에 의하여 구출되어야 할 것의 한 상징으로 전락되었다. 쇠렌 키에르케고르부터 루돌프 불트만에 이르는 실존주의, 신정통주의, 정치-해방신학 등 20세기 신학조차도 이러한 자연을 열등하게 보는 자연관을 옹호하는 근본주의적 입장을 취했다. 인간만이 소유했다고 간주하는 선택하고 결정하는 자유는 우월한 것이고, 그렇지 못한 자연은 결정론적이고 기계적인 열등한 것으로 폄하했다. 그러므로 과정신학을 제외한 거의 모든 신학들에서 창조세계는 신학의 동반자와 주체의 자리에서 실종했다.

지구 멸망의 위기에 직면하고 있는 오늘날 시대의 징조에 따라 그리스도교 신학은 과감하게 이러한 반자연적 장애물들을 제거하고 자연세계를 중심부분으로 재통합하여야 한다고 존슨은 주장한다. 지구 중심적, 정체적, 계층적 질서에 의한 중세 우주관은 이미 붕괴되었으며, 자연을 결정론적이고 기계론적으로 보는 근대 계몽주의적 편견도 지양되어야 한다. 현대 과학이 발견한 역동적, 유기적, 자기조직적, 비결정적, 개방적 우주관으로 재구성되어야 한다. 오히려 고대와 중세의 우주 중심적 신학들을 재발굴하여 절체절명의 위기에 있는 지구를 살릴 수 있는 생태신학으로 구성해야 한다. 또한 이러한 생태문제는 남성중심주의에 의하여 착취 당해온 여성의 입장과 깊은 유사성이 있으며, 그러므로 신학이 "땅으로의 회심"conversion to the earth을 수행하기 위해서는 여성생태신학적 접근이 필요하다고 존슨은 역설한다.[21]

이러한 존슨의 기획은 생명생태신학의 구성을 위하여 매우 유익한 기

---

21) Johnson, 앞의 글, 17.

조를 제공한다. 그럼에도 불구하고 그것은 그녀가 서양신학자의 한 사람으로서 넘을 수 없는 한계를 노출하고 있다. 그녀의 서양 여성생태적 기획도 아직 희랍적 사고방식에서 완전히 벗어나지 못하고 있다. 그 주장의 핵심은 한마디로 신학이 인간중심주의를 탈피하여 자연중심주의로 전환되어야 한다는 것이다. 그러나 그녀가 주장하는 전환에는 인간과 자연이라는 변증법적 이원론의 배경이 그대로 유지되고 있으며, "중심"이라는 본질론essentialism이 전제되고 있으며(또한 이것은 환원주의이기도 하다), 인간과 자연 중 하나를 선택해야 한다는 이원론적 일원론(either-or)을 탈피하지 못하고 있다. 이 이원론과 실체론이 바로 여성신학이나 생태신학이 극복하고자 하는 사상적 올무이었지만, 미국을 대표하는 여성생태신학자 존슨마저도 그 올무에서 완전히 탈피하지 못하고, 아직 한 발을 엉거주춤하게 그 안에 머물러두고 있는 상태이다. 틸리히가 분석한대로 이원론과 일원론은 결과적으로 같은 것이다.[22] 인간과 자연을 분리해서 어떤 것이 중심이 되어야 하는 식의 이원론적 일원론은 분석적 본질론essentialism 또는 실체론substantialism에 연관되며, 이러한 방법으로는 생명생태신학이 갈망하는 진정한 호혜적 관계론에 도달하기 어렵다.

이것보다는 천지인삼재의 통전적 관계론이 적절한 것이고, 그것의 재해석을 통한 적극적 수용은 우리 신학의 토착화를 위해서만 아니라 현대신학 전체를 위해서도 유용한 것이다. 파니카R. Panikkar가 통찰한대로, 세계 종교사에 있어서 고대의 우주중심주의, 중세의 신중심주의, 그리고 근대의 인간역사중심주의는 모두 환원주의적 오류를 범하고 있다.[23] 이것들도 실재에 대한 허구적 진술이며, 마찬가지로 일원론과 이원론에 매여 있는

---

22) Paul Tillich, *Systematic Theology*, Vol. I (Chicago: Chicago University Press, 1951).
23) Raimond Panikkar, *The Cosmotheandric Experience: Emerging Religion Consciousness* (Maryknoll: Orbis, 1993) 참조.

사고가 낳은 논리적 오류이다. 신과 인간과 우주는 서로 불가분의 세 축으로 통합적 실재를 이루고 있다. 그러므로 이 세 구성요소들을 함께 아우르는 신우주인간적theanthropocosmic 또는 우주신인간적cosmotheandric 비전이 진실에 훨씬 근접한 것이다. 중세신학조차도 이것을 당연한 것으로 받아들였다. 더욱이 삼위일체론의 탁월성은 그리스도교 신앙이 희랍사상의 일원론과 이원론이 가진 모순을 극복하고 다원적pluralistic이고 동 중심적concentric인 실재를 파악할 수 있는 사유의 틀을 제공했다는데 있다.[24]

우리는 이미 오래 전부터 하늘땅사람(天地人)의 삼재三才 또는 삼극三極으로 구성된 다원적이고 동 중심적인 실재를 믿어왔다. (훈민정음의 닿소리와 홀소리의 구성에서 뚜렷이 돌출되었듯이 "한국 전통 문화의 구성 원리"를 "삼재론 중심의 음양 오행론"이라고 볼 수 있다.)[25] 동양사상의 근간이 되는『주역』에 이 천지인 삼재의 사상이 현저하게 나타난다. "역이란 책은 말하는 범위가 넓어서 모든 것을 다 포함하고 있다. 인도도 있고, 천도도 있고, 지도도 있어서 삼재를 합하여 두 배로 하면 6이 된다. 육효六爻라는 것은 다른 것이 아니라 삼재의 도이다."[26] 그러므로 육효로 이루어진 대성괘大成卦는 천도天道와 인도人道와 지도地道의 민감한 변화를 천우주인간적 비전에서 패턴으로 묘사하고 있는 것이다.[27] 그러나 여기서 주목해야 할 점은 주역괘의 묘사는 인과율적인 것이라기보다는 천지인을 한꺼번에 파악하는 통시적synchronistic인 통찰이고, 화살과 같은 직선적 시간관의 아날로그적인 것이라기보다도 동

---

24) 핫지슨도 파니카의 신우주인간적 비전을 가지고 삼위일체론을 재구성하려고 한다. Hodgson, *Winds*, 특히 45-25, 109-110 참조.

25) 훈민정음의 제자원리는 "태극과 음양과 삼재와 오행의 원리"이다(이정호,『해설역주 훈민정음』[서울: 보진제, 1972]). 또한 우실하,『전통문화의 구성 원리』(서울: 소나무, 1998), 특히 61-72 참조.

26) 「계사전」, 고회민,『주역철학의 이해』, 정병석 역 (문예출판사, 1978), 249에서 재인용.

27) 김석진,『대산주역강해』(상경), 수정판 (서울: 대유학당, 2001), 32-3. 도와 동시성에 관하여는 시노다 볼린, 이은봉 역,『도와 인간심리: 만남의 심층심리적 이해』(서울: 집문당, 1994) 참조.

시다발적인 디지털적인 것에 근접한다는 점이다. 이 디지털적인 삼극의 움직임(道)을 근원적으로 상징화 한 것이 삼태극이요, 그것을 음양의 변화로 단순화 한 것이 태극인 것이다. 오히려 유학자인 청충잉이 "성자는 이상적인 사람으로, 성부는 창의적인 영으로서 하늘로, 성령은 수용적인 영으로서 땅으로" 주역적인 재해석을 통하여 생태적 삼위일체론을 제안한 적이 있다.[28]

더욱이 한국 그리스도교에서는 그리스도교의 신-인간적(구속사) 비전이 전통사상인 유교의 인간-우주적anthropo-cosmic 비전과 부딪쳐 신우주인간적 비전으로 해석학적 지평 융합이 일어나고 있다.[29] 그러므로 신우주인간적 비전에 의한 신학 구성은 한국신학의 한 특성이 될 수 있고, 한국신학이 세계 신학적 가치를 자리매김할 수 있는 중요한 기회인 것이다. 그리스도교와 동양사상뿐만 아니고 나아가서 생태 문제가 함께 어울리는 가장 생생한 역사적인 현장에 있는 한국 그리스도교는 이 신우주인간적 사유 속에서 삼천 대에 적절한 생태신학의 패러다임을 구상할 수 있는 풍부한 자원들을 가지고 있다. 신학이 성부와 하늘(天)에 대해서는 가장 오래되고 심오한 인류의 사상이라고 한다면, 동양학(유학) 또한 성자와 인간사회(人)에 대해서 그러할 것이다. 생태학(과학)은 성령과 생태계(地)에 대한 가장 전문적인 지식을 가지고 있다고 보아야 할 것이다. 신학, 동양사상(유학), 그리고 생태

---

28) Cheng Chung-ying, "The Trinity of Cosmology, Ecology, and Ethics in the Confucian Personhood," *Confucianism and Ecology: The Interpretation of Heaven, Earth, and Humanity*, ed. Mary Evelyn Tucker and John Berthrong (Harvard University Press, 1998), 225.

29) 간단하게 설명하면, 인간-우주적 비전은 유학의 천인합일사상, 신역사적 비전은 개신교 신학의 구속사(salvation history)를 말한다. 인간우주적 비전에 대해서는 Tu Wei-ming, *Centrality and Commonality: An Essay on Confucian Religiousness*, rv. ed. (Albany: SUNY Press, 1989) 참조. 두 지평의 합류에 대해서는 Heup Young Kim, *Wang Yang-ming and Karl Barth: A Confucian-Christian Dialogue* (Durham: University Press of America, 1996), 특히 175-180 참조.

학(과학)의 삼극을 삼태극처럼 어우르면(묘합) 멋들어지고 실천적인 경건과 사랑과 자비의 신-우주-인간적 생명생태신학 패러다임을 형성할 수 있을 것이다.[30)]

신학	신	천(天)	하늘	숨	기(氣)	성부	신학	해방	경건 (敬天)
생태	우주	지(地)	땅	한울	우주	성령	생태학	생태	자비 (愛物)
생명	인간	인(人)	사람	두레	사회	성자	동양학	대화	사랑 (人仁)

3. 하늘땅사람의 참길(신우주인간적 묘합)
: 도의 신학(Theo-tao)

둘째, 이러한 신우주인간적 패러다임에서 궁리한 생명생태신학을 도 道의 신학이라고 지칭하고자 한다. 그러므로 도의 신학은 신·우주·인간(하늘땅사람)의 삼재지도三才之道 또는 삼극지도三極之道, 곧 하늘의 길(天道), 땅의 길(地道), 사람의 길(人道)의 '묘합'妙合을 궁구하는 것이다.[31)] 생명과 생태와 신학이 이루는 삼극의 묘합도 이러한 사람, 땅, 하늘의 길끼리의 현묘한 만남인 삼태극이요, 그 삼태극이 어울려 이루는 총체적 궤적(道)을 통찰하여 그곳에 동참케 하는 신학을 도道의 신학이라고 해보자는 것이다. 삼태극의 묘합으로서 도의 신학은 한국적이다. 김시습은 도의 측면에서 볼 때 천지만물이 모두 같은 태극이라고 보는 흥미로운 한국생태사상을 발전시켰고,[32)] 우실하는 한국의 고유한 논리가 "3수 분화의 세계관"의 정점인 삼

---

30) 더 자세한 것은 김흡영,「신·인간·우주(天人地): 신학, 유학, 그리고 생태학」,『한국그리스도사상』6(1998), 219-260; 또는『도의 신학』, 292-335 참조.

31) 김병호, 김진규 편,『아산의 주역강의』, 상 (서울: 도서출판 소강, 1999), 55-56. 묘합은 주렴계의 태극도설에 나오는 용어이다(이퇴계,『성학십도』에서「제일 태극도」참조).

태극, 곧 "하나를 잡아 셋을 포함하고, 셋을 모아 하나로 돌아간다(執一含三會三歸一)"에 있다고 주장한다.[33]

2천년동안 그리스도교 신학의 근본메타포로 군림해왔던 로고스logos는 모더니티의 환원주의적 영향으로 이미 한계점에 도달했다. 계층적 이원론을 기반으로 하는 반자연적이고 억압적인 기술이성으로 축소된 로고스는 생명생태신학의 근본메타포로서 사용하기에는 부적절하다. 나는 최상의 생명생태메타포라고 할 수 있는 도道를 3천 년대 신학의 근본 메타포로 사용하자고 주장한다.[34] 더욱이 도는 로고스보다도 훨씬 더 성서적이다. 예수는 자신을 가리켜 로고스라고 말한 적이 없다. 그는 자신을 "내가 곧 길이요 진리요 생명," 곧 진리와 생명의 길(道)이라고 했다(요 14:6). 뿐만 아니라 애당초 원시 그리스도교의 호칭도 로고스가 아닌 "그 도를 쫓는 사람"의 "도"였다(행 9:2; 19:9; 22:4; 24:14, 22). 여기서 "길"과 "도"의 희랍어는 "호도스"hodos인데, 이 용어는 도와 매우 흡사한 뜻을 가지고 있다.

원래 도의 신학theotao은 로고스신학theologos과 그 근대적 보완인 프락시스신학theopraxis과 견주어 명명해 본 것이다.[35] 로고스와 프락시스의 이

---

32) 김시습은 다음과 같은 흥미로운 말을 했다: "도(道)로써 천지를 보고 천지로서 만물을 본다면, 나 또한 물(物)이요, 물은 또한 나이다. 천지는 또한 만물이요, 만물은 또한 천지이다. 어떤 물이 나가 아니겠으며, 어떤 나가 물이 아니겠는가. … 그런즉 내 몸이 하나의 태극(太極)일 뿐 아니라. 만물 또한 하나의 태극이며, 물물(物物)이 저마다 하나의 태극을 지니고 있다. 천지 또한 하나의 태극인 것이다." (박희병, 2에서 재인용). 이 사상은 태극을 우주만물의 핵심으로 보는 일물일태극설(一物一太極說)과 일치한다(고희민, 『주역철학의 이해』, 169-177 참조).

33) 우실하, 앞의 책, 308. 또한 삼태극의 고유한 논리는 "셋에서 하나로 돌아가는 것을 체로 삼고, 하나에서 셋으로 나뉘는 것을 용으로 삼는다(三一其體 一三其用)"에 있다고 한다.

34) 서양학자들도 도가 최고의 생태적 메타포라는 것에 동의한다. 터커와 그림은 유교와 도교를 세계종교 전통들 중에서 "the most life-affirming"하다고 평가한다("Series Forward," xxvi). 또한 Mary Evelyn Tucker, "Ecological Themes in Taoism and Confucianism," Tucker and John A. Grim, *World View and Ecology: Religion, Philosophy, and the Environment* (Maryknoll: Orbis Books, 1994), 150-60 참고.

35) 자세한 것은 Heup Young Kim, "A Tao of Asian Theology in the 21st Century," *Asia Journal of Theology* 13:2 (1999), 276-293; 또는「아시아 신학의 21세기적 비전」, 『도의 신학』,

원론에 의해 좌초되어 있는 현대신학을 도의 신학으로 재활해 보자는 것이다. 달릴 착(辶) 받침에 머리 수(首)로 이루어진 한자 도道는 주체(體)와 운용(用), 존재(being)와 과정(becoming)을 모두 포함한다. 다시 말하면, 도는 '움직이는 주체'이며, 항상 '과정 속에 있는 존재'(being in becoming)이다. 도는 존재(體, logos)의 근원인 동시에 우주 변화(用, praxis)의 길(軌跡)이다. 그러므로 도는 로고스나 프락시스 중 어느 한 쪽으로 환원될 수 없고, 오히려 프락시스의 변혁을 타고(乘) 가는 로고스라고 할 수 있다. 그러므로 도는 '로고스냐 프락시스냐' 하는 것같이 '이것이냐 저것이냐'(either-or) 하는 서양신학이 자주 범하는 흑백논리식 선택이 아니라, 음양으로 구성된 태극과 같이 '이것과 저것'을 동시에 모두(both-and)를 껴안는 '상보적 어울림'의 묘합이다.36) 그러므로 도는 로고스(존재)와 프락시스(과정)가 갈라지는 분기점 위에 우리를 세워놓고 그 중 하나를 선택하게 하는 것이 아니라, 우주적 궤적과 연합하는 '온생명'의 역동적 운동에 스스로 참여하게 만든다.37)

도는 궁극적 길인 동시에 실재로서 앎과 행함의 일치(知行合一)를 이루면서 생명의 사회우주적 궤적에 따라 변혁적 프락시스를 구현한다. 로고스신학이 형이상학중심적인 '위로부터의 시각'이고 프락시스신학이 사회학중심적인 '아래로부터의 시각'이라면, 도의 신학은 신우주인간적(時間, 空

336-360 참조.

36) "Ether-or" 와 "Both-and"에 대한 분석은 Lee Jung Young, *The Theology of Change: A Christian Concept of God in an Eastern Perspective* (Maryknoll: Orbis Books, 1979)를 참고하라. 태극의 '상보적 어울림'에 대하여서는 김용옥이 그의 「어울림 산조」에서 잘 표현하여 주고 있다(김용옥, 『도올논어(3)』[통나무, 2001], 362): "태극은 어울림이다. 어울림은 기와 리의 상보성이며, 세계와 신의 상보성이며, 음과 양의 상보성이며, 불협과 조화의 상보성이며, 자유와 규율의 상보성이며, 美와 醜의 상보성이며, 자연과 문명의 상보성이며, 형이상과 형이하의 상보성이며, 道와 器의 상보성이다."

37) 도에 관해서는 Tu Wei-ming, *Humanity and Self-cultivation* (Berkeley: Asian Humanities Press, 1979), 35-37 참조. '온생명'에 관해서는 장회익, 『삶과 온생명』(서울: 솔출판사, 1998) 참조.

間, 人間)의 간주체적이고 동 중심적인 시각을 가지고 있다. 도의 신학은 관념중심적인 로고스신학이나 운동중심적인 프락시스신학의 대립을 지양하고 '행하는 지혜(良知)'로서 통전적이다. 도의 신학은 그 초점을 교회의 정통교리로서 정론(正論, orthodoxy)이나 역사적 상황에 정당한 실천으로서 정행(正行, orthopraxis)보다는, 신우주인간적 궤적(흐름)에 부합하는 삶의 변혁적 지혜와 생명의 바른 길, 곧 정도(正道, orthotao)에 둔다. 그러므로 도의 신학이 추구하는 것은 정론正論의 탁상공론이나 정행正行의 이념투쟁에 한정된 것이 아니고 그것들을 포함하는 정도正道의 바른 살림살이, 곧 참삶이다.

그리스도교의 삼대 덕목인 신앙, 소망, 사랑에 견주어 말하자면, 신앙은 정론을, 소망은 정행을, 사랑은 정도를 강조한다. 전통적 로고스신학의 특징이 신앙의 인식론이고 근대적 프락시스신학의 그것이 소망의 종말론이라면, 생명생태적 도의 신학의 특성은 사랑의 생명론일 것이다. 다음에 있는 바울과 장자의 두 구절들을 서로 비교해보라.

사랑은 언제까지든지 떨어지지 아니하나 예언도 폐하고 방언도 그치고 지식도 폐하리라. 우리가 부분적으로 알고[theology] 부분적으로 예언하니[theopraxis] 온전한 것이 올 때에는 부분적으로 하던 것을 폐하리라. 내가 어렸을 때에는 말하는 것이 어린아이와 같고 깨닫는 것이 어린아이와 같고 생각하는 것이 어린아이 같다가 장성한 사람이 되어서는 어린아이의 일을 버렸노라. 우리가 이제는 거울로 보는 것과 같이 희미하나 그 때에는 얼굴과 얼굴을 대하여 볼 것이요 이제는 내가 부분적으로 아나 그 때에는 주께서 나를 아신 것같이 내가 온전히 알리라. 그런즉 믿음, 소망, 사랑, 이 세 가지는 항상 있을 것인데 그 중에 제일은 사랑이라.(바울, 고전 13:8-13)

생선을 잡기 위해 생선그물이 있는 것이요, 일단 생선을 잡게 되면 그물을 잊어버린다. 토끼를 잡기 위해 토끼올무가 있는 것이요, 일단 토끼를 잡게 되면 올무를 잊어버린다. 뜻을 알기 위해 말이 있는 것이요. 일단 뜻을 알게 되면 말을 잊어버린다. 그러나 나는 어디에서 말을 잊어버려 그와 더불어 말을 할 수 있는 이를 찾을 수 있을까?(장자, 외물편)

이 구절들에서 바울과 장자의 사상은 서로 공명하고 있다. 신앙(로고스)과 소망(프락시스)도 결국 사랑의 도를 체득하기 위한 것이다. 궁극적으로 그들도 "생선그물"이나 "토끼올무"와 같은 것으로 도를 얻기 위한 수단들인 것이다. 일단 사랑의 도를 얻게 되면 이런 도구들, 심지어 "말(언어)"까지도 불필요하게 되는 것이다. 로고스신학theology이 '이해(知)를 추구하는 신앙 fides quarens intellectum, faith-seeking-logos'이고, 프락시스신학theopraxis이 '실천(行)을 추구하는 소망hope-seeking-praxis'이라면, 도의 신학theotao은 생명의 '도道를 추구하는 사랑love-seeking-tao'이다. 신(성부)의 담론으로서 로고스신학이 그리스도교 교의의 올바른 선포(正論)에, 예수(성자)의 운동으로서 프락시스신학이 그리스도교 이념의 올바른 실천(正行)에 초점을 맞춘다면, 성령(神氣)의 신명난 살림살이로서 도의 신학은 그리스도인의 올바른 길(正道), 하늘땅사람의 길을 가는 참삶에 초점을 두고자 한다. 여기서 그리스도교에 대한 최초의 호칭이 로고스가 아닌 "호도스", 곧 "도"였다는 사실을 다시 한번 상기할 필요가 있다.

예수는 다름 아닌 하늘땅사람의 참 길을 따라 살신성인하여 참삶을 산 참사람, 하늘땅사람의 참어울림, 곧 그리스도이다. 그래서 예수는 자신을 가르쳐 진리와 생명의 길이라고 했고, 그 길을 통하지 않고는 진리와 생명인 참삶, 곧 천국에 도달할 수 없다고 하였다(요 14:6). 예수는 정통적 교리, 철학적 신학, 정행의 지침서, 사회혁명이념 같은 것보다는 하나님께로 나아가는 참삶의 길을 가르쳐 주셨다. 예수는 한국 천주교의 창시자 이벽李蘗

이 이해한 것같이 "인간의 길[人道]과 하늘의 길[天道]이 만나는 곳"이고, 또한 땅의 길과도 만나는 입체적 교차로(십자가)이다.38) 그러므로 예수 그리스도는 하늘땅사람의 참길, 신우주인간적 도(Christ as the Theanthropocosmic Tao)라고 할 수 있다.39) 그리스도의 복음이란 요약하면 험한 수난을 받고 십자가에 매달려 못 박혀 "꽃피"를 흘리고 떨어져 버린 억울한 한 생명 예수가 죽음의 장벽을 뚫고 솟구쳐 부활하여 참생명(眞生命)의 근원이 되었다는 이야기이다.40) 그러므로 그리스도는 우리로 하여금 하나님과 우주와 화해(中和)를 이루는 신우주인간적 도를 성취하게 만드는 구원과 부활, 곧 참생명의 길이라는 것이다.

하늘땅사람 예수의 참길(신우주인간적 도) 그리스도론은 심오한 도의 이야기를 품고 삼천 년대의 그리스도교 신학을 위한 좋은 씨알들을 생산할 수 있다. 다석 유영모와 같은 한국신학의 선각자들에 의해 이미 우리 품에 안겨져 이 "알나"들을 우리들은 주목해 볼 필요가 있다.41) 유영모는 그리스도를 "빈탕한데" 또는 "없이 계신 님"으로 보았다.42) 빈탕(없이)은 무극이요 한데(계신)는 태극이니, 십자가에서 예수 그리스도는 유학의 오메가 포인트인 무극이태극無極而太極을 성취했다는 것이다. 여기서 유영모는 호방한 우주적 그리스도론을 펼친다. "우주 궤도의 돌진이 십자가요 우주 궤도

---

38) 이성배, 『유교와 그리스도교: 이벽의 한국적 신학원리』(분도출판사, 1979), 122 참조.
39) 자세한 것은 "Toward a Christotao: Christ as the Theanthropocosmic Tao," *Studies In Interreligious Dialogue* 10:1(2000) 5-29; 또는 *Christ and the Tao* (Hong Kong: Christian Conference of Asia, 2003), 153-182 참조.
40) 유영모는 매우 미학적인 꽃피 그리스도론을 펼친다. 박영호 편, 『씨올의 메아리 다석어록: 죽음에서 생명을 절망에서 희망을』(서울: 홍익제, 1993), 165-166 참조.
41) 김흥호에 의하면 유영모의 "나알 알나"의 영성적 과정은 "나알"은 내가 알임을 아는 것, 즉 계란(알)이 병아리와 닭이 되는 것이고, "알나"는 내가 알을 낳는 것, 즉 닭이 계란을 낳는 것이다. 김흥호 풀이, 『다석 류영모 명상록』 3 (서울: 성천문화재단, 1998), 215-217 참조. 나는 여기서 이 의미에다 어린애의 속어 "얼라"를 덧붙여 표현해 본 것이다.
42) 류영모, 『씨올의 메아리』, 275; 『명상록』 1, 39 등.

를 도는 것이 부활이요 세상을 비추는 것이 하나님의 우편에 앉으신 심판이다."[43] 그러므로 그리스도의 십자가와 부활의 사건은 화살형 직선 역사관과 지구역사지평 위에 벌어진 신에 의한 인간의 구원이라는 좁은 이야기가 아니고, 살신성인한 하늘땅사람 예수가 우주의 궤도(참길)에 파고들어가 그것과 하나(참어울림)가 되어 우주 전체를 밝히고 참생명의 근원이 되었다는 광대무변한 신우주인간적 드라마인 것이다(골 1:16-7; 요 1:3을 비교하라).

유영모에게 있어서 십자가는 "없이 있어"지게 한 사건이다. 서양 사람들은 "있"(有)은 잘 알아도 "없"(無)을 모른다고 그가 비판한데로, 실체론적 서양 그리스도론이 그 한계를 확연히 드러내고 있다. 사실 그리스도의 핵심은 "없음"에서 "있음"을 구현한 "없이 있음"(無極而太極 또는 空卽是色)에 있고, 그것이 다름 아닌 무(빈탕)에서 세상(한데)을 창조한 하나님의 우주생성 원리(creatio ex nihilo)인 것이다. 그리스도교 신학이 생명생태적으로 되기 위해서는 이 "없이 있음"의 우주생성원리를 체득하여야 한다. 여기에 중세 그리스도교의 부정신학(없음)과 케노시스(비움) 전통의 중요성이 있다. 그러므로 서양신학이 온전한 생명생태신학이 되기 위해서는 실체론적 한계를 극복하고 부정신학 전통을 다시 회복해야한다.

그런데 도를 근본메타포로 수용하는 것에 대하여 서양신학자들보다도 오히려 동양신학자들이 더 민감하게 거부반응을 나타내는 것을 종종 본다. "하필이면 왜 그 말썽 많은 도를 다시 들춰내려고 하느냐?"는 것이다. 이것은 제도권 유교가 그 진의를 왜곡하고, 도를 빙자하여 억압적 만행을 저지른 역사적 오류에 대한 당연한 반응이라고 볼 수 있다. 로고스보다도 오히려 오랜 역사를 가진 도의 역사에도 분명히 억압의 족보는 있다. 따라서 도는 필히 민중학, 여성학, 신식민주의 비판, 오리엔탈리즘 등 철저한 의

---

43) 김흥호,「동양적으로 이해한 유영모의 그리스도교관」, 박영호 편,『동방의 성인 다석 유영모』
(서울: 도서출판 무애, 1993), 301.

심의 해석학을 통해 재해석된 후 사용되어야 한다. 이러한 비판적 재해석을 전제로 해서, 우리 신학은 도를 근본메타포로 사용해야 하는 이유들을 가지고 있다. 첫째, 이미 살펴보았던 것처럼 도-메타포는 성서적이다. 둘째, 서양인들이 오랫동안 그들의 것인 로고스, 프락시스, 그리고 이제 와서는 소피아를 선택하여 토착화해 온 것처럼, 우리들도 우리의 것인 도를 근본메타포로 채택하여 그리스도교 신앙을 토착화해 볼 당위성을 가지고 있다. 셋째, 도는 최상의 생명생태적 여성 메타포이다. 넷째, 도-메타포는 "없이 있는" 우주 생성적 힘과 에너지(氣) 그리고 약함의 혁명적 역동성을 담지하고 있다.

『노자 도덕경』은 도를 "만물의 어머니(萬物之母)," "하늘땅의 어머니(天下之母)," 또는 "신비한 여성(玄牝)" 등 모성을 강조하며 여성으로 간주한다 (1, 25, 6).

계곡의 신[道]은 죽지 않는다.

이를 일러 신비한 여성[玄牝]이라고 한다.

신비한 여성의 갈라진 틈,

이를 일러 천지의 근원이라 한다,

면면히 이어오면서 겨우 있는 것 같지만,

그 작용은 무궁무진하도다(6).[44]

이 신비한 여성mystical female으로 묘사되는 도는 결코 나약하지 않고, 오히려 무궁무진하게 역동적인 "뒤집기(反轉) 원리the principle of reversal"의 선수이다. 부자보다 가난한 자에게 우선적 선택권을 주는 산상수훈과 해방신

---

44) 최진석, 『노자의 목소리로 듣는 도덕경』(소나무, 2001), 70-71 참조(필자의 수정 번역).

학의 하나님과 유사하게, 도는 강强보다 약弱, 대大보다는 소小, 유有보다는 무無, 동動보다는 정靜, 남男보다는 여女, 양陽보다 음陰, 인위人爲보다는 무위無爲에게 우선적 선택권을 준다.[45]

이러한 도의 뒤집기 원리는 또한 되돌아감(復, return)의 원리와 관련된다. "허의 극치에 도달하고 돈독히 정을 간직하라. 만물이 다같이 생육화성을 하지만[허정한 도를 터득하고 지키는] 나는 만물이 근원에 되돌아감을 볼 수가 있다. 만물이 무성하게 자라고 있으나 결국은 모두가 다 근원으로 되돌아가기 마련이다. 근원으로 돌아가는 것을 정이라 하고, 그것을 복명復命 즉 본성으로 복귀한다고 말한다. 복명 즉 본성으로 복귀하는 것을 상도常道라 하고, 상도를 아는 것을 총명이라고 한다."[46] 그러므로 21세기의 생명생태신학으로서 도의 신학은 이 복명의 상도를 아는 총명을 갖추고, 도가 분출하는 연약함(弱)과 텅비움(虛)의 역설적 힘, 무위자연의 근원적 에너지를 펼쳐 내 보고자 한다.

---

45) 그라함(A. C. Graham)은 이것을 다음과 같이 도표화 하였다(A. C. Graham, *Disputers of the Tao: Philosophical Argument in Ancient China* [La Salle: Open Court, 1989], 223.

Yang	Yin	Yang	Yin
Something	Nothing	Before	Behind
Doing Something	Doing Nothing	Moving	Still
Knowledge	Ignorance	Big	Small
Male	Female	Strong	Weak
Full	Empty	Hard	Soft
Above	Below	Straight	Bent

46) 장기근 · 이석호 역, 『노자 · 장자』 (서울: 삼성출판사, 1976), 73-74.

4. 아! 숨님의 솟구침: 억눌린 생명의 기사회우주전기
(pneumatosociocosmic biography of the exploited life)

셋째, 인간의 무한경쟁 콤플렉스와 탐욕에 의해 절명 위기에 있는 생태계(geocide)와 멸종 위기에 있는 생명(biocide)들을 살리기 위하여 생명생태신학은 이러한 텅비움(虛)의 '없이 있는' 우주 생성적 역동성과 연약함(弱)의 거꾸로 솟구치는 반전(反)과 복귀(復)의 혁명적 에너지를 불어넣을 수 있어야 한다. 뒤집기(반전)와 복귀의 혁명은 태극으로 말하면 정극동靜極動의 반전 운동이요, 기氣로 말하면 생명의 근원으로 돌아가게 하는 신기神氣의 역逆 운동, 곧 '숨님'의 솟구침이다. 숨님(神氣)의 솟구침은 곧 성령의 생명력이니, 생명생태신학은 성령의 신학이 되어야 한다. 절명위기의 생태계에서 상처받은 억눌린 생명들이 기의 분출을 타고 죽임의 세력을 거슬러 생명의 근원으로 솟구치는 반전과 복귀의 이야기를 '기사회우주전기(氣社會宇宙傳記 pneumatosociocosmic biography)'라고 칭하고자 한다. 성령의 신학으로서 생명생태신학은 이 기사회우주전기에 초점을 맞추어야 한다. 또한 우주는 숨을 쉬는 "몸집"이요, 기는 우주라는 몸집을 살리는 숨님(성령)이니, 기사회우주전기는 몸과 숨이 하나가 되는 "몸숨의 영성"을 지향한다. (사이버스페이스와 가상현실의 극대화 그리고 기계인간 사이보그의 출현을 앞두고 이 '몸과 숨의 영성'의 개발은 매우 중요한 과제이다.)[47]

교의적 정통시비의 위선을 비판하고 민중의 사회전기를 신학의 주제로 부각시킨 것은 한국 민중신학이 이루어낸 한 중요한 공헌이다(김용복).[48] 그러나 생태계의 총체적 위기에 직면한 지금 사회적 개념의 민중만을 고집

---

47) 김흡영, 「사이버스페이스」, 『그리스도교사상』505(2001/1), 164-173, 특히 170-2 참조.
48) 김용복, 「민중의 사회전기와 신학」, NCC 신학연구위원회 편, 『민중과 한국신학』(서울: 한국신학연구소, 1982), 369-389.

한다면 그것도 역시 인간역사중심주의를 탈피하지 못하는 것이고, 민중은 억눌린 생명들과 짓밟힌 생태계(우주)를 포함한 사회우주적 개념으로 확장되어야 한다. 그러므로 생명생태신학은 억눌린 생명들과 망가진 생태계와 이를 살리는 성령의 힘(氣)에 얽힌 이야기, 곧 기사회우주전기를 주요 주제로 다루어야 한다. 이것은 생태eco문제와 사회정의justice 간의 이원화를 극복하고 통합된 생태정의Eco-justice를 지향하는 에큐메니칼 계통의 생명신학들의 주장과 일치한다.[49] 또한 이것은 십자가 위에서 대속적 수난을 받는 그리스도와 같이 인간의 죄와 파괴되고 있는 생태계의 질곡을 대신 짊어진 "상처받은 영성"the wounded Spirit 또는 "십자가형 영성"the cruciform Spirit에 초점을 맞추고 생태신학을 구상하자는 윌리스의 녹색영성신학과 공명한다.[50] 그러나 윌리스의 경우에도 존슨과 마찬가지로 희랍적 사고를 완전히 벗어나지 못한 한계를 보여주고 있다. "상처받은 영성"은 탁월한 제안이나, 그 속에 아직도 초월(성령)과 내재(자연)를 구별하는 이원론이 깔려있고, 그 대안에 대한 구체적 얼개를 찾아보기 어렵다. 그러나 숨님의 솟구침과 억눌린 생명의 기사회우주전기는 이러한 이원론적 한계를 넘어서 자연 속에 내재한 근원적 생명력(氣)에 명확한 근거를 두고 있으며, 이와 같이 도의 신학은 그 구체적 얼개들을 도, 역, 태극, 이기理氣 등 자연친화적이고 생명경외적인 동양사상들로부터 무궁무진하게 개발해낼 수 있다.

---

49) Dieter T. Hessel, ed., *After Nature's Revolt: Eco-Justice and Theology* (Minneapolis: Fortress Press, 1992); Larry Rasmussen, *Earth Community, Earth Ethics* (Maryknoll: Orbis Books, 1996); Stephen Bede Sharpe, *Redeeming the Time: A Political Theology of the Environment* (New York: Continuum, 1997); Dieter Hessel, "Ecumenical Ethics for Earth Community," *Theology and Public Policy* 8, no. 1-2 (summer/winer 1996), 17-29; 또한 이삼열, 숭실대 그리스도교사회연구소편, 『생명의 신학과 생명의 윤리, 생명의 신학과 윤리』(서울: 열린문화, 1997) 참조.

50) Mark I, Wallace, "The Wounded Spirit as the Basis for Hope in an Age of Radical Ecology," Christianity and Ecology, 51-72; 또한 Sallie McFague, "An Ecological Christology: Does Christianity Have It?", *Christianity and Ecology*, 29-45.

김지하의 수필「우금치 현상」은 이러한 도의 신학적 통찰(숨님의 솟구침과 억눌린 생명의 기사회우주전기)을 깨닫게 하는 한 좋은 예를 제공한다.[51] 감옥에서 얻은 질병을 치료하려고 고향인 해남에 내려온 지하는 어린 시절 미역을 감던 개울이 쓰레기와 공해로 시커멓게 오염되어 개골창이 된 것을 보고 실망한다. 그러나 비가 와서 홍수가 지면 쓰레기들이 모두 아래쪽으로 쓸어내려져 개울이 다시 깨끗해지는 것을 보고 신기하게 생각한다. 한번은 큰비가 온 적이 있는데 이때 지하는 깜짝 놀라게 된다. 빠른 물살이 쏟아져 내리는 사이를 수많은 붕어들이 아래에서 펄쩍펄쩍 뛰어올라 물 위쪽 상류로 돌아가려 하는 것이다. "도대체 저 붕어들이 어떻게 저렇게 빠르게 쏟아져 내리는 물줄기를 타고 위쪽으로 거슬러 오를 수 있는 것일까?" 암중모색과 같은 진화론은 이 수수께끼를 풀기에 충분하지가 않다. 밤에 명상하던 중 그는 신기神氣의 활동 때문에 이러한 일이 가능하다는 것을 깨닫게 된다.[52] 기氣의 음양 운동을 통해 붕어의 상승운동을 이해하게 된 것이다. "물의 기氣는 음양으로 움직인다. 물의 양은 하강작용을 하지만 물의 음은 상승작용을 한다. 물이 움직여 흘러내릴 때 동시에 물은 흘러 오르기도 하는 것이다. 큰 강물이 도도히 흘러내릴 때 반드시 그 강에는 역류逆流가 있지 않던가! 이것은 물의 일기一氣의 운동 속에서 동시에 일어나는 현상인데, 바로 이 기氣의 성품에 붕어의 신기神氣의 성품이 능동적으로 일치해 들어갈 때 그러한 현상이 일어나는 것이다."[53] 그래서 서구근대 역사관이 말하듯 역

---

51) 김지하,『생명』(서울: 솔, 1992), 188-191.
52) "아하 이제야 알겠다. 붕어가 쏟아져내리는 물줄기를 타고 오히려 거꾸로 거슬러올라 제 갈바 고향으로 돌아갈 수 있는 비밀을. 붕어의 신기(神氣)가 물줄기의 신기(神氣)에 하나로 일치되는 바로 그 순간에 그러한 일이 일어난다는 것을." (같은 책, 189)
53) 같은 책, 190. 계속해서 김지하는 말한다: "역사는 앞으로 진보하면서 동시에 뒤로 퇴보한다. 질량(質量)의 문제라고 하지만 이것은 동시에 일어나는 일이다. 도대체 앞이다, 뒤다, 진보냐 퇴보냐 하는 것이 가당치 않다. 오히려 안과 밖, 질(質)과 양(量)의 동시적인 수렴-확산운동이라고 하는 편이 나을지도 모른다. 그리고 그 운동은 결국 자기 근원으로 돌아간다. 돌아가되

사는 미래의 목적을 향해서 직선적인 진보만을 하는 것이 아니다(양의 역사). 반대로 동시에 역사는 자기 근원을 향해 되돌아가는 창조적인 퇴보 곧 반환과 복귀를 하는 것이다(음의 역사).

　지하가 붕어의 상승운동을 관찰하면서 터득한 기氣의 음양운동에 따른 새로운 역사이해는 그로 하여금 1894년 12월 공주 우금고개에서 있었던 동학 2차 봉기의 마지막, 가장 처절했던 전투에서 보여준 민중의 수수께끼 같은 힘의 참된 근원을 알게 한다. 이제 지하는 상승봉기, 기아봉기 등의 사회경제사적 설명이나 "한의 폭발"과 같은 문학적 설명은 피상적이고 오류라고 단정한다.54) 지하는 신기神氣의 음양운동에 일치하려는 엄청난 우주적 운동을 '우금치 현상'이라고 부른다.55) 이 '우금치 현상'은 도-메타포가

그냥 돌아가지 않고 창조적으로 돌아간다. 이것이 우주의 근원적인 한 기운, 곧 일기(一氣)의 음양운동인데, 인간은 이것을 자각적으로 그리할 수 있는 것이다."

54) "아하, 이제 또한 알겠다. 쏟아져내리는 물줄기를 타고 그것을 거슬러 고향으로 돌아가는 붕어의 그 끈질긴 능동적인 신기(神氣)의 약동에서 저 수십만 민중의 양양된 신기(神氣)가 피투성이로 뜀뛰며 끈질기게 거슬러오르던 우금치 전쟁의 비밀을. 우리는 그것을 단순히 이것과 저것 사이의 승리 또는 실패라는 싸움이나 투쟁으로만 볼 것이 아니다. 그렇게 보아서는 갑오동학 민중혁명의 그 어마어마한 집단적 생명력의 비밀을 놓쳐버리거나 필경은 잘못 보아버리게 될 뿐이다. 잘못 보아 그저 쌓이고 쌓인 한(恨)의 폭발 따위 문학적 표현이든가 그저 상승봉기, 기아봉기 따위 피상적인 사회경제사적 관찰로 끝나버리고 말게 된다. 그러나 그렇지 않다. 그런 것 같지만 그렇지 않다. 한이나 굶주림이나 신분해방 요구나 그 모든 것 속에 움직이는 민중의 집단적 신기(神氣)의 운동을 놓쳐서는 우금치의 비밀을 풀 수 없고, 한도 굶주림도 신분해방 요구도 그 역사적 의미를 정당하게 평가 받을 수 없게 된다. 화승총이나 죽창 따위가 있었다고 하나 거의 맨손에 지나지 않는 그 수십만의 민중이 도대체 무슨 힘으로 일본과 이씨 왕조의 악마와 같은 크루프포의 작열을 뚫고 그 고개를 넘으려 했던 것인가? 시산혈해(屍山血海)를 이루며 실패와 실패를 거듭하며 주검을 넘고 또 넘어 그들로 하여금 해방을 향해 나아가게 했던 힘의 근원은 무엇인가? 그 이듬해 을미의병에서, 제2차, 제3차 대의병전쟁에서 그리고 그 뒤 노일전쟁 당시의 민회(民會)운동에서, 다시 삼일운동에서, 천도교 청우당 운동에서, 조선 농민사의 그 숱한 소작쟁의에서, 조선 노동사의 파업운동에서, 간도와 시베리아 그리고 두만강, 압록강 연변 지역에서의 무수한 독립군운동에서, 그리고 그것을 지원한 국내의 지하조직운동에서, 그리고 나아가 혹은 그 이념과 단체의 모습을 바꾸면서까지 그 뿌리에서 줄기차게 주력군으로 움직인 동학의 비밀은 어디에서 찾을 것인가?" (같은 책, 190-191)

내포하고 있는 반환과 복귀의 힘 그리고 약함과 비움의 역설적 역동성이 억눌린 생명들, 곧 공해로 망가진 개울의 붕어들과 탐관오리들에 의해 짓밟힌 우금치의 민중들이 연합하고 혁명적 생명력을 분출하는 이야기를 생생하게 묘사하고 있다. 반환과 복귀의 힘의 근원은 신기神氣의 역逆 운동이며 숨님의 솟구침이고 곧 성령의 생명력이다. (易[생명의 본질]은 逆[거슬러 솟구침]이라는 주역사상을 참조하라.)[56] 이러한 짓밟힌 민중(사회)들과 상처받은 생태계(우주)를 살리는 (상처받은) 숨님(성령)의 솟구침에 관한 이야기를 나는 '억눌린 생명들의 기사회우주전기'라고 부르고자 하는 것이다.

'우금치 현상'이 들려주는 기사회우주전기는 이원론적 사고에 젖어 있는 서양인들은 물론이고, 근대적 사고에 의해 훈련받고 흠뻑 빠져버린 우리들에게도 무척 생소하고 의아하게 들릴 것이다. 로고스모형과 프락시스모형은 기사회우주전기의 배경이 되는 신기神氣의 현상학을 이해하기가 어렵다. 여기서 강력하게 쏟아져내리는 물줄기는 악마적인 파괴와 죽임의 세력(양의 역사)을, 그것을 거슬려 솟구쳐 올라가는 연약한 붕어는 생명의 힘(음의 역사)을 상징하고 있다. 해체주의 철학은 로고스-음성 중심적 모형이 생명보다는 파괴의 세력과 더 친밀한 관계(족보)를 가지고 있다고 폭로해 주었다. 로고스모형은 이원적 파편화를 통해 생명을 위협하고 남성우월주의와 인종우월주의 등과 같은 사회학적 음모와 깊은 관계를 가지면서 역사적 물줄기의 악마적 운동에 협조하여 왔다. 프락시스모형이 이 악마적 파괴의

---

55) "간단히 말해 그것은 동학을 통한 민중의 집단적 신기(神氣)의 대각성, 그것에 있는 것이다. 무궁광대하게 진화하며 사회화하며(同歸一體) 스스로 성화(聖化)하며 스스로 신령화(神靈化)하는 지기(至氣)가, 그리고 기화신령(氣化神靈)이 민중에 의하여 자각되고 실천된 것이다. 민중의 자각된 집단적 신기가 자기들을 향해 쏟아져내려오는 역사적 악마의 물줄기 속에 서마저 그 역사의 근원적 신기와 일치하는, 그 기(氣)의 음양운동에 일치하려는 엄청난 우주적 운동이었던 것이다. 나는 이것을 두고 '우금치 현상'이라고 부르겠다." (같은 책, 191-2)
56) 주역은 역(易[생명])을 역(逆[거스름, 솟구침])으로 보기도 한다(예컨대, 是故易逆數也 [설괘전 우제3장]). 또한 이것은 유영모의 생명사상의 핵심이다(김흥호,『명상록』3, 51-52 참조).

힘에 저돌적으로 저항하고 있으나, 좁게 정의된 역사-사회-경제적 관심의 한계 안에 머물고 있어서 아직 파괴적인 힘의 기본 논리에서 완전히 탈피하지 못하고 있다. 프락시스모형은 생명의 힘에 관해 주체적으로 충분히 진술하지 못한 채, 오직 파괴의 힘에 대항한 대응적 표출로 끝나는 경향을 가지고 있는 것이다.

그러나 도의 모형의 기사회우주전기는 21세기의 그리스도교 신학이 로고스모형과 동시에 프락시스모형의 한계를 극복하고 적절한 생명생태신학으로 구성되는데 필요한 새로운 해석학적 지평을 제시하고 있다. '우금치 현상'이 들려주는 신기神氣의 현상학은 기氣가 우리 신학의 중요한 해석학적 열쇠와 풍부한 신학적 자원이 될 것을 예고하고 있다. 기氣는 어떻게 연약한 붕어들이 무섭게 쏟아져 내려오는 물줄기를 뚫고 거슬러 솟구쳐 올라갈 수 있는지, 우금치 전투에서 쏟아지는 신식 자동화무기의 집중포화를 향하여 돌진하는 민중들이 보여준 엄청난 생명력의 근원이 무엇인지를 해명해주고 있다. 도가 호도스와 그러하듯이, 기氣는 성서에 나오는 희랍어 프뉴마pneuma와 매우 흡사하다(외적으로 바람, 내적으로 숨, 기능적으로 에너지). 기氣는 이원론적이거나 분석적이 아니고 종합적이며 포괄적이다. 그리고 기氣는 구속적, 곧 해방적이고 화해적이다. 기氣는 죽음이라는 물줄기를 뚫고 솟아나 반환과 복귀라는 생명의 근원적 힘을 발생하게 하는(易이 逆일 수 있게 만드는) 근거이자 매개체이다. 그러므로 이 신기神氣의 혁명신학은 생명생태신학에게 거슬러 솟구침(逆)의 생명근원적 에너지를 부여할 수 있다.

민중도 여성도 모두 억눌린 생명의 일부이다. 여성, 민중, 붕어와 같은 억눌린 생명들은 더불어 같은 신기(성령)의 사회우주적 운동의 주체들인 것이다. '우금치 현상'이 보여주는 것 같이 기사회우주전기는 기氣를 통한 생명의 공생적 그물망을 엮는 기우주생명적 비전을 제시한다. 궁극적으로 예수의 공생애도 한 억눌린 생명의 기사회우주전기라고 말 할 수 있다. 한 억눌린 생명 예수의 사회우주전기(수난사)가 구원의 도道가 된 것이다. 다시 말해서, 그리스도의 십자가와 부활 사건은 전우주적 거슬러 솟구침, 기사회우주전기의 완성을 뜻한다. 우리에게 종으로 와서 십자가에 매달려 죽은 그리스도는 부활하여 시궁창이 된 개울과 같이 썩어가는 생태계와 그 속에서 착취당해 죽어가는 억눌린 생명들을 소생시켜서 역사의 세찬 물줄기를 거슬러 올라갈 수 있는 반환과 복귀의 힘의 근원, 신기(성령), 곧 솟구치는 숨님이 되어 버린 것이다. 그리하여 예수는 우주의 순례자들인 우리에게 억눌린 생명들과 더불어 상생적 연대를 맺어 참된 생명으로 살 수 있는 길, 하늘땅사람의 참길, 진리와 생명의 길, 곧 도道를 가르쳐 준 것이다.

　　그리스도교 신학들은 절명위기에 처해있는 생태계와 생명들에게 우선적 선택권을 부여해야 하고, 억눌린 생명들이 우주생명 운동의 참된 주체라는 것을 천명해야 한다. 그리고 우리 신학들은 그 참된 주체들에게 성령의 생명력, 곧 신기神氣를 불어 넣어 줄 수 있어야 한다. 그러나 우리의 신기는 지금까지 "외래의 서양식 혹은 일본식으로 잘못된 사상들에 의해 옮겨지고, 소외되고, 뿌리 뽑히고, 억압당하고, 더럽혀지고, 분할당하고, 감금당하고, 무시당하고, 파괴당하고, 노예가 되어 이제껏 죽임당해 왔다."57) 더 이상 우리는 우리의 신기가 무시당하거나 억눌리게 해서는 안 된다. 이제 우리 신학들은 외래의 사상들에 의해 억눌리고 막혀 있는 기맥과 경락들을 확 풀어버리고, 예수의 호연지기로 활연관통되어 새로워져야 할 것이다. 우리 신학들은 에밀레종과도 같이 영혼의 가장 깊은 내부로부터 온 몸통을 울려 나오는 우리의 참소리, 곧 제소리가 되어야 할 것이다. 그리하여 우리의 생명생태신학들은 억눌린 생명들로 하여금 21세기를 무지막지하게 휩쓸 죽임의 문화와 반생명생태적 세력의 물줄기를 세차게 거슬러 솟구

---

57) 김지하, 앞의 책, 192.

쳐 우주생명적 근원으로 되돌아가는 기사회우주적 복명의 역운동, 곧 율려 (우주생명적 치유의 몸짓)를 춤출 수 있게 해야 할 것이다.[58]

5. 결론

현대천문학은 "우리 몸을 이루는 대부분의 원소들은 모두 지구가 생기기 이전인 머나먼 과거에 어느 뜨거운 별의 중심에서 비롯되었다"는 것을 밝혔다(이영욱).[59] 우주(별)가 우리 몸의 근원이라는 사실을 증명한 것이다 (우리의 몸이 곧 우주요, "저 별은 나의 별" 하는 동요가사가 과학적으로 증명되고 있는 것이다). 한자로 우宇 자는 "생명이 숨쉬는 집"이라는 뜻이요, 주宙자는 "여자가 웃고 있는 집"이요, 따라서 "우주는 생명과 조화가 있는 몸집"이다(선순화).[60] 따라서 우주는 전 생명체 몸의 근원이 되는 큰 몸이요, 생명이 숨 쉬고 사는 집이요, 하느님(한울님)이 생명의 살림살이 하는 한울(타리)인 것이다. 그리고 한울님(신), 우주, 생명(인간)은 모두 한(같은) 우리(한울)요, 같은 태극이니 (一物一太極說), 곧 이 신우주인간의 삼재는 삼위일체적 하나인 것이다. 첫머리에 인용한대로, 도마는 이 우주생명의 하나 됨을 그리스도론적으로 설명한다.(김시습 및 일물일태극설과 비교해보라)

그러나 이 하나였던 한울이(또한 그리스도가) 인간의 탐욕으로 형편없이 짓밟혀서 망가지고 있다. 우리는 이 파괴를 막아야 한다. 우리의 한울을 살려야 한다. 하늘땅사람의 삼극지도는 이제 21세기를 맞이하여 생명과 생태와 신학으로 이루어진 삼태극의 삼위일체적 어울림(묘합)으로 재구성되어

---

58) 율려는 김지하, 『율려란 무엇인가?』(서울: 한문화 멀티미디어, 1999) 참조.
59) 김흡영 · 이영욱, 「현대 천문학과 인본원리」, 『그리스도교 사상』 514 (2001/10), 209-210.
60) 선순화, 「천체와 우주 몸 이야기」, 『선순화』, 26-42, 특히 28-29.

야 한다. 그리스도교 생명생태신학은 신우주인간의 생명커뮤니케이션을 체득하고 상처받고 분열된 생태계를 몸과 숨이 하나가 되는 몸숨(기)의 영성으로 생명이 숨 쉬고 깃들 수 있는 집, 두레(사회)와 한울(우주)로 고쳐가는 맘의 얼개를 제공하여야 할 것이다.

더욱이 사이버스페이스와 가상현실의 매트릭스 속에서 착각과 혼돈에 빠질 과학시대를 살아가는 우리들에게 몸숨의 영성은 사람을 참사람(하늘땅사람)답게 만드는 참생명의 열쇠가 될 것이다. 그리고 21세기가 요망하는 생명생태신학의 영성은, 생태계에서 멸절되어가는 동식물들과 같은 억눌린 생명들과 생명 커뮤니케이션을 하는 "상처받은 영성"과 "녹색 영성"이 되어야 하며, 그 상처의 아픔을 공유하는 "십자가형 영성"이 되어야 한다. 십자가에서 흘린 그리스도의 피가 우리를 치유하는 "꽃피"이었듯이, 인간들의 무자비한 생태계에 대한 횡포와 파괴에 의하여 억눌린 생명들이 받은 상처에 깊은 아픔을 느끼고(同體大悲) 우리가 그들과 함께 이 꽃피 숨님의 기우주생명 운동, 십자가형 율려의 솟구치는 몸짓에 동참하게 될 때 상처받은 지구와 생명들은 치유될 수 있을 것이다.

우선 우리는 막힌 귀를 열고 멀어버린 눈을 뜨고 우주의 소리를 듣고 몸짓을 느낄 수 있어야 할 것이다. 베어진 나무와 버려진 돌멩이 속에도 깃들어 있는 그리스도를 느끼고 만물들의 아픔을 공유할 수 있어야 할 것이다. 그러기 위해서는 먼저 내 몸의 소리와 움직임을 듣고 느낄 수 있어야 할 것이다. 내 속을 들여다보는 내관內觀부터 할 줄 알아야 할 것이다. 내 몸의 세미한 숨의 흐름(人氣), 땅숨(地氣)의 용솟음과 하늘숨(天氣, 神氣)의 빛뿌림이 내 속에서 얼싸안고(水昇火絳) 하나가 되는 몸숨의 태극운동(어울림)을 보고 느낄 수 있어야 할 것이다. 그 태극운동이 신우주인간적으로 확장되어 하늘땅사람의 참길 그리스도의 숨님을 타고 율려에 맞춰 온 하늘과 온 땅과 온 사람, 곧 온 몸집이 한 숨(氣)으로 하나가 되는 억눌린 생명들의 기사회우주적 춤사위로 퍼져나가야 될 것이다. 우리들은 십자가 위에서 "꽃피"를 피워서 생명부활의 씨올이 된 예수의 작은 씨올들이 되어 무지막지하게 쏟아져내리는 죽임문화의 세찬 물줄기를 거슬러 솟아올라 살림문화를 싹트게 해야 할 것이다.

피조물은 하나님의 자녀들이 나타나기를 간절히 기다리고 있습니다……. 그것은 곧 피조물도 사멸의 종살이에서 해방되어서, 하나님의 자녀가 누릴 영광된 자유를 얻는다는 것입니다. 우리는 모든 피조물이 이제까지 함께 신음하며, 해산의 고통을 함께 겪고 있다는 것을 압니다. 그뿐만이 아니라, 첫 열매로서 성령을 받은 우리도 자녀로 삼아 주실 것을, 곧 우리 몸을 속량하여 주실 것을 고대하면서, 속으로 신음하고 있습니다.

(표준새번역 롬 8:19-26)

6. 후기

이 글을 쓰면서 나는 값진 경험을 했다. 생명, 생태, 신학은 평소에 익숙한 주제이고 그리 큰 글이 아님에도 불구하고 석 달을 끙끙대었는데도 별 성과가 없었다. 자료들을 뒤적이며 쓰고 버리고 하기를 여러 번 하였다. 나중에야 그 이유를 깨닫게 되었다. 내 몸이 말을 듣지 않던 것이다. 그리고 묘하게도 내 몸의 소리를 듣게 된 것이다. 이것은 나에게 한 새로운 경험이요 깨달음이었다. 몸은 내게 말했다. "지구의 몸을 말하면서 남의 말들만 되풀이하지 말고 내 몸의 소리부터 먼저 들어보아라!" 남의 나라 사람들이 한 남의 글들을 모아 주석하거나 어정쩡하게 짜깁기해서 각주 같은 글이나 쓰지 말고, 나의 말로 본문 같은 글을 써보라는 것이다. 내 몸(꿈틀)으로부터 꿈틀거리며 울려나오는 소리를 듣고(耳) 깨친 내 맘(깨틀)의 소리, 곧 제소리(口)를 내보라는 것이다(聖).[61] '나를 알고'(나알), 닭이 계란을 낳듯 그 알을 낳아보라는 것이다(알나). 그래서 이번에 용기를 내어 한번 그렇게 해보기로 했다. 내 몸과 맘(뭄)의 소리를 들어가며 제소리를 내보기로 했다. 부족하지만 알(얼)을 한번 낳아보기로 했다. 그 올이 우리 신학하기에 박혀 한알, 속알, 씨 올이 되기를 바라면서.

---

61) 김흥호 『명상록』 I, 112 참조. 한자 聖은 천지인을 가로지르는(壬) 소리를 바로 듣고(耳) 바로 대언(口)하는 것을 뜻한다고 볼 수 있다.

제15장
도 그리스도론 서설*

사랑은 언제까지든지 떨어지지 아니하나 예언도 폐하고 방언도 그치고 지식도 폐하리라. 우리가 부분적으로 알고[logos] 부분적으로 예언하니 [praxis] 온전한 것[道]이 올 때에는 부분적으로 하던 것을 폐하리라. 내가 어렸을 때에는 말하는 것이 어린아이와 같고 깨닫는 것이 어린아이와 같다가 장성한 사람이 되어서는 어린아이의 일을 버렸노라……. 그런즉 믿음, 소망, 사랑, 이 세 가지는 항상 있을 것인데 그 중에 제일은 사랑이라.

(바울, 고전 13:8-13)

생선을 잡기 위해 생선그물이 있는 것이요, 일단 생선을 잡게 되면 그물을 잊어버린다. 토끼를 잡기 위해 토끼올무가 있는 것이요, 일단 토끼를 잡게 되면 올무를 잊어버린다. 뜻을 알기 위해 말이 있는 것이요. 일단 뜻을 알게 되면 말을 잊어버린다. 그러나 나는 어디에서 말을 잊어버려 그와 더불어 말을 할 수 있는 이를 찾을 수 있을까?

(『장자』, 외물편)

---

* 김흡영, 「도(道) 그리스도론(Christotao) 서설」, 『종교연구』 54(2009), 103-130에 게재.

1. 현대 그리스도론의 화두

오늘날 그리스도론이 처해 있는 위기는 두 가지 근본적인 문제들에 기인한다. 하나는 근대적 역사중심주의이고 다른 하나는 '로고스'logos와 '프락시스'praxis 사이를 분리하는 서구적 이원론이다. 19세기에 시작되어서 오늘날까지도 계속되고 있는 소위 '역사적 예수 탐구'가 성서신학 분야에서 근대적 역사주의가 가장 두드러지게 나타난 사례라고 할 수 있다.[1] 이와 관련된 학자들은 꾸준히 예수에 대한 역사적 증거들을 탐구하면서 '역사적 예수'와 '케리그마의 그리스도', '지상의 예수'와 '승귀된 그리스도', 혹은 '부활이전의 예수'와 '부활이후의 그리스도' 사이에 이분법을 만들어 냈다. 여기에는 '역사'라는 근대적 신화를 무비판적으로 신봉하는 태도, 곧 역사실증주의 또는 역사절대주의가 잠재하고 있다.[2]

현대신학은 크게 나누어 '로고스'와 '프락시스'라는 두 개의 '근본 은유'root metaphor들로 이원화되어 구성되어 있다고 할 수 있다. 해방신학의 출현은 이 이원화의 간극을 더욱 깊어지게 하였다.[3] 해방신학자들은 역사적인 상황 속에서 교회의 교리가 갖는 타당성에 관해 큰 의혹을 제시해 왔다. 그들은 신학은 불의한 사회경제적인 조건들을 변혁시키는 실천적 정행

---

1) 다음 참조. Albert Schweitzer, *The Quest of the Historical Jesus: A Critical Study of its Progress from Reimarus to Wrede* (New York: Macmillan, 1968); Rudolph Bultmann, *History of the Synoptic Tradition* (New York: Harper & Row, 1976); Günter Bornkamm, *Jesus of Nazareth*, rev. ed. (Minneapolis: Fortress, 1995); John Dominic Crossan, *The Historical Jesus: The Life of a Mediterranean Jewish Peasant* (San Francisco: HarperCollins, 1994); 또한 Marcus J. Borg, *Jesus in Contemporary Scholarship* (Valley Forge, PA: Trinity Press International, 1994).
2) 역사라는 근대적 신화에 대한 비평은 Raimundo Panikkar, *Cosmotheandric Experience: Emerging Religious Consciousness* (Maryknoll: Orbis, 1993), 79-134 참조.
3) 근본 은유란 이야기(narrative)의 구조나, 문화-언어적 모태(cultural-linguistic matrix), 혹은 신학의 패러다임들을 형성하고 지배하는 핵심적 상징 은유들을 가리킨다.

(orthopraxis)에 우선적으로 연관되어야 한다고 주장한다. 그래서 편협하게 교리적이고, 지나치게 형이상학적이고, 반역사적인 특성을 가진 전통적 로고스 신학을 거부했다. 해방신학의 이러한 강력한 도전으로 말미암아 현대신학은 '로고스 신학'theo-logy과 '프락시스 신학'theo-praxis의 두 모형으로 갈라져 버렸다. 이러한 분리는 그리스도론에서 더욱 심화되어 나타났다. 즉 성육하신 말씀(로고스)인 그리스도를 중심으로 한 '로고스 그리스도론'Christo-logy과 하나님의 통치를 따른 실천(프락시스) 운동으로서 '프락시스 그리스도론'Christo-praxis로 나누어지게 된 것이다.4)

통전적인 종교적 배경에도 불구하고, 아시아의 신학들 역시 해방운동을 주축으로 하는 아시아 해방신학과 토착화운동에 초점을 맞춘 아시아 종교신학의 두 진영으로 양분되어있다. 아시아 해방신학은 아시아의 역사적 상황에 주목하면서 사회경제적 정의를 위한 해방적 투쟁을 강하게 주장하고, 아시아 토착화신학은 아시아의 '인간우주적 비전'anthropocosmic vision, 즉 천인합일 사상에 기초한 통합적 전망의 상황적 해석학을 강조한다.5) 두

---

4) 이러한 이분법은 "위로부터의" 그리스도론과 "아래로부터의" 그리스도론 사이의 차이와 유사하다. Wolfhart Pannenberg, *Jesus--God and Man*, trans. Lewis Wilkins and Duane Priebe (Philadelphia: estminster, 1974), 33-7 참조. 남미 해방신학의 Christo-praxis에 대해서는, Leonard Boff, *Jesus Christ Liberator: A Critical Christology for Our Time*, trans. Patrick Hughes (Maryknoll: Orbis, 1991); Jon Sobrino, *Jesus the Liberator: A Historical-Theological View*, trans. Paul Burns and Francis (Maryknoll: Orbis, 1993) 참조. 서구적 Christo-praxis 대해서는, Tom F. Driver, *Christ in a Coming World: Toward an Ethical Christology* (New York: Crossroad, 1981); Jans Glebe-Möller, *Jesus and Theology: Critiques of a Tradition*, trans. Thor Hall (Minneapolis: Fortress, 1989); 그리고 Edmund Arens, *Christopraxis: A Theology of Action*, trans. John Hoffmeyer (Minneapolis: Fortress, 1995) 참조.

5) 신유교는 이러한 '우주적 공존'의 비전을 하늘과 땅, 그리고 만물의 유기우주적(organismic) 일치 속에서 발전시켰다. 이것은 장횡거의『서명(西銘)』에 나오는 다음의 구절에 잘 표현되어 있다. "건(乾)을 아버지라 부르고 곤(坤)을 어머니라 부른다. 나 이 조그만 몸이 혼연(渾然)이 그 가운데 처해 있도다. 그러므로 천지간에 차 있는 것이 나의 형체(形體)요 천지를 이끄는 것이 나의 본성(本性)이다. 백성은 나의 동포(同胞)요 물은 나의 여족(如族, 같은 족속)이다." 이

명의 위대한 인도 신학자 토마스M. M. Thomas와 파니카Raymundo Panikkar의 그리스도론에서 이러한 분리가 극명하게 드러난 고전적 사례이다.[6] 토마스의 후험적 그리스도론은 아시아의 역사와 아시아 종교들의 내적인 변혁 속에서 기능적으로 역사하는 그리스도를 찾아낸다. 반면에, 파니카의 선험적 그리스도론은 아시아의 종교들 속에서 이미 내재하고 있는 그리스도의 초역사적인 현존을 찾고자 한다. 마찬가지로 한국에서도 그리스도를 억압된 민중으로 이해하는 민중신학과 그리스도를 현자와 보살로 간주하는 종교신학 간의 이원화가 이루어져, 그것 또한 해결되지 않은 한국신학의 숙제로 남아있다.[7]

이처럼 이원화는 현대 그리스도론에 만연된 딜레마이다. 로고스를 근본 은유로 계속 사용하는 한 그리스도론의 이러한 이분법을 극복하기 어려울 것이다. 로고스는 이원론적인 희랍적 사유 위에 기초를 두고 있기 때문에 이론과 실천, 형식과 내용, 또한 이성과 감정 사이를 쉽게 분리하는 약점을 가지고 있다. 더욱이 예수 세미나Jesus Seminar를 둘러싸고 벌어진 북미의 열띤 논쟁이 적나라하게 보여준 것처럼, 근대의 역사에 대한 맹목적인 추

상은 역, 『한국철학2』 (예문서원, 1998), 237. 또한 Tu Wei-ming, *Centrality and Commonality: An Essay on Confucian Religiousness*, rev. ed. (Albany, NY: SUNY Press, 1989), 102-7 참조.

6) M. M Thomas, *The Acknowledge Christ for the Indian Renaissance* (London: SCM, 1969); R. Panikkar, *The Unknown Christ of Hinduism*, rev. ed. (Maryknoll: Orbis, 1964).

7) C. S. Song, *Jesus, The Crucified People* (New York: Crossroad, 1990). 현자 그리스도론에 대해서, Heup Young Kim, *Wang Yang-ming and Karl Barth: A Confucian-Christian Dialogue* (Durham: University Press of America, 1996), 180-88; 또는 M. Thomas Thangaraj, *The Crucified Guru: An Experiment in Cross-Cultural Christology* (Nashville: Abingdon, 1994) 참조. 보살(菩薩) 그리스도론에 대해서는, Keel Hee-sung, "Jesus the Bodhisattva: Christology from a Buddhist Perspective," *Buddhist-Christian Studies* 16 (1996), 169-85; John P. Keenan, *The Meaning of Christ: A Mahayana Theology* (Maryknoll: Orbis, 1993); 또한 Donald S. Lopez and Steven C. Rockfeller eds., *The Christ and the Bodhisattva* (Albany: SUNY Press, 1987) 참조.

종은 서구의 그리스도론에 더욱 심각한 딜레마를 가져왔다.[8]

그렇다면 어떻게 그리스도론이 로고스와 프락시스의 이원화가 '역사'
라는 근대적 신화의 늪에서 빠져나올 수가 있을까? 이것이 바로 이 연구의
화두이다. 우리의 맥락에서 말하자면, 어떻게 서구적 이원론과 역사중심
주의에 매몰되지도 않으면서도 동시에 우리의 역사적 정황에 적합한 동아
시아적 그리스도론을 구성할 수 있겠는가? 또는 어떻게 아시아의 인간우
주적 종교들의 구원론적 체계 안에서 해방적 그리스도론을 표출할 수 있을
것인가?

이와 같은 그리스도론의 기획은 새 술을 담기위한 새 가죽부대로서 새
로운 근본 은유와 새로운 해석학적 패러다임을 필요로 한다. 나는 여기서
'도道'가 바로 예수 그리스도에 대한 그러한 대안적 근본 은유라고 주장하
며,[9] '로고스 그리스도론'Christo-logy와 '프락시스 그리스도론'Christo-praxis
사이의 분리를 극복할 수 있는 대안으로서 '도 그리스도론'Christo-dao을 제
안하고자 한다.[10] 이 새로운 근본 은유의 선택은 여러 가지 정당한 근거들

---

8) Jesus Seminar는 역사비평에 의해 자민족 중심적 믿음, 그들이 순진하게 가지고 있었던 백인중
심적 그리스도의 이미지가 해체되는 인식론적 충격을 받고, 그리스도교 신앙을 과학적 역사
연구로 대체하려 했던 사람들에 의해 시작되었다. Luke Timothy Johnson, *The Real Jesus:
The Misguided Quest for the Historical Jesus and the Truth of the Traditional Gospels* (San
Francisco: HarperSanFrancisco, 1996); 또한 N. T. Wright, *Jesus and the Victory of God*
(Minneapolis: Fortress, 1996) 참조.

9) 유교, 도교, 불교를 포함한 동아시아 종교들 사이에서 널리 사용되고 있는 근본 은유로서, 도는
다양한 의미들을 지닌 매우 포괄적인 용어다. 예를 들어, "도는 하나의 길, 보도, 도로이다. 그리
고 일반적인 은유적 확장에 의해서 그것은 고대 중국에서 삶의 바른 방식, 통치의 기술, 인간
존재의 이상적인 방향, 우주의 길, 존재 자체의 발생적이고 규범적인 방식(양식, 길, 과정)이
된다"(Herbert Fingarette, *Confucius-The Secular as Sacred* [New York: Harper & Row,
1972], 19). 또한 도는 머리를 뜻하는 '首' 자와 움직임을 뜻하는 '辶' 변으로 이루어져 있어
"프락시스 속의 로고스" 또는 "과정 속의 존재(being in becoming)"로 해석되기도 한다.
Wing-tsit Chan, *The Way of Lao Tzu: Tao-te ching* (Indianapolis & New York:
Bobbs-Merrill, 1963), 6-10 참조.

10) 세 가지 근본 은유에 기초한 세 가지 그리스도론 패러다임들을 다음과 같이 비교할 수 있다.

이 있다. 예를 들면, 첫째, 동아시아인의 신앙고백적 그리스도론을 수립하기 위해 그들 전통사상의 중심개념인 도를 근본 은유로 선택한 것은 니케아-칼케돈 그리스도론의 형성 과정에서 초대 그리스도교 교회가 그 당시 문화적 토대인 희랍철학의 중심개념인 로고스를 채택한 것처럼 맥락적 당위성을 가진다. 둘째, 성서적 전거이다. 예수는 자신을 로고스라고 하기보다는 "길"이라고 주장했고(요 14:6), 사도행전에 나오는 그리스도교에 대한 최초의 호칭은 호도스hodos 곧 길(道)이었다(행 16:17, 18:25, 18:26).[11] 셋째, 포스트모던 신학과 현대 성서학은 도를 예수에 대한 대안적인 근본 은유로서 선택하는 것에 대한 타당성을 다음과 같이 더욱 확증해주고 있다.

우선 '제삼의 역사적 예수 탐구'Third Quest for Historical Jesus는 흥미롭게도 내 주장과 유사한 결론에 도달했다. 예수는 정통적 종교(로고스)의 창시자이거나 종말론적 혁명가(프락시스)라기보다는 삶의 길(道)에 관한 지혜로운 스승이요, 현자에 가깝다는 것이다.[12] 서구 신학자 몰트만Jürgen Moltmann도 고전적인 로고스 그리스도론을 거부하고, 그리스도론의 핵심 상징으로 '길'Way을 채택하고 있다. 그는 말했다. "나는 더 이상 두 본성들 안에 있는 한 인격이라든지, 역사적 인격성과 같은 그리스도에 관한 정적

근본 은유	신학	그리스도론	은유	특징	목적
로고스	theo-logy	christo-logy	믿음	이해(교리)	정론(ortho-doxy)
프락시스	theo-praxis	christo-praxis	소망	행위(이념)	정행(ortho-praxis)
도	theo-tao	Christo-dao	사랑	삶(삶의 길)	정도(ortho-tao)

11) 『도마복음서』에는 로고스라는 말이 없다는 점을 주목할 필요가 있다. Steven L. Davies, *The Gospel of Thomas and Christian Wisdom* (New York: Seabury, 1983), 81.

12) Marcus Borg, Jesus, esp, "Portraits of Jesus in Contemporary North American Scholarship," pp. 18-43; 또한 Ben Witherington III, *Jesus the Sage: The Pilgrimage of Wisdom* (Minneapolis: Fortress, 1994) 참조. Bernard Lee는 신약 성서에서 예수를 향해 사용된 은유를 분석하고 나서, 인종적 폭력을 막고 로고스 그리스도론의 은유적 속박으로부터 자유롭기 위해서 Ruach/Dabhar 그리스도론의 새로운 발전을 제안했다. *Jesus and The Metaphor of God: The Christ of the New Testament* (New York: Paulist, 1993), 189 참조.

인 사고를 하려고 하지 않을 것이다. 나는 세계와 함께 하는 하나님의 역사의 전진운동 속에서 그 분을 역동적으로 이해하고자 한다." 몰트만은 '길'이라는 상징을 채택하게 된 이유로 내 주장과 유사하게 다음 세 가지로 제시했다. 1) "과정의 측면을 구현한다." 2) "인간에 의해 만들어진 모든 그리스도론이 역사적으로 조건 지워지고, 제한되었다는 사실을 깨닫게 한다." 3) 로고스 그리스도론과 프락시스 그리스도론의 통합을 "초대한다."[13]

아시아신학자 피에리스Aloysius Pieris 역시 아시아 신학 속에 존재하는 해방신학과 토착화신학 사이의 분열을 극복하기 위해 도의 신학과 유사한 제안을 했다.[14] 그는 아시아의 토착 종교들과 진솔한 종교 내적intra-religious 대화를 적극적으로 추진하면서 동시에 아시아적 해방신학을 형성하고자 했다.[15] 그는 그리스도교 신학을 세 가지 양식, 곧 로고스logos 모형(교의학, 철학적 신학), 다바르dabhar 모형(해방신학), 호도스hodos 모형(통전적 신학)으로 구분했다. 곧 "현실을 해석하는 '말씀', 역사를 변혁시키는 '매개체', 그리고 모든 담론을 종결시키는 길"로 나타나는 그리스도의 세 가지 측면을 한데 엮을 수 있는 통전적인 모형을 찾고자했다.[16]

이와 같이 도 그리스도론Christo-dao, 그리스도론의 도 패러다임의 도래를 증명하는 징후들이 여러모로 나타나고 있다. 그러나 종합적이지만 초언어적이고 미묘한 도의 세계는 근대화된 아시아인들을 포함하여 분석적인 대부분의 현대인들에게는 낯설고 이질적인 것이다. 그러므로 근대의 선형적이고 과학적 세계관으로부터 이러한 새로운 해석학적 전망으로 도약하

---

13) J. Moltmann, *The Way of Jesus Christ: Christology in Messianic Dimensions.* trans. Margaret Kohl (San Francisco: HarperSanFrancisco, 1990), xv; xiv.
14) 김흡영, 『도의 신학』(서울: 다산글방, 2000) 참조.
15) A. Pieris, *Love Meet Wisdom: A Christian Experience of Buddhism* (Maryknoll: Orbis, 1988); 그리고 *Asian Theology of Liberation* (Maryknoll: Orbis, 1988) 참조.
16) A. Pieris, *Fire and Water: Basic Issues in Asian Buddhism and Christianity* (Maryknoll: Orbis, 1996), 특히 146, 138-46 참조.

기 위해서는 하나의 큰 깨달음을 필요로 한다. 카프라Fritjof Capra도 "율동적 박동"이나 "에너지의 우주적 춤"으로 언급했지만, 이러한 깨달음은 이것보다 심오한 것이다.[17] 우주적 춤이라는 것은 그럴듯하게 들리나 도에 대해 너무 순진하고 낭만적인 태도를 담고 있다. 도는 로고스만큼이나 오래되고 함축적인 용어이기 때문에 매우 복합적인 해석이 필요하다. 동아시아의 정치사에서 권력자들이 힘없는 백성들을 착취하고, 그것을 정당화하는 이데올로기로 도의 개념을 많이 사용했다. 또한 포스트모던 시대에서 도 역시 해체되어 파편화된 상징으로 간주되어야 한다. 그 해석을 위해서는 해체된 전통의 창조적 복구와 역사적 오류에 대한 비판이 모두 필요하다. 곧 창의적인 복구의 해석학hermeneutics of retrieval과 적절한 의심의 해석학 hermeneutics of suspicsion이 동시에 수반되어야 한다.

또한 현대인이 음양의 우주 발생적 운동으로 이루어져 있는 도의 세계를 이해하기 위해서는 직선적인 역사적 지평에서 도의 우주발생적cosmogonic이고 인간우주적 지평으로의 해석학적 도약이 필요하다. 또한 그것은 "이것이냐 또는 저것이냐(either-or)" 하는 근대화이후 습관화 된 양자택일의 사고방식에서, "이것과 저것 모두(Both-and)"를 껴안는 상보성의 사상으로 패러다임 전환할 것을 요구한다. 이러한 해석학적 차원은 동양 전통의 대표적 상징인 태극太極을 통하여 표출된다. 주돈이(1017-1073)는『태극도설』太極圖說에서 음양의 상호관계적 운동을 통한 우주발생의 원리인 태극을 다음과 같이 요약했다:

> 무극(無極)이면서 태극(太極)이다. 태극이 동(動)하여 양(陽)을 낳고, 동의 상태가 지극하면 정(靜)하여지고, 정하여지면 음(陰)을 낳는다.

---

17) Fritjof Capra, *The Tao of Physics: An Exploration of the Parallels Between Modern Physics and Eastern Mysticism*, 3rd ed. (Boston: Shambhala, 1991), 11 참조.

정의 상태가 지극하면 다시 동하게 된다, 한 번 동하고 한 번 정하는 것이 서로 그 뿌리가 되어, 음으로 나뉘고 양으로 나뉘어, 양의(兩儀)가 맞선다.18)

2. 도(道): 예수 그리스도에 대한 새로운 근본 은유

펠리칸Jaroslav Pelikan이 지적한 것처럼, 4세기의 초대 그리스도교 교회가 그리스도에 대한 주요 표제로 로고스를 적용하고 예수를 우주적 그리스도로 인식한 것은 기념비적인 사건이다.19) 불행하게도 근대에 이르러 이 중요한 측면이 상실되었지만, 로고스를 근본 은유로 선택한 것은 단순히 우주적 그리스도만 아니라, 고대 희랍철학적 언어로 그리스도의 우주발생적cosmogonic 본성을 표출한 것이라고 할 수 있다. 니케아 신조는 이점을 분명하게 선언하고 있다. "우리는 한 분이신 주 예수 그리스도, 하나님의 아들을 믿습니다…. 그를 통해 만물이 지어졌습니다." 이러한 우주발생적 그리스도에 대한 믿음은 실은 새로운 것이 아니라, 이미 요한과 바울에 의해서도 분명하게 표현되었다: "만물이 다 그로 말미암고 그를 위하여 창조되었고 또한 그가 만물보다 먼저 계시고 만물이 그 안에 함께 섰느니라"(골 1:16-17; 요 1:3 참조).

그리스도의 우주발생적 본성을 언표하기 위해서는 사실 도가 오늘날

---

18) 번역 참조. 윤사순,『퇴계선집』(서울: 현암사, 1982), 310; 또한 Chan Wing-tsit, trans. and complied, *A Source Book in Chinese Philosophy* (Princeton, NJ: Princeton University Press, 1963), 463.

19) Jaroslav Pelikan, *Jesus Through the Centuries: His Place in the History of Culture* (New York: Harper & Row, 1985), p. 58; Matthew Fox, *The Coming of the Cosmic Christ: The Healing of Mother Earth and the Birth of a Global Consciousness* (San Francisco: Harper & Row, 1988), 특히 75-128 참조.

그 의미를 상실한 로고스보다는 좀 더 적절한 은유라고 할 수 있다. "도는 만물 가운데 가장 크니 만물 가운데 완전하고, 만물 가운데 어디에나 있으며, 만물 가운데 모든 것이다. 이 세 가지 측면은 따로 떨어져 있으나 그 실재는 하나이다"(『장자』, 22권). 도는 어떤 문화-언어적 은유, 상징, 모형을 가지고는 이름을 붙이고 개념화할 수 없는 세계, 곧 궁극적인 실재를 지시한다. "말해질 수 있는 도는 영원한 도가 아니고, 이름붙일 수 있는 이름은 진정한 이름이 아니다. 이름붙일 수 없는 그 무엇이 하늘과 땅의 시원始原이며, 이름붙일 수 있는 그 무엇이 만물의 어머니다"(『도덕경』, 1장).[20] 따라서 도에 이름을 붙이고 설명하는 것은 일종의 자기발견적인 노력일 뿐이다. "나는 그 이름을 알지 못하나, 더 나은 말을 찾을 수 없기에 도라고 부른다"(『도덕경』, 25장). 여기서 우리는 예수와 원시 그리스도교 역시 본래 이름은 호도스(道)였다는 사실을 다시 한 번 상기해야 한다.

또한 도덕경은 도를 근본적으로 여성적 은유를 통해 기술하고 있다: "만물의 어머니," 존재의 "근본," "근원" 혹은 "다듬지 않은 판목" 등이 그것이다. 더욱이 도는 "신비로운 여성"으로 불린다. "계곡의 신은 결코 죽지 않는다. 이를 일러 신비한 여인이라 하고, 그 신비한 여인의 문은 하늘과 땅의 근원이다"(6장). "하늘 문을 열고 닫음에 있어 여인과 같을 수 있겠는가?"(10장)[21] 이러한 여성적 시각은 노자의 "반전"reversal의 혁명적 원리와 관련되어있다. 이에 대해 그래함A. C. Graham은 아래에 있는 상호 대립의 연쇄 안에서 노자는 항상 양陽의 패러다임보다는 음陰의 것에 우선적 선택권을 준다고 주장했다.[22]

---

20) 번역 참조. Chan, *A Source Book*, 139.
21) Chan, *A Source Book*, 144.
22) A. C. Graham, *Disputers of the Tao: Philosophical Argument in Ancient China* (La Salle, IL: Open Court, 1989), 223.

陽	陰	陽	陰
유(有)	무(無)	전(前)	후(後)
유위(有爲)	무위(無爲)	동(動)	정(靜)
지식	직관	대(大)	소(小)
남성	여성	강(强)	약(弱)
실(實)	허(虛)	강(剛)	유(柔)
상(上)	하(下)	직(直)	굴(屈)

이러한 반전의 원리는 복귀return의 원리와 매우 가깝게 연결되어 있다. "비움에 이르러야 오래가고, 중을 지켜야(守中) 돈독해진다. 만물이 다 함께 번성하는데, 나는 그것을 통해 돌아감을 본다(復歸). 만물이 번성하나, 결국에는 제각각 뿌리로 돌아간다(復根). 뿌리로 돌아가는 것일 일러 정靜이라 하는데, 명을 회복한다는 말이다(復命). 명을 회복한다는 것은 영원한(常) 것이고, 영원한 것을 아는 것을 명明이라한다"(16장).[23] 이와 같은 약함과 비움 (空虛)의 역설적인 힘은 나아가 무위無爲의 원리로 발전된다. 인도의 아쉬람에서 여생을 보낸 가톨릭의 베네딕트 수도사 그리피스(Bede Griffiths, 1907-93)는 도덕경이 서구 종교(특히 그리스도교)에 주는 중요한 함의에 대해 다음과 같이 설파했다:

도덕경에서 가장 전형적인 개념은 무위, 다시 말해 "활동 없는 활동 (actionless activity)"이라는 개념이다. 그것은 수동의 상태, 수용성의 관점에서는 "행위 없음(non-action)"의 상태이지만, 동시에 전적으로 능동적인 수동이다. 이것이 여성성의 본질이다. 여성은 자신을 수태케 할 씨를 받아들이기 위해 남성과의 관계에서 수동적이 된다. 그러나 이 수동성은 그로부터 모든 생명과 풍성함이, 모든 삶과 공동체를 양육케

---

23) Chan, *A Source Book*, 147.

하는 창의적이고 능동적인 수동성이다. 오늘날 세계는 바로 이러한 여성적 힘의 차원을 회복할 필요가 있다. 그것은 남성성과 보완적인 관계인데, 그것이 없다면 남성은 지배적이고, 황량해지며, 파괴적이게 된다. 그러나 이것은 서구 종교가 신의 여성적 측면을 반드시 인식해야 한다는 데까지 이르러야 함을 의미한다. 이것은 곧 비움의 가치의 역설(paradox of the value of emptiness)에 이르게 된다. "우리가 흙을 빚어 그릇을 만들지만, 텅 빈 공간 때문에 그릇이 쓸모 있어진다. 많은 바큇살로 바퀴를 만들지만, 바퀴를 구르게 만드는 것은 그 한 가운데 텅 빈 공간이다. 벽돌과 나무로 집을 만들지만, 집에 거주할 수 있게 하는 것은 문과 창문들 안에 있는 텅 빈 공간들이다." 다시 말하지만, 이것이 바로 무위의 가치인 것이다. 간디는 이것을 비폭력(ahimsa)이라고 칭했다.[24]

3. 도-그리스도론에 대한 한국적 전거들

이러한 도란 근본 은유를 가지고 예수 그리스도를 어떻게 이해할 수 있을 것인가? 사실 도의 해석학적 세계 안에 살고 있던 한국의 그리스도인들은 이미 시작부터 도의 관점을 통해 그리스도를 파악하고 있었다. 조선의 그리스도인들은 그들의 핵심사상인 도를 통해 그리스도를 이해한 것은 4세기 희랍-로마의 그리스도인들이 로고스를 통해 그리스도를 이해한 것처럼 지극히 타당한 것이고, 펠리칸의 표현대로, 기념비적 사건이었다고 할 수 있다. 여기서는 도를 근본 은유로 적용한 대표적 사례로서 한국의 신학자 이벽李檗, 유영모柳永模 그리고 이정용李正勇의 그리스도론을 살펴보고

---

24) Bede Griffiths, selected and introduced, *Universal Wisdom: A Journey Through the Sacred Wisdom of the World* (San Francisco: HarperSanFrancisco, 1994), 27.

자 한다.

1) 이벽(李檗): 천도(天道)와 인도(人道)의 교차점으로서의 그리스도

노자는 궁극적인 도라는 것은 인간의 이성과 언어를 넘어선 말로 표현할 수 없는 초언어적인 것이라고 했다. 그러나 동시에 그는 지혜로운 삶의 방법(德)에 관해 많은 것을 이야기해 주었다. 도는 단지 형언할 수 없는 궁극적인 것만이 아니라 인간들이 인간우주적인 궤적의 변혁적 실천에 참여할 수 있도록 하는 실천적인 방식들까지도 지시하는 자기발견적인 은유인 것이다. 동아시아 사상사에서 이러한 구별은 일반적으로 도교와 유교라는 상호보완적인 대립쌍complementary opposites에 의해 인식되었다. 도가전통은 궁극적 실재의 무념적-탈언어적(apophatic) 차원, 곧 하늘의 길(天道)에 관심을 가지는 반면, 유가전통은 인간 삶의 상념적-언어적(kataphatic) 측면, 곧 인간의 길(人道)에 더욱 초점을 맞춘다. 따라서 당대에 가장 탁월한 유학자이면서 한국 최초의 신학자이라 할 수 있고 한국 가톨릭교회의 영적 교부인 이벽(1754-86)은 이러한 두 가지 도의 일치와 합류를 예수 그리스도 안에서 발견한 것은 당연한 일이다.[25] 그는 예수 그리스도를 천도와 인도의 교차점crossroad이자, 신성과 인성이 합일한 최상의 현자로 보았다.[26]

2) 유영모(柳永模): "없이 계신 님"으로서의 그리스도

동아시아의 해석학적 세계의 가장 깊은 심장부에서부터 우주발생론적 그리스도론의 단초를 제시한 이는 다석多夕 유영모(1890-1981)이었다. 그

---

25) 이성배, 『유교와 그리스도교: 이벽의 한국적 신학원리』 (왜관: 분도출판사, 1979).
26) 어원적으로도 도는 교차점에서의 하나의 시작을 가리킨다.

는 그 나름대로 분명한 그리스도인이었으며, 유교와 불교에 통달했고 선도의 수행자였다. 주돈이周敦頤는 『태극도설』太極圖說에서 '무극이태극'無極而太極, 즉 무극無極과 태극太極을 말로 형언할 수 없는 절대무(空虛)와 우주 발생적 근원이라는 상호보완적이면서도 역설적인 궁극적 대립쌍으로 보았다. 이와 같이 도를 최상의 우주발생적 역설이라고 보는 신유교적 관점에서, 다석은 아주 흥미로운 동양의 우주적 그리스도론을 구상했다. "십자가를 무극이 태극이라고 본다. 동양의 우주관이다. 동양의 우주관을 몸소 보여 주신 이가 예수님이다. 그는 살신성인殺身成仁이었다. 자기를 제물로 바쳐 인류를 구원하고 하나님의 나라를 열었다는 것이다."27)

이 우주적 그리스도론에 의하면, 그리스도 안에서 무극과 태극이 하나가 된다. 역사적으로 이것은 예수가 "내가 아버지 안에 있고, 아버지가 내 안에 있다."(요 14:11)라고 말씀하신 것처럼 아버지와 아들 사이의 사랑이 넘치는(父子有親) 공성적 관계perichoresis로서 드러난다. 다석은 십자가를 "꽃 피"라고 했다.28) '꽃피'인 십자가를 통해서 아들은 아버지의 영광을, 아버지는 아들의 영광을 드러낸다. 십자가 위에서 예수라는 꽃이 피를 흘리며 활짝 피는 것을 보면서 그는 우주의 영광스런 만개를 그려볼 수 있었다. 다석에게 "우주 궤도의 돌진이 십자가요 우주 궤도를 도는 것이 부활이요 세상을 비추는 것이 하나님의 우편에 앉으신 심판이다."29)

이러한 없음(無)과 있음(有), 비존재와 존재라는 최고의 역설적 시각에서 다석은 한국 특유의 영성(氣)-무념적(pneumato-apophatic)인 도 그리스도론을 구상했다. 그는 예수를 원초적 호흡Primordial Breathing, 즉 "숨님"(pneuma)

---

27) 김흥호, 「동양적으로 이해한 유영모의 그리스도교관」, 박영호 편, 『동방의 성인 다석 유영모』 (서울: 무애, 1993), 299.
28) 이 말을 통해서 다석은 십자가의 두 가지 은유적 함의를 동시에 표현했다. 십자가 위에서 예수는 꽃과 같은 '피'를 흘렸고, 동시에 이에 의해 그를 통한 구원의 꽃이 활짝 '피'었다.
29) 김흥호, 앞의 글, 301.

이라고 불렀다. 또한 예수는 "계시지 않음"에도 불구하고 "계시는" 분이다. 다석은 "없이 계신 님"(Being-in-Non-Being)이라고 하는 비존재(無極)적 존재(太極)라는 특이한 동양적 그리스도론을 고안한 것이다. 우리는 '있어도 없는 존재', 즉 '존재적 비존재'라면, 예수는 '없어도 있는 존재', 곧 '비존재적 존재'인 것이다. 다시 말하면, 우리가 '색즉시공'色卽是空이라면, 그리스도는 '공즉시색'空卽是色인 것이다.30)

3) 이정용: 역(易)의 완성으로서의 그리스도

주로 미국에서 활동했던 한국인 신학자 이정용(1935-95)은 주역周易의 형이상학을 가지고 동아시아 그리스도론을 발전시키고자 했다. 그는 역易이 미래의 그리스도교 신학을 위한 가장 적절한 패러다임을 제공하고 있다고 주장했다. 이미 실효성을 상실한 실체론적(substance) 패러다임(being)과 아직 불충분한 과정신학적(process) 패러다임(becoming)을 넘어서서 역(change)의 방식(being and becoming)으로 신학적 사고가 패러다임 전환되어야 한다고 역설했다.31) 아인슈타인의 상대성이론이나 양자역학 같은 현대 물리학의 발견이 보여주었던 것처럼, 궁극적 실재란 결코 아리스토텔레스 논리학, 유클리드 기하학, 뉴턴 물리학 같은 희랍적 형이상학에서의 있음(substance)이 아니며, 그렇다고 화이트헤드Whitehead의 과정 형이상학에서의 되어감(process)도 아니다. 오히려 그것은 변화 안에 있는 있음being과 되어감becoming, 혹은 음과 양의 상호보완적 대립쌍 안에 있는 태극에 근접한다. "그러므로 역은 있었고, 있고, 있을 모든 것들의 매트릭스이다. 그것은

---

30) 김흥호,『제소리』(서울: 풍만, 1985), 68.
31) Lee Jung Yong, *The Theology of Change: A Christian Concept of God in an Eastern Perspective* (Maryknoll: Orbis, 1979), 11-28.

모든 있음과 되어감의 근원이다. 따라서 역의 신학은 있음이면서 또한 되어감인 궁극적인 것의 특징을 설명한다."32)

서구적 사고방식에는 이것이냐 저것이냐either-or하는 양자택일적인 논리가 너무 깊이 뿌리박혀 있다. 그러므로 서구 신학은, 과정신학까지도, 그 한계를 넘어서기가 어렵다. 스미스Wilfred Cantwell Smith가 "모든 궁극적 문제들에 있어, 진리는 이것이냐 저것이냐 하는 것에 있는 것이 아니라(그 모두를 아우르는) 양자긍정(both-and)에 있다"고 했던 것처럼, 양자택일의 방식은 그릇된 것이다.33) 이정용은 역의 "양자긍정"의 논리야말로 신학의 올바른 형이상학이라고 주장했다(God as Change). "역경易經 속에 나타난 역은 분명히 범주화할 수 없다. 역은 인격적이면서 동시에 비인격적이고, 여성적이면서 동시에 남성적이며, 내재적이면서도 또한 초월적이다."34) 이러한 완전긍정(both-and)은 완전부정(neither-nor)과 상호보완적이다. 최상의 역설로서, 태극은 완전한 긍정을, 무극은 완전한 부정을 상징한다. 따라서 최고의 도道로서의 하나님은 인격적이면서 비인격적이고, 여성적이면서 남성적이며, 내재적이면서도 또한 초월적이다. 그러나 동시에 하나님은 인격적이지 않으면서도 비인격적이지 않고, 남성이 아니면서 여성도 아니며, 내재적이지 않으면서 또한 초월적이지 않다. 이러한 시각에서 예수 그리스도는 역의 완벽한 실현으로서 파악된다.

그리스도로서의 예수 안에서 인간과 하나님은 완벽한 조화 속에 있다. 예수의 정체성은 그의 인성을 배제하는 것이 아니라, 마치 양(陽)이 음(陰)의 존재를 전제하듯이 그렇게 인성을 전제하고 있다. 더욱이 완전한

---

32) 같은 책, 20.
33) Wilfred Cantwell Smith, *Faith of Other Men* (New York: New American Library, 1963), p. 72.
34) Lee, 앞의 책, 22.

인성은 완전한 신성을 전제하고 있다. 그의 신성과 인성의, 혹은 변화와 변화함의 완전한 상호보완성 속에서 그는 완전한 사람이면서 동시에 완전한 하나님이다. 변화와 변화함 사이의 완전한 조화를 상징한다는 점에서 예수 그리스도는 변화와 변혁의 궁극적인 현실이다.35)

역의 완전한 실현으로서의 그리스도는 또한 인격적이면서도 동시에 비인격적이고, 남성적이면서 동시에 여성적이며, 개인적이면서도 또한 공동체적이다.36)

이정용의 제안은 사실 신학사적 중요성을 가지고 있지만, 그에 합당한 관심을 얻지 못했다. 그의 반서양적 수사학이 서양신학자들에게는 과도했고, 그의 주장을 입증하기 위해 지나치게 실증적인 형이상학을 사용하였기 때문이다. 역이 새로운 대안적 신학을 위한 보편적인 형이상학이라고 주장하며 내세운 그의 '복구의 해석학'hermeneutics of retrieval은 여러모로 탁월성을 가지고 있다. 그러나 그것에는 신학의 구성을 위해 더불어 중요한 전통의 역사에 대한 진솔한 비판을 하는 '의심의 해석학'hermeneutics of suspicion이 빈약하다. 그래서 역의 신학은 토착전통에 대해 너무 순박하고 낭만적인 해석학을 사용했다는 단점을 가지고 있다. 다시 말하자면, 그의 신학은 아시아의 로고스 신학(종교신학)을 위해서는 좋은 모형이지만, 아시아 신학의 또 다른 축인 프락시스 신학(해방신학)을 위해서는 그렇게 좋은 모형이 되지 못한다. 서구 형이상학의 모순에 반대하는 열정적인 논쟁 속에서 이정용은 그의 본래의도와는 반대로 도가 객관적으로 이름 붙여질 수 있다고 하는 형이상학적 함정에 빠지는 오류를 범하고 말았다. 도덕경이 정의한대로, 도는 결코 객관적으로 기술될 수 없으며 오직 자기발견적으로 체득할

---

35) 같은 책, 99.
36) Lee Jung Yong, *The Trinity in Asian Perspective* (Nashville: Abingdon, 1996), 78-82 참조.

수 있을 뿐이다. 계속적인 변화로서 역의 도는 어떤 고정된 얼굴을 갖지 않는다. 그것은 콘텍스트에서 콘텍스트로, 사람에서 사람으로 계속적으로 변화하면서 수없이 많은 얼굴을 가진다. 따라서 역동적인 도의 해석학에서는 해석자의 맥락과 역할이 모두 중요하다. 도의 해석학이란 해석자 또는 해석 공동체가 주어진 맥락과 맞물리면서, 도의 궤적을 각성하고 창조적이고 통전적으로 이해하는 활동을 말한다. 여기서 중요한 것은 도는 해석자인 우리에게 주어진 어느 때에 어떻게 우주적인 운동 속에 적절히 참여할 수 있는 있는지 식별할 수 있는 길을 제시하고 요구한다는 점이다.

4. 신-인간-우주적37) 도(道)로서의 예수 그리스도

신학의 입장에서 볼 때, 도 사상의 탁월성은 형이상학적 실증주의의 오류를 극복하면서도 초언어적인 도를 어떻게든 표현해내는 방식과 지혜에 있다. 궁극적 실재를 양자긍정과 양자부정의 방식으로 해명하는 것을 우리는 앞에서 살펴보았다. 이와 같이 도 사상은 그리스도론의 이원론적 난제들을 해결하고 그리스도를 통전적으로 표출할 수 있는 가능성을 부여한다. 사실 니케아-칼케돈 신조의 탁월성도 희랍적 이원론의 틀을 넘어서 그리스도의 궁극적이고 우주 발생적인 본성을 표현해낸 것에 있다. 그것을 통해

---

37) Theanthropocosmic은 theos(신), anthropos(인간), 그리고 cosmos(우주)를 문자적으로 조합한 조어적 형용사로서, 신-인간-우주의 상호관계성을 지시한다. 이것은 파니카(Raymundo Panikkar)의 cosmotheandrism과 상응한다. Panikkar, *Cosmotheandric Experience* 와 *The Trinity and Religious Experience of Man* (New York: Orbis, 1973) 참조. 그러나 내 입장은 내가 처한 구체적인 종교문화적 맥락에서 내 자신의 경험으로부터 나온 것이다. 즉 신유교의 인간-우주적인 패러다임과 그리스도교의 신-역사적인 패러다임이라고 하는 두 개의 커다란 전통 사이에서 진행되고 있는 지평융합의 상황이다. Kim, *Wang Yang-ming and Karl Barth*, 특히 175-188 참조.

4세기 그리스도인들은 그리스도교 신앙이 희랍철학의 양자택일적 사고를 초월할 수 있게 하였다. 우선 니케아 신조(325)는 그리스도를 '참 하나님'*vere deus*인 동시에 '참 인간'*vere homo*으로 표현하기 위해 양자긍정(both-and)의 방식을 사용했다. 또한 칼케돈 신조(451)는 그리스도의 두 본성이 서로 혼동되지도, 변화하지도, 분리되지도, 구별되지도 않는다는 것을 표현하기 위해 양자부정(neither-nor)의 방식을 사용했다. 이것을 동아시아적인 용어로 좀 더 명료하게 표현하면, 4세기 그리스도인들은 인성과 신성 양자 모두에 대한 전적 긍정으로서 태극太極과 양자 모두에 대한 전적 부정으로서 무극無極 사이의 최고의 역설적 방식으로 그리스도의 우주 발생적인 신비를 통찰하고 표현했던 것이다.

사실 이러한 역설적인 사유 방식은 그리스도교 전통에서도 전혀 낯선 것이 아니다. 영지주의 복음서들, 그레고리Gregory of Nyssa와 디오니시우스Dionysius of Areopagite와 같은 초기의 창의적인 신학자들, 프란시스Francis of Assisi와 에크하르트Meister Eckhart와 줄리안Julian of Norwich과 같은 그리스도교 신비주의자들, 그리고 무엇보다도 니콜라스Nicolas of Cusa가 정식화한 상극적 조화coincidentia oppositorum라는 원리 안에서 뚜렷하게 나타난다.[38] 더욱이 사도 바울은 성경에서 이미 양자부정의 방법을 사용하여 그리스도교를 설명했다. "그리스도 안에는 더 이상 유대인도 희랍인도 없고, 종도 자유자도 없고, 더 이상 남자도 여자도 없다"(갈 3:28).

---

[38] 도에 대한 비교연구를 위해서는 Holmes Welch, *The Parting the Way: Lao Tzu and the Taoist Movement* (Boston: Beacon, 1957), 특히 50-58 참조. Hildegart of Bingden, Bonaventura, Dante Alighieri 등 그리스도교 신비주의 전통에 대해서는 Ewert H. Cousins, *Christ of the 21st Century* (Rockport, MA: Element, 1992); 또는 Fox, *Cosmic Christ*, 109-126 참조. Nicolas of Cusa에 대해서는 Karl Jaspers, *The Great Philosophers: The Original Thinkers*, trans. Ralph Manheim (New York: Harcourt, Brace & World, Inc., 1966) 참조. Julian of BNorwich에 대해서는 Brant Pelphrey, *Christ Our Mother: Julian of Norwich* (Wilmington: Michael Glaizer, 1989) 참조.

1) 새로운 태극(太極)으로서 그리스도

다석의 심오한 영적이며 무념적인(pneumato-apophatic) 통찰들에 힘입어, 우리는 도 그리스도론을 다음과 같이 더욱 발전시킬 수 있을 것이다. 예수는 곧 도이시다. 그는 태극과 무극이 일치를 이루는 지고한 역설의 완성이며, 원초적 숨님이며, 비존재적 존재(Being-in-Non-Being)이며, 완전한 형태를 이루는 완전한 비움(kenosis 혹은 sunyata)이다. 십자가는 우주변화의 길(道)로의 돌진을 언표하며, 부활은 신-인간-우주적 궤적에 대한 그리스도론적 변혁을 의미한다. 예수의 십자가 죽음은 우주의 길을 변화시키는 우주발생론적 못박힘이다. 나아가, 그것은 도의 옛 형이상학적 세계, 즉 태극과 리理에 존재하던 역사적 악순환을 근본적으로 열어젖히는 사건을 의미한다. 이것이 태극의 개벽開闢을 언표한다. 옛 태극의 우주발생은 무극으로 십자가형에 처해지고, 새로운 태극으로서, 다시 말해 지고한 역설의 위대한 종말론적 운동으로서 부활했다. 그것은 그저 교리적인 혁명(logos)만도 아니요, 단순히 메시아적 영감을 받은 사회 변혁(praxis)도 아니다. 그것은 우주발생적 혁명이다. 도로서의 그리스도 곧 십자가에 못 박혀 죽고 부활한 태극은 그리스도의 우주발생적 혁명을 내포한다. 종합하면, 그리스도는 십자가의 죽음을 통해 태극의 옛 인간-우주적인 고리 속으로 돌진해 들어가서, 그것을 상서祥瑞로운(serendipitous) 신-인간-우주적 궤적으로 변화시키고, 태극의 새로운 시대(aeon)를 열었다.[39] 이와 같이 그리스도의 사건은 우주생명의 대변혁과 대개벽을 예고하고 성취했다.

---

[39] Gordon D. Kaufman, *In Face of Mystery: A Constructive Theology* (Cambridge, MA: Harvard University Press, 1993), 264-280 참조. 그러나 우주의 혁명적-역사적 궤적에 대한 Kaufman의 생각은 여전히 직선적이고, 실용주의적이라는 단점을 가지고 있다.

2) 상서로운 기 - 사회 - 우주적 궤적으로서 그리스도

이 뜻밖의 상서로운 신-인간-우주적 궤적(serendipitous pneuma to - socio-cosmic trajectory)은 실재하는 것이지만 아직도 감추어져 있다. 그 궤적은 아직까지 완전히 표출되지 않고 있으며, 종말론적 성격을 갖고 있다. 여기에서 기(氣, pneuma)의 개념은 중요한 해석학적 열쇠를 제공한다.[40] 이러한 기의 개념을 통해 그리스도론적 영이신 신-인간-우주적 비전이 새롭게 창안될 수 있다. 통전적이고 포괄적인 개념으로서 기는 영적인 힘을 의미하면서 동시에 그러한 힘의 물질적 현현을 의미한다. 또한 그것은 원초적 기운의 근원source을 의미하면서 동시에 그 힘의 매개체medium를 말하기도 한다. 기의 소통은 인간과 다른 생물들의 관계를 보다 통전적으로 그리고 보다 심오하게 발전시킨다. 이와 같은 기의 영적인 소통을 통해 신-인간-우주적 생명의 그물망life network이 서로 공생symbiosis하게 할 수 있게 된다.

더욱이 이것은 우리로 하여금 민중의 사회-전기와 순진한 인간-우주적 비전 사이의 변증법적 관계를 창조적으로 넘어서서 착취당하는 생명의 사회-우주적 전기를 주제화 할 수 있게 해 준다.[41] 도로서의 하나님은 기의 영적 소통을 통해 이루어진 착취당하는 생명들의 사회-우주적 관계망에 관한 이야기를 우리에게 들려준다. 원초적 기운인 원기로서 그리스도는 구원 즉 해방과 화해를 동시에 가져온다. 더욱이 영이면서 동시에 물질로서의 기는 성육신Incarnation의 문제를 해결하는 데 실마리를 제공해 줄 수 있다. 예수의 탄생 이야기는 영-인간-우주적 비전을 가장 탁월하게 묘사하고, 그리스도

---

40) 김흡영, 『도의 신학』, 346-350 참조.
41) 김용복은 민중의 사회전기(social biography)가 교회에 의해 덧입혀지고, 서구적 합리성에 근거하고 있는 교리적 담론들보다 더 참된 역사적 평가 기준이 된다고 주장했다. Yong-Bok Kim, "Theology and the Social Biography of Minjung," *CTC Bulletin*: 5:3-6:1 (1984-5), 66-78; 또한 Heup Young Kim, "Asian Theology," 285-90 참조.

의 수난 이야기는 착취당하는 생명의 사회-우주적 전기를 가장 탁월하게 표출한다. 그러므로 신-인간-우주적 도로서의 예수 그리스도는 생명을 가져다주는 원초적 기, 원기의 영 안에 있는 뜻밖의 상서로운 기-사회-우주적 궤적을 함축하고 있다.

이와 같이 도 그리스도론christotao은 기에 대한 영적인 해석학과 착취당하는 생명의 사회-우주적 전기 모두를 그 구성요소로 가지고 있다. 그러므로 상서로운 기-사회-우주적 궤적, 곧 도를 그리스도로 언표하는 도 그리스도론은 영적이고 해방적이다. 결국, 도로서의 그리스도와 새로운 태극으로서의 그리스도는 아시아 영성의 구원론적 핵심 안에 구현되어 있는 해방적 그리스도론의 한 전형이라 할 수 있다. 그러므로 신-인간-우주적 도로서의 예수와 기-사회-우주적 도로서의 그리스도를 구상하는 도 그리스도론은 현대 그리스도론을 곤경에 몰아넣고 있는 근본문제인 근대적 역사중심주의와 희랍적 이원론을 극복하며 이 논문이 제기한 화두에 대한 적절한 해답을 제공한다.

결론적으로 다가오는 시대에 그리스도론의 과제는 예수 그리스도의 도를 진솔하게 이야기하는 것이다. 그것은 신-인간-우주적 궤적에 따라 삶을 바른 길(正道, orthotao)로 변화시켜 나가며, 억압당하고 착취당하는 생명들의 이야기들을 들으며 그들을 살리는 기-사회-우주적 운동에 동참하는 것이 될 것이다. 새로운 태극으로서의 예수 그리스도는 십자가와 부활을 통해 우주발생적 패러다임 전환을 완성했다. 신-인간-우주적 도로서 그리스도는 수난 받는 온생명들에게 이 상서로운 기-사회-우주적 궤적으로 복귀할 수 있는 힘을 불어넣어 주는 원초적 기이며, 생명을 낳는 에너지-영이다. 이 대목에서『장자』의 다음과 같은 구절이 매우 암시적이다.

너는 잡념을 없애고 마음을 통일하라. 귀로 듣지 말고 마음으로 듣도록 하고, 마음으로 듣지 말과 기氣로 듣도록 하라. 귀는 소리를 들을 뿐이고 마음은 밖에서 들어온 것에 맞추어 깨달을 뿐이지만, 기란 공허하여 무엇이나 다 받아들인다. [그리고] 참된 도는 오직 공허 속에 모인다. 이 공허가 곧 심재(心齋, 즉 마음의 재계)이다.[42]

참된 도로서의 그리스도는 마치 고향으로 돌아가려 솟구치는 연어와 같이 생명들로 하여금 도로 복귀하게 만든다. 그 복귀를 위해서는 그 능력인 기氣 곧 성령(神氣)를 받아야 한다. 그것은 공허 곧 자기비움(kenosis)과 심재 곧 깊은 반성과 회개를 수반한 마음 닦음(metanoia)이 이루어졌을 때 가능하다. 그러면 우리는 성령의 인도로, 반전(산상수훈)의 능력에 합류하여 마치 고향에 돌아가려는 물고기처럼 도약하며 도로 복귀할 수 있게 된다. 끝으로, 예수께서 시몬과 안드레에게 하신 말씀을 깊이 음미할 필요가 있다. "나를 따르라. 그러면 내가 너희로 사람을 낚는 어부가 되게 하겠다."(마1:17)[43]

---

42) 안동림 역주, 『장자』(서울: 현암사, 1993), 114 참조.
43) 우리 국기에 있는 태극의 그림문양이 물고기 두 마리가 춤추는 것을 묘사하고 있다는 것은 주목할 일이다.

제16장
도 삼위일체론 서설*

1. 서론: 삼위일체론의 동양화(Easternization)

칼 바르트Karl Barth와 칼 라너Karl Rahner가 소위 '삼위일체의 르네상스' 시대를 개시한 이후, 그동안 무시되어왔던 삼위일체론은 그리스도교 신학에서의 중심 지위를 회복했다. 삼위일체론의 복귀는 몰트만Jürgen Moltmann, 판넨베르그Wolfhart Pannenberg, 토랜스Thomas F. Torrance, 젠슨Robert Jensen, 보프Lenard Boff, 라쿠나Catherin Mowry LaCugna, 존슨Elizabeth Johnson 등과 같은 현대 신학자들로부터 에큐메니칼하게 광범위한 지지를 얻었다. 그러나 현대 신학 사상사에서 삼위일체의 재발견이라는 이 흥미진진한 이야기가 이 글의 중심 주제는 아니다. 다만 그것에 관련된 한 중요한 사항을 지적하고 넘어가고자 한다. 그것은 이러한 삼위일체론의 화려한 귀환 가운데는 동양에 대한 재발견과 함께 그리스도교 신학이 동양 쪽으로 방향전환(a turn to the East)하는 일종의 동양화가 이루어지고 있다는 사실이다.

삼위일체론의 중심성이 회복되면서 그리스도교 신학의 추는 동쪽으

---

* 김흡영,「동아시아적 삼위일체론 서설」, 종교연구 65(2011), 247-270에 게재.

로 방향을 바꾸고 있다. 우선 20세기에 서구의 삼위일체 신학은 소위 "라너의 정식"Rahner's Rule과 "판넨베르그의 원리"Pannenberg's Principle에서 절정에 도달했다.[1] 전자는 "경륜적 삼위일체는 내재적 삼위일체이며, 내재적 삼위일체는 경륜적 삼위일체이다."라는 명제를 주장하며, 내재적 삼위일체와 경륜적 삼위일체를 동일시한다. 후자는 "하나님의 존재는 그의 통치이다."라고 주장하며 세계에 대한 하나님의 통치의 역사를 강조한다. 그러한 시도들에서도 만족하지 못한 삼위일체 신학은 동쪽으로 방향을 틀어 이제까지 간과해왔던 다른 전통들에게 관심을 기울였다. 먼저 근동에서 동방정교회의 삼위일체 신학의 중요성을 재발견한다. 이것은 하나님의 존재는 삼위일체적 세 위격들의 교통과 연합이라고 주장하는 소위 "지지울라스의 언명"Zizioulas's dictum에서 구체화된다.[2] 동방정교회와의 만남은 삼위일체론이 존재론을 회복하고 재구성하는데 큰 도움을 주었다. 특별히 그것은 삼위일체간의 관계성, 삼위의 인격성, 그리고 "인격적 관계성"에서 존재론을 회복하는데 기여했다. 이것은 또한 인격을 자기의식으로 환원하는 근대적 인격개념과 희랍적 본질주의essentialism가 삼위일체 신학이 난관에 봉착하게 한 주요인이었다는 사실을 명확히 밝혀주었다. 그리고 삼위일체 신학은 동쪽으로 더 이동하여 인도의 다원종교적 상황을 조우하면서, "파니카의 기획"Panikkar project을 배출했다.[3] 파니카Raymond Panikkar는 삼위일체가 세계종교들의 원형적 구조를 형성하고 있다고 논증하며, 그러므로 삼위일체는 종교간 외적-내적 대화를 위한 이상적인 주제라고 주장했다.

---

1) Karl Rahner, *The Trinity*, trans. Joseph Donceel (New York: Crossroad, 1997), 22; Wolfhart Pannenberg, *Theology and the Kingdom of God* (Philadelphia: Westminster Press, 1969), 55-6; cited in Stanley J. Grentz, *Rediscovering the Trinity in Contemporary Theology: The Triune God* (Minneapolis: Fortress Press, 2004), 96.
2) Grentz, 앞의 책, 134-5. 141-143; 134 참조.
3) Raymond Panikkar, *The Trinity and the Religious Experience of Man: Icon, Person, Mystery* (New York & London: Orbis Books & Darton, 1973).

이러한 현대 삼위일체 신학이 발전하는 궤적은 이미 그것이 동양화되어가는 과정에 있다는 점을 보여준다. 그러나 필자의 주장은 이러한 동양화가 인도에서 멈춰서는 안 되며 더욱 동쪽인 동아시아 쪽으로 전진해야 한다는 것이다. 이글의 목적은 이를 대비하여 삼위일체론을 동아시아적 그리스도교의 입장에서 해명하는데 있다. 특히, 유교와 도교로부터 지대한 영향을 받은 동아시아의 종교적-문화적 매트릭스 안에서 삼위일체가 어떻게 해석될 수 있는지를 논의하고자 한다. 그러나 그것은 삼위일체에 대한 서구적 해석을 폐기하고, 생소한 동아시아적 개념으로 완전히 대체하려는 것은 아니다. 오히려 그것은 삼위일체에 대한 동아시아적 해석이 현대 삼위일체 신학을 더욱 심오하게 발전시킬 수 있고 그 세계화하는데도 크게 기여할 수 있다고 믿기 때문이다. 유교와 도교의 통찰들을 통해 동아시아화 할 때 삼위일체 신학은 그것이 오랫동안 지녔던 여러 문제와 딜레마를 해결할 수 있는 귀중한 실마리를 찾을 수 있을 것이다.

2. 유교와 도교의 통찰들

1) 유교-도교(신유교): 제 삼의 대 종교체계

한스 큉Hans Küng은 세계종교들의 지형에 관하여 중요한 수정을 가하였다. 일반적으로 세계종교의 지형에 관해서는 중동과 인도를 중심으로 보는 양극성dipolar의 견해가 주도하고 있었다. 그러나 큉은 유교와 도교와 같은 동아시아의 종교들도 그것에 포함되어야 한다고 피력하며, 중동, 인도, 동아시아로 구성된 삼극성tripolar의 견해를 피력했다. 유교와 도교는 지혜의 특성을 지닌 세 번째의 독립적인 종교체계로서, 중동의 셈족에서 기원하며 예언적 특성을 지닌 첫 번째 종교체계(유대교, 그리스도교, 이슬람교)와 인도에서 기원하며 신비적 특성을 지닌 두 번째 종교체계(힌두교, 불교 등)와 비견할 수 있다고 그는 주장했다.[4]

　유교와 도교가 동아시아의 종교-문화적 모체의 가장 독특한 특징을 대표한다는 점이 그 동안 지배적인 견해이었던 세계종교들에 관한 양극성의 입장에 의해 종종 간과되어 왔다. 그러나 동아시아학의 선구자 드바리Wm. Theodore de Bary교수는 도교와 유교를 종합하면서 유교를 새롭게 개혁한 신유교Neo-Confuianism는 동아시아 민족들의 공통적 종교문화적 배경이며, 또한(한국, 중국, 일본, 대만, 베트남, 싱가포르와 같은) 동아시아의 내면성찰적 문명의 태도를 이해할 수 있는 가장 개연성 있는 틀로서 간주한다.[5] 뚜 웨이밍杜維明은 다음과 같이 말한다. "동아시아인들은 자신들을 신도, 도교, 불교, 이슬람 또는 그리스도교를 숭배하는 신자라고 말할 수 있다. 그러나 자신들의 이러한 종교적 입장들을 드러내면서도 동시에 유교인이라는 점을 좀처럼 중단하지 않는다."[6] 그러므로 동아시아 신학을 행하는 것은 필연적으로 유학연구를 신학적 과제로 삼는 것을 포함한다.[7] 유교와 도교는 그리스도교보다도 더 오랜 역사를 지닌 종교문화적 전통들로서 광범위하고 복합적이다. 본 글에서 필자는 삼위일체신학과 관련된 몇 가지 기본적인 개념들을 제시할 것이다.

---

4) Hans Küng and Julia Ching, *Christianity and Chinese Religions*, trans. Peter Beyer (New York: Doubleday, 1989), xi-xv.
5) Wm. Theodore de Bary, *East Asian Civilizations: A Dialogue in Five Stages* (Cambridge, MA.: Harvard University Press, 1989), 44.
6) Tu Wei-ming, *Confucianism in a Historical Perspective* (Singapore: The Institute of East Asian Philosophies, 1989), 3.
7) Heup Young Kim, *Wang Yang-ming and Karl Barth: A Confucian-Christian Dialogue* (Lanham, New York, London: University Press of America, 1996), 1.

2) 인간우주론적 비전과 포괄적 인간론(Anthropocosmic Vision and Inclusive Humanism)

유교는 하늘과 인간 사이의 상호의존성과 유기적 일치성(天人合一)을 신봉하며, 이것을 뚜웨이밍은 "인간우주적 비전"anthropocosmic vision이라고 명명한다.8) 유교 사서四書 중의 하나인 중용中庸은 다음과 같이 시작한다. "하늘이 인간에 부여한 것을 인간의 본성(性)이라고 하고, 우리의 본성을 따르는 것을 도道라고 한다. 도를 배양하는 것을 교육(敎)이라고 한다."9) 이러한 인간우주적 비전에서는 인간(인간론)은 하늘(우주론)과 분리될 수 없을 뿐만 아니라 기품을 갖춘 소우주로서 간주된다. 이와 같이 이정용은 우주와의 소통을 중심으로 접근하는 동아시아의 인간론을 "우주론적 인간론"이라고 명명하며, 서양에 널리 퍼져 있는 인간중심적 접근과 차별성을 둔다.10)

청충웡成中英은 이러한 견해를 "포괄적 인간론"inclusive humanism이라고 명명하며, 데카르트의 이원론적 합리성 이후로 서양에서 지배적이었던 "배타적 인간론"exclusive humanism과 대조했다. 배타적 인간론은 "인간을 높여서 우주를 정복하고 지배하는 자리에 두는" 반면에, 포괄적 인간론은 "인간존재의 근본이유로서 인간성의 협력적 힘"을 강조한다. "근대 서양의 인간론은 다름 아닌 권력에의 세속적 의지이며 지배를 위한 분투로서, 합리성의 과학을 마음대로 사용하려고 한다… 배타적 의미의 인간론은 정복과 파괴의 도구들인 과학과 기술로 무장한 근대인의 기획의 모습으로 변장한다." 이와는 대조적으로, 유교에 근거한 포괄적 인간론은 "인간자신의

---

8) Tu Wei-ming, *Centrality and Commonality: An Essay on Confucian Religiousness* (Albany, N.Y.: State University of New York Press, 1989),107.
9) "天命之謂性, 率性之謂道, 修道之謂敎."
10) Jung Young Lee, *The Trinity in Asian Perspective* (Nashville: Abingdon Press, 1996), 18.

변혁과 실재 전체의 변혁의 행위자로서의 인간에 초점을 둔다. 인간의 자기변혁이 실재에 뿌리를 두고 실재의 변혁이 인간에게 뿌리를 두기 때문에, 인간과 실재 사이에는 이분법이 전혀 없다."[11]

이러한 점은 비록 논쟁의 여지가 있지만, 오늘날과 같은 생태적으로 위기시대에 유교가 지니는 적실성을 증명하는 것에서 뿐만 아니라, 삼위일체에 적용되는 근대적인 의미의 위격/인격person 개념이 지니는 혼돈성을 명료하게 하는 것에서도 매우 중요하다. 서구의 현대 삼위일체 신학들은 동방정교회의 전통을 회복하면서 위격성/위격성personhood의 존재론을 어느 정도로 회복하고 있다. 이러한 존재론은 바르트의 양태론(Seinsweise, 즉 존재의 양태)을 넘어선다. 그러나 그들은 분리된 자기의식의 자아로서의 인격/위격person이라는 근대적 개념으로부터 여전히 완전하게 해방된 것은 아닌 것처럼 보이며, 바르트가 강하게 거부하였던 배타적 인간론으로 오히려 기우는 경향을 띤다.

이러한 배타적 인간론은 양태론과 삼신론 사이에 처한 삼위일체론의 오래된 딜레마를 반복하게 한다. 포괄적 인간론은 개인주의와 본질주의를 기조로 하는 배타적 인간론이 근대의 삼위일체 신학에서 어떻게 많은 문제점들을 일으키는지를 보여줌으로써 이러한 문제를 해결하는 데에 도움을 줄 수 있다. 배타주의적이고 본질주의적 인간관과는 대조적으로, 포괄적 인간론은 인격/위격person의 관계성between-ness과 사이성among-ness을 강조한다(인간을 가리키는 한자 人間은 문자적으로 '사람 사이'라는 뜻이다). 포괄적 인간론에서 인간은 정적인 본체라기보다는 항상 변화(易)하고 있는 관계들의

---

11) Cheng Chung-ying, "The Trinity of Cosmology, Ecology, and Ethics in the Confucian Personhood", in *Confucianism and Ecology: The Interrelation of Heaven, Earth, and Humans*, eds. Mary Evelyn Tucker and John Berthrong(Cambridge, MA: Harvard University Press, 1998), 213-215.

망이다.12) 챙충잉은 이러한 존재를 계속적인 변화의 과정 속에 있다고 보는 관계적 시각은 존재우주론ontocosmology이라고 명명한다.13)

3) 유교-도교적 존재우주론(Ontocosmology): 태극(太極)

이러한 존재우주론ontocosmology은 기본적으로 태극 개념에서 비롯된다. 『태극도설』太極圖說에서 주돈이周敦頤는 다음과 같이 말한다.

> 무극이면서 또한 태극이다! 태극이 동하여 양을 낳는다. 태극의 활동이 극에 도달하면 정이 된다. 정이 음을 낳는다. 정이 극에 도달하면, 동이 다시 시작한다. 그래서 동과 정이 교대하면서 서로의 뿌리가 되며 양과 음을 구별하며 이 두 가지 양태들이 확립된다.14)

음과 양이 어우러진 원으로 상징되는 태극은 대립자들의 상보성을 지칭한다. 원은 "창조성의 무궁무진한 근원을 의미하며 이것은 분화되지 않은 하나이다." 음양의 상호작용으로 이루어지는 역동적 과정은 "구체적이며 개별적인 것들로 항상 기꺼이 분화된다." 태극은 "만물의 항존 하는 근원으로서 어떤 형태나 어떤 개별적 표징을 하나 되게 하는 통합적이고 목적적인 일치성을 제공하는 동시에 다양한 표징들의 다양성을 자극하는 충동으로 작용한다."15) 이러한 태극은 정확히 삼위일체 신학의 핵심적인 원리

---

12) 이러한 개념은 유교 오경의 하나인 『역경』에 명확히 제시되어 있다. Richard Wilhelm, tr., *The I Ching or Book of Changes*. 3rd ed.(Princeton University Press, 1967) 참조.

13) Cheng, 앞의 글, 216.

14) "無極而太極. 太極動而生陽, 動極而靜, 靜而生陰, 靜極復動. 一動一靜 互爲其根. 分陰分陽 兩儀立焉."

15) Cheng, 앞의 글, 219.

가 되는 다양성 속의 일치성, 또는 일치성 속의 다양성을 수반한다. 이러한 태극의 존재우주론은 유교뿐만 아니라 도교에서도 나타난다. 『도덕경』道德經은 다음과 같이 진술한다.

> 도(道)는 일(一)을 낳는다.
> 일은 이(二)를 낳는다.
> 이는 삼(三)을 낳는다.
> 그리고 삼은 만물을 낳는다.
> 만물은 음을 전달하며 양을 포함하고,
> 이것들은 물질적인 힘인 기(氣)의 혼합을 통하여
> 조화를 이룬다.16)

이러한 진술은 태극 또는 도의 역동적인 창조적 과정을 가리킨다. 즉, 도는 하나를 낳고, 하나는 둘(음양)을 낳고, 둘은 셋(음양의 소산)을 낳는다. 이러한 통찰은 삼위일체를 이해하는 데에 심오한 함의들을 제공한다. "전체는 절대적이면서 동시에 관계적이다. 전체는 하나(단수성)이면서 동시에 둘(복수성)이다."17) 도의 창조성은 태극의 창조적 과정으로서, 이것은 음양의 역동적 상호작용을 통하여 항상 변화의 과정 중에 있다. 이것은 동아시아 사상의 조화 또는 균형의 대화적 패러다임을 규정한다. 이러한 패러다임은 서양사상의 투쟁 또는 갈등의 변증법적 패러다임과 대조된다. 태극은 "과정이면서 동시에 만물전체로서의 세계를 의미하며, 그것은 시초부터 심오한 균형이 존재하며 어느 때에라도 만물 사이에 일치 또는 조화로 충만해 있다."18)

---

16) "道生一, 一生二, 二生三, 三生萬物. 萬物負陰而抱陽, 沖氣以爲和."(『도덕경』42)
17) Lee, 앞의 책, 30.

4) 유교의 관계적 존재론: 대립들의 음양적 상보성

음양 관계는 동아시아의 도 사상을 이해하는 데에 열쇠가 되는 개념이다. 음양 관계에서 두 개의 대립자들은 충돌하지 않고 서로에게 상보적이며, 조화와 균형을 획득한다. 서양의 투쟁모형("상호 충돌하는 이원론")은 두 개의 대안들 중에서 하나를 선택해야 하며 다른 하나를 제거하는 "양자택일(either-or)"의 패러다임이다. 반면에 동아시아의 조화모형("상보적 이원론")은 두 개의 대립자들이 상보적이며 서로에게 속하는 "양자모두(both-and)"의 패러다임이다. 후자는 남성과 여성 사이의 관계와 유비적이다. 남자와 여자는 성에 있어서 대립적이라고 하더라도, 결혼을 통하여 한 몸이 되며 그리고 제삼인 자녀를 낳는다.

동아시아의 통전적인 음양사고방식은 양자모두의 패러다임과 깊은 관련이 있는 반면, 근대의 비판적 방법론들은 양자택일의 패러다임을 선호한다. 그러나 윌프레드 캔트웰 스미스Wilfred Cantwell Smith는 다음과 같이 진술한다. "서양에 있는 우리들은 지성인이라면 이것이나 저것 둘 중의 하나를 선택해야 한다고 가정한다. [그러나] 궁극적인 일들에 있어서 진리는 양자택일에 있는 것이 아니라 양자모두에 있다."[19] 삼위일체론은 전체의 궁극적인 실재the ultimate reality of the whole와 관계하기 때문에, 궁극의 부차적 사항들penultimate matters에 관련되는 양자택일의 사고양식보다는 스미스의 언명처럼 양자모두의 패러다임에 의하여 사고되어야 한다.

---

18) Cheng, 앞의 글, 291.

19) Wilfred Cantwell Smith, *The Faith of Other Men* (New York: New American Library, 1963), 72.

5) 변화(易)의 존재론(the Ontology of Change)

더욱이, 음양적 사고양식은 변화(易)의 존재론을 함축한다. 이것은 서양에서 지배적인 본체substance의 존재론과는 대조된다. 음양 관계의 특징은 계속적인 변화이다. 변화가 일차적이며 정적인 존재 또는 본체보다 우선적이다. 태극의 이러한 존재우주론에서 변화는 서양의 존재론이 가정하는 것처럼 단순히 존재의 하나의 기능이 아니다. 오히려 변화는 궁극적인 것ultimate 그 자체이며, 존재 또는 본체는 궁극적인 변화가 드러나는 이차적인penultimate 현상이다. 변화의 존재론에서는 오직 변화만이 변화하지 않으며, 이것은 존재의 철학에서의 급격한 패러다임의 변화를 요청한다.

6) 유교적 삼위일체: 천지인(天地人)

신유교의 존재우주론에 근거하는 포괄적인 인간론은 장재張載의『서명』西銘에서 천지인의 유교적 삼위일체로서 명쾌하게 표현되어 있다.

> 하늘을 아버지라고 칭하고, 땅을 어머니라고 부른다.
> 나는 미미한 존재로서 이 가운데 섞여 살고 있다.
> 그러므로 천지의 기운이 뭉쳐 나의 몸을 이루었고,
> 우주를 움직이는 것을 나의 본성이라 간주한다.
> 만인은 나의 형제요 자매이며,
> 만물은 나의 동료이다.[20]

---

20) "乾稱父 坤稱母. 予玆藐焉 乃混然中處. 故 天地之塞 吾其體, 天地之帥 吾其性. 民吾同胞, 物吾與也."

여기에서 세계는 우주적 삼위일체(三才)의 가족으로 형상화되며, 인간은 우주적 인격, 즉 우주적 삼위일체의 가족원으로 드러난다. 이런 관점에서 쳉충잉은 유교-그리스도교적 삼위일체 개념은 다음과 같이 제안했다. "성자 하나님은 이상적인 인간이며, 성부 하나님은 하늘(창조적 정신)이며, 성령 하나님은 땅(수용적인 공동정신)이며 또한 신성의 성취를 증거하는 세계의 행위자이다."[21]

3. 동 아시아적 삼위일체론: 유교-도교적 관점에서 재조명

이정용은 특별히 음양의 패러다임을 통하여 동아시아적 그리스도교 삼위일체 신학을 전개한 선구자이다. 비록 그의 기획이 널리 알려진 것은 아니지만, 그의 도전적인 통찰들은 현대의 삼위일체 신학을 재조명할 때에 관심을 기울일 충분한 가치를 갖추고 있다.

1) 하나와 셋

본체 형이상학에 있어서 지배적인 양자택일의 패러다임 때문에, 하나의 본체(una substantia)와 세 위격들(tres hypostaseis)이라는 삼위일체적 역설은 서구 신학에서 곤혹스러운 문제이었다. 그러나 대립자들을 상보적 관계로 이해하는 음양의 관점에서는 하나와 셋 사이의 이러한 역설은 더 이상 문제가 되지 않으며, 관계적 사유가 지닌 양자모두의 패러다임 속에서 해

---

21) Cheng, 앞의 글, 225.

소될 수 있다. "하나와 둘"one and two의 원리와 "하나와 셋"one and three의 원리는 도의 존재우주론의 토대이기도 하다(『도덕경』, 제42장). 태극의 존재우주론은 정체적 존재를 중시하는 본질주의적 존재론을 변화를 중시하는 역동적인 관계적 존재론으로 대체한다. 이정용은 이러한 사고에 따라서 변화의 삼위일체론을 제안한다. 즉, 성부 하나님은 "변화 그 자체"이며, 성령 하나님은 "변화의 권능"이며, 성자 하나님은 "변화의 완전한 현시"이다.22)

2) 페리코레시스/상호내주(Perichoresis)

태극의 그림에는 음 안에 눈이 있다. 이것은 조그마한 원으로서 양을 가리킨다. 양 안에는 또 다른 눈이 있다. 이것은 조그마한 원으로서 음을 가리킨다. 그것들은 양이 음 안에 있고 음이 양 안에 있어 상호간 서로 포함한다는 "내재성"inness을 의미하며, 음과 양을 연결하는 "내적 연결의 원리"가 존재한다는 것을 의미한다(음이 그 극에 도달하면 양으로 변화되고 그 역도 마찬가지이다). 음양 사이의 내재성 또는 내적 연결의 원리에 관한 이러한 통찰은 고전신학에서의 페리코레시스(상호내주) 원리와 공명한다. 이 페리코레시스 원리는 "내가 아버지 **안에** 거하고 아버지께서 내 **안에** 계심을 믿으라."(요 14:11)라는 예수님의 말씀에 근거한다.

더욱이, 이러한 내재성의 관점에서 라너의 정식, 즉 내재적 삼위일체는 경륜적 삼위일체이며 그 역도 성립한다는 규칙은 양자의 구별성을 보존함으로써 더욱 정교하게 보완될 수 있게 된다. 그래서 이정용은 다음과 같이 말한다. "음과 양이 자신들의 독특한 정체성을 상실하지 않으면서도 항상 공존하는 것처럼, 경륜적 삼위일체와 내재적 삼위일체는 항상 공존하면서

---

22) Lee, 앞의 책, 66.

도 다르다." 그러므로 이정용은 라너의 정식을 다음과 같이 수정한다. "동일성의 관계라기보다는 포괄적인 관계로서 우리는 라너의 정식을 다음과 같이 수정할 수 있다. 즉, 내재적 삼위일체는 경륜적 삼위일체 **안에** 있고, 경륜적 삼위일체는 내재적 삼위일체 **안에** 있다. 이러한 정식은 양자의 일치성뿐만 아니라 양자의 구별성도 확보하는 데에 도움을 줄 것이다."[23]

3) **우주적 가족의 유비**(Cosmic Family Analogy)

항상 변화의 과정 중에 있는 이러한 존재우주론은 또한 "생식(또는 출산)의 과정"procreative process으로 이해된다(『도덕경』: 42). 『서명』에서 이미 살펴보았던 것처럼, 이러한 과정은 천지인이라는 우주적 삼위일체 가족 개념에서 그 표현이 정점에 이르게 된다. 이에 따라 이정용은 삼위일체의 가족유비를 발전시킨다. 즉, 성부를 "천상의 아버지", 성령을 "어머니"라는 여성적 상징으로 표현되는 땅의 "지탱자"sustainer, 그리고 성자를 그러한 아버지와 어머니 사이에 출산한 "자녀"로 여긴다. 삼위일체적 가족이라는 우주적 흔적cosmic vestige의 관점에서 보면, 성령은 여성으로, 즉 어머니로서 여겨진다. 히브리어에서 영(ruach)이 여성인 것과 같다. 그래서 이정용은 "어머니와 아버지 사이의 성의 균형은 가능하다."고 주장한다.[24] 더욱이, 우주적 삼위일체가 지니는 양자모두의 패러다임에서 하나님은 남성(양)이면서 동시에 여성(음)이며, 또한 인격성이면서 동시에 비인격성이며, 그리고 형언할 수 없는 도로서 궁극적으로 모든 범주들을 초월한다.

---

23) 같은 책, 58, 67-8.
24) 같은 책, 63-65.

4) 성자 하나님: 연결원리(道 그리스도론)[25]

이정용은 자신의 삼위일체 신학을 전개할 때에, 성부보다는 성자로부터 출발한다. 우리는 오직 성자로부터 성부를 알 수 있으며, 둘(즉, 그리스도의 신성과 인성)의 개념은 셋의 개념에 전제조건이라고 논증한다. 더욱이, 동아시아의 우주-인간론의 관점에서, 성육신은 창조세계와의 더 밀접한 관계성을 지니는 것으로 이해될 수 있다. 성자(인간론)은 "창조세계에서의 삼위일체적 과정의 성취"(우주론)이며, 그리스도(우주-인간론의 원형)는 "세계에서의 변화의 완전한 현시"이다.[26] 그래서 이정용은 창조세계에 관한 삼위일체적 해석을 다음과 같이 공식화한다. 즉, 성자는 창조의 행위이며, 성부는 창조의 근원이며, 성령은 창조의 능력이다.

1세기의 그리스-로마의 환경 속에서 그리스도가 로고스(말씀)으로 이해된 것처럼(요1), 동아시아의 상황 속에서 그리스도는 도道로서 이해될 수 있다. 말씀, 곧 도이신 그리스도는 일종의 "구조적 형태"라기 보다는 "창조적 행위"이다.[27] 말로 형언할 수 없는 도는 언어적 한계들을 초월하는 궁극적 실재이며 모든 창조성들의 권능이다.『도덕경』은 초본질적인supra-essential 도에 관하여 다음과 같이 말한다.

> 말하여질 수 있는 도는 영원한 도가 아니다.
> 없음(無)는 천지의 시작을 말하며,
> 있음(有)는 만물의 어머니와 같다.[28]

---

25) Heup Young Kim, *Christ and the Tao* (Hong Kong: Christian Conference of Asia,2003),155-182 참조.
26) Lee, 앞의 책, 71.
27) 같은 책, 72. 말씀이라는 뜻을 가진 히브리어 단어 다바르(dabhar)는 생식적 행위를 포함한다.
28) "道可道, 非常道, 名可名, 非常名. 無, 名天地之始, 有, 名萬物之母."(『도덕경』 1)

충만(양)과 공허(음)가 상보적인 관계를 이루는 도가적 역설은 자기비움(kenosis)과 존귀(exaltation)로 구성되는 빌립보서의 그리스도교적 역설과 공명한다(빌 2:5-9). "역易 또는 변화로서 알려져 있는 도로서의 말씀은 또한 비움과 채움의 끊임없는 과정이다." 우주-인간론적 관점에서는 "생명이 죽음과는 별개로 존재할 수 없는 것과 마찬가지로 죽음은 생명과 분리될 수 없다."[29] 음이 최대치 극에 도달하면, 양이 떠오르기 시작한다. 이것은 달이 차고 이우는 것과 같고, 그 역도 성립한다. 이와 마찬가지로, 예수의 죽음이 음의 완전성 또는 최대치의 확장을 가리킨다면, 그리스도의 부활은 또한 완전성에로 팽창하는 운동을 시작하는 양으로서 간주할 수 있다.

십자가에서 죽기까지 성부에게 복종하는 성자의 순종은 효孝라는 관점으로 또한 이해될 수 있다. 효는 최상의 덕으로서 인간관계에서 최고의 유교적 목적인 인仁에 도달하기 위한 관문이다. 성자의 효는 구원을 창조세계에서의 조화로운 관계의 회복으로 이해할 수 있는 단서가 된다. "우리를 구원하였던 것은 성자의 신적 본체(신성)이라기보다는 그의 효심이었다."[30] 그러므로 구원은 본체론적 개념이라기보다는 관계적 개념이며, 죄는 피조물들 사이뿐만 아니라 인간과 삼위일체 하나님 간에서 이러한 조화의 관계를 파괴하는 것이다.

5) 성령 하나님: 어머니와 모성적 원리(Material Principle)

우주적 가족이라는 동아시아적 삼위일체의 관점에서 성령은 삼위일체의 여성 지체이며, '그녀'이며, 어머니(음)으로서 아버지(양)과 상보적 관계이다. 더욱이, 이러한 비전은 동아시아의 흥미로운 기氣의 개념, 즉 생명

---

29) Lee, 앞의 책, 73, 83.
30) 같은 책, 89.

에 필수적인 에너지 또는 물질적 원리를 포함한다. 기는 성경적인 영의 개념인 히브리어 루아흐(*ruach*)와 그리스어 프뉴마(*pneuma*)와 매우 유사하다. 기는 이 두 개념과 같이 바람과 숨을 모두 가리키는 이중적인 의미를 지닌다. 바람이 생명에 본성을 부여하지만, 숨은 살아있는 것들을 살아 움직이게 한다. 하나님의 숨, 생기生氣가 생명을 부여하는 힘의 원천인 것과 같다(창 2:7).[31]

　　태극 도형에서 기는 정靜과 동動이 음-양 관계처럼 서로 상보적으로 현실화함으로써 태극을 구현하고 구체화한다. 성부는 하늘의 원리(理)로서 초월적이며, 성령인 어머니는 물질의 원리(氣)로서 내재적이다. 그리고 그 아들인 성자는 하늘(理)과 땅(氣)의 합일 안에서 초월적이면서도 동시에 내재적이다. 삼위일체론의 우주적 가족 유비의 맥락에서, 이정용은 이중출원(*filioque*)의 교리를 거부한다. "이런 점에서 성부와 성자로부터 발출하는 것은 성령이 아니다. 오히려 성자가 성령과 성부로부터 발출한다." 더욱이 『도덕경』은 도를 기본적으로 여성적인 비유들로서 묘사한다. 즉, 천지 모든 존재의 근원이나 근거가 되는 신비스러운 모성(玄牝), 자궁, 어머니, 골짜기의 여신과 같은 여성적 비유들로서 묘사한다.

　　　계곡의 신을 결코 죽지 않는다.

　　　이것은 신비스런 모성(玄牝)로 불리운다.

　　　유현하고 신비스러운 여성의 문,

　　　그것을 일러 천지만물 근원이라 한다.

　　　면면히 이어져 오면서 거의 있는 것 같지만,

　　　그 작용은 무궁무진하도다.[32]

---

31) 같은 책, 96, 97.
32) "谷神不死, 是謂玄牝, 玄牝之門, 是謂天地根. 綿綿若存, 用之不勤."(『도덕경』 6)

6) 성부 하나님: 통합의 원리(Unifying Principle)

일반적으로 "원리"principle로 번역되는 리理는 신유교에서의 주요개념이다. 리는 보통 "물질적 힘"material force으로 번역되는 기氣와 함께 논의된다. 태극이 존재론적 원리로서의 리를 가리킨다면, 음과 양은 그것의 물질적 구체화인 기의 운동을 의미한다. 리와 기의 관계, 특히 양자 간의 우선순위는 한국 성리학의 역사에서 뜨겁게 논쟁이 되었던 주제이었다. 이정용은 이러한 논의를 삼위일체론의 담론 안으로 끌어들여서, 성부를 리 그리고 성령을 기로 설명하고자 했다. 리-기 관계의 관점에서 이정용은 삼위일체의 관계들은 다음과 같다고 이해한다. 즉, "성부 하나님은 우주적 원리(理)와 유비적이며, 어머니인 성령은 물질적 원리(氣)와 유비적이다. 성자에게서 리와 기는 하나로 연합되어 있다. 왜냐하면 성자는 아버지와 어머니 사이의 관계에서 연결의 원리로서 기여하기 때문이다."[33]

동아시아 존재우주론의 상황 안에서 가부장제적 가족을 향한 낭만적인 태도는 확실히 이정용의 신학에서 하나의 결점이 된다. 주희朱熹의 정통적 입장을 지지하면서 이정용은 성부의 우선성에 정당성을 주장한다. 하지만 이러한 성부의 우선성은 페미니즘의 혁명을 거친 시대에서 설득력을 상실하고 있다. "그것은 '형상을 초월하는' 리의 도에 속하며, 모든 다른 것들은 '형상을 지니는' 기에 속한다. 이 둘은 분리될 수 없더라도 전자가 우선성을 지니는 것처럼 보인다." 이와 같은 해석에서 성부(삼위일체의 남성 구성원 또는 양)는 "하늘의 초월적인 도덕적이고 영적 원리"를 대표하며, 반면에 성령(삼위일체의 여성 구성원 또는 음)은 "땅의 내재적 원리"를 대표한다.

여기에서 이정용은 자신의 아버지에 대한 낭만적인 추억들로 부담이

---

33) Lee, 앞의 책, 112.

되어서인지 그는 도가 일차적으로 여성성을 지님을 망각하였던 것처럼 보이며, 그래서 그는 약자의 역설적인 전복(그의 용어로는 '주변성')에 배타적으로 집중한다. 그는 다음과 같이 진술한다. "여기에서 창조와 변화의 과정에서 중심이 주변이 되며 주변은 중심이 된다는 점을 우리는 주목한다. 삼위일체적 사유에서, 성부의 중심성은 성령에 의하여 주변화 되며, 성령의 주변성은 성자 안에서 다시 중심적이게 된다."[34]

4. 검토와 결론

삼위일체에 대한 동아시아적 해석들, 특히 이정용의 해석은 본체주의, 개인주의, 그리고 배타적 인간론과 연관된 분석적 사고에 익숙한 독자들에게 이상하게 들릴 수도 있다. 동아시아적 해석들은 근본적인 세계관, 존재론, 인간론, 성령론에 대하여 철저하게 다시 사고할 것을 요구한다. 이것에는 근대사상에 젖은 이들에게는 생소한 인간-우주적 비전, 변화의 개념, 포괄적 인간론, 기 사상 등이 포함되어있다. 물론 이와 같은 개념들을 그리스도교적 삼위일체 교의에 적용하기위해서는 그전에 철저한 검토가 선행되어야 한다. 결론으로 필자는 미래의 삼위일체 신학에 의미가 있다고 생각하는 네 가지 주제들을 조명해보고자 한다.

1) 서구 신학의 탈중심화(Decentering Western Theology)

삼위일체에 대한 동아시아적 해석들은 '동양화'Easternization라고 필자

---

34) 같은 책, 150.

가 명명하는 현대 삼위일체 신학의 방향에 동조한다. 동아시아의 포괄적 인간론은 삼위일체 신학의 위격/인격person의 개념을 명료하게 하며, 현대 삼위일체 신학이 처한 곤경의 근본원인이 되는 격리된 에고ego와 같은 근대 서구의 배타적 인간론을 극복할 수 있는 계기를 마련해준다. 더욱이, 음양 패러다임은 기존의 본체적 존재론을 관계적 존재론으로 대체하며 현대 삼위일체 신학에서 "관계성의 승리"를 증진시킨다.35) 태극의 존재우주론은 본체보다는 관계를 중요시하는 카파도키아 교부Cappadocian Fathers들의 입장을 지지하며 "존재를 교감적 연합"Being as Communion으로 파악하는 "지지울라스의 정식"을 지지한다.36)

이 점에서 이정용과 지지울라스는 서로 동의한다. "하나님은 먼저 하나이고 후에 셋인 것이 아니라, 동시에 하나이면서 셋이다." 이것은 동아시아에서는 변화(易)의 존재-우주론(onto-*cosmology*)에 기초하고 동방정교회에서는 교감적 연합(*koinonia*)의 존재-위격성(onto-*personality*)에 근거한다.37) 양은 음 안에 이미 있고 음은 양 안에 있다는 태극의 "내재성"inness에 대한 이정용의 설명은 페리코레시스를 "개방적" 삼위일체 신학의 "구조적 중심축"으로 확증하는 레오나드 보프Leonardo Boff의 입장과 동일선상에 있다.38) 그리고 이정용은 '라너의 정식'을 효과적으로 수정하여 "내재적 삼위일체는 경륜적 삼위일체 **안에** 있고 경륜적 삼위일체는 내재적 삼위일체 **안에** 있다."고 주장한다. 서양에서 중동을 거쳐 극동으로 나아가는 삼위일체 신학 운동에서 우리는 서구 신학의 탈중심화가 더욱 심화되고 있는 것을

35) Grentz, 앞의 책, 5.
36) John D. Zizioulas, *Being as Communion: Studies in Personhood and the Church* (Crestwood, N.Y.: St. Vladimir's Seminary Press, 1985) 참조.
37) Zizioulas, "Communion and Otherness," St. *Vladimir's Theological Quarterly* 38:4, 1994, p.353; Lee, 앞의 책, 63 참조.
38) Leonard Boff, *Trinity and Society*, trans. Paul Burns (Maryknoll, N.Y.: Orbis, 1988), 119-20.

관망할 수 있다.

2) 여성신학과의 관계

　이정용이 지니고 있는 가부장제적 편견은 그의 기획의 효과성을 무너뜨렸다. 그의 기획과는 대조적으로, 유교-도교적 삼위일체론은 여성신학과 많은 공통점을 지닌다. 음양 양자모두의 패러다임에서 하나님은 여성일 뿐만 아니라 동시에 남성이며, 인격성을 지닐 뿐만 아니라 동시에 비인격성을 지니며, 궁극적으로는 이러한 범주들을 모두 초월한다. 태극의 존재 우주론에 근거한 우주적 삼위일체는 여성적 인격성(personhood)을 포함하며, 성령을 하나님-어머니로 여기는 견해를 지지한다. 소피아Sophia처럼 도는 우선적으로 여성적 비유들을 통하여 지혜를 표상한다.『도덕경』은 약하게 보이는 여성(음)이 강하게 보이는 남성(양)을 능가하는 힘을 어떻게 행사하는지를 주목한다. 근원적으로, 궁극적 실재(道)는 양보다는 음에 존재한다. 도는 신비적 모성(玄牝), 어머니, 또는 자궁과 같은 비유를 통하여 하늘과 땅의 근원으로 표출된다.

　비록 이정용이 서구 신학의 그리스도 중심적 초점을 비판하였지만, 유감스럽게 그 자신도 그리스도론을 출발점으로 삼아 삼위일체를 논의하는 동일한 함정에 빠져버렸다. 그러나 기의 개념이 성령론적 가능성을 크게 제공하고 있고 노자가 음과 여성성에 우선권을 부여하고 있기 때문에, 동아시아의 삼위일체 신학은 오히려 페미니즘의 "성령에로의 방법론적 전환"(Elizabeth Johnson)을 옹호할 수밖에 없는 입장에 있다.[39]

　그러나 동아시아적 관점에서 볼 때에, 여성신학들은 비록 그들이 본질

---

39) Grentz, 앞의 책, 173.

주의 또는 본체주의를 철저하게 배격하고 있다고는 하지만, 배타적 인간론으로부터 아직 충분히 해방된 것으로 보이지 않는다. 이것은 아마도 서양에 그것을 위한 대안적인 존재론이 결여되어 있기 때문일 것이다. 그러므로 유교-도교적 변화(易) 및 없음(無)의 존재론은 그것의 실행 가능한 대안을 제시하고 있다는 점에서 중요하다.

3) 없음(無)의 존재론

『도덕경』은 언어와 형상으로 형언할 수 없는 도道를 체득하는 법(德)을 알려주는 책이다. 태극 존재우주론의 토대는 무극無極, 곧 궁극적 비존재이다. 무극(비존재)과 태극(존재)은 함께 대립자들의 궁극적인 상보적 역설을 형성한다. 이러한 궁극적인 역설에서 무(無, 비존재)는 유(有, 존재)보다 더 근원적이며 선행적이다. "천하만물은 유에서 나오고, 유는 무에서 나온다···. 도는 은밀하고 이름이 없다. 오직 도는 만물을 생육화성하게 한다."[40]

형언할 수 없는 도를 비존재로 이해하는 이러한 이해는 "초본질적인 삼위일체"supraessential Trinity의 개념과 유사하다. 여기에서 또한 동아시아의 도가적 무의 존재론(Taoist ontology of nothingness)는 동방교회의 '부정성의 신학'apophatic theology과 수렴한다. 다마스커스의 요한John of Damascus은 『도덕경』의 첫 구절들을 생각나게 하는 다음과 같은 진술한다. "신성은 불가해하기 때문에 또한 확실히 이름 지을 수 없다. 그러므로 우리는 그의 본질을 알지 못하기 때문에 그의 본질의 이름을 알고자 추구하지 말아야 한다."[41] 이

---

40) "天下萬物生於有, 有生於無 ··· 道隱無名, 夫唯道, 善貸且成."(『도덕경』40:41).

41) John of Damascus, *On the Orthodox Faith*, 1,p.12; Thomas Hopko "Apophatic Theology and the naming of God in Eastern Orthodox Tradition," in *Speaking the Christian God: the Holy Trinity and the challenge of feminism*, ed. by Alvin Kimel, Jr. (Grand Rapids, Mich.: Eerdmans, 1992), 157 인용.

러한 무無와 공空의 초본질적 존재론은 현대 삼위일체 신학에서 더 많은 논의가 필요한 주제이다. 동방교회의 '부정성의 신학'과 동아시아의 '도의 신학'theology of the Tao은 많은 공통점을 지니고 있으며 앞으로 더 많은 논의를 필요로 한다.42)

4) 초-케노시스적 복명(復命)의 힘(The Power of Supra-kenotic Return)

노자는 도의 "초-케노시스"super-kenosis를 강조한다.43) 태극 존재우주론과 초-케노시스적 도는 삼위일체의 페리코레시스적 겸허 존재론(perichoresic kenotic trinitarian ontology)44)을 지지한다. 그러나 이것은 힘없는 추상적 형이상학의 삼위일체를 함의하지 않는다. 반대로, 이것은 혁명적이고 전복적인 생명력(태음의 기)의 구체적 궤적을 지칭한다. 이와 같은 우주발생적인 에너지는 신의 숨인 생기生氣로 만물을 살아 움직이게 한다.

도가 지닌 감추어진 그러나 정복할 수 없는 힘을 이해할 수 있도록 해주는 실마리는 바로 "반전"reversal의 원리이며 근원으로 귀환하는 귀근歸根 또는 복명의 힘(power of radical return)에 있다. 예수는 이러한 반전의 원리를 자주 말씀하셨다. "지금 주린 자는 복이 있나니 너희가 배부름을 얻을 것임이요 화 있을진저! 너희 지금 배부른 자여 너희는 주리리로다."(눅 6: 21, 25) 사도 바울도 또한 "내가 약한 그 때에 강함이라."(고후 12:10)고 말한다.

도가 지닌 귀환의 권능을 생생하게 보여주는 상징은 센 물살을 거슬러

---

42) 필자는 도의 신학을 전통적 신학인 theo-logos와 해방신학의 theo-praxis와 대비하여 theo-tao라고 명명한다. Heup Young Kim, *Christ and the Tao* (Hong Kong: Christian Conference of Asia, 2003), 135-182; 또는 "A Tao of Asian Theology in the Twenty First Century," *Asia Journal of Theology* 13:2 (1999), 276-293 참조.

43) Grentz. 앞의 책, 221.

44) Robert Kess, "Unity in Diversity and Diversity in Unity: Toward an Ecumenical Perichoresic kenotic Trinitarian ontology," *Dialogue & Alliance* 4:3, 1990, 66-70.

귀환하는 연약한 물고기의 도약이다.45) 음과 비존재와 무력한 자들(민중)과 변두리에 있는 자들을 우선적으로 선택하는 도의 동아시아적 삼위일체신학은 단순히 동아시아의 화려했던 과거에 낭만적인 복귀를 갈망하는 것이 아니다. 오히려 이것은 그리스도교의 십자가사건의 신비를 비존재로, 부활을 존재로 진지하게 재해석하는 것이며, 부정성의 반전과 초-케노시스적 귀환이라는 궁극적인 역설을 재해석하는 것이다. 다석 유영모는 그리스도를 무존재적 존재("없이 계신 님"), 곧 원대한 우주발생적 삼위일체(無極而太極)라는 흥미로운 통찰을 제시했다.46) 그러므로 예수 그리스도는 동아시아적 삼위일체론의 하나의/최고의 도이다. 초-케노시스적 귀환의 초본질적 도에 관한 이러한 통찰들은 제삼의 천년기에 글로벌 삼위일체 신학을 발전시킬 수 있는 중요한 자원들을 제공한다. 노자는 다음과 같은 의미심장한 암시를 제시한다.

> 비우기(虛)를 지극히 하고
> 고요히 있기(靜)를 독실하게 하라.
> 만물이 함께 생성된다,
> 그리고 나는 (만물들이 근원으로) 되돌아가는 귀환을 본다.
> 만물이 무성하게 자라나지만,
> 그러나 각각은 자신의 근원으로 귀환한다(歸根).
> 근원으로의 귀환하는 것을 고요함이라고 일컬으며,
> 고요함 이것을 일컬어 명(命)을 회복한다고 한다(復命).

---

45) 귀환의 전복적인 능력에 관해서는 Kim, *Christ and the Tao*, 138-144 참조.

46) Heup Young Kim, "The Word made Flesh: Ryu Young-mo's Christotao, A Korean Perspective," in *One Gospel and Many Cultures: Case Studies and Reflections on Cross-Cultural Theology*, ed. by Mercy Amba Oduyoye and Handrik M. Vroom (Amsterdam/New York: Rodopi, 2003), 129-148, 특히 143-144 참조

명을 회복하는 것을 항상됨(常 = 道)이라고 하고,

항상됨을 아는 것을 일컬어 명(明 = 覺)이라고 불리운다.47)

---

47) "致虛極, 守靜篤, 萬物竝作, 吾以觀復. 夫物芸芸, 各復歸其根. 歸根曰靜, 是謂復命. 復命曰
常, 知常曰明,"(『도덕경』:16). Wing-tsit Chan은 常(the eternal)을 道로, 明을 enlightenment
곧 覺으로 번역했다. Wing-tsit Chan, *A Source Book in Chinese Philosophy* (Princeton,
NJ.: Princeton University Press, 1963), 147 참조.

제6부

다석 유영모를 통해 본
한국신학:
한국신학의 정체성과
세계 신학의 가능성

제17장
한국신학사상사와 다석신학*

1. 들어가는 말

한국의 개신교 조직신학은 지금 어떤 모습을 하고 있을까? 1980년대 말기에 박봉랑은 해방 후 40년 동안의 한국 개신교신학의 흐름을 회상하면서, 그 당시의 모습을 "마치 제법 어른 행세를 하려고 덤벼드는 더벅머리 총각"으로 표현했다.[1] 그는 "고아처럼" 전통을 찾아다니던 해방 후 제1세대 신학자들의 고충을 다음과 같이 술회하고 있다.

우리는 신학의 유산을 많이 받지도 못하고, 말하자면 선배 없이 고아처럼 신학의 연구를 찾아 헤매었고 그 댓가로서 우리는 가족을 희생시키고, 또는 사랑하는 우리의 국토를 떠나서 연구의 자리를 찾아 동서양의 타향을 두루 헤매야 했던 것이다. 또한 세계의 신학의 상황, 특히 20세기 후반의 지난 30여 년 동안의 신학의 과정은 우리를 신학의 회오리바람 속에

---

* 좀 오래된 논문이지만 한국신학의 발전을 개관할 수 있어 여기 싣는다. 김흡영,「한국조직신학 50년: 간문화적 고찰」, 이화여자대학교 한국문화연구원 편,『한국신학연구 50년』(서울: 도서출판 혜안, 2003), 139-188에 게재.
1) 박봉랑,『신학의 해방』(서울: 대한기독교출판사, 1991), 27.

몰아넣었다. 우리는 한 곳에 자리를 잡고 안주할 수가 없었다. 오늘은 이것을 말하고 내일은 저것을 말했다. 새로운 신학의 사조를 만날 때마다 우리는 그 정체를 찾아내야 했다. 사람들은 '지조 없는 신학자들'이라고 하기도 했지만 이런 말을 우리는 피할 수가 없었다. 또 핑계를 댈 수도 없었다. 우리의 신학의 전통이 없기에 우리는 칼 바르트에서 폴 틸리히로, 니버, 불트만으로 그리고 본회퍼, 몰트만으로, 구라파, 남미, 세계의 신학이 움직이는 곳에 우리도 있어야 했다. 지난 40년 동안 한국 교회에서 우리의 신학은 사람이 가보지 못한 숲 속을 헤쳐 간 개척자적 나그네와도 같았다.[2]

이 "개척자적 나그네"들을 아직 신학 식민주의적 사고에서 벗어나지 못한 "지조 없는 신학자들"이라고 가볍게 폄하할 수는 없을 것이다. 그들은 적어도 종교개혁 이후 400년의 서양 그리스도교의 신학사를 해방 후 40년 동안에 "압축"할 수 있는 열정과 능력을 가지고 있었다. 그 후 이 "더벅머리 총각"의 후예들은, 천오백여년 전 중국과 인도 등의 불교 성지들을 찾아 헤매던 그 옛날 신라시대의 한국의 불제자들과도 같이, 열심히 전 세계를 누비며 신학전통의 순례를 계속했다. 지난 20년 동안 한국 신학생들은 미국 및 유럽 각지에 있는 명문 신학교들의 고급학위 과정에 그야말로 가득 차있었다. 각 신학교들의 조직신학 교수들은 그 학맥에 따라 최고의 교육과정을 수료한 이들로 정예화 되어 있으며, 이제 고급인력의 수가 넘쳐나서 연구소 등 이들을 위한 대책 마련이 시급한 실정이다.[3] 오늘날 한국의 조직신

---

2) 같은 책, 26-28.
3) 1964년 설립된 한국조직신학회가 1997년에 작성한 회원명부를 보면 박사학위 취득자가 이미 100명을 넘어서고 있다(한국조직신학회 편,「한국조직신학회의 역사」, 한국기독교학회 편, 『한국기독교학회 30년사』(서울: 대한기독교서회, 2001), 235. 2000년 8월에 작성된 한국조직신학회 회원 명부에 의하면 총회원수 129명 중에 교수요원만 120여명에 이르고 있다(은퇴교수 포함).

학자들은 더 이상 '더벅머리 총각'이 아니며, 세계 어디에 내 놓아도 부끄럽지 않게 말끔히 단장을 한 신사/숙녀들이다.[4] 한국 조직신학자들은 이제 그들의 활동범위를 모국으로 제한하지 않는다. 그들은 세계의 유수한 신학교육기관에 단지 '학생'의 신분으로서가 아니고 당당한 '선생'들로 자리를 잡아가고 있다.[5] 이러한 한국 신학자들의 세계화 추세는 특히 세계에 흩어져 있는 재외교포 한민족 2-3세들의 신학인구 증대에 따라 더욱 가속화되고 있다. 이 '디아스포라 한국 신학자들'의 등장은 한국신학계가 앞으로 주목해야 할 중요한 사항이며, 한국신학의 지형적 범위에 대한 재고를 요청하고 있다.

이 글의 목적은 해방 후 50년간 한국 개신교 조직신학 분야의 학문성과를 평가하는 일이다. 본론에 앞서 이 작업에 관한 (1) 필자의 한계 및 입장, (2) 조직신학의 정의, 그리고 (3) 이 글의 연구 범위에 관하여 언급하고자 한다.

(1) 필자의 한계 및 입장

나는 한국에서 신학교육을 받은 적이 없고, 한국교회의 주도적 인맥이나 한국신학계를 주름잡아온 소위 '패거리' 신학의 계보와 무관하다. 그러므로 나의 자료수집 능력에는 한계가 있다. 그러나 반면 나는 어떤 학파에도 소속되지 않았기 때문에, 누구에게나 '해석학적 거리'를 유지할 수 있어

---

4) 2001년 가을 20세기 독일을 대표하는 개신교 조직신학자 판넨베르그(Wolhart Pannenberg)가 한국을 방문하였을 때, 그가 한국에 와서 가장 인상적이었던 것은 이미 세계적 수준에 이른 많은 조직신학자들이 활발하게 일하고 있는 모습이고, 그에 비해 계속 쇠퇴해가기만 하는 독일신학의 현실과 장래가 걱정된다고 내게 고백한 적이 있다.
5) Drew University의 고 이정용, Princeton Theological Seminary의 이상현, Claremont Graduate School의 민경석, St. Paul School of Theology의 전용호, United Theological Seminary의 박승호, Union Theological의 정현경 등 소위 "디아스포라 신학자"들이 그 대표적인 예이다. 그리고 세계 최대의 규모를 자랑하는 미국종교학회(American Academy of Religion)에 참석하는 한국학자들의 수는 지난 10년간 급속도로 증가하고 있으며, 이미 소수민족들 중에는 참석자의 수가 최대에 달했을 가능성이 크다.

비교적 객관적일 수 있다. 나는 미국에서 보수와 진보가 두루 망라된 여러 학교에서 에큐매니칼하게 신학교육을 받았다.[6] 오랜 전통과 학문적 성취를 자랑하는 서구 신학의 심장 한복판에서 공부하면서 나는 수시로 '경계적 상황'boundary condition을 절감하였으며 동양인 신학도로서의 신학적 정체성에 대한 실존적 고뇌를 줄곧 할 수 밖에 없었다. 그 결과 나는 서구 신학의 시각에서 한국신학을 관망하며 동시에 한국신학의 시각에서 서구 신학을 평가하는 간문화적 시각cross-cultural perspective 그리고 이 두 문화 사이를 넘나들면서 담론을 벌이는 신학적으로 이중언어적bilingual인 소양을 습득할 수 있었다.[7] 이러한 배경을 바탕으로 얻어진 간문화적 시각에서 나는 진솔하게 한국 조직신학의 지난 50년을 평가해 보고자 한다. 다시 말하면, 내가 가진 한계를 인정하면서도 가능한 만큼 넓은 세계 신학의 지평에서 한국신학이 걸어온 궤적을 점검해 보겠다는 것이다. 한국 개신교 신학사상사에 대한 기본적인 연구는 이미 이루어져 있다.[8] 이들이 잘 정리해준 내용들을 반복하는 것보다, 나의 입장에서 내가 보고 느낀 대로 솔직하게 털어놓는 것이, 지금은 무례하게 보이겠지만, 결국에는 서로에게 도움이 되는 최선의 방법일 것이다.

(2) 조직신학의 정의

그리스도교는 오랫동안 끊임없는 모형전환paradigm shift을 거듭하며 발전해 왔으며, 다양한 신학 전통들이 축적되어 이루어진 복합체이다.[9] 이 전

---

6) Southern Baptist Theological Seminary; Princeton Theological Seminary, M.Div, Th.M; Graduate Theological Union, Ph.D; Harvard University Center for the Study of World Religions (senior fellow).

7) '간문화적'(cross-cultural)을 또한 '교차문화적'이라고도 표현할 수 있다.

8) 유동식,『한국신학의 광맥: 한국신학사상사 서설』(서울: 전망사, 1982). 주재용,『한국 그리스도교 신학사』(서울: 대한기독교서회, 1998). 그 외의 단행본으로는 송길섭의『한국신학사상사』(서울: 대한기독교출판사, 1987)이 있지만 해방 전까지 시대가 한정되어 있다.

통들을 대변하는 조직신학도 다양해서, 그 정의를 내리기가 쉽지 않다. 그러나 대략적으로 조직신학을 세 유형으로 나눌 수 있다. 첫째 유형은 전통적인 교의학Dogmatics이고, 둘째는 계몽주의 혁명과 근대성modernity에 대응하고자 발생한 조직신학Systematic Theology이고, 셋째는 탈근대적postmodern 성찰과 함께 부각된 구성신학Constructive Theology이다. 교의학은 성경해석에 의거한 명제적 교의진술이 시공을 초월하여 객관성과 보편성을 갖는다고 전제하며, 전통의 보존과 교의에 대한 변증을 그 목적으로 한다. 조직신학의 방법론은 상황(콘텍스트)이 제기하는 질문을 분석하고, 이에 대한 대답을 그리스도교의 텍스트(성서와 전통)에서 탐구하는, 이른바 질문과 대답 간의 상관관계의 해석학이다(P. Tillich). 조직신학은 교의의 명제적 보편성은 부인하지만 신학신술의 합리적 객관성을 강조하고, 텍스트가 우선적인 것으로 신학내용을 결정하고, 콘텍스트는 단지 수동적인 해석학적 조건에 불과하다. 구성신학은 주어진 환경과 맥락 안에서 그리스도교 신앙을 올바르게 이해하는 것을 그 목표로 한다. 신학은 어디까지나 인간이 구성한 작품이며, 그 신학이 처한 종교문화적, 사회경제적 맥락 안에서 이해되어야 한다. 그러므로 신학을 구성하는 상징들과 비유체계들에 대해 의심의 해석학 hermeneutics of suspicion을 통한 철저한 분석과 비판이 요구된다. 조직신학은 텍스트에게 일방적인 우선권을 주지만(텍스트⇒콘텍스트), 구성신학에서 텍스트와 콘텍스트는 서로 상호적인 관계에 있다(텍스트⇔콘텍스트). 세계 신학의 흐름에서 볼 때, 조직신학(광의)은 교의학에서 조직신학(협의)을 거쳐 구성신학으로 모형전환 되어가고 있다고 할 수 있다. 나는 이 세 모형들 중

---

9) 그리스도교 신학의 모형전환에 관하여서는 Hans Küng, "Paradigm Change in Theology and Science," in *Theology for the Third Millennium: An Ecumenical View,* tr. by Peter Heinegg (New York: Doubleday, 1988), 122-170; 또는 idem, Christianity: Essence, History, and Future, tr. by John Bowden (New York: Continuum, 1995) 참조.

에서는 콘텍스트의 종교문화적 매트릭스도 신학적 자원으로 간주하는 구성신학 모델이 한국신학의 모형으로 가장 적절하다고 평가한다.[10]

한국 조직신학사에서도 이 세 유형들이 비교적 선명하게 들어난다. 교의학은 박형룡에 의해 확립되었으며, 조직신학은 대체로 정치신학(김재준)과 문화신학(정경옥)으로 나누어져 전개되어 왔으며, 구성신학(유영모)은 숨겨져 있는 편이지만 그 흔적을 찾기는 그리 어렵지 않다. 일반적으로 한국신학 논쟁사를 보수와 진보간의 갈등으로 해석하지만, 보다 심층적인 이유는 서로 견지하는 신학적 유형이 근본적으로 다르고 그에 따라 신학적 방법론이 상이하기 때문이다. 성서영감논쟁(1952), 토착화논쟁(1963), 그리고 종교다원주의논쟁(1977)은 본질적으로 교의학(오직 텍스트만)과 조직신학(콘텍스트와 더불어) 그리고 구성신학(콘텍스트도 텍스트처럼) 사이에 놓인 상이한 방법론에서 기인하는 유형론적 갈등이다. 이런 점에서 한국의 조직신학도 세계적 신학사조와 같이 교의학에서 조직신학을 거쳐 구성신학으로 서서히 모형전환 되어가고 있다고 할 수 있다.

(3) 이 글의 범위

첫째, 이글이 취급하는 분야는 조직신학으로 한정되어 있다. 조직신학과 깊은 연관이 있지만, 민중신학, 여성신학, 교회사, 또한 그리스도교윤리는 각기 독립분야로서 취급된다. 그러므로 이 분야들에서 취급될 인물들과 주제들은 중복을 피하기 위하여 가능한대로 생략하기로 했다. 둘째, 이 짧은 글에 모든 조직신학자들을 다 망라할 수가 없어서, 한국신학으로서의 독창성과 관련성을 우선적으로 고려하여 이글의 성격상 언급할 필요가 있다고 여겨지는 인물들에 한정했다. 그러므로 인물 선정은 성취한 업적의

---

10) 구성신학에 대한 더 자세한 평가는 김흡영, 「최근 미국 포스트-모던 구성신학의 한국신학적 평가」, 『도의 신학』(서울: 다산글방, 2000), 59-103 참조.

중요성보다도 필자의 관심 정도에 의한 것이다. 셋째, 이글에서 전개할 유형론도 결코 완벽한 것이 아니고, 모든 유형론이 그렇듯이 그것도 한국신학이 발전해온 궤적을 발굴하기위한 자기발견적heuristic 목적을 가진 것이다. 몇 신학자들에게는 이 유형론이 적합하지 않음에도 불구하고, 맞춰보려고 지나치게 무리한 경향이 없지 않다. 넷째, 지면관계상 꼭 명시할 필요가 있다고 여겨지는 참고문헌들만 수록했다. 자세한 목록을 원하는 독자들은 다음 자료들을 참고하기 바란다. 유동식이 각 인물 별로 중요한 참고자료 목록을 『한국신학의 광맥』(1982)에 잘 정리해 놓았고, 주재용이 『한국그리스도신학사』(1999)에 논쟁사를 중심으로 최근에 나온 문헌들까지 포함시켰고, 그리고 이덕주가 「신학연구의 다양성」(1998)에 한국개신교 신학사 전반에 관해 자세한 참고문헌 목록을 수록했다.[11] 다섯째, 앞에 언급한 자료들이 비교적 자세히 한국신학논쟁사를 기술하고 있으므로, 이글은 논쟁사보다는 한국 조직신학의 유형론과 각 유형에 속한 주요 신학자들이 어떻게 한국 조직신학을 구성하여 왔는가를 탐구하는데 주안점을 두고 있다.

2. 한국신학의 광맥(Pioneers of Korean Theology) : 박형룡, 김재준, 정경옥, 유영모

한국 개신교 신학사상사에 대한 가장 고전적 연구는 한국 개신교 100주년을 기념하면서 유동식이 집필한 『한국신학의 광맥』이고, 개신교 전래 초기부터 1970년대까지를 시대와 유형별로 구분하여 기술하고 있다. 그리

---

11) 이덕주, 「신학연구의 다양성-성공하는 토착화 신학」, 한국종교학회편, 『해방후 50년 한국종교연구사』(서울: 도서출판 窓, 1997), 109-116.

고 주재용의 『한국그리스도교 신학사』(1998)가 신학논쟁사를 중심으로 1990년대 중반까지를 포함하고 있어 전자를 보완하고 있다.

유동식과 주재용은 서로 다른 신학적 입장을 가지고 있다. 유동식은 자유주의 신학전통을 대변하는 토착화 신학의 입장에서, 주재용은 진보주의 신학전통을 계승하는 민중신학의 입장에서 한국신학사상사를 서술했다. 그러나 이들이 서로 공유하는 입장이 있다. 이들은 선교사에 의하여 주입된 바벨론 포로기와 같은 식민 신학의 올무에서 벗어나 주체적인 "한국적 신학" 또는 "한국신학"이 형성되어 가는 과정에 초점을 맞추고 있다. 그래서 유동식은 한국 개신교 신학사를 "한국신학의 태동시대"(1885-1930), "한국신학의 정초시대"(1930-1960), 그리고 "한국신학의 전개시대"(1960-1980)로 크게 삼분한다.12)

유동식은 박형룡의 보수적 근본주의 신학, 김재준의 진보적 사회참여 신학, 그리고 정경옥의 문화적 자유주의 신학을 한국신학의 "삼대 초석"으로 규정한다. 그러나 이들은 모두 그 당시 서구식 신학교육을 가장 많이 받은 대표적인 해외유학파들이다. 이들이 미국에서 신학교육을 받고 있었던 시기에 세 신학적 흐름이 풍미하고 있었다. 첫째는 계몽주의 혁명과 더불어 서구에 불어 닥친 모더니티에 대응하기 위해 쉴라이에르마허F. Schleiermacher, 하르낙A. von Harnack, 리츨A. Ritschl, 트뢸취E. Troeltsch 등의 의하여 형성된 19세기 자유주의 신학이다. 둘째는 이 자유주의 신학이 종교학 또는 인간학으로 전락하자 이것을 교정하기위하여 20세기 초 바르트

---

12) 주재용은 한국신학사를 다음과 같이 다섯 시대로 구분한다:
   제1기(1784-1900), 한국의 전통 사상에서 그리스도교 사상을 수용, 해석하는 시기.
   제2기(1901-1933): 선교사들에 의해 지배받던 한국신학의 바벨론 포로기.
   제3기(1934-1959): 보수신학과 진보주의 신학의 갈등과 투쟁기간.
   제4기(1960-1972): 한국토양에서 주체적 한국신학을 형성하려는 해산의 고통을 하는 시기.
   제5기(1973-): 한국의 문화 · 역사 현실에서 한국신학을 전개하는 시기.

Karl Barth, 부르너E. Brunner, 불트만R. Bultmann, 틸리히P. Tillich 등에 의해 제기된 위기의 신학, 변증법적 신학이라고도 명명되는 신정통주의Neo-Orthodoxy이다. 셋째, 그러나 유럽보다 모더니티의 영향을 비교적 적게 받은 미국에서는 소위 구 프린스톤 신학이라는 알렉산더A. Alexander, 핫지C. Hodge, 와필드B. Warfield 등에 의해 설립된 철저한 칼빈주의 신학이 지배하고 있었다. 이들은 자유주의 신학을 배척하기 위해 근본주의화 하였고, 신정통주의조차도 자유주의 신학이라고 몰아붙였다. 프린스턴신학원이 신전통주의를 받아들이자, 메이첸G. Machen은 일부 교수들과 함께 프린스턴을 이탈하여 웨스트민스터 신학원을 설립했다(1929).

바로 이런 시기에 '삼대초석'이라고 일컬어지는 이들은 미국에서 공부하게 되었고, 이 신학사조들에 결정적인 영향을 받고, 귀국하여 각기 다른 모형의 신학전통을 수립하여 한국신학의 선구자들이 된다. 자유주의 신학을 개척한 정경옥은 가렛신학원과 노스웨스턴대학교에서, 보수주의 신학전통을 수립한 박형룡은 프린스턴신학원과 남침례교신학원에서, 그리고 진보주의 신학을 정착시킨 김재준 또한 프린스턴신학원에서 신학교육을 받았다. 그러나 미국에서 신학교육을 받기 위해 이들이 체류한 기간은 그리 길지 않았고, 더욱이 이들 중에서 정식으로 박사학위를 취득한 이는 오직 박형룡뿐이다.[13]

정경옥(鄭景玉, 1903-1945)은 이들 중에서 가장 자유주의 신학에 익숙할 뿐 아니라 한국에 최초로 바르트 신학을 소개한 "혜성과 같은 신학자"이었다.[14] 그의『기독교신학개론』(1939)은 그의 스승 롤H. F. Roll의 해석을 기초

---

13) 박형룡도 Southern Baptist Theological Seminary에서 1년 만에 박사학위를 받았으며, 학위 논문은 그곳 심사위원들조차도 보수적이라고 평할 만큼 보수적인 내용을 가진 것이었다(송 길섭,『한국신학사상사』, 326, n. 23). 한국 장로교 보수신학의 대명사격인 박형룡이 최종학위를 받은 곳은 장로교신학교가 아닌 침례교신학교라는 사실이 흥미롭다.
14) 유동식,『한국신학의 광맥』, 176.

로 칸트 윤리학을 강조하는 리츨의 문화적 개신교주의를 중심으로 자유주의 신학을 소개한 한국 최초의 조직신학개론서이다.[15] 이 저서는 자유주의 신학의 일반적인 구조에 따라 "죄악된 인간"론으로부터 시작하여 "신의 구원"론을 거쳐 기독론을 취급했고, 특별계시를 강조하는 바르트의 변증법적 신학을 약간 첨가했다. 그러나 그는 "모든 것이 다 하나님이요 사람은 아무 것도 아니라"는 초기 바르트의 입장에는 반대하고 오히려 일반계시를 선호하는 입장이다. 그는 조직신학을 리츨과 같이 "종교적 진리를 조직적으로 이해하려는 학문"이라고 정의하고, 그의 신학방법론은 아직 틸리히의 상관관계 방법론에 이르지는 못했지만 그런대로 상황의 중요성을 강조하고 있다.[16] 결론적으로, 윤성범은 그를 "자유주의 신학사상을 주체로 하고 발트 신학을 피상적으로 핥아 본 '신학적 휴매니스트'"라고 평한다.[17]

"한국 보수주의 신학의 집대성" 박형룡(朴亨龍, 1897-1978)의 교의학은 정서적으로는 구프린스톤 신학, 이론적으로는 카이퍼A.Kuyper-바빙크H.Bavinek-벌코프L. Berkof 계통의 화란 칼빈주의 신학에 의존한다.[18] 그러나 "박형룡은 이전까지 그가 배우고 가르쳐 왔던 미국신학의 영향이 너무 컸기 때문에 화란 신학의 책을 번역하여 그의 교의신학을 전개하기는 하였

---

15) 정경옥, 『기독교신학개론』(서울: 감리교회신학교, 1939), 특히 서문 3-5 참조; 또한 『기독교의 원리』(서울: 감리교회신학교, 1934) 참조. 그의 신학에 관해서는 유동식, 『한국신학의 광맥』, 175-185(참고문헌 포함), 주재용, 212-220, 송길섭, 330-343 참조.

16) 정경옥, 『기독교신학개론』, 3. 그는 그의 방법론을 "내성성찰"과 "외적형성"의 변증법이라고 말했다(17).

17) 윤성범, 『기독교와 한국신학』(서울: 기독교서회, 1964), 134.

18) 주재용, 209. 한국기독교교육연구원 편, 『박형룡 박사 저작 전집』은 20권에 이르는 방대한 분량이며, 교의학으로는 서론, 신론, 인죄론, 기독론, 구원론, 교회론, 말세론이 있고, 비교종교학, 변증학, 험증학, 신학 난제 선평이 포함된다. 주재용은 이 전집을 "한국 보수신학의 가장 높은 봉우리이며, 원천지"라고 평하고, "과거의 모든 한국 보수주의 신학뿐만 아니라, 금후의 한국 보수주의 신학도 이 책으로부터 그 근원을 찾아야 할 것이며, 금후 한국의 모든 보수주의 신학은 박형룡 신학의 사본 내지 해설에 불과할 것이다"라고 평했다.

지만 그 책의 내용을 자신의 신학과 실천에 옮기지 못하였다.”19) 구프린스턴C. Van Til 변증학과 화란의 개혁주의를 “조합”하려고 한 것에 그의 신학적 창의성이 있었다고 할지라도, 그의 신학은 그 전통들을 번역하여 해설한 정도의 수준에 머물고 있다.20) 화란 개혁주의는 그에게 아직 이론적인 것이었고, 자타가 공인하는 “한국의 메이첸”인 그는 극단적인 근본주의자였다. 그에게 있어서 신학의 목적은 “한국 교회신학의 수립”이었으며, 그것은 “결코 우리가 어떤 신학체계를 창작함이 아니라 사도적 전통의 정신앙을 그대로 보수하는 신학, 우리 교회가 70년 전 창립되던 당시에 받은 그 신학을 우리 교회의 영구한 소유로 확보”하는 것이었다.21) 그의 서구 신학에 대한 이해는 단편적이었으며, 그는 신정통주의도 자유주의 신학으로 오해하고 있었다. 신정통주의의 입장에서 이종성은 박형룡을 다음과 같이 평가한다.22) (1) 그는 “너무나도 이론적이며, 사변적이고, 주의주의적인” 칼빈주의적 정통주의 신학을 추종하고 있다. (2) “박형룡은 성서를 통해서 하나님이 오늘의 우리에게 주시는 메시지를 추구하는 주석 신학보다 변증학에 더 많은 관심을 기울였다.” (3) 극단적으로 배타적이고 독선적인 메이첸의 “근본주의적 사고방식이 그의 신학 전체를 지배하고 있다.” (4) “그는 칼빈주의자이기는 했으나 칼빈학자는 아니었다.” (5) “그의 신학 하는 태도는 철저한 수구주의였다. 무엇이든지 새 것에 대해서는 일단 거부반응을 일으켰다. 그와 반비례해서 전통적인 것은 그것이 전통적인 것인지 아닌지를 확인하기도 전에 그것을 고수하려는 태도를 취했다.”

김재준(金在俊, 1901-1987)은 전문적인 조직신학자는 아니었지만, 정경

---

19) 장동민, 『박형룡의 신학연구』 (서울: 한국기독교역사연구소, 1998), 341-342.
20) 같은 책, 337. 이종성도 이에 동의한다: “그의 교의신학의 구체적 내용은 벌코프의 조직신학을 거의 그대로 옮겨 놨다” (「박형룡과 한국 장로교회」, 『신학사상』, 제24집[1979 여름], 251)
21) 김양선, 『한국기독교해방십년사』 (서울: 대한 예수교장로회 총회, 1956), 263.
22) 이종성, 「박형룡과 한국 장로교회」, 251-253.

옥과 박형룡의 조직신학이 관념과 교리의 한계에서 벗어나지 못한 것에 비해서는 보다 실질적으로 조직신학적인 사고를 했던 한국신학의 선각자이었다.23) 그는 자유주의 신학과 정통주의 신학 모두가 "막다른 골목"에 도달한 것을 인식하고, 신정통주의의 길을 선택했다.24) 그는 세계 신학의 흐름을 비교적 정확하게 읽고 있었으며, 주체적 역사 참여를 통하여 한국신학이 나아갈 길을 제시했다. 그리고 그는 선교사가 지배하던 신학교육으로부터 해방을 시도했고, "조선 교회를 위한 조선 교역자 양성"라는 기치를 내걸고 조선신학교를 창설했다. 그는 한국적 상황("조선 역사와 조선 교회의 토양")과의 상관관계를 가진 신학을 구상했으며, 바른 한국신학이 형성되기 위해서는 학문적-신앙적 자유가 보장되어야 한다고 역설했다.25) 그는 보수적 한국 장로교회 풍토 속에 한국적 신학의 틈새를 열었고, 그 틈새로 "세속화 신학", "하나님의 선교신학", "종말론적 신학" 등 새로운 신학사상들이 흘러들어왔고, 그것은 결과적으로 한국 최초의 수출신학인 "민중신학"을 발아하게 했다.

박형룡, 김재준, 그리고 정경옥을 한국신학의 삼대 광맥으로 간주하는

---

23) 김경재는 김재준을 본래 구약성서학자이며 그의 신학은 "교의학적 접근이라기보다는 사뭇 자신의 신앙체험적 접근"이라고 규정하고, 그 신학의 구성요소를 다음과 같이 분석한다. "몸의 현실성을 중요시하는 유교적 인간이해, 자연과의 조화를 강조하는 풍류도가 사상, 비움과 묘공(妙空)으로서의 충만이 결국 역설적으로 같은 것이라고 경험하는 화엄사상, 떼이야르 샤르댕의 창조적 진화사상에 근거한 우주적 그리스도론, 그 모든 것들을 포용적으로 수렴하면서도 완성하는 그리스도의 성령으로 말미암는 중생체험, 그리고 마지막으로 개혁파 신학전통의 핵심주류로서 철저한 유일신 사상에 근원을 두고 오직 하나님께 영광을 돌리는 칼빈신학의 유산 등이 장공의 신학적 인간학을 구성하는 요소들로서 감지된다."(「장공의 신학적 인간학」,『신학연구』42[2001])
24) 김재준,「대전전후 신학사조의 변천」,『김재준전집』제1권 (서울: 한신대학출판부, 1992), 382-383;「신학의 갈길」,『김재준전집』제5권 (서울: 한신대학출판부, 1992), 339. 김재준은 칼 바르트, 폴 틸리히, 라이홀드 니버 등 대표적 신정통주의자들의 사상에 주로 의존하고 있다 (김경재,「장공의 신학적 인간학」).
25) 김재준,「나의 생애와 신학」,「크리스챤신문」(1985.7.13).

이 유동식의 지론은 한국신학계의 큰 물줄기를 이루고 있는 주요 교단신학
(총신-예수교장로회[합동], 한신-기독교장로회, 감신-감리교)의 학맥을 잘 규명해 주
고 있다. 그러나 이 유명한 지론은 두 가지의 문제점을 지니고 있다. 첫째,
한국신학의 스펙트럼이 너무 협소하게 설정되었다. 예컨대, 한국신학계에
지대한 영향을 준 신정통주의를 대변하는 조직신학자는 김재준보다는 이
종성이다. 신정통주의를 공식 노선으로 채택하고 있는 한국 최대의 교단
예수교장로회(통합)를 대변하는 장신(광나루)의 학맥이 무시되고 있다.
둘째, 박형룡, 김재준, 정경옥 세 사람만을 한국신학의 원형 또는 광맥이라
고 간주할 수 있을까? 이것은 훨씬 더 근본적인 문제이다. 대표적 해외유학
파인 그들의 신학이란 독창적인 것이라고 하기보다는 대체로 그들이 배워
온 서구 신학사상들을 소개하여주고, 그들을 한국적 정황에 이식시켜 가는
수준의 것들이다. 그런데 이들만을 한국신학의 원형이라고 한다면, 이것
은 한국신학의 모체가 전적으로 서구 신학이고, 한국신학이 발생론적으로
서구 신학의 종속신학이라는 점을 인정하는 꼴이 된다. 이 결과는 한국적
신학의 맥을 찾고자한 본래의 목적과는 모순이 된다. 결국 이 지론은 한국
신학의 주체적 광맥을 발굴하기보다는 오히려 한국신학사를 본의 아니게
'서구 신학의 전래사'로 전락시키는 결과를 초래했다.

김경재는 이 단점을 보완하기 위하여 두 가지의 한국신학적 흐름을 덧
붙여 추가한다: "그 한 가지는 길선주에서 꽃피고 이용도에서 극치에 오른
성령론적 교회부흥신학의 흐름이요, 또 다른 한 가지는 교단 밖에서 피어
난 들꽃 같은 주체적 토종신학의 흐름, 즉 유영모, 함석헌, 김교신, 최태용
등으로 대표되는 한국적이며 생명론적인 토착신학의 흐름이다."26) 이용
도(李龍道, 1901-1933)는 독창적으로 한국 영성신학을 개척한 한국 교회사의

---

26) 김경재, 「한국신학의 태동과 흐름」, 『기독교사상』 518(2002.2), 130.

매우 중요한 인물이지만, 너무나도 짧은 삶을 살았고, 그를 조직신학자로 보기는 어렵다. 그러나 한국조직신학사의 광맥에 "주체적 토종 신학"은 반드시 포함되어야 한다. 특히 유영모(柳永模, 아호 多夕, 1891-1981)는 한국신학의 초석을 놓은 선구자의 명단에 필히 추가되어야 한다.27) 정경옥, 박형룡, 그리고 김재준이 황무지와 같은 신학부재의 한국 땅에 서구 신학을 이식함으로써 신학교육의 초석을 놓은 공헌은 충분히 인정된다. 그러나 간문화적 시각에서 볼 때, 그들의 신학에는 서구 신학에 비해 특별히 다른 '그 무엇', 즉 한국적인 '그 무엇'이 별로 없다(김재준은 좀 예외지만). 오히려 유영모의 사상으로부터 우리는 아주 한국적인 신학의 단초들, 그야말로 독창적인 한국신학의 광맥을 발견하게 된다. 유영모의 토종신학마저도 광맥의 하나로 포함되지 않는다면, 한국신학은 한국 땅에 있지만 서구 신학의 복사품copy 또는 아류일 뿐, 세계적 가치를 보유한 독자적 신학으로 받아들여지기 어려울 것이다.

물론 유영모는 서구적 신학교육을 전혀 받은 적이 없고, 전문적인 신학 저술을 한 적도 없다. 그가 쓴 단지 몇 점의 신학 수상들과, 제자들이 수집한 그의 강의록들, 그리고 그의 일기장 다석일지多夕日誌가 있을 뿐이다. 그러나 서구적 신학교육의 부재가 오히려 그로 하여금 가장 독창적인 한국신학을 구성하게 하였다. 아직 그의 신학이 신학적 단상들을 수집한 단계에 머물고 있지만, 그것은 장래 한국 조직신학이 세계 신학으로 도약할 때 승부수를 던질 수 있는 최대의 보고이다. 마치 서구 신학이 19세기의 키에르케고르S. Kierkegaard를 20세기에 발견하고 자유신학을 극복하였듯이, 한국신학계가 1990년대에 들어서서야 유영모의 가치를 발견했지만 그의 신학은 앞으로 한국신학이 서구 신학의 올무에서 벗어나는데 큰 도움을 줄 것이다.

---

27) 함석헌 신학의 뿌리는 물론 유영모이고, 김교신도 유영모의 제자라고 할 수 있다.

조직신학은 우선적으로 어떻게 신앙 공동체가 주어진 상황에서 적절하게 성경을 읽느냐하는 성경읽기와 관련된 것이다. 박형룡과 정경옥이 교의학 및 조직신학을 학술적 수준에서 다루었지만, 그것은 전혀 다른 상황에서 성경읽기에서 발전된 남들의 신학을 번역해서 소개한 것일 뿐, 그들의 주어진 상황에서의 그들 나름대로의 성경읽기를 기초로 한 것이 아니었다. 그들은 공식적인 조직신학자들이었으나 관념적이었을 뿐 한국인으로서 실질적인 조직신학 작업을 한 것은 아니었다. 이들보다 학술적으로 정교하게 발전된 서구 신학을 토대로 한 기술적 표현에는 미숙하지만, 유영모는 성경을 있는 그대로 그의 주어진 콘텍스트에서 읽으려고 하였다. 성경이 들어오기 전부터 한국인에게는 이미 강력한 문화적 텍스트들이 존재하고 있었다. 사서오경과 같은 동양경전들은 한국인의 골수에 젖어서 삶의 영성적, 사상적 바탕을 형성해 왔다. 이러한 텍스트들을 무시하고 성경을 읽는다는 것은 한국인이 처해있는 콘텍스트를 무시하는 것이다. 그에게 있어서 한국인의 성경읽기는 바로 이 경전들과 더불어 성경을 읽어가는 것이다. 아시아 신학이 이 점을 인식하고 간경전적 해석intertextual interpretation 또는 다종교해석학multifaith hermeneutics을 논의하기 시작한 것도 아주 최근의 일이다.[28] 또한『베단타』와『도덕경』등 동양의 경전들과 종교전통들로부터 큰 감명을 받은 미국 신학자들이 비교 신학comparative theology을 논의하기 시작한 것도 최근이다.[29] 그러나 유영모는 이미 오래전에 이러한 해석학을 방법론만으로 제시한 것이 아니라 몸소 실천했던 것이다. 그는 유교, 불교, 도교 등의 "모든 동양경전들을 구약"이라고 간주하고 그 전통 속에서 살아온 동양인의 솔직한 입장("동양문화의 뼈대")에서 성경("서양문화의 골수")

---

28) 다종교해석학에 대해서는 Kwok Pui-lan, *Discovering the Bible in the Non-Biblical World* (Maryknoll: Orbis, 1995), 특히 57-70 참조.
29) 비교신학에 대해서는 Francis X Clooney, *Theology after Vedanta: an Exercise in Comparative Theology* (Albany: State University of New York Press, 1993) 참조.

을 해석하려했던 것이다.30) 이와 같이 유영모는 벌써부터 성경을 간문화적 입장에서 접근했고, 이 입장에서 한국인의 독특한 신학을 구성하려 했다. 그러므로 유영모는 한국 구성신학의 효시이다. 유영모의 사상으로부터 어거스틴, 루터, 칼빈, 바르트 등 기라성 같은 서구 신학의 광맥들을 능가할만한 세계적인 신학적 단초들을 발굴할 수 있을 것이다.

결론적으로, 박형룡, 김재준, 정경옥, 그리고 유영모는 이 땅에 신학의 광맥을 놓았고, 그 광맥으로부터 보수적 근본주의, 진보적 사회참여주의, 문화적 자유주의, 그리고 종교적 구성주의로 이루어진 네 가지의 신학적 흐름이 태동한다. 조직신학의 유형론으로 평가하면, 박형룡은 근본주의 신학을 한국교회에 심은 철저한 교의학자이며, 정경옥은 문화적 상황의 이해에 초점을 맞추었던 관념적 조직신학자이며, 김재준은 역사적 상황의 변혁을 중시했던 실천적 조직신학자이고, 그리고 유영모는 동양종교의 맥락 안에서 독창적인 한국 토종신학을 탄생시킨 창의적 구성신학자이다. 다시 말해서, 한국신학의 네 선구자들(박형룡, 김재준, 정경옥, 그리고 유영모)로부터 한국신학의 네 모형들, 곧 교의학(총신, 장신), 문화신학(감신), 정치신학(한신), 그리고 구성신학(토종)이 태동한다.31)

---

30) 박영호 편, 『다석어록(씨올의 메아리): 죽음에 생명을 절망에 희망을』(서울: 홍익제, 1993), 82. 일지 2:176.
31) 시대별, 논쟁별 연관성은 다음 도표와 같다.

시대	논쟁 및 주제	유형	신학자
50년대	교회의 분열	교의학/성서영감론 논쟁	박형룡/김재준
		에큐메니칼신학 논쟁	박형룡/이종성
60년대	토착화신학 논쟁	문화신학/삼위일체론 논쟁	윤성범/박봉랑
		토착화방법론 논쟁	유동식/전경련
70년대	민중신학 논쟁	정치신학	서남동, 김용복
80년대	종교다원주의 논쟁	종교신학	변선환/박아론
90년대	다원적 한국신학 모색	구성신학	해방, 여성, 통일(박순경), 환경, 포스트 모던(홍정수), 생명, 상생, 도(道)

3. 교회교의학 모형(Dogmatics)
: 교회의 분열

선교사들로부터 보수 신학의 정통성을 확보한 박형룡은, 한국전쟁이 세계이념전쟁의 대리전이고 한반도의 남북분단을 고착화시켰듯이, 미국 근본주의 신학의 행태에 발맞추어 한국교회 안에서 그 대리전을 감행하고, 한국교회의 내부 균열을 고착시킨다. 그는 한국신학논쟁사의 두 교리논쟁들, 즉 성서영감론 논쟁과 에큐메니칼신학 논쟁을 주도한다. 이로 말미암아 1950년대에 한국 개신교단의 최대 교회인 한국 장로교회는 크게 두 번 분열하게 된다. 그리고 이 교회 분열적 속성은 박형룡 류의 근본주의 교의학이 보유한 특징으로 한국교회사에 각인된다.

(1) 성서영감론 논쟁

박형룡은 메이첸이 신정통주의를 채택한 프린스턴신학원을 신근대주의라고 비판하고 이탈하여 웨스트민스터신학원을 설립하였던 역사를 한국 땅에서 반복시킨다. 박형룡과 그를 추종하는 보수 진영은 바르트와 같이 성서고등비판을 수용하고 "제한 무오 사상"을 주장한 김재준을 맹렬히 비판하며 조선신학교를 떠나 장로회신학교를 새로 설립한다(1948).[32] 이 싸움에서 '한국의 메이첸' 박형룡은 미국의 메이첸보다 훨씬 성공적으로 완전한 교권적 승리를 쟁취한다. 그는 총회가 조선신학교의 인준을 취하하고(1951), 김재준의 면직을 가결하는데(1952) 결정적인 역할을 한다. 그리하여 김재준을 따르는 진보 진영은 조선신학교를 한국신학대학으로 개명하고(1952), 총회를 이탈하여 한국기독교장로교(기장)를 새로 설립한다(1953).

---

32) 주재용, 앞의 책, 167-168.

이것이 첫 번째 한국 장로교회의 분열이다.

2) 에큐메니칼신학 논쟁은 미국의 근본주의를 주도하는 칼 메킨타이어와 메이첸 등이 세계교회협의회(World Council of Church, WCC)에 저항하기 위하여 국제기독교연합회(International Council of Christian Church, ICCC)를 창설하고 근본주의적 칼빈주의와 반공 이데올로기를 확산시키려던 시도와 관련된다. 미국 복음주의 연합회(National Association of Evangelicals, NAE)는 메킨타이어의 비타협원리와 분열주의를 극복하기 위해 온건파 보수주의를 표방하였으나, 이를 본 따 창설된 한국복음주의연합회는 오히려 진보적 에큐메니칼 진영 비판에 초점을 맞추어 러시아정교회의 세계교회협의회 가입을 빌미로 에큐메니칼신학의 용공 시비를 전개한다. 결국 한국 장로교회(예장)는 에큐메니칼 운동을 지지하는 통합측(연동측)과 이를 반대하는 합동측(승동측)으로 또다시 총회가 분열된다(1959).

이로 말미암아 칼빈신학을 뿌리로 하는 한국의 개혁신학은 근본주의를 표방하는 총신계열(예장 합동), 역사참여주의를 주창하는 한신계열(기장), 그리고 신정통주의를 계승하는 장신계열(예장 통합)로 크게 삼분된다. 신학적으로 보면, 이 분열은 칼빈신학에 대한 해석의 차이(칼빈주의와 신정통주의의 대립)에서 기인한다. 총신계열은 근본주의적 칼빈주의(구프린스턴, 화란개혁교회), 한신계열은 정치신학적 칼빈주의(카나다장로교회), 그리고 장신계열은 신정통주의적 칼빈주의(프린스턴, 미국장로교회)를 표방한다. 총신계열과 장신계열은 한국 교회 성장과 관련된 교의학을 주도하게 되고, 장신계열에서는 그 대변인 이종성이 등장한다.

이종성(李鍾聲, 1922-)은 서론, 인간학, 신론, 그리스도론, 성령론, 삼위일체론, 교회론, 윤리학, 종말론이 포함된 전 12권으로 구성된『조직신학 대계』를 저술하여 박형룡에 필적할 만한 한국 개혁신학의 토대를 구축한다.33) 이종성을 기점으로 장신계열에는 "모든 것을 통합하여 온전함에 이르고자 하는" 소위 "통전적 신학" 전통이 형성된다.34) 이것은 서구의 개혁신학 전통들을 한국적 상황에서 통전적으로 종합해보자는 의도인 것 같은데, 소위 무색, 무미, 무취, 무향의 절묘한 묘합을 이루고 있다.35) 통전적 신학은 보수와 진보, 에큐메니칼 운동과 복음주의 운동, 서구 신학과 아세아 신학 등등 모든 것을 다 포함할 수 있는 대단한 포용력을 가지고 있는 동시에 이와 같이 아무런 특징이 없다는 묘한 신학적 특징을 가지고 있다.

---

33) 이종성, 『조직신학 대계』(서울: 대한기독교출판사, 1993). 이종성은 일본 동경신학대학을 비롯하여 미국 풀러, 루이빌, 프린스턴, 샌프란시스코 신학원 등 비교적 폭넓은 신학교육의 배경을 가지고 있다.

34) 김명룡, 「통전적 신학이란 무엇인가?」, 『장신대』 4월호(2002). 이종성은 통전적 신학의 방법론적 특징을 (1) 연역법과 귀납법의 통합(그리스도의 하강+상승), (2) 계시의 단일성과 다양성의 통합(바르트+브루너), (3) 과정적 상관관계(틸리히+화이트헤드)로 설명한다(이종성, 『신학서론』[서울: 대한기독교출판사, 1993], 66-69).

35) 이종성은 저작의 목적은 "신앙이 매우 편협하며 신학이 미개한 상태에" 있는 한국 교회에 다음과 같은 봉사를 제공하는 것이라고 말했다: "첫째, 신학 연구의 자료를 많이 제공할 것, 둘째, 나의 모든 신학 작품을 알기 쉽게 쓸 것, 셋째, 서양의 교회가 2000년 동안 연구하고 다듬고 체계화한 신학의 모습(total picture)을 제공해 줄 것"(이종성, 『이야기로 푸는 조직신학』[서울: 대한기독교서회, 1995], 4). 그는 이 계몽적 목적을 충분히 달성하고도 남을 만한 방대한 량의 저술을 완성하였으나, 아직까지 한국신학사상사에서는 그가 이룬 업적이 충분히 평가되지 못하고 있다. 그 이유는 대체적으로 총신계열(박형룡)과 한신계열(김재준)의 강력한 신학적 색깔들 사이에서 비교적 온건한 장신계열(이종성)이 내세우는 소위 "중심에 서는 신학"의 애매한 신학적 색깔이 숨겨져 버렸기 때문이다. 둘째, 박형룡의 '교의신학'이 미국과 화란의 근본주의적 칼빈주의의 번역 신학의 한계를 벗어나지 못하였듯이, 이종성의 '조직신학'도 미국의 신정통주의를 비롯한 서구의 개혁신학을 포괄적으로 총망라하여 정리한 것 이상의 어떤 조직신학적 창의성을 발견하기 어렵다. 셋째, 그의 신학은 서구 신학들과 그들의 콘텍스트인 서구종교문화에 있어서는 "통전적"일지 모르지만, 이와 대칭적인 중요성을 갖는 우리의 콘텍스트인 한국종교문화에 대해서는 "비통전적"이다. 다시 말하면 그는 조직신학을 관념적으로 이해하고 설명했지만, 한국인으로서 그의 상황인 한국종교문화의 콘텍스트와의 "통전적" 상관관계를 주제화시키는 진정한 의미의 조직신학 을 실천하지는 못했다. 이것이 한국신학으로서 이종성 및 장신계열의 신학자들이 가진 결정적 약점이다. 그들의 신학적 스승이라고 할 수 있는 바르트와 틸리히조차도 사망 전에 이구동성으로 세계종교의 맥락 안에서 교의학과 조직신학을 다시 써야한다고 한탄했음을 상기할 필요가 있다.

박형룡과 이종성으로부터 총신계열과 장신계열이라는 칼빈신학을 주축으로 하는 한국 교회교의학의 양대 산맥이 구축되고, 다른 유형의 신학 광맥들과는 다르게 이들은 한국 장로교회를 세계 최대의 교회로 성장시키기 위한 교회신학으로서 결정적인 역할을 한다.36) 이들을 계승하여 세계적인 수준의 신학교육을 받은 신학자들이 배출된다. 총신계열에서는 워낙 박형룡의 산이 높아서 그런지 그를 능가할 신학이 아직까지 나타나지 않았고, 그 지류로서 한철하(버지니아 유니온), 차영배(캄펜), 김영한(하이델버그) 등이 대표적으로 보수적 개혁신학 노선을 고수한다.37) 장신계열에서는 김명룡(튜빙겐), 윤철호(노스웨스턴), 현요한(프린스턴)과 그 지류로서 황승룡(전 호신대 총장)이 통전적 개혁신학을 발전시키고 있다.38) 그러나 우수한 신학교육적

---

36) 한국장로교회는 선교 100년 만에 세계개혁교회 연맹국들 중에서 가장 큰 교회로 성장하는 20세기 선교의 기적이라고 할 만한 놀라운 기록을 보유하고 있다.

37) 한철하와 김영한을 총신계열로 보는 것은 무리가 있는 것을 인정하나, 유형론적 유사성을 고려한 것이다. 웨스트민스터신학원을 거쳐 미국 남장로교회의 전통적 신학교 버지니아의 유니온신학원에서 박사학위를 수여받은 한철하는 정통적 칼빈주의자이며, 그 입장에서 신정통주의 사상과 그 영향을 받은 미국 연합장로교회의 1967년 신앙고백서를 위험한 세속화신학이라고 맹렬히 비판한다(「우리가 처한 신학적 과제」,『교회와 신학』제2집[1967]). 화란 개혁신학의 본산인 캄펜신학원에서 박사학위를 수여받은 차영배는 아브라함 카이퍼-헤르만 바빙크의 신학에 의존하고 있다. 1996년 김영한을 중심으로 한국개혁신학회가 창설되었고, 이 학회는 현재 약 130명의 회원을 가지고 활발한 활동을 하고 있다(조직신학자만 35명이며, 이들의 대부분이 세계 각국에 있는 신학명문들의 박사학위를 소지하고 있다). 이들은 "열린 보수주의"를 표방하며, 대체적으로 총신계열과 장신계열 사이의 노선을 추구하고 있는 듯하다(한국개혁신학회 편,『열린 보수주의』[서울: 이레서원, 2001]). 특히 김영한은 이 개혁신학 노선의 사령탑 역할을 하고 있으며, 활발한 저술활동을 하고 있다(『21세기와 개혁신학』, 상하, [서울: 한국장로교출판사, 1998]). 그러나 맥락성에 대한 그의 접근은 해석학적이기 보다는 인식론적이고 교리적이며, 기본적으로 그는 조직신학적 구성보다는 교의적 비판 또는 철학적 분석에 치중하고 있다.

38) 몰트만의 지도 아래 바르트에 관한 박사논문을 쓴 김명룡은 조직신학을 교의신학과 사회신학으로 구분한다(『현대의 도전과 오늘의 조직신학』(서울: 장로회신학대학, 1997]). 윤철호는 통전적 그리스도론(『예수 그리스도』, 상하[서울: 한국장로교 출판사, 1998]), 현요한은 통전적 성령론(『성령 그 다양한 얼굴: 하나의 통전적 패러다임을 향하여』[서울: 장로교신학대학, 1998])을 모색한다. 또한 황승룡,『성령론: 신학의 새 패러다임』(서울, 한국장로교출판사,

배경에도 불구하고 그들의 신학은 보수적인 교회를 의식해서인지 대체적으로 실존적 교의학 또는 관념적 조직신학의 수준에 머무르고 있다.

그러나 한국 개혁신학은 한국 장로교회의 성장과 번영의 배후에 감추어져 있는 한 중요한 요인을 간과하고 있다. 이것은 칼빈의 개혁신학은 한국인의 사상 형성에 결정적인 역할을 한 이퇴계李退溪를 정점으로 하는 한국의 신유학과 매우 유사하고(pietas와 敬, imago Dei와 天命, fides quaerens intellectum와 居敬窮理 등), 이 유사성이 한국장로교회가 성장할 수 있는 신학적 기틀을 마련해 주었다는 사실이다.[39] 그렇기 때문에 한국 개혁신학은 한국 유학의 전철을 밟지 않기 위하여 매우 조심해야 한다. 한국유학은 한국을 그 출생지인 중국보다도 더욱 유교적인 사회로 만드는데 성공하였으나, 그 지나치게 보수적이고 배타적인 주자학적 사대주의로 말미암아 결국 조선 유교사회를 멸망시키고 말았다. 한국 개혁신학도 한국에 세계 최대의 장로교회를 설립하는데 성공하였다. 그러나 그 안에 보수적이고 배타적인 사대주의가 이미 전횡을 휘두르는 듯한 인상이다. 한국유학은 그래도 조선을 500년 유지할 수 있는 사상적, 도덕적 기조를 마련해 주었지만, 한국 개혁신학이 지금까지 한국사회에 그러한 역할을 감당해 왔는지 자문해 보아야할 것이다. 개혁신학의 기본 강령은 "누가 원조냐?"하는 보수정통 시비를 따지는 것보다 말씀에 의해 끊임없이 개혁하는데(reformata ecclesia semper reformanda) 있다.

1999) 참조.

39) 김흡영, 금장태,「존 칼빈과 이 퇴계의 인간론에 관한 비교연구」,『도의 신학』, 231-291, 또는 『한국조직신학논총』제4권(1999), 80-128; 또한 Heup Young Kim, "*Imago Dei* and *T'ien-ming*: John Calvin and Yi T'oegye on Humanity," *Ching Feng* 41: 3-4 (1998), 275-308 참조.

4. 정치신학 모형(Korean Political Theology): 민중신학의 출현

교회와 교리로부터 "신학의 해방"을 실현한 김재준이 이끄는 한신계열은 비교적 자유스럽게 세계 신학의 흐름을 섭렵하며 새로운 신학적 탐구를 계속한다. 이와 더불어 한신계열은 걸출한 '제1세대' 조직신학자 박봉랑과 서남동을 배출한다. "현대신학의 안테나" 서남동(徐南同, 1918-1984)은 한신계열이 배출한 가장 창의적인 조직신학자이며, 각종의 서구 신학의 사조를 탐닉하여, 틸리히, 베르자예프, 엘리아데, 떼야르 드 샤르뎅을 거쳐 한국 최초로 생태신학과 과학신학을 소개했던 최첨단의 번역 신학자이기도 했다.[40] 그는 이종성보다도 먼저 케리그마적 그리스도(불트만), 세속적 그리스도(콕스), 우주적 그리스도(테일하드)를 "통전"한 "현재적 그리스도론"을 제시했다. 이 현재적 그리스도론은 "서구교회의 안경"을 통하지 않고 보편사(곧 우리의 역사와 문화사) 속에서 직접 그리스도를 직면하게 함으로서 한국신학의 지평을 열어놓았다.[41] 그러나 그는 전태일의 분신자살을 목격하고 김지하의 한과 민중사상으로부터 큰 감명을 받고 변신하여 "한의 사제론"과 "민중 이야기 신학"을 발전시킨다.[42] 이 이야기 신학 방법론은 유명한 아세아 신학자 송천성(宋泉盛, C. S. Song) 등을 통하여 세계적으로 알려지고, 아세아 신학의 형성에 큰 영향을 준다. 그리고 서남동 및 민중신학자들(안병무, 현용학, 김용복 등)은 한국신학사상사에서 최초로 세계 신학의 형성에

---

40) 서남동, 『전환시대의 신학』(서울: 한국신학연구소, 1976) 참조.
41) 같은 책, 65-84. 유동식, 『한국신학의 광맥』, 235.
42) 민중 이야기 신학은 대체적으로 우리 민중의 이야기(민담)와 기독교의 민중 이야기(성서와 교회사의 사회경제사적 연구), 그 두 이야기들이 서로 "합류"하는 것을 말한다. 서남동, 『민중신학의 탐구』(서울: 한길사, 1983); 『한-신학, 문학, 미술의 만남』(서울: 분도출판사, 1984) 참조.

기여를 하게 된다.[43] 1970년대의 민주항쟁과 더불어 민중신학은 한국역사상 신학이 사회변혁에 결정적 영향을 준 최고의 정치신학적 기록을 남긴다. 서남동의 민중신학에 관해서는 별도로 민중신학 분야에서 더 자세히 다룰 것이기에 아쉽지만 이만 줄인다.

비록 기장신학자는 아니지만 예장이 배출한 가장 세계적인 "시련의 신학자" 김용복(金容福, 1938-)을 여기서 언급해 둘 필요가 있다. 그는 전통신학이 가진 자들의 시녀역할을 했던 전철을 극복하기 위해서 신학은 성서와 같이 억눌린 자들의 이야기들을 그 중심주제로 택해야 한다고 주장하며, "민중의 사회전기"the social biography of the minjung를 그 방법론으로 제안한다.[44] 그리고 그는 민중이 역사의 주체라고 규정하고, 정치적 메시아니즘political messianism을 타파하고 메시아적 정치messianic politics의 변혁적 주체로서 민중 운동을 역설한다. 이러한 신학적 통찰은 세계에 있는 많은 해방신학자들에게 신선한 충격을 주었고, 민중신학을 세계 신학으로 부상시키는데 결정적인 공헌을 했다. 그리고 그를 "세계 에큐메니칼 신학의 촉각", 또한 아세아에서 가장 영향력이 있는 신학자들 중의 하나로 떠오르게 한다.[45] 한신계열의 신학이 주도하여 이룩한 또 하나의 빼놓을 수 없는 조직신학적 업적은 나치체제의 적그리스도성에 저항하기 위하여 독일 고백교회가 선포했던「바르멘선언」의 정신을 계승하여 유신체제의 독재에 저항하기 위하여 그리스도인의 사회적 책임을 강조한「1973년 한국그리스도인 선언」이다(1973).[46]

---

43) Kim Yong-Bock, ed., *Minjung Theology: People as the Subjects of History* (Singapore: Commission on Theological Concerns, Christian Conference of Asia, 1981).
44) Kim Yong-Bock, *Messiah and Minjung: Christ's Solidarity with the People for New Life* (Hong Kong: Christian Conference of Asia, 1992).
45) 김용복은 아세아기독교협의회의 협조를 받아 아세아신학자협의회(The Congress of Asian Theologians)를 설립하고 초대 회장을 역임했다.
46) 이덕주·조이제 편,『한국 그리스도인의 신앙고백』(서울: 한들출판사, 1997), 275-6.

"잊혀진 선비 신학자" 박봉랑(朴鳳琅, 1918-2001)은 그 시대의 신학자들 중에서는 가장 철저하게 조직신학을 교육받은 분으로 바르트의 성서영감론에 대한 논문으로 하바드 대학에서 박사학위를 마친 후 귀국하여 바르트 신학을 체계적으로 소개하여 한국에 '바르트 우파'의 법통을 정립한다. 비록 발티안의 틀에서 벗어나지는 못했지만, 본훼퍼Dietrich Bonhoeffer, 세속화 신학(콕스), 사신死神신학(알타이저), 종말론 신학(몰트만, 판넨베르크), 바르트 좌파(골비처)와 우파(융겔)의 논쟁 등 세계 신학의 조류를 소개한 그의 저서들은 한국 조직신학의 수준을 한층 높이는데 공헌을 하였다.[47] 비록 한신계열은 아니지만, 바르트 신학에 관해서 박봉랑과 더불어 쌍벽을 이룬 한국 최초의 여성신학자 박순경(朴淳敬, 1923-)을 빼놓을 수가 없다. 초기 바르트의 종교사회주의에 대한 골비처H. Gollwitzer의 연구와 그의 제자 마르쿠바르트F. Marquardt의 바르트 좌파 해석에 큰 영향을 받은 박순경은 그 추종자가 소수에 불과하지만 한국 땅에 '바르트 좌파'의 맥을 심었다. 박순경은 마침내 신학적 관심을 서구 신학에서부터 한민족으로 전환하고 민족통일 운동을 위한 "통일신학"을 제안한다.[48] 그러나 한국 바르트 신학의 문제점은 우파이건 좌파이건 모두 이들의 영향으로 너무 초기 바르트에 얽매어 있다는 점이다. 한신계열에서는 박봉랑에 이어 오영석(吳永錫, 1943-)과 김균진(金均鎭, 1946-)이 배출된다. 오영석(바젤-한신, 전 한신대 총장)은 바르트 우파의 맥을 이어가고, 김균진(튜빙겐-연신)은 그의 스승인 독일의 마지막 개혁신학

---

47) 조직신학적으로, 그의 저서들은 그의 시대에 다른 신학자들에 비해 월등한 수준에 있는 우수작들이다. 그가 목회자나 평신도를 위한 쉬운 글보다는 신학자들을 위한 전문적인 글을 썼기 때문에 많이 알려지지 않았다. 그런 점에서 그는 외골수의 "잊혀진" 신학자가 되었으나, 선비 정신을 이어받은 조직신학자로서 귀중한 사표를 남겼다. 박봉랑은 다음과 같은 주요저서들을 남겼다.『기독교의 비종교화』(서울: 법문사, 1976);『신의 세속화』(서울: 대한기독교출판사, 1983);『교의학방법론』, 상·하 (서울: 대한기독교출판사, 1986-7);『신학의 해방』.
48) 박순경,『하나님나라와 민족의 미래』(서울, 대한기독교출판사, 1984);『통일신학의 여정』(서울: 한울, 1992).

자 몰트만의 저서들의 대부분을 번역하는 과업을 달성한다.

이로 말미암아 한신계열의 조직신학은 이원화 된다. 한편으로 비록 소수이지만 바르트 우파 신학으로 더욱 교의학화 되는 반면, 다른 한편으로 극단적인 정치신학(민중신학)으로 운동적 성향을 띠게 된다. 민중신학은 한국 최초로 해외에 신학을 수출하는 성과를 거두었으나, 그 운동지향적이고 신학불가론적인 성향 때문에 신학자 양성을 소홀히 하는 폐단을 초래한다. 이러한 중에 한신계열에 새로운 모형의 조직신학자 김경재(金敬宰, 1940-)가 등장한다. 김경재는 문화신학(틸리히)과 과정신학(화이트헤드)의 틀 안에서 민중신학과 토착화 신학의 종합을 모색한다.[49] 그는 다른 한국 종교들과의 대화를 적극적으로 추진하며 종교다원주의 신학을 주장하는데 앞장을 선다. 그는 한국 개신교 종교문화신학을 파종모델(씨뿌리는 비유[막4:1-32], 박형룡), 발효모델(밀가루 반죽의 비유[마 13:33; 눅 13:20-21], 김재준), 접목모델(돌감람나무의 비유[롬 11:16-18], 유동식), 합류모델("두 이야기의 합류", 서남동)의 네 모형으로 분류하고, 교의학적이거나 종교사적인 접근보다 지평융합적인 해석학적 접근방법(틸리히, 하인리히 오토, 존 힉, 파니카, 사마르타 등)의 종교신학을 제안한다.[50] 그리고 한신계열에서는 또한 박재순이 민중신학과 토종신학 간의 접목을 통한 생명신학("생명의 님" 예수)을 시도하고 있다.[51]

---

49) 김경재, 『폴 틸리히의 생애와 사상』(서울: 대한기독교출판사, 1979); 『폴 틸리히 신학연구』 (서울: 대한기독교출판사, 1987).

50) 김경재, 『해석학과 종교신학: 복음과 한국종교의 만남』(천안: 한국신학연구소, 1994); 『한국 문화신학』(서울: 한국신학연구소, 1983); 또한 『해석학과 종교신학』으로 발전시킨 그의 박사학위 논문 Christianity and the encounter of Asian Religions: Method of correlation, fusion of horizons, and paradigm shifts in the Korean grafting process (Zoetermeer: Uitgeverij Boekencentrum, 1994).

51) 박재순, 『한국생명신학의 모색』(서울: 한국신학연구소, 2000).

5. 문화신학 모형(Korean Theology of Culture)
: 토착화 논쟁

최병헌(崔柄憲, 1858-1927)의 종교신학과 정경옥의 자유주의 신학을 계승한 감신계열은 한국신학사상사를 우뚝 세운 세 신학자들, 곧 윤성범, 유동식, 그리고 변선환을 배출한다. 이들은 그리스도교의 전통적 울타리를 넘어 재래종교들과의 적극적인 종교간의 대화를 시도한다. 그들 사이에 일종의 분업을 실행하여, 윤성범은 유교, 유동식은 무교, 그리고 변선환은 불교에 집중적인 관심을 가지고 각자 나름대로의 종교문화신학을 펼쳐간다.

한국인 최초로 유럽에서 신학박사 학위를 취득한 윤성범(尹聖範, 1916-1980)은 바젤대학에서 바르트의 강의를 직접들은 제자로 더욱 잘 알려져 있다. 윤성범과 더불어 한국 신학자들의 독일 유학이 활발해지고 미국 신학의 영향을 받던 조직신학계는 독일신학의 영향권 아래로 진입한다. 윤성범은 한국적 상황과 복음간의 상관관계를 신학적 언어로 주제화하려 하였던 한국 최초의 조직신학자이며, 감신계열이 배출한 가장 창의적인 조직신학자이다.[52] 그의 탁월한 신학적 "직관"과 통찰에도 불구하고 그의 신학이 성공하지 못했던 까닭은 독일신학의 틀 안에서 그의 신학을 인정받기 원하는 독일신학에 대한 학생적 근성이 아직 그에게 아직 남아 있었기 때문이다. 그의 신학적 직관은 이미 새 포도주를 빚고 있었지만, 그는 그 새 포도주를 이미 낡아빠진 가죽부대인 독일신학에 담으려고 했던 것이다. 이러한

---

52) 출판위원회 편,『윤성범 전집』, 전7권 (서울: 도서출판 감신, 1998). 윤성범의 중요한 저서들은 다음과 같다.『기독교와 한국사상』(서울: 대한기독교서회, 1964);『한국적신학: 誠의 해석학』(서울: 선명문화사, 1972);『孝: 서양윤리, 기독교윤리, 유교윤리의 비교연구』(서울: 서울문화사, 1973). 내가 미국에서 공부할 때 앞의 책을 Michael Kalton이 번역한 *Ethics East and West, Seoul, Christian Literature Society*, 1977을 프린스턴대학 도서관에서 발견해서 읽고 깊은 감명을 받았다.

점에서 윤성범의 신학은 재조명되어야 한다. 윤성범을 독일신학의 연장선상에서, 불트만적 방법론과 바르트적 신학내용 사이의 혼돈, 하이데커의 해석학에 대한 오해 등, 그가 얼마나 독일신학을 제대로 이해했느냐고 따지는 것은 초점에 어긋나는 것이고, 그것은 오히려 한국신학의 정체성에 대한 비판자들의 혼돈에서 오는 오류이다. 윤성범이 추구했던 것은 한국적 신학의 모형개발이며, 그의 모호한 "직관적 변증법"(예컨대, 감-솜씨-멋, 道心-人心-誠, 理-氣-誠)은 이원론을 기조로 한 서구의 개념적 변증법(헤겔, 키에르케고르)을 극복하고자 고안해낸 한 동양신학적 방법론이었던 것이다. 그 이름이 "문화적 아프리오리"("자리")가 되었든, "전이해"(불트만)가 되었든, "상황"(틸리히)이든 간에 그는 한국적인 자원들을 신학의 소재로 사용하고자 했고, 서구적인 상징과 비유를 한국적인 것으로 대체하고자 하였다. 그야말로 한국적 구성신학을 시도하였으나, 불행하게도 그는 독일신학의 올무에서 벗어나지 못했다.

그가 만약 그리스도교 신학의 역사적 흐름도 계속적인 모형전환paradigm change에 의한 것이라는 쿤T. Kuhn에 의존한 한스 큉의 주장이나, 신학도 결국 "인간의 한 작품"(theology as a human construction)에 불과하다는 카우프만의 구성신학이나, 신학의 가장 큰 주제는 그 상징 비유체계에 대한 분석과 그에 따른 모형건축이라는 멕훼그의 비유신학metaphorical theology을 알았더라면, 그의 신학은 크게 달라졌을 것이다.[53] 윤성범의 신학은 한국의 상징 비유("감")를 가지고 서구 신학으로부터 모형전환을 이룬 한국신학("멋")의 새로운 패러다임("솜씨")을 구성하려 하였으나, 독일신학에 대한 그의 끈질

---

53) Hans Küng, "Paradigm Change". Gordon Kaufman, *The Theological Imagination: Constructing the Concept of God* (Philadelphia: Westminster Press, 1981). Sallie McFague, *Metaphorical Theology: Models of God in Religious Language* (Philadelphia: Fortress Press, 1982).

긴 강박관념 때문에 중도에 하차한 격이기 때문이다. "도전적이요 직감적인 판단 등 많은 개발점을 발견"하게 되지만 "충분한 설명이 결여"된 "한국 신학계의 풍운아 윤성범"의 글들은 유동식이 언급한 대로 한국신학의 한 "서설"일뿐 후학들에게 "본문은 앞으로의 과제로 남아있다."[54]

윤성범의 구성신학적 감각은 제일먼저 한국인의 토착적 신상징인 하느님을 분석할 수밖에 없었고, 그와 관련된 토착적 내러티브로서 단군신화를 거론한 것은 한국 조직신학자로서 그가 밟아야 할 당연한 수순이었다. 그러므로 그의 "환인, 환웅, 환검은 곧 하나님이다"는 한국 조직신학 사상사에서 매우 중요한 논문이다.[55] 또한 삼위일체의 비유적 흔적(vestigium Trinitatis)을 명시적으로 내포하고 있는 단군신화 내러티브에 기초한 하느님의 상징체계가 원래 복수형인 히브리어의 엘로힘(Elohim), 다신론적 어원을 가진 독일어와 영어의 'Gott'와 'God' 등 기존의 상징체계들보다 월등하게 우월한 삼위일체적 메타포라고 주장한 것도 한국 조직신학자로서 그가 충분히 한번 해볼 만한 일이었다.[56] 그에 대한 박봉랑의 비판은 초기 바르트 교의학에 대한 해석으로는 옳았겠지만, 주어진 토착적 언어, 상징, 내러티브를 과감하게 판독해서 신학에 응용해 보려했던 윤성범의 기획에 대한 정당한 조직신학적 비판은 아니었다.[57] 그런 의미에서 박봉랑은 조직신학자라기보다는 훌륭한 바르트 학자이었고, 윤성범은 바르트 학자라기보다

---

54) 유동식, 『신학의 광맥』, 298.

55) 『사상계』 (1963.5), 258-271; 또한「단군신화는 Vestigium Trinitatis 이다」, 『기독교사상』 (1963.10), 14-18 참조. 단군신화논쟁에 관한 글들은 『윤성범전집 1: 한국종교문화와 한국적 기독교』, 346-483에 모두 수록되어 있다.

56) 몰트만의 삼위일체에 대한 세속적인 사회학적 비유(social analogy)는 쉽게 받아들이면서 (The Trinity and the Kingdom: the Doctrine of God [New York: Harper & Row, 1981]), 윤성범의 삼위일체의 흔적으로서 단군신화에 대한 착상은 용납하지 못하는 것은 신학사대주의의 한 실례가 아닐까?

57) 박봉랑,「기독교토착화와 단군신화」, 『사상계』 (1963.7); 또한「성서는 기독교 계시의 유일한 쏘스」, 『사상계』 (1963.10) 참조. 『윤성범전집 1』, 370-392, 424-446 재수록.

는 창의적(때로는 "돈키호테적인") 조직신학자이었다. 한국신학이 이때 신 명칭에 대하여 어느 정도 결론을 내리지 못하고 "단군신화" 토착화 논쟁으로 끝나고만 것은 매우 아쉬운 일이다. 한국 그리스도교회가 하나님인지 하느님인지 신의 이름조차도 아직 통일하지 못한 것은 매우 수치스러운 일이요, 한국 조직신학자들은 그들이 가장 먼저 수행해야 할 임무를 직무유기하고 있는 것이다.

윤성범의 성誠의 신학도 마찬가지다. 그는 직관적으로 계시라는 비유 체계가 한국인의 정서에는 적합지 않다고 간파한다("계시라는 낯선 개념 대신에 성이라는 개념을 대치하여 신학적 제 문제를 해석해 나간다면").[58] 그리고 신학의 근본비유를 성이라는 율곡의 메타포로 대체하여, 계시를 전제한 "독단적"이고 유일신적인 서구 신학의 모형에서부터 "조화를 선제한 종합적"이고 삼위일체적인 한국신학의 모형으로 패러다임 전환을 시도했다(誠 = 言+成 = 말이 이루어짐 = 로고스의 성육신). 그는 서구철학의 실존적 해석학(하이데거, 불트만, 가다머)보다는 한국의 구성신학적 해석학("토착화의 과정", 곧 한국인들의 특수한 종교문화적 매트릭스에서의 성서이해를 위한 "공작")을 추구했던 것이다.[59] 그러므로 성의 신학에 대한 "혼합주의"(이종성), "신영지주의"(김의환), "민족주의"(박아론)와 같은 비판들은 신학 방법론적 상이성에서 비롯되는 문제의 핵심에서 벗어나 있는 것들이다.[60] 그러나 윤성범의 신학적 해석학에도 결정적인 약점이 있다. 그의 해석학에는 로맨틱하게 한국전통을 재건축하는 '멋'진 복고의 해석학hermeneutics of retrieval은 되겠지만, 그가 서구의 것들에 대해 비판한 것처럼, 한국 재래종교의 상징비유가 지닌 억압적 요소(족보)

---

58) 윤성범, 「한국적 신학―성의 신학」, 『기독교사상』 15 (1971.3), 132.
59) 윤성범, 「성의 신학이란 무엇인가? -특히 한국 '오지그릇'을 중심으로 하여」, 『기독교사상』 (1973,2), 83-91.
60) 이종성, 『복된 말씀』 12 (1972); 김의환, 「성신학에 할 말 있다」, 『기독교사상』 (1973.3.), 108-114; 박아론, 「한국적신학에 대한 이론」, 『기독교사상』 (1973.8.), 87.

들을 해체하고 정화하는 의심의 해석학hermeneutics of suspicion이 결여되어 있다. 충忠, 효孝, 성誠, 이理와 같은 한국유교의 근본비유들도 완전하고 순수한 것들이 아니고, 오히려 지배 이데올로기로 악용되는 등 역사적으로 많은 해석학적 오류를 남긴 것들이다. 서구전통의 지배를 너무 의식해서 재래전통을 무비판적으로 받아들인 바로 이 국수주의가 윤성범 신학의 아킬레스건이다. 더욱이 그는 민중신학이 그토록 강렬하게 외쳐 되는 신학의 사회경제적 책임을 무시하고 오히려 우익적으로 흘러, 제자인 변선환으로부터 "삼위일체의 신에게만 도취되어 '하늘에서의 독백'만 되풀이 하였다"고 신랄한 비판을 받게 된다.61)

사실 토착화신학 논쟁의 불씨를 먼저 댕긴 이는 유동식(柳東植, 1922-)이었고, 그는 이미 오래 전에 파격적인 구성신학적 제안을 했던 신학자이다.62)

"로고스"는 당시 헬레니스들의 복음이해를 위해서는 절대적인 의미를 가지고 있었다. 그러나 오늘의 우리 동양 사람에게는 이미 그 의미를 잃고 있다. 그러므로 우리로서의 복음이해를 위한 새로운 지평이 있지 않으면 아니 된다. 그러면 복음의 동양적 이해의 새로운 지평을 제공할 우리의 개념은 무엇이어야 하겠는가? 그것은 "도(道)"라는 말이다(1959).

비교적 교의학에서 자유롭고 보다 종교학적 감각을 가지고 있는 유동식은 한국신학의 "복음이해의 새로운 지평[패러다임]"을 위해 그 근본상징

---

61) 변선환, 「한국개신교의 토착화: 과거, 현재, 미래」, 『변선환 전집 3: 한국적 신학의 모색』 (천안: 한국신학연구소, 1992), 95.

62) 유동식의 저서, 역서 및 논문 목록은 고희기념논문집 『한국종교와 한국신학』 (천안, 한국신학연구소, 1993, i-v) 수록. 이하 인용, 유동식, 『도와 로고스』 (서울: 대한기독교출판사, 1978), 23 재수록(「도와 로고스-복음의 동양적 이해를 위한 소고」, 『기독교사상』 (1959.3), 56-57).

을 로고스*Logos*에서 도道로 대체할 것을 주장한 것이다. 그러나 그는 이 탁견을 방향으로만 제시하였을 뿐 실천하지는 못했다. 그 당시 그의 발목을 잡은 것도 역시 독일신학이었다. 그가 고백처럼 그의 신학도 아직까지 불트만의 실존론적 해석학과 클레머의 "성서적 실재주의"를 벗어나지 못하고 있었다.63) 그러나 이 당시 그에게 가장 결정적인 영향을 준 것은 나일즈 D. T. Niles의 토착화론이었다. 나일즈는 아시아의 그리스도교를 서양 선교사들이 '화분'에 심어놓은 '화초'로 비유하며, 이제 아시아의 그리스도인들은 이 화분을 깨뜨리고 "우리들의 옥토" 속에 이 화초를 심어 힘차게 자라나도록 해야 한다고 역설했다.64) 유동식은 이 도전에 "선교신학적 반성"을 하게 되고, 이에 따라 한국종교사를 섭렵한『한국종교와 기독교』를 저술한다.65) 그러므로 그의 입장은 변선환이 지적한데로 "성취설"에 입각한 선교신학에 머물게 된다.66) 그러나 사실 그가 먼저 발표했던『도와 로고스』가 선교신학적인『한국종교와 기독교』보다 구성신학적으로 훨씬 앞서 있었던 것이다. 이와 같이 유동식이 선교신학으로 뒷걸음 친 것은, 그리스도교의 원래 명칭조차도 한국어 성경에 도道로 이미 제대로 번역되어 있는 희랍어 호도스*hodos*였다는 것을 고려할 때(행 16:17; 18:25, 26), 애석한 일이다.

유동식 신학의 또 다른 문제는 그가 너무 실체론(substantialism, essentialism)에 매달렸다는 것이다.『한국종교와 기독교』이후 유동식은 '한국적인 것'의 본질("우리의 영성과 종교문화에 대한 구조적 파악")을 규명하기 위한 오랜

---

63) 유동식,『한국신학의 광맥』, 238.
64) D. T. Niles,「성서연구와 토착화 문제」,『기독교사상 사상』(1962.10), 67. 그러나 유동식의 '도와 로고스'에 관한 착상은 나일즈의 '화분과 옥토'론보다도 구성신학적으로 앞서 있었다고 평가한다.
65) 유동식,『한국종교와 기독교』(서울: 대한기독교서회, 1965). 이 저서는 윤성범,『기독교와 한국종교』와 대비된다. 변선환은 이것을 그들의 신학적 틀의 차이, 즉 불트만적인 것과 바르트적인 것과의 차이라고 본다(다음 각주 참조).
66) 변선환,「특집좌담: 한국토착화신학 논쟁의 평가와 전망」,『기독교사상』(1991. 6-7), 94.

연구를 시작한다. 한국 샤머니즘에서, 화랑 또는 군자와 같은 한국인의 '전형적 이상인理想人'에서, 그리고 결국 최치원의 유교(克己復禮) - 불교(歸一心源) - 도교(無爲自然)를 포괄하는 포함, 삼교의 풍류도에서 그 본질을 발견하고, 그는 풍류신학을 전개한다.[67] 그는 삼태극의 3·1적 도식 안에서 "한 멋진 삶"을 지향하는 한국인의 통전적 영성을 풍류도라고 정의한다.[68] 그리고 다음과 같이 '풍류신학'을 제안한다.

> 한국의 기독교 사상은 점차 신인통합에 기초한 "멋의 신학"[풍류객의
> 복음이해]과 포월적인 "한의 신학"[풍류객의 세계관], 그리고 인간화를
> 향한 "삶의 신학"[풍류객의 선교적 사명]을 형성하면서 전개되어 가고 있
> 다. 그러나 이 세 유형의 사상은 서로 유기적 관계를 가진 것이며 결국
> 하나의 민족적 이념으로 수렴되어야 할 것이다. 그것은 풍류도의 논리적
> 귀결인 동시에 삼위일체 하느님께 대한 신앙의 논리적 귀결이기도 하다.
> 이와 같이 하나로 수렴된 통전신학, 또는 삼태극적 관계에 있는 세 신학의
> 통합에서 우리는 풍류신학의 참 모습을 보게 될 것이다.[69]

이것은 분명 풍류도에 대한 '멋진' 복고의 해석학이다. 그러나 의심의 해석학적 분석과 오늘날 삶의 콘텍스트에서 풍류신학이 구체적으로 무슨 의미를 가지고 있는지에 대한 해석학적 재구성이 결여되어 있다. 그리스도교의 본질에 대한 추구는 19세기 자유신학자 하르낙이 이미 실험해본 것이

---

67) 유동식, 『풍류도와 한국신학』(서울: 전망사, 1992).
68) 유동식은 말한다: "풍류도의 기본 구조는 초월적인 '한'과 현실적인 '삶'의 창조적 긴장 관계
인 태극적 관계에서 나오는 '멋'의 길이다. 멋을 풍류도의 체(體)라고 한다면, 한은 그 상(相)
이요, 삶은 그 용(用)이 된다. 이 관계는 그 위치를 바꿀 수 있는 것이어서 '한'을 체라고 한다면
'멋'이 상을 이루게 되는 것이다."(『풍류도』, 21-22)
69) 같은 책, 35.

다(Wesen Des Christentums). 하르낙은 교리사학을 창설하며 공관복음에서 큐소스Q Source를 찾아내고 윤리적 내용을 중심으로 그리스도교의 본질(희랍사상이라는 가라지에 묻혀있는 복음의 알곡을 분리)을 규명하려 노력했으나 그리 성공하지 못했다. 현대과학이 원자를 깨뜨려 그 속을 들여다보고 희랍철학을 계승한 과학적 실체론의 허구를 증명하였듯이, 끊임없는 모형전환을 통해 흘러내리는 내러티브들의 거대한 강물들과 같은 신학사상의 흐름을 실체론적으로 분리하여 문화적 가라지에서 보편적 알곡을 채취하려 했던 하르낙의 방법론은 근대 이상주의의 한 오류이었다. 물론 유동식의 풍류신학이 하르낙의 교리신학처럼 극단적인 실체론을 적용한 것보다는, 보다 구체적인 한국신학의 근본상징 또는 근원-메타포를 찾고자 했다고 보아야 할 것이다.[70] 그렇다고 하더라도 조직신학적으로 중요한 것은 그 다음의 단계, 곧 그 찾아낸 메타퍼를 사용하여 오늘날의 맥락에서 새로운 패러다임으로 재건축하는 구성의 단계이다. 이 역사적/실천적 단계가 유동식의 풍류신학에는 충분히 표출되어 있지 않다. 그래서 변선환은 "유동식의 풍류신학은 엘리아데의 비역사적인 우주종교의 영향 때문인지 낙관적인 현실 긍정의 종교인 무교의 풍류도의 영향 때문인지도 몰라도 마음속에 열리는 비역사적인 신화의 세계만 알았지 땅 위에서 절규하는 민중의 한을 정치 사회적인 차원에서 알려고 하지 않았다"라로 비판한다.[71] 그러나 이것은 아마도 유동식의 주된 관심이 조직신학보다는 종교학에 있기 때문일 것이다. 그의 말대로 한 사람에게서 모든 것을 다 바랄 수는 없는 것이다.

변선환(邊鮮煥, 1927-1996)은 그 세대의 조직신학자들 중에서 가장 박식했던 신학에 관하여 백과사전적 지식을 가진 인물이었다.[72] 그는 가장 많

---

70) 송천성은 한자용어이며 따라서 중국적 개념인 풍류(風流)가 어떻게 한국적인 것이냐고 내게 심각하게 반문한 적이 있다. "풍류가 과연 한국적인 것인가?" 이 질문에 대해서 풍류신학은 대답해주어야 할 것이다.

71) 변선환, 「한국 개신교의 토착화」, 95.

은 책을 읽었고 그토록 해박함에도 불구하고 본인 스스로는 제대로 된 책 한 권을 써내지 않았다는 특징을 아울러 가지고 있다("책이란 읽으면 되는 거지, 허허허…").[73] 감신계열에서는 그만이 미국(뜨루)과 독일(바젤) 양쪽에서 다 교육을 받을 수 있었고, 그러므로 독일신학과 미국신학을 꿰뚫어 엮을 수 있는 세계적인 안목을 가진 신학자였다. 그가 걸어 온 신학의 여정은 20세기 신학 흐름의 한 축소판을 보는 것 같이 화려하다. 한신대학원에서 박봉랑을 통하여 바르트를 만나고 잠시 신정통주의에 빠졌다가, 뜨루대학교에서 당시 미국신학의 희망이었던 칼 마이켈슨을 통해 불트만적 실존 신학에 심취하게 되고, 바젤대학에서 후릿츠 부리와 칼 야스퍼스를 통하여 동양사상 특히 선불교와 만남으로 그의 신학적 아이덴티티에 대한 도전을 받고, 부리의 비케리그마화와 오그덴의 '신화 없는 그리스도'의 작업을 동양사상과 만나는 상황에서 더욱 확장시켜 포괄적인 '실존적 그리스도'(인간실존의 자기이해)론 전개한다.[74] 그리고 80년대에 들어서 변선환은 아직도 서구신학의 틀 속에 사로잡혀 있는 자신을 발견하고 실존론적 해석학에서 아세아 종교와의 대화를 통한 종교해방신학(Aloysius Pieris)으로, 성취론적 포괄주의에서 과감하게 종교다원주의(Paul Knitter)로 나아간다. 더욱이 그는 이러한 신학적 통찰을 학술신학academic theology의 담론으로 그치지 않고 교회개혁을 위한 예언자적 선언을 하고 이에 따른 소위 종교다원주의 논쟁을 하게 된다. 그는 "교회 밖에도 구원이 있다"는 폭탄선언을 하고, 나아가서 기독론적 절대성을 넘어서는 종교다원주의를 주창한다.[75] 이로 말미암아 변

---

72) 변선환의 저서, 역서 및 논문 목록은 은퇴기념논문집 『종교다원주의와 아시아 신학』 (천안, 한국신학연구소, 1992, 1-9) 수록.

73) 이현주, 「우리의 스승 변선환」, 변선환박사회갑기념논문집간행위원회 편, 『종교다원주의와 신학의 미래』 (서울: 종로서적, 1989), 13.

74) 변선환, 「나의 신학수업」, 『종교다원주의와 한국적 신학』, 15-30 참조. 그리고 실존적 그리스도론이 그의 박사학위 논문의 결론이다.

75) 『월간목회』 (1977.7), 72-78. 종교다원주의 논쟁에 관해서는 주재용, 『한국그리스도교신학

선환은 보수적인 한국교회 목회자들의 대부분을 적으로 삼게 되고, 온갖 모진 고초를 다 겪다가 종국에는 자기가 소속된 감리교회로부터 출교당하는 감신계열에서는 가장 화려하고 아픈 경험을 한 비련의 신학자, 종교다원주의의 "순교자"가 된다.

변선환이 한국신학에 끼친 공헌은 그야말로 지대하다. 그는 그리스도교와 불교 간의 대화를 중심으로 모든 종교간의 대화를 촉진시킨 기수가 되었고, 신학의 폭을 넓혀 다방면의 학문들과 학제간의 연구를 활성화하는데 큰 역할을 했다. 무엇보다도 그의 가장 큰 공헌은 종교신학과 정치신학으로 분리된 한국신학의 이원화를 극복하려했다는 점이다.

서구 신학의 바벨론 포수에서 벗어나기 위하여 한국의 종교마당과 정치마당을 신학의 마당으로 삼았던 두 신학, 토착화신학과 민중신학은 이처럼 "종교의 그리스도"신학으로 대립하고 대결하는 양극화의 함정에서 벗어나지 못하였다. 양극화의 함정에서 벗어나오지 못하는 한 민중신학은 배타적인 "선교사의 그리스도"신학으로 위장하고 재등장한 가증스러운 것이 되겠다. 정치에 대한 무감각증에 빠진 토착화신학은 종교 실증주의의 길을 달리면서 불교의 암자 그리스도, 유교의 서당 그리스도나 효자 그리스도, 무교의 성황당 그리스도를 말하는 잎만 무성한 열매 없는 무화과나무가 된 격이다. 비선교 정책화나 비서구화의 길을 찾고 있으면서도 종교와 정치 사이에서 양자택일한 두 신학은 어쩌면 서구의 이원론적인 사고의 희생물이 되고 있는지 모르겠다…. 그러므로 종교와 민중해방을 일방적으로 양자택일의 선택이라고 보았던 편협한 토착화 신학과 민중신학은 서로의 열려진 만남에서 넓은 지평을 열어야한다. 스리랑카의 신학자

사』, 356-380 참조.

Aloysius Pieris S.J.가 아시아 종교 속에 나타난 민중 구원론의 맥락에서 살아있는 신학 작업을 하라고 권하며, 다음과 같이 말하였을 때 문제의 정곡을 찌른 주장이라고 보겠다. 살아있는 종교신학은 "타종교 속에 그리스도가 계시는가 안 계시는가를 논하는 그리스도론도 아니고 타종교가 어떻게 신을 알고 있는가를 밝히려는 God-Talk로서의 신학도 아니며 새로운 휴매니티의 회복을 위한 아시아인의 민중 해방을 촉발시키는 '구원의 신비'와 '해방의 신비'를 밝히는 구원론에 근거한 신학"이다.76)

그러나 그의 독자적인 신학방법론은 모호하고, 그가 걸어온 신학의 여정에 따라 수시로 바뀐 듯하다.(바르트적 교의학, 마이켈슨/부리적 실존적 해석학, 파니카적 아세아 종교신학, 피에리스적 아세아 종교해방신학, 니터적 종교다원주의신학 등) 단지 그가 제자들에게 자주 했다는 다음의 말이 함축적이다. "신학함에 있어서 아시아 종교들이 텍스트가 되고 서구 신학적 견해들이 각주로 사용되어져야 한다." 이점에서 이덕주의 평가는 일리가 있다: "이들이 동양인이면서 서구 신학에서 출발하여 동양종교와 문화로 접근해 들어가는 역 순환구도로 토착화신학을 추구한데서 오는 피할 수 없는 결과였다. 그러므로 엄밀한 의미에서 이들의 토착화신학은 동양의 전통종교와 문화를 서구 기독교적 언어로 '번역'을 시도한 것이라 할 수 있다."77) 변선환은 서구 그리스도교 중심으로부터 아시아 종교 중심으로 힘찬 신학의 추 이동을 시도했지만, 서구 신학의 각주의 정원을 벗어나지 못하고 그 풀(니터) 속에 그만 표류하고 말았던 것이다. 변선환이 피에리스의 아세아 신학적 프로젝트를 한국적 상황(토착화+민중)에서 발전시키기보다는, 논쟁에 휘말려 니터의 종교다원주의 신학에 더욱 의존한 것은 매우 불행한 일이다. 니터의 신학은 하

76) 변선환,「한국 개신교의 토착화」,『한국적신학의 모색』, 95-97.
77) 이덕주, 앞의 책, 84.

나의 조직신학이라기보다는 타종교에 대한 신학의 입장을 유형론으로 정리한 일종의 신학 현상학에 가깝고, 그것도 아시아적 종교 상황이 아닌, 다원 종교의 실재를 경험하지 못한 획일적 종교 바탕에 있던 서구인의 입장에서 고찰한데 불과한 것이다.78)

그가 한국 땅에서 "교회밖에도 구원이 있다"고 폭탄선언을 하고, 나아가서 기독론적 절대성을 부인하고 종교다원주의를 제창한 것에는 물론 예언자적이고 "순교자적"인 것으로 다원종교적 상황에 있는 우리로서 꼭 필요한 선언이었다. 그러나 변선환의 신학 기획에도 맥락적 오류가 전혀 없었다고 볼 수 없다. 종교의 다원성이 역사적으로 불가능했던 서구적 콘텍스트에서 여러 종교들이 공존하는 지구촌적 현실을 목격한 니터와 같은 급진적 서구 신학자들이 종교다원주의와 같은 인식론을 제기하는 것은 당연하고, 그 모형전환을 위한 결연한 신학적 싸움을 하는 것도 필요하다. 그러나 우리는 전혀 다른 콘텍스트에 놓여있다. 천 년이 넘는 재래 종교들이 한국인의 심성과 문화에 굳게 뿌리를 내리고 있는 반면, 이제 겨우 일이백 년의 짧은 역사를 가진 그리스도교는 이 사이에서 한국 종교의 하나로 자리매김을 하기에 급급한 실정이다. 다양한 종교들이 역사적인 실체이고 다원종교성이 존재론적인 실제인 한국 땅에서 종교다원주의와 같은 서구 중심적 인식론을 추종하는 것에는 한국의 종교 상황을 한국인의 입장에서 보기보다는 서구적 상황의 연장선상에서 보려는 타성에 의한 맥락적 자가당착이 무의식적으로 깔려져 있다고 볼 수 있다. 그러므로 변선환은 종교다원주의 논쟁이라는 또 다른 하나의 세계 신학 대리전을 한국 땅에서 치르는 꼴이 되어버렸다. 한국 땅에서 그리스도교 조직신학이 해야 될 급선무는 그것보다는 오히려 다양한 한국 종교들 사이를 헤치고 뿌리를 내리고 있는 한국

---

78) 폴 F. 니터 저, 변선환 역, 『오직 예수 이름으로만?』(서울: 한국신학연구소, 1986); 원저 Paul F. Knitter, *No Other Name?* (Maryknoll: Orbis, 1985).

종교로서 그리스도교의 정체성, 당위성, 메시지 내용을 규명해 주는 일이다. 그리스도교가 패권적 지위를 지속해 온 서구적 맥락에서 종교다원주의는 서구 신학이 열린 신학으로 한층 진일보한 것이다. 그러나 오랜 역사를 가진 동양 종교들이 존속하는 한국 풍토에서 그리스도교의 내용에 대한 새롭고 분명한 해설을 내 놓지도 못한 단계에서 모든 종교들이 선험적으로 동일하다는 식의 그리스도교 외의 종교 경험이 전혀 없는 서구인이 내놓은 증명불가능한 가설을 도그마로 받아들여 추종하는 것은 신학의 개방보다는 아직 정체성이 확인되지 않은 그리스도교 신학의 완전 해체가 될 수 있고, 맡겨진 어려운 숙제를 풀기보다는 구실삼아 기피하려는 신학적 기만이 될 수 있다.

변선환의 등장과 함께 감신 계열의 신학이 윤성범과 유동식에 의해 개발된 창의적인 구성신학적 성향에서 벗어나 종교철학 또는 종교현상학 쪽으로 기울어져서 스콜라주의화해 가는 경향이 나타난다. 변선환은 화려한 신학적 배경을 가지고 폭넓게 많은 제자들을 양성하였고, 그의 제자들은 세계 각국으로 유학하여 박사학위를 취득하고 감신은 물론 한국신학의 전체적 수준을 높이는데 큰 공헌을 하였다. 이런 점에서 변선환은 무엇보다도 탁월한 신학 선생이었다. 변선환 신학을 계승한 대표적인 제자는 이정배이고, 그는 종교철학적인 경향을 가지고 시대가 던져주는 이슈들(특히 환경, 뉴에이지 영성, 신과학, 생명)에 대한 신학적 변증을 시도하는 문화신학에 주된 관심을 보이고 있다.[79] 홍정수는 아직 논의단계에 있는 포스트모던 신

---

79) 이정배, 『토착화와 생명문화』(서울, 종로서적, 1991);『(조직신학으로서) 한국적생명신학』(서울: 감신, 1996). 이하 홍정수, 『베짜는 하나님』(서울: 조명문화사, 1991);『포스트모던 예수—감리교회 종교재판의 실상』(서울: 조명문화사, 1992). 박종천, 『상생의 신학』(서울: 한국신학연구소, 1991);『하느님과 함께 기어라, 성령 안에 춤추라』(서울: 대한기독교서회, 1998). 한국문화신학회가 1994년 창설되어, 현재 정회원이 약 100명에 달하고 있으며, 학회지를 총5권 발행하는 등 활발한 학술활동을 전개하고 있다.

학을 소개하면서 한국 그리스도교가 물려받은 정복주의, 제국주의, 배타주의를 수정하려 하였으나 오히려 보수주의자들의 강력한 반발에 부딪쳐 변선환과 같이 목사직을 박탈당하는 고초를 당하고 만다(1992). 현재 감신 계열을 대표하는 조직신학자는 박종천이고, 그는 한국신학의 모색을 위해 여러 가지 토착적 상징비유들(상생, 포월, 황색 예수)을 실험하고 있다. 그러나 감신 계열의 신학에서 아쉬운 점은 그 축적된 학술성에 비해 세계화 작업이 매우 취약하다는 점이다.[80]

6. 구성신학 모형(Korean Constructive Theology) : 도의 신학

지금까지 총신, 장신, 한신, 감신 등 4대 교단 신학교를 중심으로 조직신학의 흐름을 살펴보았다. 서울신학대학, 침례교신학대학, 성결대학, 나사렛대학 등 그 외의 교단 신학교들도 각기 나름대로 조직신학전통을 가지고 있으나, 교단신학교의 특성상 교의학이나 교회신학Church theology의 입장에서 교의를 변증하거나, 또는 서구의 조직신학을 소개하는 수준에서 벗어나지 못하고 있다. 최근에 들어 괄목할 만한 현상은 교회로부터 비교적 자유로운 강남대학, 호서대학, 전주대학, 평택대학 등 초교파 종합대학형 신학교육 기관들이 교회신학을 넘어선 학술신학을 모색하고 있고, 교단신학교들의 배타적 독점에 반기를 들고 목회자 양성을 위해 일종의 연합전선을

---

[80] 해외에서 박사학위를 수여받은 학자들의 수에 비하여 국내에서 일하고 있는 감신계열 신학자들의 해외 출판저서는 매우 희귀하다. 학위논문들과 박종천의 *Crawl with God, dance in the Spirit: a creative formulation of Korean theology of the spirit* (Nashville, Abingdon Press, 1998) 이외에는 최근에 출판된 저서를 찾아보기 어렵다.

구축하였다는 점이다. 교회에 의한 교회신학이 지배하고 있고, 학술신학의 기반이 연약한 한국 조직신학계에 이것은 매우 고무적인 현상이다. 이화여대는 박순경의 민족신학, 현영학과 서광선의 민중신학, 정현경의 여성신학으로 이어지는 세계적 수준에 이르는 조직신학 학맥이 형성되는 듯하였으나 이제는 끊어져버렸다. 연세대는 김하태, 지동식, 서남동, 유동식으로 이어지는 주체적 역사의식을 가진 열린 신학의 맥이 있었으나, 최근에 들어 독일신학의 늪 속으로 다시 함몰되어 오히려 시대의 흐름에 역행하는 듯하다. 연세대가 학술신학의 풍토를 조성하고 한국신학의 발전과 세계화를 위해 가장 좋은 여건을 가지고 있다는 점을 감안할 때 이것은 아쉬운 일이다. 김광식은 토착화신학을 독일철학의 해석학적 틀 속에 억지로 묶어놓고 오히려 그리스도교 외의 종교 경험이 부재한 독일신학의 아류가 되게 하였고, 김균진의 "하나님 나라의 신학"은 독일신학의 아성을 벗어나지 못하고 있는 듯하다.[81]

그러나 고무적인 일은 최근 신학계가 유영모 신학을 재발견하고 많은 관심을 쏟고 있다는 점이다. 더욱이 김흥호의 노력으로 난해한 다석일지의 해석이 가능해졌다.[82] 지금 신학계에는 일종의 유영모 붐이 조성되고 있고, 그 안에 바람직하지 못한 경향들도 눈에 띈다. 우선 유영모 사상을 자신이 속한 서구 신학 전통 안에 억지로 끌어넣어 색칠하려고 한다. 유영모의 사상에는 그가 개발한 매우 독특하고 고유한 어휘들과 문법들이 있고 그의 신학은 우선적으로 이 독창적인 문화언어적 매트릭스 안에서 이해되어야 한다. 그의 신학을 어떤 기존의 신학 틀 안에 끼어 맞추는 것은 부적절하고 이제는 불필요한 일이다. 그렇다고 해서 그의 신학을 현재의 맥락에서 재해석하여 새로운 패러다임으로 재구성하지 않고, 문자적으로 답습하려고

81) 김광식, 『토착화와 해석학』(서울: 대한기독교출판사, 1987).
82) 김흥호 편, 『다석일지공부』, 전7권 (서울: 솔출판사, 2001).

만 한다면 그것 또한 유영모 신학의 존재가치인 간문화적이고 구성신학적인 창의성에 위배되는 일이다. 유영모 신학의 독창성은 그의 기독론에서 돋보인다. 그는 예수 그리스도를 유교의 부자유친父子有親을 이룬 효자孝子, 우주적 성례를 성취한 "밥", 영생의 열매(부활)를 맺기 위해 흘러내린 "꽃피"(십자가), 생명의 본성("씨ᄋᆞᆯ"), 신-인간-우주적 도道, 우주의 근원인 비존재적 존재(無極而太極)라는 독특하면서도 심오한 전혀 새로운 패러다임의 기독론을 제시한다.[83] 유영모에 의해 한국 조직신학의 발전을 위한 흥미진진한 광맥이 발굴되었으며, 이것을 제대로 파헤쳐 들어 갈 때, 한국신학은 앞으로 세계 신학의 "꽃피"가 되고 "씨ᄋᆞᆯ"이 될 수 있으리라. 그러나 또한 유영모의 사상이 종교화되고 지나치게 도그마화 되는 경향도 바람직하지 못하다. 그의 사상도 어디까지나 그 시대의 한 역사적 산물로서 그 한계를 가지고 있다. 우선 그것은 지나치게 금욕주의적이며 이상주의적이어서 현실감각이 부족하고, 경전해석에 있어서도 형이상학적 복고주의에 치중하여 전통을 비판적으로 재해석하는 "의심의 해석학"이 불충분하다. 이 단점을 고려하여 유영모의 신학을 현재의 맥락에서 재해석하고 재구성해야 할 것이다.

지금까지 무시되어 왔지만, 미국에서 활동했던 대표적 디아스포라의 한국 신학자 이정용(Lee Jung Young, 1935-1996)을 한국신학사상사에서 빼놓을 수 없다. 그의 신학적 공헌은 두 가지로 압축할 수 있다. 첫째, 그는 서구 신학의 아성 속에서 소외된 동양인의 신학적 당위성을 정립하기 위한 고독한 싸움을 감행한 집념의 신학자였다. 특히 서양신학의 근본적인 두 사

---

83) 제8장 및 부록 참조. 초기 영문 버전은 Heup Young Kim, "The Word Made Flesh: Ryo Young-mo's Christotao, A Korean Perspective," *One Gospel-Many Cultures: Case Studies and Reflections on Cross-Cultrual Theology* (Amsterdam: Rodopi B.V., 2003), 129-148에 게재.

유양식, 전통적인 철학적 실체론 그리고 그것의 엄연한 약점에 대한 대안으로서 과정철학, 그 모두를 비판하고 주역에 입각한 '역易의 신학'을 주창한 것은 괄목할 만한 신학적 공헌이다.[84] 이러한 관점에서 그는 사실 몰트만보다도 먼저 신의 불변성을 주장하는 전통신학의 문제점을 지적하였다.[85] 그리고 뿌리깊이 박혀 있는 "이것이냐, 저것이냐(either-or)" 식의 양자택일적인 이원론이 서구 신학의 근본적 문제점이라고 지적하고 이를 극복하기위해 "이것도, 저것도" 동시에 되는(both-and) 동양적인 포괄적 사유를 신학에 적용한 것은(예컨대, 음양적 기독론) 그가 기여한 매우 중요한 신학적 진일보이다. 그러나 그가 여성신학자들로부터 비판을 받은 바와 같이 그의 복고의 해석학은 동양전통을 지나치게 미화하고 그에 대한 충분한 비판을 결여하고 있다. 둘째, 후기에 그는 아시안-에메리칸이라는 이민의 실존적 현실에서 자서전적 이야기신학을 발표한다. 자신을 서구인의 "잔디밭"에 잡초와 같이 자란 뽑혀져야 할 운명에 있는 "민들레"로 비유한 그의 민들레신학은 소외된 소수 인종계 미국인들에게 많은 감명을 주고 있다.[86] 한국 신학계도 이제는 세계 각지에 퍼져 이민의 현장에 있는 한국인들의 디아스포라 신학에 대해서도 관심을 갖기 시작해야 할 때이다. 바벨론에 포로로 있을 때 유대인들이 그들의 신학적 정체성을 확립하기 위해 구약성서를 편집하였듯이, 간문화적 상황에 있는 디아스포라의 한국 신학자들이 한국신학의 정체성 규명에 대한 필요성을 더욱 절감하는 실존적 현장에 있다고 볼

---

84) 이정용, 이세형 역,『역의 신학: 동양의 관점에서 본 하느님에 대한 기독교적 개념』(서울: 기독교서회, 1998); 원저 Lee Jung Young, *The Theology of Change: A Christian Concept of God in an Eastern Perspective* (New York: Orbis, 1979); 또한 그의 *Trinity in Asian Perspective* (Nashville: Abingdon Press, 1996) 참조.

85) Lee Jung Young, *God suffers for us: a systematic inquiry into a concept of divine passibility* (the Hague: Martinus Nijhoff, 1974).

86) Lee Jung Young, *Marginality: the Key to Multicultural Theology* (Minneapolis: Fortress Press, 1995) 참조.

수도 있다.

그리고 감신계열은 아니지만 종교간의 대화와 종교신학에 관심을 가지고 연구한 이들 중에서 길희승은 불교와의 대화를 통한 보살 기독론을 제시하였고, 나는 유교와의 대화를 통한 도道의 기독론(Christo-dao)을 제안하였다.[87] 이들은 모두 간문화적이고 구성신학적인 특성을 가지고 있다.

20세기에 그리스도교 신학이 사회과학(사회학)으로부터 가장 큰 영향을 받았다면, 21세기에는 자연과학, 특별히 생명과학(생물학)으로부터 가장 큰 영향을 받게 될 것이다. 신학과 자연과학에 관한 대화가 서구에서는 지난 20년간 활발히 전개되어왔으나, 국내에서는 간헐적으로 소개되었을 뿐이다. 그에 대한 본격적인 연구를 촉진하기 위하여, 나는 이 분야에 세계적인 권위를 가지고 있는 버클리 자연과학과 신학연구소(Center for Theology and the Natural Sciences)의 워크숍 프로그램을 유치하여 지난 1월 동북아 최초로 서울에서 개최한 적이 있다. 그러나 서구 그리스도교 문화권에서 성장한 자연과학과 신학은 그 기본적인 구조가 유사하여 포스트모던적 정황에 있는 오늘날의 문제들을 해결하기에는 한계가 있다. 생태계의 위기에 대한 인식과 함께, 그 대안으로 전혀 다른 패러다임을 가지고 있는 동양종교들에 대한 관심이 고조되고 있다. 종교간의 대화도 자연과학이 초래하는 현실적 문제를 가지고 실행될 때, 그 실천적인 가치가 뚜렷해진다. 그러므로 자연과학, 신학, 그리고 동양종교 사이의 대화는 인류의 미래를 위해 매우 중요한 과제이다. 우수한 과학자들, 신학자들, 그리고 동양종교학자들 모두를 골고루 다 갖추고 있는 한국은 이 과학, 신학, 동양종교의 삼중적 대화

---

87) 길희성, 『포스트모던 사회와 열린종교』(서울: 민음사, 1994). 또한 제15장; Heup Young Kim, "Toward a Christotao: Christ as the Theanthropocosmic Tao," *Christ and the Tao* (Hong Kong: Christian Conference of Asia, 2003); *Studies in Interreligious Dialogue* 10:1 (2000), 1-25; *Wang Yang-ming and Karl Barl Barth: A Confucian-Christian Dialogue* (Durham: University Press of America, 1996) 참조.

에 많은 공헌을 할 수 있는 잠재력을 가지고 있다.

7. 맺는 말

끝으로 지금까지의 논의를 기반으로 하여 한국 조직신학의 정체성, 정의, 그리고 과제에 관하여 고찰해보고자 한다.

1) 서구 신학과 한국신학 간의 관계를 어떻게 볼 것인가

이것은 한국신학의 정체성 그리고 신학의 구체성과 보편성 간의 관계 설정에 관련된 문제이다. 지금까지 한국신학사상사의 대주제는 선교사에 의하여 주입된 식민 신학에서 벗어나 어떻게 '한국신학'을 형성해하여 왔느냐 하는 질문에 관련된 것이다. 이와 관련된 대부분의 논의들은 "한국신학"과 "서구 신학" 사이에 구분이 있다는 이원론을 전제로 한다. 그러나 과연 그럴까? 조직신학에서 이러한 명확한 구분이 실질적으로 가능한가? 그리스도교 신학은 본래부터 구체적local이면서도 보편적universal인 것이다. 특히 오늘날 같은 지구촌적 정황에서 어떤 신학도 세계적인 신학의 조류와 별개로 존재할 수 없다. 동시에 "어떤" 신학이 되기 위해서는 지구촌적 보편성의 맥락에서 또 다른 "어떤"을 담보할 수 있는 구체성을 가지고 있어야 한다. 다시 말하면 진정한 한국신학이 되려면 참으로 한국적이면서 동시에 세계적인 어떤 "더 하나"를 추가할 수 있는 구체-보편성을 갖추어야 한다.

지금까지 살펴 본 한국신학의 모형들 중에 이 문제와 관련된 두 극단적 형태들이 있다. 첫째, 교의학 모형은 보편성만을 주장하고, 구체성을 부정하는 오류를 범하고 있다. 이 태도는 그들이 보편적이라고 믿고 추종하는 신학 자체가 구체적인 역사적 상황(종교개혁, 청교도, 칼빈주의)에서 형성된 것이라는 엄연한 사실을 망각하고 있다. 더욱이 그들 자신의 맥락적 구체성을 부인하는 태도는 매우 위험하다. 오랫동안 한 민족의 정신적 토대가 되어왔던 재래 종교문화 전통들을 외면적으로 부인한다고 해서 그렇게 쉽게 완전히 소멸되어버릴 수 있겠는가? 오히려 이러한 피상적인 배척은 무비판성을 초래하고, 이 무비판적 태도는 내면적으로 축적되어있는 낡은 습성들을 그리스도교의 이름으로 부활시켜주는 신학적 혼돈을 유발하게 한다. 특히 한국유교와 한국장로교의 경우, 이것은 더욱 심각한 사태를 초래할 수 있다. 칼빈신학과 한국유학 사이에 있는 두터운 유사성이 한국 장로교회를 크게 성장시켜주는 요인이 되었지만, 동시에 신학적 혼돈의 동인이 될 수 있기 때문이다. 한국 장로교회 안에 여러 곳에서 현저하게 나타나는 많은 유교적 요소들은 "한국 장로교가 실제로 유교의 그리스도교화가 아닌가?"하는 질문을 촉발하게 한다.

둘째, 문화신학 모형은 열정적으로 신학의 토착화 및 한국화를 주장했지만, 그 내용이 온통 서구적인 어휘, 개념, 사유체계로 가득 차있다. 이것은 이율배반적인 모순이다. 그래서 이 모형은 신학의 한국화보다는 한국종교의 서구화에 더욱 기여한 꼴이 되었다는 비판을 받게 된다. 이러한 모순이 발생하게 된 근본적 이유는 서구 신학과 한국신학 간에 실체론적 구분이 가능하다는 이원론적 전제가 허구이기 때문이다. 한국신학은 어떤 실체가 이미 정해져 있는 그 무엇이 아니고, 아직 형성 중에 있는 유동적인 것이다. 더욱이 박형룡, 김재준, 정경옥이 서구 신학을 수입하여 그 초석을 놓았던 것이다. 이와 같이 한국신학 안에 서구 신학은 이미 구성적 요소로 내재하고 있기 때문에, 그것을 단순하게 분리할 수 있다고 믿는 것은 이상주의에 불과하다. 무의식적으로 이러한 이상주의에 빠져있었던 대표적인 예가 변선환이다. 그의 경우, 신학적 출발점과 모태가 확실히 서구 신학이고, 그렇기 때문에 그에게 서구 신학의 완전한 해체는 불가능한 꿈이었다. "서구 신학이냐 한국신학이냐" 하는 "이것이냐 저것이냐"하는 식의 단순논리가 그로 하여금 자기도 모르는 사이에 맥락적 혼돈을 초래하게 한 것이다. 불교와의 관계에서 그가 묵시적으로 보여줬던 "이것도 저것도"의 열린 태도가 이 경우에는 적용되지 않고 오히려 그가 그토록 증오하던 서구적 이원론에 스스로 빠져버린 격이다. 이와 같이 이상주의적 단순분리에서 정체성을 찾기보다는, 한국신학이 가야할 길은 클래식과 재즈의 크로스오버crossover와 같이 서양과 동양이 만나는 탈서구 및 탈한국의 퓨전fusion적 상황을 인식하고 그 맥락에서 그리스도교의 정체성을 해설하기 위해 신학을 전체적으로 재구성하는데 있다. 이것을 위해서는 간문화적, 간주체적 시각이 필요하다. 우리는 그리스도인이지만 동시에 한국인이다. 그리스도교의 배경이 지금까지 서구 문화이었기 때문에, 이 실존적 상황은 우리에게 어쩔 수 없이 이중적 정체성을 부여하며, 이 정체성 위에 새로운 신학이 정립될 그때까지, 우리에게 간문화적이고 간주체적인 입장을 요청한다.

2) 어떻게 조직신학을 정의해야 하는가

한국인 조직신학자들이 해야 할 역할은 무엇인가? 그것은 '남'의 '조직신학'을 번역하여 소개하는 것뿐인가? 아니면 우리식대로 '우리'의 신학을 '조직'하는 것인가? 나는 전자의 경우를 관념적 조직신학, 후자를 실천적 조직신학이라고 이미 구분하여 언급했다. 한국신학논쟁사의 많은 부분이 보수와 진보 간의 논쟁으로 간주된다. 그러나 좀 더 살펴보면 대부분의 논쟁들이 '남'의 신학들의 대리전에 불과했고, 그리고 소위 조직신학자들은 자기가 맡은 대리전을 성전시하였다. 박형룡은 자랑스럽게 "한국의 메이첸"이라고 불렸고, 그 뒤를 이어 "한국의 카이퍼", "한국의 바르트", "한국의 불트만”, “한국의 몰트만”, “한국의 니터”, “한국의 판넨베르그” 등이 속출했다. 해방 이후 지금까지 한국은 “신학 오퍼상”들이 그야말로 판치는 “수입 신학”과 “번역 신학”의 천국이었다. 보수계열이나 진보계열이나 할 것 없이 이들이 해외에 있는 그들의 신학 스승들에게 보여준 충성심은 굉장한 것이었다. 지금까지 한국의 조직신학은 대체로 우리의 상황에서 복음의 참된 의미를 모색하는 창의적 실천보다는, 다른 상황에서 복음을 해석한 남의 것들을 암송하는 관념적 신학놀이로 머물러 있었다.

유럽에 있는 신학교들이 동양적 배경을 가진 조직신학자들을 교수로 채용한다는 것은 아직도 요원한 일이고, 이들보다는 훨씬 개방적인 미국 신학교들조차도 이들을 채용하기는 시작했지만 ‘조직신학 교수’라는 직함을 주기는 아직 꺼리고 있다. 그 대신 그들은 이들에게 ‘신학과 문화 교수(Professor of Theology and Culture)’ 또는 ‘세계 그리스도교 교수(Professor of World Christianity)’라는 호칭을 부쳐준다. 이러한 호칭들에는 조직신학이 어디까지나 서구 문화 안에서 이루어지는 담론이어야 한다는 무언의 서구중심주의적 전제가 깔려있다. 서구문화의 맥락 안에서 이것은 어느 정도 이해할 만하다. 그러나 동양 문화의 맥락 안에 있으면서도 서양 문화의 맥락 안에서 남들이 한 담론은 조직신학으로 불리어지고, 우리의 고유한 것을 가지고 만들어 가는 신학담론은 무슨, 무슨 신학이라고 그 앞에 접두사를 부치는 피식민주의적 근성은 도무지 이해할 수가 없다. 한국 땅에서 진정한 의미의 조직신학은 우리 상황에서 그리스도교 복음이 우리에게 가진 의미를 창의적으로 해설하는 구성신학이지 결코 남의 조직신학을 번역하여 베끼는 번역 신학이 아니다. 이제 우리는 우리 문제를 우리가 분석하여 질문하고, 우리 스스로 그 대답을 찾아내야 한다. 더욱이 조직신학(광의)의 세계적 조류는 교의학에서 조직신학(협의)을 거쳐 구성신학으로 모형전환 되어가고 있다. 그 모형전환은 또한 그동안 그리스도교 신학이 보유하고 있었던 서구 · 이성 · 남성 중심적 경향의 해체를 내포한다. 새천년대를 맞이하여 그리스도교 신학은 명제적 보편성(교의학)의 허구와 서구 중심적 사고(조직신학)의 늪에서 빠져나오고자 몸부림을 치고 있는 것이다.

3) 그렇다면 앞으로 한국신학을 어떻게 구성해 갈 것인가

우리는 이미 여러 한국신학의 모형들이 기획한 실험들을 살펴보았다. 정치신학 모형은 맥락의 사회경제적 분석에만 치중하여 종교문화적 측면을 간과하고 신학 불가지론적 경향을 띄게 되었고, 문화신학 모형은 종교문화적 측면만 강조하고 역사적 현실을 도외시하고 주지주의적 성향을 갖게 되었다. 이러한 이원화를 극복하고자 시도한 변선환의 종교해방신학은 매우 적절한 기획이었으나, 그 맥락 인식의 단순성 때문에 애석하게도 또 다른 한 세계 신학(종교다원주의)의 대리전을 치루는 결과에 머물고 말았다. 남의 신학 대리전을 치루기 위해 더 이상 우리의 아까운 신학 에너지가 소비되어서는 안 된다. 오히려 우리는 그 시간에 우리의 것을 '공작'하고, 제조해야 한다. 그렇다고 해서 그것은 어느 제한된 지역의 신학으로 환원하는 국수주의에 빠져서도 안 된다. 한국신학은 세계 신학의 흐름이라는 큰 맥락 속에 조명되어야 하며, 세계 신학의 모형전환이라는 큰 테두리 속에서 주체적 신학으로서 확실한 자리매김을 해야 된다. 그러므로 한국의 조직신학은 우선적으로 구성신학이 되어야 한다. 우리에게 필요한 것은 이미 남들에 의해 해석된 것들을 무조건 답습하는 근본주의적 교의학이나 다른 상황에서 주고받는 질문과 대답의 상관관계를 우리 것으로 모방하는 사대적 조직신학이 아니라, 성서가 우리에게 지금 이곳에서 주는 의미가 무엇인가를 우리가 직접 묻고 직접 대답하는 구성신학적 성서해석학이다.[88]

한 걸음 더 나아가서 한국의 조직신학은 삼천 년대에 들어서서 탈 서구적 패러다임으로 모형전환하고 있는 세계 신학을 이끌어 나갈 선봉장이 되어야 할 사명을 가지고 있다. 그동안 그리스도교가 서양이라는 대양에서의 오랜 항해를 끝내고, 드디어 고향인 동양으로 돌아 왔다. 한국은 가장 동양적이며(東), 가장 그리스도교적이며(西), 가장 자본주의적이고(南), 가장 사회주의적인(北) 사회이다. 세계적으로 가장 거센 분열(상극)들이 서로 만나고 충돌하고 합류하는 힘찬 소용돌이가 한국 땅에서 일어나고 있다. 한국은 지구상에 마지막 분단국이요, 여러 종교가 공존하는 세계종교의 실험실 laboratory of World Religions이요, 따라서 지구촌 전체가 겪는 여러 유형의 만남들(충돌과 융합)을 총괄하여 대변하는 소우주적 특성(microcosm)을 보유하고 있다. 이러한 소우주성은 한국이 삼천 년대를 위한 그리스도교 신학의 새로운 패러다임을 제조하고 실험하기에 가장 완벽한 여건을 갖춘 현장, 종속적이 아닌 건설적 의미에서 세계 신학의 실험실이라는 것을 암시해준다. 그러므로 한국의 조직신학은 이제 그 눈을 세계로 돌려야 한다. 그리고 세계 신학으로서 한국신학이 가지는 가장 중요한 테제는 동과 서(종교문화로고스), 남과 북(사회경제-프락시스)으로 분리된 이원화를 극복하는 상생과 공존이라는 화두일 것이다.

나는 해방(정치)신학을 프락시스 신학theo-praxis 패러다임으로 문화신학을 로고스 신학theo-logy 패러다임으로 규정하고, 그 두 모형들 간의 분리는 로고스와 프락시스 간의 희랍적 이원론에 기인하고, 그 이원화를 극복하기 위해서는 전혀 새로운 종합적 패러다임으로 신학이 모형전환 되어야 한다고 주장해왔다.[89] 나는 이 종합적 패러다임을 도道의 신학theo-tao이라고 명명하고, 21세기의 아시아 신학은 그 방향으로 나아가야 한다고 주장

---

88) 대체적으로 교의학은 본문에 대한 성서기자의 의도(behind the text), 조직신학은 성서 본문이 작성된 맥락에서 본래적 의미(in the text), 구성신학은 본문이 독자에게 주는 의미(in front of the text)에 성서해석학의 초점을 맞춘다.

89) 김흡영, 『도의 신학 II』(서울: 동연, 2012), 347-366 참조.

해왔다. 그리고 나는 유영모의 구성신학 모형이 앞으로 풍부한 한국신학으로서 도의 신학의 가능성을 열어줄 것이라고 기대하고 있다. 유영모는 비교신학, 간경전해석학, 다종교해석학의 토종적 효시라고 할 수 있고, 이 분야는 앞으로 한국 구성신학의 황금어장이 될 것이다. 장차 한국신학이 세계적으로 각광을 받을 수 있는 다른 한 분야는 생명과학, 신학, 동양종교들이 서로 만나 함께 온생명의 미래를 걱정하는 자리일 것이다. 바로 한국은 이들 삼자에 관한 많은 자원들을 보유하고 있다. 더욱이 우리의 고유한 천지인天地人 삼재三才가 아우러지는 삼태극三太極적 영성은 충분히 신학(天), 생명과학(地), 동양종교(人)를 한꺼번에 아우르게 하는 새로운 신-인간-우주적 비전을 밝혀 줄 것이다.[90] 이 신-인간-우주적 비전이 고통 속에서 온생명이 고대하는 성령의 임재, 온생명이 온 우주의 기氣와 함께 아우러지는 우주적 율려律呂, 곧 이 때를 겨냥한 도의 현시일 것이다.

　　한국신학이 세계 신학으로 우뚝 서서 이러한 역할을 감당하기 위해서는 하루바삐 이 땅에도 학술신학으로서 조직신학의 풍토가 조성되어야 할 것이다. 조직신학은 우선적으로 교회를 섬겨야 하지만 또한 교회로부터 학문적 자유를 보장받아야만 그 창조적인 기능을 제대로 발휘할 수 있는 것이다. 지금은 한국의 조직신학자들이 넓은 세계로 나아가서 세계적인 지평에서 한국신학을 거론해야 할 때이다. 우리들은 더 이상 서구 신학을 수입하여 파는 오파상이나 또는 그들의 대리전이나 치루는 용병이 되어서는 안 될 것이다. 우리들은 스스로의 참신한 한국신학을 제작하여 세계무대에 진출시키고, 궁지에 몰려 있는 세계 신학을 바로잡고 혁신하는 지구촌적 지평에서 이 시대를 위한 신학자의 사명을 감당해야 할 것이다.

---

90) 김흡영, 「신·인간·우주(天地人): 신학, 유학, 그리고 생태학」, 『도의 신학』, 292-335 참조.

제18장
다석 유영모를 통해 본 한국신학
: 한국신학의 정체성과 세계 신학의 가능성

1. 한국신학으로서 다석신학: 제소리

앞장에서 나는 좀 오래된 글이기는 하지만 지난 50년간 한국신학사상의 흐름을 되짚어 보면서 서구 신학만이 한국신학의 광맥인 것처럼 생각하고 자생적으로 성장한 토종신학의 중요성을 간과하고 있는 신학자들의 인식을 비판했다.[1] 서구 신학의 번역 내지 번안 또는 약간의 토착화에 불과한 신학의 수준을 가지고는 한국 그리스도교의 정체성을 담보하기에는 역부족이다. 오히려 다석 유영모와 같은 독창적인 사상에서 우리 신학의 단초를 찾아야 한다. 그래서 한국신학의 광맥 속에 총신(박형룡), 한신(김재준), 감신(정경옥), 장신(이종성)과 같은 대표적인 기존의 신학전통들 외에 필히 유영모의 신학 모형이 포함되어야 한다. 한국신학을 세계수준의 신학 담론으로 끌어올리기 위해서는 서구 신학의 아류로서 한국신학의 상태를 벗어나야

---

[1] 이러한 인식은 의식적인 것도 문제지만, 무의식적인 것이 더욱 심각하다고 보아야 할 것이다. 그것은 마치 중화 중심적인 한국유학과 같은 전철을 밟을 수 있기 때문이다.

하며, 그것을 위해 사용할 승부수는 오히려 다석과 같은 토종신학자들의 독창적인 신학적 생각들에서 찾아내야 한다. 어떤 형태로 간에 서구 신학으로는 나일즈가 말한 화분신학의 수준에서 벗어나기 어렵다. 그의 말대로 제대로 된 한국 그리스도교가 되기 위하여서는 선교사들이나 유학생들의 귀국길에 실려와 아직도 간직하고 있는 화분신학을 깨트려버려야 한다. 그리스도교라는 복음의 씨앗이 한국종교문화라는 토양에 떨어져 스스로 싹을 내고 자생한 나무와 같은 신학이라야, 한국신학으로서 정체성을 갖출 수 있고, 그래서 한국신학의 세계화가 가능해 질 수 있는 것이다. 나는 다석의 신학 생각들을 그러한 것으로 발견하고, 그것을 개발함으로써 세계 신학이라는 넓은 지평에서 한국신학의 가온찍기(독립), 곧 한국신학의 정체성확립 및 자리매김을 성취 할 가능성이 있다고 보았던 것이다.

다석은 한국신학의 구성에 있어서 서구 신학과의 관계를 이미 "서양의 골수를 동양의 척추에 이식한다."는 비유로 설명했다. 다석의 인체해부학적 "이식"수술의 비유는 나일즈의 식물학적 "화분" 비유보다도 더욱 구체적이고 치열하다. 우리 몸과 동떨어져 객관화 될 수 있는 환경과 관련된 화분과 땅의 조경적 관계가 아니라, 그것은 우리의 몸, 그것도 생명에 직결되는 골수를 척추에 이식하는 고도의 기술을 요구하는 인체의 해부학적 관계로 표출한 것이다. 더욱이 이 비유에는 그리스도의 성육신 그리고 몸신학의 단초가 내포되어 있다. 그리고 나아가서 결국 서양의 골수와 동양의 척추의 관계는 일방적인 주종의 관계와 같은 것이 아니라 쌍방적이고 결국 하나라고 보았다. "뼈 없이 골수가 있을 수 없고, 골수 없이 뼈가 있을 수 없습니다. 다 하나입니다."(강의, 311) 다석이 제시한 골수이식의 비유는 이러한 평등한 간문화적 시각까지도 포함되어 있다고 할 것이다.

2. 세계 신학으로서 도의 신학
: 한국신학의 가온찍기

이미 언급한 것처럼 그동안 나는 글로벌신학이라는 넓은 지평에서 동아시아신학 및 한국신학의 자리매김을 마련하기 위하여, 아직도 서구 신학이 주도하는 세계 신학을 크게 고전적인 로고스 신학과 근대적인 프락시스 신학 두 가지의 유형으로 나누고 도道의 신학을 주장해왔다. 로고스 신학은 교리의 정통성인 정론orthodoxy에 초점을 맞추고 있다면, 프락시스 신학은 그의 안티테제로서 하나님의 공의에 따른 정당한 행위(orthopraxis)에 초점을 맞추고 있다. 그것은 "믿음이냐? 행위냐?" 하는 그리스도교 사상사에 있어서 오랜 논쟁거리의 연장이라고 볼 수 있다. 그러나 결코 그리스도교 신앙에 있어서 믿음과 행위는 분리될 수 없는 것이다. 그러나 세계 신학은 아직까지도 그러한 두 모형들로 크게 이분화 되어 있다. 그것은 희랍의 이원론적 사고방식을 기초로 하여 발전한 서구 신학에게는 초래될 수밖에 없는 불가피한 결과요, 그래서 그것이 바로 서구 신학의 한계이다(제5부 참조).

이러한 이원화의 오류를 극복하기 위해서도 도의 신학이 요청된다. 도道의 기본 개념이 바로 로고스와 프락시스의 합일, 곧 앎과 행함이 일치하는 지행합일知行合一에 있기 때문이다. 서구 신학이 희랍사유를 만나 그 핵심적 개념인 로고스를 영입하여 2천 년간 신학을 발전시켜왔듯이, 이제 꽃을 피우기 시작한 동아시아 그리스도교가 그 핵심적인 개념인 도를 영입하는 것은 복음이 문화에 체화(성육신)되는 맥락 신학적 관점에서도 정당한 것이다.[2] 더욱이 예수 그리스도는 자신을 "로고스"라고 한 적이 없고, "나는 길이요 진리요 생명이다."(요 14:6)라고 했다. 즉 자신을 다름 아닌 진리와 생명

---

2) 신학(theology)은 theos와 logos의 합성어 theo-logos로부터 파생되었다.

의 길(道)이라고 선언했다. 그리스도론의 관점에서도, 도가 로고스보다는 더욱 성서적인 개념이라고 할 수 있다(제15장).

3. 도의 신학으로서 다석신학

다석에 있어서 신학의 시작은 '가온찍기'에 있다. 가온찍기란 가운데 중中자 곧 세상을 가로지르는 일이관지一以貫之의 깨달음을 통하여 존재와 실존의 합일을 성취함을 말한다. 또한 그것은 마음에 점을 찍는 것(點心)이기도 하다. 그것은 존재론적이고 인식론적이고 실존적이고 심리적인 모든 것의 총체적인 그것이다. 즉 그것은 자기 존재 속에서 참 자기를 찾아 신·인간·우주의 연결점을 확보하는 것이다. 그러므로 그것은 결국 길을 내는 것이고, 도道라는 메타포로 상징할 수 있다.

앞에서 언급한데로, 다석신학은 인간론에 집중된다. 인간은 남이 아닌 제(자기)가 사는 것이고, 그래서 모든 것은 영원한 '나', 참나를 찾아 나의 말씀을 이루고, 나의 도를 이루는 데 있다(自道). 그런 의미에서 다석신학은 분명히 도의 신학이다. "나는 영원히 '나' 가는 길의 도상에 있다."고 다석은 말했다(강의 298). 인간은 본래의 바탈(천성)을 찾아서 하늘나라에 들어가기까지 항상 노정 또는 도상에 있는 존재인 것이다. 그래서 나라는 긋은 천성(天性, 天城)을 향해 걸어가는 길(道)이 된다. 그 길은 참(眞理)의 긋이요, 그 긋이 나요, 그 길에서 나는 살아간다(生命).

다석신학을 도의 신학으로 분류하는 것은 환원적 무리가 전혀 없다고 할 수는 없지만, 도의 신학이라는 새로운 패러다임을 가지고 세계 신학 속에 다석신학 그리고 한국신학의 가온찍기를 해보자는 것이다. 도의 신학으로서 다석신학은 형이상학이나 사회적인 이념보다는 사람이란 존재 자체의 궁극성에 초점을 맞추어, 결국 수련을 전제로 한 인체주의의 몸신학과 숨신학으로 발전한다. 특히 숨신학이 다석신학의 독특성으로 표출된다. 그것은 궁극을 향하여 가는 길, 지행합일의 도를 추구한다. 그런 면에 있어서는 왕양명王陽明의 지행합일론이 다석에게 영향을 주었다고 할 수 있다. 그러므로 다석의 신학은 이론이나 하나의 담론이나 논쟁으로 끝나는 것이 아니라 구체적이고 실질적으로 그 깨달음을 삶속에서 구현하고 몸속에서 체화하느냐에 그 목적이 있다. 몸이 말씀을 바르게 숨쉼(숨신학)을 통하여 탈바꿈(몸신학)하는 변화(바탈틔히)를 일으켜서 본래의 자기로 돌아가는 것, 그 길을 찾아내 그길로 가는 것(도의 신학)이 다석신학에 있어서 가장 중요한 테제가 되는 것이다.

4. 다석신학의 모형전환

1) 몸신학

「로마서」12장1절에서 사도 바울은 "여러분 자신을 하나님께서 기쁘게 받아 주실 거룩한 산 제물로 바치십시오."라고 권면했다. 이렇게 바울이 권면한데로 다석은 몸제사를 주장했다. 단지 막연한 몸제사를 언급하는 것이 아니고 실제로 실행하는 수련법을 제안했다. 이것은 다석에 의해 바울의 권고(말씀)가 한국의 수련전통과 접목되어 구체적인 한국적 그리스도교 영성수련법으로 발전될 수 있게 하는 중요한 대목이다. 그러나 지금까지 일부 다석학자들이 그런 수련에 대한 이해와 경험이 없었기 때문에 '몸나'를 버리고 '얼나'로 솟구치는 것이 다석신학의 요체라고 잘못 이해해왔다. 그러나 다석은 결코 몸을 소홀히 다루지 않았다. 다석은 몸을 하늘나라를 향한 '고디 화살'이라고 규정했다. 그리고 몸을 바로 잡는 '몸성히, 맘놓이, 바탈퇴히' 영성수련법을 몸의 구체적인 구조를 통해 설명했다.

그러므로 다석의 몸신학은 자세를 매우 중요하게 여긴다. 지금까지 신학에서는 소홀이 해왔던 부분이다. 몸신학은 신학이 지식의 인식론과 마음가짐에 관한 심리학(調心)으로 끝나는 것이 아니라, 정확한 몸가짐과 자세(調身)를 갖추고 바르게 호흡(調息)할 것을 요구한다(예컨대, 정좌). 신학은 생각의 상상력과 견성의 깨우침으로만 끝나는 것이 아니다. 척주를 곧게 피는 몸의 동작 그 자체가 곧 신앙의 구체화이고, 예배행위이며, 바른 신학이다. 예배는 수승화강水昇火降의 생명운동과 같이 맘(하늘)은 "땅으로 끌어내"리고 몸(나)은 "하늘로 끌어올"리는 것이다. '맘내림'이 곧 계시를 받는 자세이며, 믿음은 척추를 곧게 피고 허리와 목을 곧게 하고 우러러 보며 '몸올림'을 하는 행공이다. 말예배가 생각예배, 생각예배가 다시 몸예배로 진화되어 '딸랑이 벨 영성'이 '에밀레종 영성'으로 변화되게 하는 장면이다.

이와 같이 다석에게는 말로는 어려운 궁극적 무엇(what)을 형이상학적으로 규명하기보다는 그러한 궁극적 존재성을 어떻게(how) 몸으로 체득하느냐가 더 중요했다(인체주의). 결론적으로 그는 말로 하는 '말신학'보다는 몸으로 하는 '몸신학'을 추구했다고 할 수 있다. "말로 얼을 못 다 밝힌다."라고 다석은 말의 한계를 분명히 했다(일지 1956. 1. 24). 다석의 몸신학은 다석신학이 글로벌신학에 공헌할 수 있는 가장 중요한 한 부분이 될 것이다.

2) 숨신학

도道란 다름 아닌 숨(氣)이 통하는 (생명의) 길이요. 따라서 도의 신학은 기氣의 신학, 곧 숨신학으로 연결된다. 다석은 '예수 기도'를 동아시아적으로 심화시켜 전개한다. "우리 [쥬]님은 숨님"이다(일지 1957. 10. 8). 그리고 "내가 숨을 쉰다는 것은 성령의 숨을 쉬는 것이다. 그리하여 진리를 체득하는 것이다. 이 모든 것은 기도에 있다. 기도는 생각이요, 성신은 권능이다. 성신의 힘으로 숨 쉬고 솟아나는 것이다. 그것이 빛을 비추는 것이다."(어록 184) 그러므로 다석의 그리스도론과 성령론은 숨신학과 긴밀한 관계를 가지고 있다.

다석이 말하는 생각은 데카르트적인 생각(cogito)보다는 한자의 뜻대로 각성(깨달음)에 가깝다. 다석이 추구하는 것은 형이상적인 사유 또는 생각을 넘어서 문자 그대로 코로 쉬는 호흡, 곧 '숨'이다. 말과 글을 통한 '생각'의 두뇌놀이가 아닌, 몸으로 숨쉬는 목숨이 말씀으로 숨쉬는 말숨과 성령으로 숨쉬는 얼숨과 합일을 이루는 우숨의 경지를 향한 '몸과 숨의 영성'의 실천 또는 수행을 '생각'하고 있다. 글과 말의 지평에서 탈피하여 숨과 얼의 영성적 지평에서 '새롭게 신학하기'가 다석 사상에 묻혀 있고, 그것은 오늘날 신학에 요청되는 시대정신에 부합한다.

더욱이 몸과 숨은 공간과 시간과 같은 관계를 가진다. 다석은 뉴톤류의 시간과 공간을 절대적으로 이원화하는 근대의 기계적 우주관을 넘어서 시간과 공간이 서로 분리할 수 없는 관련성을 가진 아이슈타인 이후 공간과 시간의 통전적 우주관을 이미 몸과 숨의 영성으로 이해하고 있었다. 그러므로 숨신학은 필히 몸신학을 수반한다. 20세기 후반에 들어 에코-페미니즘 등 현대 서양신학에서도 글신학에 대한 비판과 함께 몸신학에 대한 담론들이 나오고 있지만, 이처럼 분명하게 말신학을 넘어서는 숨신학과 함께 통전적인 몸신학을 주창한 서구 신학은 아직 발견하지 못했다.

그러나 그동안 대부분의 학자들이 이러한 점을 간과하고 다석의 형이상학적인 담론에만 치중하여 연구해왔다. 그러나 다석은 글로 하는 글신학보다는 한 번 호흡 속에서조차 천기를 숨쉬는 하늘과의 천인합일天人合一을 추구하며 하나님 아버지와 부자유친父子有親을 이루고자 행공하는 숨신학을 추구했다고 보는 것이 더 합당할 것이다. 다석은 "글은 숨을 다 못 밝히겠고"라고 글신학의 한계를 말했다(일지 1956. 1. 24). 앞으로 숨신학은 다석이 현대신학에게 주는 최고의 선물이 될 것이다.

3) 상(象)의 신학

첨단과학의 발전과 함께 급성장하는 디지털 문화는 이미 상의 기계화를 접수하고 있다. 글의 시대가 가고 상의 시대는 이미 왔다. 글자와 문자가 중심이 된 이理의 시대는 지나가고 비주얼 이미지가 주를 이루는 상의 시대가 온 것이다. 신학이 아직 이러한 변화를 충분히 인식하고 있지 못할 뿐이다. 글 중심적이었던 조직신학이 상의 신학으로 패러다임 전환을 해야 할 때인 것이다. 그것을 어떻게 할 것이냐? 그것이 오늘날 신학에 던져진 화두인데, 다석 유영모는 이미 반세기 훨씬 이전에 그것을 이미 실행했던 것이다. 이理의 시대에서 상象의 시대로의 전환은 이理의 시대에서 기氣의 시대의 전환을 수반한다. 기의 시대는 상의 세계와 선仙의 나라를 아우르는 숨신학과 몸신학이 활개를 칠 때이다. 한글은 본래 천지인적 우주관, 곧 신·인간·우주적 비전을 기초로 하여 형상화된 상의 글자이다. 지금 한글과 한류는 디지털 시대를 맞이하여 인터넷 네트워크에 기와 신명을 불어넣어주고 있다. 다석이 궁구했던 한글의 다의어화가 성공한다면 한글은 디지털 시대에 주도하는 언어가 될 것이다.

다석은 사람의 본상(象)을 "코기리"로 비유했다. 다석이 제시하는 상의 신학의 한 대표적인 예이다. 우선 "코기리"는 코끼리, 즉 상象을 말한다. 사람을 코기리라는 상으로 바라본다. 둘째 코기리라는 한글은 '코'(自)를 앞세우고 '길' 가는 '이', '코길이'를 함의한다. 셋째, 코(自)에 염통(心)을 합하면 숨(息)이 되고, 코로 숨을 쉬며 길을 가는 것이니, 코기리는 숨기리이다.

상의 신학이 몸신학과 숨신학, 그리고 도의 신학으로 연결되는 대목이다. 인간이라는 '코기리(코길이)'(상의 신학)는 '코'로 숨을 쉬며(숨신학), '길'을 가는(도의 신학) '이'(몸신학)이다.

　지금까지『다석일지』에 대한 해석이 형이상학적 상상력에 의한 종교철학적 해석이나 교리연구에 가까운 종교적 해석이 주를 이루고 있었으나, 이것들로는 불충분하다. 앞으로 다석일지를 해석함에 있어서 무엇보다도 고려되어야 할 것은 그것이 우선적으로 그가 매일매일 끊임없이 수련을 하는 수도적 삶을 살면서 체득한 깨달음들을 한시와 한글시로 기록해 놓았던 수행일지였다는 점이다.『다석일지』에서 다석은 종교학이나 철학을 논했다고 하기보다는 예수를 숨쉬며(예숨) 몸수행을 하는 동안 체득한 상을 표출해 본 숨신학, 몸신학, 상의 신학, 그리고 도의 신학이었다고 보는 것이 보다 적합할 것이다.

5. 없음(빈탕한데)의 신학: 계소리

　'절대 없음'의 차원을 망각한 '절대 있음'의 '하나'는 있음(有)의 (상대)세계에 머물게 된다. 그것이 바로 있음을 절대화했던 헬레니즘을 계승한 서구 신학의 한계이다. 신을 '절대유'로 밖에 궁리할 수 없었던 서구 신학의 사유체계의 근본적 한계이자, 이제 극에 다다른 딜레마이다. 절대 없음의 절대 있음의 역설을 이해하지 못하는 한, 한계점에 도달한 서구 중심적 그리스도교 신학은 돌파구를 찾지 못할 것이다. 여기에 "빈탕한데 맞혀놀이"의 인간론과 "없이 계신 님"의 신론을 제창한 다석신학의 세계 신학사상사적 중요성이 있다. "'없(無)'에 가자는 것이…. 이것이 내 철학의 결론"이라고 다석은 말했다. 이 없음에 가자는 결론은 아마도 21세기 세계 신학이 서구 신학의 오랜 있음의 올무에서 벗어나 앞으로 가야할 길을 제시하고 있다고 할 것이다.

존재론과 실체론을 중심으로 발전한 서구 신학의 '있있'(有) 신론에 비해 다석은 "없있"의 동양적 신론을 제안했다. '없있'은 없고 없는("없없") 절대무 속에서 하나를 찾아내는 것이라면, 있는 것에서 있는('있있') 볼 근본을 찾고자 하는 것은 있지만 없어 질 것('있없')에 매달리는 집착과 미망이라고 할 수 있다는 것이다. 다석의 '없있' 신론은 이렇게 '있없'의 실체론적 함정에서 벗어나려고 애쓰는 세계 신학에 돌파구를 마련해 줄 수 있다는 점에서도 글로벌적인 가치를 가지고 있다.

그것이 바로 지금까지 세계 신학을 주도한 서구 신학의 실체론적 신론과 다석신론이 다른 점이다. 그리고 다석의 신론은 인간을 떠난 형이상학적이고 추상적인 담론이 아니고, 나와의 관계성 속에서 구체적으로 규명하는 관계론적 신론이다. 신론은 인간론을 떠나서 언급될 수 없으며, 인간론 또한 신론과 분리되어 주제화할 수 없다. 이것은 사실 실체론적 근현대 신학이전의 고전신학들이 인정했던 사항이며, 이 책에서 다석 신론에 인간론이 포함시킨 이유의 하나이기도하다. 더욱이 다석은 "하나님"이라는 신 명칭 속에서 이미 신과 인간은 만나고 있다고 생각했다. 큰 나(흔ᄋ)인 하나님과 작은 나(하나)인 나 인간은 동일한 발음을 가진 이 '하나'에서 만나고 있다. 비록 지나친 한글놀이라고 할지라도, 한국 그리스도인의 입장에서 보면 놀라운 생각인 것이다.

'빈탕한데 맞혀놀이'는 다석신학의 최종 목적지이다. 하나님은 빈탕한데(허공)에 계신다. 다석에게는 빈탕한데 그자체가 하나님이라고 할 수 있을 것이다. 그 빈탕한데(하늘)에 맞혀 숨쉬며(숨신학) 몸놀이(몸신학)하는 것이 신학이다. 그러나 그것은 결코 범신론을 의미하지 않는다. 하나님을 절대공絶大空으로 이해하는 다석신론은 오히려 범신론을 부정한다. 그것은 있다고 생각하려는 유물론이나, 특히 인간의 모습으로 그려보려 하는 신인동형론 같은 인간중심주의적 인식론을 극복한다. 다석은 있음에 의해 더 큰 실재인 없음이 가려지는 것에 대해 격렬하게 저항했다. 없음이 오히려 참이고 있음은 꿈같은 거짓이라고 주장했다. 이것을 과정신학자들이 말하는 범재신론으로 보는 것도 오류이다. 과정신학도 서구사상의 있음의 족쇄를 풀지 못하고 있다. 서구 신학에서도 부정신학이 절대공의 하나님과 같은 신론과 유사하다고 할 수 있다. 그러나 부정신학도 있음의 대전제를 벗어나지 못하고 있다. 부정신학의 서양화는 아직 그림 그 자체보다도 처음의 백지상태와 여백을 더 중시하는 절대공의 동양화와 근본적으로 그 맥을 달리한다.

빈탕이라고 해서 모든 것이 없는 것은 아니다. 오히려 참으로 있는 것이다. '절대적 있다'는 또 다른 '있다'를 용납할 수 없다. 그러나 '절대적 없음'은 모든 '있음'을 포용할 수 있다. 없음은 있음을 부정하는 것이 아니라, 더욱 폭넓게 있음을 이해하고자 하는 것이다. 수레바퀴는 항상 돌고, 변화하는 변역變易이지만, 그 근거는 돌지 않는 불변의 축軸인 불역不易이다. 있음은 변화하는 수레바퀴 같은 것이고, 없음은 축과 같은 것이다. 그런 의미로 허공만이 참이다. 그래서 "없이 계신 하나님" 신론과 "빈탕한데" 허공 우주론이라는 신·인간·우주적 지평의 무대 위에 다석신학이라는 새로운 신학이 등장한다. 이것은 앞으로 한국 토종신학이 서구 신학의 울타리를 넘어서 글로벌신학이라는 무대에 전혀 새로운 하나님의 드라마를 개막하는 흥미진진한 순간을 연출할 것이다.

6. 도-그리스도론: 가온소리

도-그리스도론은 그리스도를 로고스와 프락시스 같은 형이상적 이해나 이념적 의식화보다는 진정한 삶의 길(道)을 보여줬다고 믿고 그와 같이 살아가자 하는 것이다. 그것은 그리스도를 단지 생각만 하는 것이 아니라, 실제로 그를 몸으로 느끼며 그와 함께 살아가는 것이다. 구체적으로 내 온 몸과 온 누리 공동체의 온 연결망을 통해서 그리스도와 그의 영인 말씀을 먹고, 마시고, 숨 쉬는 것(말숨·예숨)이다. 그리스도의 도를 따라 산다는 것은 우리로 하여금 말씀을 이해하는 차원보다 한 단계 더 나아가게 한다. 비유컨대, 성모 마리아처럼 나의 그리스도교 신앙이라는 자궁 안에 하나님의 말씀을 잉태하여 나만의 독특한 자식(알, 독생자)을 잉태하는 것이다. 한국이나 동아시아의 그리스도인들에게 동아시아의 윤리·종교적 메타포인 도道를 적용하는 것은 유럽과 미국의 그리스도인들이 희랍과 서구의 철학적 메타포인 로고스logos를 사용하여 그들의 신학을 구성하였듯이, 정당한 신학적 과정인 것이다. 마치 암탉처럼, 우리의 알을 생산하기 위해 우리의 먹이를 먹는다. 우리는 김치를 먹어야 식사를 한 것으로 느끼고 우리 땅에서 난 소재로 만든 음식이 우리 몸에 더 맞는 것처럼, 신학적으로도 우리는 신토불이의 먹이를 먹어야 더 몸에 맞고 더 건강한 알을 생산할 수 있는 것이다. 이러한 한국신학의 구성을 위하여 다석은 훌륭한 기반을 마련해 준 것이다. 말씀이 육신이 된 예수를 한국이나 동아시아 그리스도인들이 도의 성육신으로 고백하는 것은 정당한 것이며, 한층 더 나아가 마리아가 예수를 잉태하였듯이, 우리도 말씀의 도를 우리의 자원으로 육화하여 잉태해야 하는 것이다. 그래서 도의 신학은 말씀의 몸신학인 것이다.

다석은 예수의 '예'('이어이'의 합성어)를 시간(이어)과 공간(이에)이 곱해진 순간, 바로 가온찍기라고 생각한다. 가온찍기는 "이제 여기"here and now

에 4차원적 점을 찍는 점심點心이다. 이것은 종말론의 한국적 표현이되, 시간과 공간의 절대적 분리와 선형적 시간관을 전제한 뉴톤의 기계적 우주관을 넘어선 시간과 공간의 상호적 일치를 통찰한 아인슈타인의 탄력적 우주관을 포용한다. 서구 신학의 종말론은 선형적 시간관을 전제한다. 여기에서 예수의 "예"라는 한 마디 속에 사용된 다석의 한글놀이(이어+이에)는 그러한 선형적 종말론을 넘어선 4차원적 가온찍기의 그리스도론을 전개했다는 점에서 중요하다.

몸신학과 숨신학은 선도와 주역의 생명원리인 수승화강의 관계로 예수 그리스도의 우주적 화해 사건에 대한 이야기를 이해한다. 숨스러움은 성스러움을 몸스러움은 자연스러움을 나타낸다. 성모 마리아의 성령에 의한 잉태와 아기예수의 탄생, 즉 크리스마스 스토리는 숨스러움이 몸스러움이 되는 과정을, 그리고 십자가와 부활 의 부활절 스토리는 자연스러움이 성스러움이 되는 과정을 지칭한다. 이론적으로 보면 전자는 몸신학을, 후자는 숨신학에 해당된다. 그러나 실제 수행 방법으로 보면 서로 분리하기가 어렵다. 다석은 동아시아 신학의 지평에서 예수 그리스도의 사역을 서구 신학에서처럼 좁은 신·인간적 관계론의 지평에서 단지 죄를 대속하는 속죄론이나 화해론에 제한해서 이해하는 것이 아니고, 온 우주에 숨을 불어넣어 온 생명을 살리는 호연지기의 생명운동으로 전우주적으로 웅대하게 파악했다. 그러므로 다석에 의하여 우주적 그리스도론은 더 한층 심화되어 전진하게 된다.

7. 그리스도교 신학으로서 다석신학

다석의 유교식 정의인 궁신지화窮神知化는 신학의 고전적 정의 '이해를 추구하는 신앙'*fides quaerens intellectum*에 손색이 없을 정도로 유사하다. 이러한 유사성은 서구 신학이 동양적 해석학적 지평과 합류하는 징검다리 역할을 할 수 있을 것이다. 십자가의 신학을 강조한 다석의 그리스도론은 겉은 동아시아적인 모습을 하고 있어 서구 신학에 익숙한 이들에게는 새롭고 이상해 보이지만, 속은 개혁신학 전통을 빼닮고 있다. 다석이 항상 주장해왔던 동양 문명의 뼈에 서양 문명의 골수를 집어넣은 것이다. 앞에서 살펴 본봐와 같이, 다석은 예수의 마리아를 통한 성육신 잉태와 그리스도의 부활과 승천을 문자 그대로 믿었다. 실제로 그것은 동양사상에서는 그리 어려운 일이 아니었다. 다석은 예수의 십자가와 부활의 역사적 사실은 물론이고, 자연현상을 통해 그것은 보편적으로 가능한 일이라고 믿었다. 그는 십자가의 신학의 완전한 신봉자였으며, 부활의 승리와 승천을 그 목적으로 보았다. 십자가와 부활과 승천의 사건들을 계란이 병아리로 부화하고 고치가 나비가 되는 것과 같은 껍질을 깨고나와 탈바꿈하는 자연현상을 통한 동양적 견성의 차원에서 이해했고, 그것을 수행의 기조로 삼고 실천하려 했다.

다석은 기복신앙과 싸구려 구원론을 비판하고 무위자연 사상으로 그리스도교 신학을 진일보시켜 주었다. 본회퍼는 "값싼 은총"에 대항하여 "값비싼 은총"을 주창하여 도움을 주었지만, 테제와 안티-테제라는 서구적 이원론과 무엇을 꼭해서 만들어야 한다는 있음(有)에 대한 강박관념을 벗어나지 못했다. 그러나 다석은 노자의 무위사상과 연결하여 신앙은 근본적으로 인위적인 것이 아닌 무위적이라는 것을 강조한다. 신앙은 자기비움이며 나없음(無我)이다. 내 힘으로 억지로 하는 것이 아니라 성령의 은총으로 저절로 그렇게 되는 것이다. 내가 있는 인위적인 것이 아니라 내(小我)가 없는 계시적인 것이다. 내 뜻대로 하는 것이 아니고 아버지 뜻대로 하는 것이다. 도가사상이 그리스도교 신학의 발전을 위하여 활용되는 대목이다.

또한 구원론보다 성화론을 강조한 다석의 입장은 칼빈과 바르트가 '율법과 복음'의 도식에서 '복음과 율법'의 도식으로 전환함으로써 개혁신학을 칭이론 중심적 신학에서 성화론 중심적 신학으로 전환케 한 것과 맥을 같이한다. 그러므로 다석의 인간론은 결국 성화론과 수신론에 초점을 맞추게 되고, 수도와 수련법이 그 핵심을 이루게 된다. 그래서 다석신학은 도의 신학적 특성을 갖게 된다. 체용으로 말하자면, 그리스도론과 인간론이 본체(體)가 되는 것이요, 성화론과 수양론이 작용(用)이 되는 것이다. 간단히 말해서, 도道란 아는 것을 저절로 행하게 되는 지행합일을 이루는 것이다. 그러므로 도의 신학에서는 칭이(믿음)와 성화(행위)가 합일하고, 진리를 깨닫는 격물과 그것을 삶 속에서 체화하는 수신이 하나가 되게 하는 수행과 수도가 핵심적인 내용으로 포함된다. 다석신학에서도 구원론, 죄악론, 영성론들이 모두 수신론과 성화론, 곧 몸신학에 수렴하게 된다.

8. 다석 이후의 그리스도교 신학
: 한국신학의 가온찍기

궁극적으로 신학은 우선적으로 어떻게 신앙 공동체가 주어진 상황에서 적절하게 성경을 읽느냐하는 성경읽기와 관련된 것이다. 그동안 외국에서 들여온 신학들은 학술적이라고는 하지만, 전혀 다른 언어·문화적 상황에서 남들이 성경읽기 한 남들의 신학을 번역해서 소개한 것이 대부분이다. 우리들의 주어진 상황에서의 우리 나름대로의 성경읽기를 기초로 한 것이라고 장담할 수 없다. 공식적인 조직신학자들도 있었으나 그들의 업적들은 대부분 관념적인 것으로 한국인으로서 실질적인 조직신학 작업을 한 것은 아니었다. 그러나 학술적으로 정교하게 발전된 서구 신학을 토대로 한 기술적 표현에는 미숙했지만, 다석 유영모는 성경을 있는 그대로 우리에게 주어진 콘텍스트에서 진술하게 읽으려고 하였다. 성경이 들어오기 전부터 한국인에게는 이미 강력한 문화적 텍스트들이 존재하고 있었다. 사서오경과 같은 동양경전들은 한국인의 골수에 젖어서 종교·문화적 DNA와 같이 우리 삶의 영성적, 사상적 바탕을 형성해 왔다. 이러한 텍스트들을 무시하고 성경을 읽는다는 것은 한국인이 처해있는 콘텍스트를 무시하는 것이다. 다석에게 있어서 한국인의 성경읽기는 바로 이 경전들과 더불어 성경을 읽어가는 것이다. 세계 신학이 이 점을 인식하고 간경전적 해석 또는 다종교 해석학을 논의하기 시작한 것은 최근의 일이다. 또한 동양의 경전들과 종교전통들로부터 큰 감명을 받은 신학자들이 비교신학을 논의하기 시작한 것도 매우 최근의 일이다. 그러나 다석은 이미 오래전에 이러한 해석학을 방법론을 넘어 몸소 실행했던 것이다. 그는 유교, 불교, 도교 등의 "모든 동양경전들을 구약"이라고 간주하고 그 전통 속에서 살아온 동양인의 솔직한 입장("동양문화의 뼈대")에서 성경("서양문화의 골수")을 해석하려 했다. 이와 같이 다석은 이미 오래전부터 성경을 간문화적 입장에서 접근했고, 이 입장에서 한국인의 독특한 신학을 구성하려 했다. 그러므로 다석은 한국 구성신학의 한 효시라고 말 할 수 있다.

　나는 다석의 구성신학 모형이 앞으로 풍부한 한국신학으로서 도의 신학의 가능성을 열어줄 것이라고 기대하고 있다. 그는 비교신학, 간경전해석학, 다종교해석학의 토종적 효시라고 할 수 있고, 이 분야는 앞으로 한국신학의 황금어장이 될 것으로 기대한다. 장차 한국신학이 세계적으로 각광을 받을 수 있는 다른 한 분야는 생명과학, 신학, 동양종교들이 서로 만나 함께 온생명의 미래를 걱정하는 자리일 것이다. 바로 한국은 이들 삼자에 관한 많은 자원들을 보유하고 있다. 더욱이 우리의 고유한 천지인天地人 삼 재三才가 아우러지는 삼태극三太極적 영성은 충분히 신학(天), 생명과학 (地), 동양종교(人)를 한꺼번에 아우르게 하는 새로운 신·인간·우주적 비전을 밝혀 줄 것이다. 그러한 신·인간·우주적 비전이 고통 속에서 온생명이 고대하는 성령의 임재, 온생명이 온우주의 기氣와 함께 아우러지는 우주적 율려律呂, 곧 이 때를 겨냥한 도의 현시일 것이다. 다석은 이러한 세계 신학의 새로운 개벽을 예고하는 소리를 충분히 외쳤다고 여겨진다. 이제부터는 후학들이 할 일이다. 우선 그것들을 제대로 다듬어서 세계 신학의 한 장르로 분명히 자리매김해야 할 것이다. 그리고 그것을 통하여 한국신학이 글로벌신학으로서 세계 그리스도교를 새로운 우주적 지평에서 "그리스도록" 진일보 할 수 있게 해야 할 것이다.

한국신학이 세계 신학으로 우뚝 서서 이러한 역할을 감당하기 위해서는 하루바삐 이 땅에도 학술 신학으로서 신학 풍토가 조성되어야 할 것이다. 신학은 우선적으로 교회를 섬겨야 하지만 또한 교회로부터 학문적 자유를 보장받아야만 그 창조적인 기능을 제대로 발휘할 수 있다. 지금은 한국의 신학자들이 넓은 세계로 나아가서 세계적인 지평에서 한국신학을 거론해야 할 때이다. 우리들은 더 이상 서구 신학을 수입하여 파는 오파상이나 또는 그들의 대리전이나 치루는 용병이 되어서는 안 될 것이다. 우리들은 스스로의 참신한 한국신학을 제작하여 세계무대에 진출시키고, 궁지에 몰려 있는 세계 신학을 바로잡고 혁신하는 지구촌적 지평에서 이 시대를 위한 신학자의 사명을 감당해야 할 것이다.

다석 유영모는 신·인간·우주적 지평 위에 한국신학의 자리를 찾아내고 가온찍기를 실행했다. 이제 한국 그리스도교는 그 뒤를 이어 그 자리에서 참된 제소리를 발휘하여, 글로벌 한국신학을 정립하고 세계 그리스도교에 살리고 세상에 호연지기를 불어넣는, "그리스도록" 가온소리를 내는 역할을 할 때가 된 것이다.

> 한울로 머리둔 나는 한울님만 그리웁기 나섬 이김으로
> 오직 하나이신 님을 니기 섬김에 섬기신 목숨 그리스도 기름 깊
>
> (일지 4:355)

The Word Made Flesh:
Ryu Young-mo's
Christo-dao

The Word Made Flesh:
Ryu Young-mo's Christo-dao*[1]

INTRODUCTION

Elsewhere, I proposed for 'christo-dao' rather than traditional 'christo-logy' or modern 'christo-praxis' as a more appropriate paradigm for the understanding of Jesus Christ in the new millennium.[1] This christological paradigm shift solicits a radical change of its root-metaphor, from *logos*(Christ as the incarnate logos) or *praxis* (Christ as the praxis of God's reign) to '*dao*'(Christ as the embodiment

---

* 해외에서 좀 오래전에 발표했던 논문으로서 다석신학의 세계화가 가능하다는 한 실례로 첨가 했다. See Heup Young Kim, "The Word made Flesh: Ryu Young-mo's Christotao, A Korean Perspective," in *One Gospel and Many Cultures: Case Studies and Reflections on Cross-Cultural Theology*, ed. by Mercy Amba Oduyoye and Handrik M. Vroom (Rodopi, 2003), 129-148. 한글본 제8장 참조.

1) See my Jesus Christ as the Tao: Toward a Christotao, *Christ and the Tao* (Hong Kong: Chrisitan Conference of Asia, 2003), 155- 182. As the widely used root-metaphor of all classical East Asian religions including Confucianism, Daoism, and Buddhism, dao is a very inclusive term with various meanings. For example, Fingarette defined Dao as a Way, a path, a road, and by common metaphorical extension it becomes in ancient China the right Way of life, the Way of governing, the ideal Way of human existence, the Way of the Cosmos, the generative-normative Way (Pattern, path, course) of existence as such (Herbert Fingarette, *Confucius: the Secular as Sacred* [New York: Harper & Row, 1972], 19). Dao is also interpreted as the logos in praxis or a being in becoming, as its Chinese character consists of two graphs meaning a head and a movement (to run); see Wing-tsit Chan, *The Way of Lao Tzu: Tao-te ching* (Indianapolis & New York: Bobbs-Merrill, 1963), 6-10.

of the *Dao*, the 'theanthropocosmic' Way) with a critical new interpretation.[2] For, first of all, christo-logy has been taken as the Orthodox view but now becomes very problematic, and 'christo-*praxis*' can serve as a necessary corrective but still within the limit of a dualistic end of the former.[3] 'Christo-*dao*' utilizing the wholistic metaphor of dao can overcome this vestige of Greek dualism remaining between christo-logy and christo-*praxis*. Furthermore, for East Asian Christians, the christological adoption of *dao* is as inevitable and legitimate as that of logos for the Western church at the fourth century.

I argued that, in fact, this adoption has been operative since the beginning of Korean Christianity. As an example, I introduced briefly the thoughts of Dasŏk Ryu Young-mo 柳永模 (1890-1981).[4] Although unpopular, Ryu Young-mo is a most innovative religious

2) As a composite adjective of *theos* (God), *anthropos* (humanity), and *cosmos* (universe), literally, theanthropocosmic refers to the interrelation of God, humanity, and the cosmos.

3) See Jürgen Moltmann, *The Way of Jesus Christ: Christology in Messianic Dimensions*, tr. by Margaret Kohl (San Francisco: HarperSanFrancisco, 1990), 38-72.

4) Ryu's literary name is Dasŏk 多夕 that literally means "so many nights". This name symbolically shows his Daoist inclination (namely, night rather than day, vacuity rather than substance, non-being rather than being, etc.). The most important primary source for the study of Ryu's thought is the photocopies of his diaries that he wrote from 1956 to 1975, but they are very difficult even for Korean scholars to comprehend due to his recondite writing style and very innovative usage of Korean language: *Dasok-ilji* 多夕日誌 *[The Diaries of Dasok]*, 4 vols. (Seoul: Hongikje, 1990), abbr. **DI**. Fortunately, his faithful student Kim Heung-ho recently published their complete commentaries which become a crucial aid for the study of Ryu: *Dasok-ilji Gong-bu [The Study of Dasok's Diaries]*, 7 vols. (Seoul: Sol, 2001), abbr. **KDI**. There are two other important resources, collections of his lecture notes that his students had dictated: Park Young-ho, ed., *Dasok-orok* 多夕語錄 *[the Analects of Dasok]: Ssial-ui-maeari* (Seoul: Hongikje, 1993), abbr. **DU**; and Kim Heung-ho, ed., *Jesori [the Genuine Voice from the Self]: The Sayings of the Honorable Ryu Young-mo* (Seoul: Poongman, 1985), abbr. **JS**.

thinker in the history of Korea. He was a guru, a towering teacher of very important Korean Christian leaders of the last generation. His most famous disciple was Ham Sŏk-hŏn 咸錫憲(1901-89) who also became a guru of Korean *minjung*(people's) theology and movement.[5] Ryu's religious insights also deeply influenced significant intellectuals in other religious traditions in Korea such as Neo-Confucianism, Daoism, and Buddhism. Ryu entered into the Christian faith as a Presbyterian at the age of 15 (1905), though he later declared himself as a Non-Orthodox (DU:287). Perhaps, this Korean religious genius was much ahead of his time like Søren Kierkegaard(1813-55) in the 19th century Europe. The Korean Calvinists in his time, extremely loyal to their learning from fundamentalist and exclusivist missionaries, could in no way appreciate his provocative foresight that would be prepared rather for the 21st century Christians in the highly global and multi-religious world. Indeed, he was a precursor of intertextual interpretation, multifaith hermeneutics, and comparative theology.[6] Deeply embedded in East Asian scriptures, he developed an intriguing interpretation of Christian faith in the light of East Asian thoughts. Simply, he read the Christian Bible seriously along with Confucian, Daoist, and Buddhist scriptures. He made an interesting suggestion for this multi-scriptural reading: "regard all the scriptures of East Asian religions as the Old Testament" (DU:82).[7]

---

5) See Ham Sok Hon, *Queen of Suffering: A Spiritual History of Korea*, tr. By E. Sang Yu (London: Friends World Committee for Consultation, 1985).

6) Ryu said, "After Confucianism, Buddhism, and Christianity illuminate each other, they also know themselves better" (DU: 365). For an example of comparative theology, see Fancis X Clooney, *Theology after Vedanta: an Exercise in Comparative Theology* (Albany: State University of New York Press, 1993); for multifaith hermeneutics, see Kwok Pui-lan, *Discovering the Bible in the Non-Biblical World* (Maryknoll: Orbis, 1995), esp., 57-70.

Whether Ryu was a religious pluralist is an open question, as his followers are divided on this issue. However, it is clear that his interest was not so much in an epistemology of religious pluralism as in a constructive hermeneutics of his faith in and through (not out of!) the plurality of those traditional, indigenous religions. Kim Heung Ho, one of few living disciples of Ryu and provably the most reliable interpreter of Ryu's thought, argued that Ryu was first and foremost a Christian, a serious follower of Jesus Christ. One thing that he differed from other Korean Christians is that he freely employed scriptural resources of our indigenous religions in order to understand the Christian Bible better and more properly in his context. Having been with us for more than one millennium, these East Asian scriptures have profoundly influenced, shaped, and been deeply embedded in our modes of life and thought (just as the Bible did for the Westerners). By reading the Bible in and through these indigenous scriptures, he could conceive his new faith in Jesus Christ more clearly, intelligibly, and practically.

In this paper, I will continue to explicate Ryu's insights in Jesus Christ. They may portrait a salient example of Korean contextual christology, so to speak, the Korean face of Jesus Christ. Christians in the contemporary world, highly global and pluralistic, may need to hear these fascinating Christian thoughts in a new key. I will try to put his thoughts as much as in his own words by literal translations rather

---

7) Ryu partially supports the theory of preparation and fulfillment; he regarded Christianity as a New Testament that has completed all the truth revealed in Asian religious thoughts, so to speak, Asian Old Testaments. His cross-cultural Asian hermeneutics would be summarized in the following statement: "Putting the essence of Western culture in the backbone of Asian culture, I tried to explain the former [Christianity] in and through the latter [East Asian religions]" (KDI/2: 176).

than a systematic interpretation, so as to make him speak for himself. His 'christodao' can be categorized in seven 'configurations of basic insights' as follows:

1. *Jesus is the filial son(孝子): a Confucian Christology.*
2. *Jesus is the Rice*(bap): *a Sacramental Christology.*
3. *Jesus is the Flower: an Aesthetic Christology.*
4. *Jesus is the Seed: an Anthropological Christology.*
5. *Jesus is the Spirit(靈): a Pneumatological(Qi 氣) Christology.*
6. *Jesus is the Dao(道): a Cosmic Life Christotology.*
7. *Jesus is the Being in Non-Being(無極而太極): an Apophatic Christology.*

1. JESUS IS THE FILIAL SON(孝子): A CONFUCIAN CHRISTOLOGY

Famous with an impeccable tradition of maintaining genealogy, Korea has been and still is the most Confucianized society in the world. Almost every family in Korea keeps a genealogy that records names and the kinship of all their ancestors and relatives since the origin of their clan (for the period of about one and half millennia). From this strong Confucian vantage point, first and foremost, Jesus is a filial son.[8] Filial piety (孝) is a cardinal, most well-known, Confucian virtue. However, it is a big mistake of popular Confucianism to understand filial piety simply as a blind obedience to parents, but Confucian filial piety ultimately means a faith in God, the true Father.

According to Ryu, Jesus could become the Christ as he has accomplished fully the loving relation between father and son (父子有

---

8) See KDI/6:319. In contrast to Luther's German theology of Reformation, Ryu called his as a Korean theology of filial piety (KDI/2:223-4).

親), one of the five Confucian moral rules (五倫). Our yearning for God the Father is in fact an unavoidable inclination of original human nature: "Human yearning for God the Father cannot be prevented. For it is the relationship between father and son. ... Father and son cannot be two (父子不二). This refers to the loving relationship between father and son (父子有親). The longing for God the Father, the beginning and the truth, is an unavoidable human nature (人間性). That entails the true meaning of what is to be human." (DU:165) Therefore, the Christian expression to "give the glory to God" implies to achieve the original nature given to us by the Father. However, Confucianism has gone astray. It has forgotten the true object of filial piety, God the Father, but instead emphasizes the ancestor worship excessively: "Forgotten filial piety toward God since long time ago, people regard it as treating one's father as the Heaven. ... [However,] God the Father should take precedence over one's parents. Confucianism that relied heavily on the mandate of the Heaven (天命) completely forgets the Heaven (忘天). This is the reason why Confucianism is so enervated." (DU:227, 230, 254)

Further, Jesus is the Only Begotten Son (獨生子). Ryu interpreted this Johannine expression in a special way (Jn 3:16). The title 'the only son' does not imply so much a royal prerogative as a special mission given to him by God. In fact, the cross-bearing and the crucifixion on the cross of Jesus culminates the filial piety of the only begotten son: "Jesus did not come from God in order to receive all lavish hospitalities. The one who will ascend into the Heaven [on the contrary] ought to bear the cross. His death is nothing but to accomplish the mission given to him as a son." (DU:216) Since we are also children of God, we also have the similar mission in the world as His children. "Jesus taught people in the world to give. This world is the world to give [rather than to receive]." (DU:71)

Furthermore, *Jesus is the Profound Person* (君子), the ideal Confucian personhood. The profound person in Chinese literally means a son of king. Since God is the true king, Jesus, the only begotten son of the king, is no other than the profound person. Religious exclusivism is wrong. For, first of all, you have to know others in order to know yourself better. And for all religions, after all, converge at the common quest for full humanity, i.e., the goal of a profound person: "Christians regard Confucianism as heretic and Buddhism as idol worship. Buddhists denounce Jesus and Confucianism... [However] If a person does not know others, one does not truly know oneself either. If one wants to become a profound person, one should also know the other profound persons." (DU:57)

The primary goal of Confucianism lies in attaining full humanity or sagehood through becoming a profound person. Hence, ren 仁 (benevolence or co-humanity), the cardinal virtue of Confucianism, involves in an ethico-ontology of 'being togetherness'.[9] The Confucian project of a profound person is consummated in the achievement of this co-humanity through the sacrifice of oneself (殺身成仁). The crucifixion of Jesus on the cross is a perfect example of both the profound person who achieves this sacrificial act (DU:320) and 'the only begotten son' who accomplishes his filial duty (DU:125). In this sacrificial act of Jesus on the cross to realize co-humanity, Ryu found a true

---

9) See my *Wang Yang-ming and Karl Barth: A Confucian-Christian Dialogue* (Durham: University Press of America, 1996).

meaning of Christ: "Christ is the one who regards serving God and human race as [the goal of] his life (生命). Christ is the one who lends oneself to serving so as to show people of all races how to live eternal life as Christ. Therefore, isn't it natural for a person to honor and praise Christ sincerely?"(DU:39)

2. JESUS IS RICE (BAB): A SACRAMENTAL CHRISTOLOGY

Ryu was famous by eating one meal a day (一食). For him, this was a serious ritual practice that embodies his Christian piety in everyday life: "The climax of the worship toward God is eating one meal a day. For it is that which spirit eats body and that which I dedicate my body as a living worship." (DU:52) Eating has a deeper spiritual meaning than a simple hygienic intake: "A meal signifies a sacrificial offering (祭物)." Since our bodies are 'God's temple', to eat means to dedicate an offering to God who 'lives in us' (1 Cor. 3:16). "Therefore, to eat a meal is a worship or a Mass. Regarding that it is I who eats is something like stealing the offering. To eat a meal means to love God." (DU:186-7, JS:129)

Jesus' sacrifice on the cross consummates this sacrament of eating. At this point, Ryu developed a fascinating insight that, on the cross, *Jesus becomes rice*:[10] "Jesus sacrificed himself on the cross. To sacrifice oneself means to become a meal. To become a meal signifies that a person becomes rice that can be cooked as food. To become rice im-

---

10) Cf. Jn. 6:48, 51. In Korean, rice (*bab*) has a multiple connotation such as a 'grain', 'a meal', and 'food'.

plies that it has been ripen. It comes to maturity and becomes a ripen fruit." (DU:187)

Hence, every meal should be regarded as the sacrament of Eucharist: "[T]he worship when Jesus was sacrificed by being nailed on the cross and shed blood is really our food to eat and drink. Eating with the acknowledgment of this is the Eucharist. We must have a daily meal as the Eucharist, not as an appetite to eat (食慾)." (DU:100) "I eat a meal to imagine rice as the flesh of Jesus and water as the blood of Jesus. It is not true that this [kind of imagination] is required only during the Mass or the Lord's Supper. But whenever I eat rice, I suppose as if I were eating Christ, and then I receive some news." (DU:223)

After all, he suggested, is not the purpose of life to become rice? That is to ripen so as to be used and dedicated as a sacrificial food (DU:187, JS:130). Rice as human life is fruit of the Holy Spirit which Ryu identified with four Confucian virtues of full humanity; co-humanity, righteousness, propriety, and wisdom (仁義禮智). Full humanity as rice is what we ought to attain to be dedicated to God. "Human life is rice, fruit of the Holy Spirit [to be borne] to serve God. This fruit of the Holy Spirit means to become fully human or to attain true humanity (人格). True humanity is what is to be devoted to God. True humanity signifies benevolence (or co-humanity), righteousness, propriety, and wisdom, i.e., the original nature of human being. We should dedicate this original nature to God." (JS:133)

The purpose of eating, hence, is to attain true humanity. Based on a passage of *the Doctrine of the Mean*, Ryu defined this process of humanization as the *dao* (率性之謂道 [DU:187, JS:131]). From this

vantage point, Ryu conceived Jesus as true humanity, the perfect em-
bodiment of the *Dao*, who has accomplished four Confucian virtues
once and for all. In his East Asian Christian thought, furthermore, the
Word does not mean so much a doctrine as an expression of true hu-
manity: "the Word is nothing other than an expression of true
humanity. We are offering true humanity through the Word." (JS:133).
True humanity as universal sacrament, hence, entails the Word of the
Holy Spirit, the salvific energy of the cosmos: "What special nourish-
ment can the universe and humanity get from the rice of human life? It
is the Word. In the rice of human life, there is the Word. There is the
Word of the Holy Sprit and the Father. There is the Word of the Holy
Spirit, the cosmic power to save the human race." (DU:188, JS:132).

3. JESUS IS THE FLOWER: AN AESTHETIC CHRISTOLOGY

Ryu metaphorically imagined that red flowers are the blood of the
nature and that human blood is the flower of the nature.[11] From this
imagination, Ryu surmised that 'flower is blood.' Applying this con-
templation to the bloodshed of Jesus on the cross, Ryu conceived an
intriguing christology of salvific blood-flower (*kkot-pi*):

> Since flower is red like blood, it is called that flower blossoms.
> Flower is the blood of the nature, and human blood is the flower
> of the nature. Flower is blood, and blood is flower. This flower of

---

11) In Korean, the two words, being red (*pi*) and blossoming (*pinda*), are phonetically related.
Ryu employed this relation to establish his suggestion.

blood or blood of flower is the blood Jesus shed on the cross. The flower-blood of Jesus shed on the cross is the blood of flower (花血). In a word, it is the spilled blood of the righteous. No matter how evil the world is, the blood of flower spilled by the righteous can cleanse it. (DU:165-6, cf. JS:156)

Based on the natural phenomenon that flower blossoms at the end of life [of the plant], furthermore, he established another basic insight that 'flower is the end.'[12] And he developed an aesthetic christology of the cross; namely, the crucifixion is the blossoming of cosmic flower:

> The present is both the end and a flower (kkut-kkot). God is alpha and omega as well as the beginning and the end. The first character of the Chinese word the present (現在) connotes 'blossoming like a flower', and the second 'the end of God'. The end of life is death, which means both the end and a flower. Seeing the cross where Jesus was crucified is just like observing the blossoming of a flower. Any death is solemn and holy. [Then, how much solemn and holy] the death of a young person [who died] with the bloodshed of flower is! It is the blossoming of a far more sublime flower. (DU:204, JS:149)

Trees produce fruits after the fall of flowers. Analogically, Ryu applied this natural phenomenon to christology. If the crucifixion of Jesus is the falling of cosmic flower, then the resurrection as the bearing of a cosmic fruit (花落能成實):

> "Jesus regarded death as the falling of flower. To blossom flow-

---

12) Again, Ryu pointed out the phonetic resemblance between two Korean words of 'end' (*kkŭt*) and 'flower' (*kkot*).

er is [to manifest] the truth, and to fall petals of flower is the cross. The cross is a symbol of the truth over death. Believing the cross means believing the truth. This refers to the state where death has been swallowed up by life; in other words, when the spirit has overcome the body." (DU:166, cf. JS:157) "Watching the blossoming of the azalea, a popular Korean mountain flower blossoming in the early spring, Ryu contemplated this flower christology and lamented poetically, The azalea falling beforehand, taking the burdens of others! The one who was hanged on the cross would have been a blossom of this azalea! (JS:64) The azalea to be crucified on the cross is to bear the burdens of the human race!"[13]

4. JESUS IS THE SEED (SSI): AN ANTHROPOLOGICAL CHRISTOLOGY

Ryu envisioned Jesus as the cosmic seed. He propounded an agricultural analogy of the Trinity; namely, Jesus is the seed, God is its tree, and the Spirit is the life that includes both the seed and the tree: "The life of Jesus and the life of God are one in terms of the life of the Spirit (ŏl).[14] If the spirit of Jesus is the seed, then that of God is its tree. Where does a seed come from? It [obviously] comes from its tree. A tree is the source of its seeds. Jesus comes from God. And when a seed sprouts, it again becomes a tree. This means the return to God." (DU:148) Here, Ryu's thought is clearly trinitarian, not so much

---

13) JS: 66. Using this symbolic expression, Ryu would have lamented pains and the suffering of Korean people during the period of Japanese occupation. Also see KDI/5: 536-7, 6:133-4, 7:13-4.

14) The Korean word ŏl connotes both 'soul' and 'spirit' in English. In this paper, however, this term will be translated as 'spirit', as Ryu stated that "ŏl [靈] is the Holy Spirit". (JS:125)

unorthodox as he confessed.[15] The spirit of Jesus is the seed of God, i.e., the spirit of eternal life. Ryu explicated perichoresis in light of this seed christology: "When Jesus said 'whoever sees me sees him who sent me' [Jn 12:45], the 'me' here refers to God's seed (spirit) in him. To believe in God's seed in me, the Word (logos), or the one whom God sent is salvation and 'eternal life'" (Jn 12:50; DU:351). "To give the only son (Jn 3:16) means to give us the seed of God" (1 Jn 3:9; DU:277).

With the support of these Johannine passages, Ryu claimed that it is not only Jesus but also all of us who possess the seed of life from God as the only sons. The only difference between Jesus and us lies in the fact that Jesus is the first ripen fruit of the seed, a paradigm we should follow and produce. Jesus is the Christ who once and for all has accomplished the purpose to be God's seed (DU:341):

> Not only the spirit of Jesus but also the spirit of every human being is the seed. To tell this [truth] is [the purpose of] religion. In other words, in terms of the spirit, both Jesus and 'I' are the same seeds of God. If Jesus is the first ripen fruit, I also ought to become a ripen fruit. I should believe in Jesus, God, and me. In terms of the life of the spirit, all of them are [the same] one life. To believe in the spirit of [true] 'I' is to believe in Jesus and God. Jesus and 'I' are the same seeds that have come from God. (DU:148; cf. JS:167)

> Jesus has come in order to make us realize our true selves. To believe in Jesus means to know that I am an immortal life. I must realize that I am a seed from the Heaven. If Jesus is a seed, then I am also a seed. (DU:149)

---

15) Ryu also underscored the meditation of the Trinity (念參): see KDI/7:558-9.

The deeper objective of Christology, as we have seen repeatedly, lies in its anthropological implication, that is to say, a realization of our true selves. At this point, Ryu developed an anthropology of inner seed in dialogue with Confucianism. God' seed in us is the inner seed, the true life, which Ryu identified with the Confucian notions of moral power (de 德) or the innate knowledge of the good (liangzhi 良知): "Jesus taught us that the inner seed in me, God's seed, is the true life. Therefore, first and foremost, I should follow the inner seed in me. That inner seed is the true life of Jesus as well as my true life." (DU:308)

Our true subjectivity is not so much our physical appearances as this inner seed, the spirit. Ryu made a profound suggestion that our true subjectivity is related to qi (氣), the cosmic spiritual energy. In Confucian terms, my true self, my inner seed, or my real life, is nothing other than the qi of the natural greatness (浩然之氣):

> The thing that comes from the womb of my mother is not 'I'. But the inner seed is 'I'. The spirit (精神) is 'I'. The inner self is 'I'. The outer self (the body) is only a handful quantity of soil or of ash. However, the inner self can build the kingdom of the Heaven. It is the limitlessly great and limitlessly powerful 'I'. It is 'I' in the qi of the natural greatness. 'I' in the natural greatness of qi is the body of qi (氣體) and the spiritual body (靈體). To live in the real life is to cultivate this spiritual body. ...
>
> A handful soil is not 'I'. But the qi of the natural greatness that covers the earth and the entire universe is 'I'. It is too vigorous and too immense (至剛至大) to be measured and compared with anything. That is 'I', my true self. (DU:192)

The goal of christology, after all, lies in this anthropology, the realization of true 'I': "The 'I' of Jesus is after all your 'I'" (DU:272). Jesus as the inner seed is not a being totally other, but a personification of true humanity hidden but latent in us: "Jesus is both the budded and the resurrected 'I'"(JS:93). What Confucianism calls 'original nature'(性) has been fully revealed and completely recovered in and through Jesus Christ, which he called the primordial revolution: "Original nature that Confucianism speaks of signifies the one 'whom He [God] has sent' (Jn 6:29). ... By the recovery of this original nature, [Jesus] has accomplished the primordial revolution."[16]

5. JESUS IS THE SPIRIT (靈): A PEUMATOLOGICAL (Qi 氣) CHRSITOLOGY

As we already have seen in the previous section, Ryu's anthropological christology is profoundly pneumatological:

> The Holy Spirit is the Christ, the Holy Spirit is the Word, and the Holy Spirit is my true self. It [the Holy Spirit] witnesses no other than Christ and my true self. By receiving the spirit of the truth, I could attain the 'I' of the truth being liberated from the physical 'I', even from death. The reason why we should receive the Holy

---

16) DU:371. However, this primordial revolution does not only imply an individualistic character formation, but also contains a serious social dimension. From the notion of seed (*ssi*), Ryu originated the insight of *ssi-al* (literary 'seed-egg', i.e., the locus of cosmic spiritual force) that he identified with minjung (the mass of people). In fact, Ham Sŏk-hŏn took over this insight to develop his famous thought of *ssi-al* that became the foundation for minjung theology. Hence, it is a mistake to view Ryu's thought merely as a personal approach that lacks liberative aspects.

Spirit is to obtain eternal life. Eternal life means to become the Son of God through the Holy Spirit. It would be as if one were returning to the Father like the prodigal son in Luke 15. (DU:199)

At this juncture, Ryu played with the Korean word breathing (sum). Beyond the ordinary physical breath (mok-sum), he asserted, it has a spiritual dimension, the breathing of the Word (mal-sum) that bears a phonetic resemblance to the 'Word' in Korean (mal-ssum). From this line of thought, he formulated an interesting pneumatology of logos, which may overcome the dualism between logos and spirit:

> The breathing of the Word (mal-ssum = mal-sum) is the end of breathing and the life after death.[17] To breathe the Word is to live eternal life. To think about the Word is to think about eternity, and the Word is none other than God. To breathe the Word is to believe and live in God. The breathing of Word is to set fire of truth in us. It sets fire on firewood in us... The Word is written in the mind-and-heart of truth... The flame of eternal life is flaring in our mind-and-heart. The Word of God is burning... A human being is a holy brazier where the Word of God is burning... If one cannot breathe the Word of God, the person is not worth being called as a human. (DU:205)

Ryu postulated that the Holy Spirit is comparable to the 'illustrious virtue' (明德), a key notion in the Great Leaning (大學), one of Confucian four books: "the Holy Spirit is the illustrious virtue. The illustrious virtue should be manifested." (DU:215) Further, he identified the Holy Spirit with the qi 氣, a crucial East Asian notion

---

17) *Mal-sum* also connotes the end of breathing.

very similar to pneuma: "The Holy Spirit is nothing other than energizing and circulating the qi " (DU:365). He explicated,

> The Chinese word qi pictorates clouds in the Heaven. It describes that clouds are moving with the wind... The wind that makes clouds moving or the power that make the wind moving is qi. ... Qi is the foundation of creating and forming (生成) myriad things. ... I view the Holy Spirit also as a metaphysical wind. As a wind, it is a movement of qi. It is the Dao that enables me to be connected with the qi flowing down from the Absolute Top. (DU:369)

Furthermore, Ryu propounded an East Asian version of Jesus Prayer:[18]

> For me, to breathe is to take the breath of the Holy Spirit. In this way, I can embody the truth. All of these [after all] are based on prayer. Prayer is an awakening, and the Holy Spirit is the power. In this power of the Holy Spirit, we breathe and gush out. This is an illumination. (DU:184)

6. JESUS IS THE *DAO* (道): A COSMIC LIFE CHRISTOLOGY

According to John 14:6, Ryu comprehended Jesus as the *Dao*, the way of the truth toward the life in God.[19] Christ is the brightest way

---

18) Ryu said, "Our Lord is the Lord Breathing" (KDI/2:607-8).
19) See KD/1:508-9. Ryu described Christ also as "the high way (hang-gil)" toward the Heaven (KDI/7:534).

on which we can walk safely (*the truth*) to attain the unity with God (*the life*). It coincides with the goal of Confucianism, the unity of Heaven and humanity. Ryu elucidated,

> Then, what are 'the way (道), the truth (眞理), and the life (生命)' Jesus envisioned? He seems to understand them as follow. The way refers to ascending again to the Heaven after having descended from the Heaven to the earth. The truth is to walking brightly along the way, and the life means that the Father and the Son become one as the brightest light.[20] The Son of Man came from the Heaven and returned to the Heaven. There is no brighter way than this. Going straight along this way without error is the truth. And finally meeting with God is the life. Compare to the railroad! Railroad is the way, train is the truth, and arrival is the life. (DU:167, JS:157-8)

As we already have seen, Jesus is ultimately the true 'I'.[21] The way, the truth, and the life, after all, refer to this true 'I': The way is eternally coming and eternally going. However, 'I' come and go on the way. If I come and go on the way, I become the way. Just as a silkworm's cocoon makes thread and as a spider spins a web, I produces the way. The 'I' of the Spirit, endowed by God, is the way, the truth, and the life [and Jesus is the enlightened one who realized this fact]. (DU 43-4)

These statements may sound strange. Nevertheless, this is an ingenious East Asian interpretation of Paul's passage, "it is no longer I

---

20) Ryu argued that being glorified in the passage of Jn. 13: 31-2 means 'being brightened'. As they are the same 'bright light', God the Father and Jesus the Son can be united.

21) Ryu also described the true 'I' as the Heavenly 'I' that has opened the true way of life to us through the cross Jesus has borne (KDI/7:545).

who live, but it is the Christ who lives in me" (Gal. 2:20). From his East Asian perspective, this passage virtually means that the Christ who lives in me is the true 'I' (true humanity). Then, Confucian insights on true humanity such as the mind-and-heart (*hsin*), original human nature (性), and the principle (*li*) can be utilized as profound resources to formulate Christology, more precisely, 'christodao', some examples of which we already have seen. He said, hence, "The way toward God resides only in one's mind-and-heart [心]" (DU:52). Moreover, Ryu equated the dao with the Neo-Confucian notion of li (the principle) and the Buddhist notion of dharma:

> The way is absolutely necessary for us to move forward. Without the way, we cannot move an inch. The entire spaces (空間) exist to provide the way. The space between an atom and a neutron or that between molecules exists for the sake of the way... This way implies precisely the principle (理). The *dao* refers to the way. The statement that vacuity (虛空) is the truth should be understood from this vantage point. *Dharma* (法) in Buddhism also refers to the principle, the way. (DU:170-1)

Ryu reminded us that a deeper meaning of *dao* lies in emptiness or vacuity. "No matter how beautiful flowers are, it is only the emptiness that really reveals the beauty of flowers" (JS:288). In truth, the non-being (emptiness) is more fundamental than the being (a flower): "When people watch flowers, they normally focus only on flowers, but they do not pay even a slight glimpse to the emptiness (虛空) in the outside of flowers. In fact, it is the emptiness that enables the existence of those flowers." (DU:241)

At this point, the East Asian root-metaphor of *dao* departs from its

Western counterpart, *logos*, as it is saliently appeared in medicines and paintings. Whereas Western paintings focus on things, East Asian paintings pay more attention to the empty space, which, we believe, is more profound:[22] "Westerners do not seem to know the non-being (無). Although they are efficient, it is only with respect to the being (有), but it is not so well with respect to the remoteness and the greatness (遠大)." (DU:309) Further, he formulated a fascinating theological insight of the Vacuity (虛空):

> I long for the Absolute Vacuity (絕對空). What would happen to me after I die? There is nothing. Only the Vacuity without anything can be the truth. What is really fearful is the vacuity. This is the truth. This is God. Without the vacuity, there is neither the truth nor an existence. How can the universe exist without the vacuity? There is nothing to exist without the vacuity. All the spaces between things, qualities, cells, molecules, atoms, and neutrons are part of this vacuity. Since there is vacuity, there is existence. (DU:161)

Boldly declaring that God is the Absolute Vacuity, furthermore, Ryu suggested an intriguing Daoist-Buddhist-Christian apophatic theology:

> If our life blossoms and expands limitlessly, it will arrive at the Vacuity (空, the Absolute [絕大]). That is to say, living eternal life. The Vacuity is the foundation of the first beginning of life and

---

22) See my Response to Peter Lee, 'A Christian-Chinese View of Goodness, Beauty, and Holiness, *Christianity and Ecology: Seeking the Well-being of Earth and Humans*, ed. by Dieter T. Hessel and Rosemary R. Ruether (Cambridge, MA: Harvard University Press, 2000), 357-363.

everything. It is God. I also believe in the personal God. Although God is personal, it does not refer to such a personality that we have. *Being personal denotes the first beginning of everything.* God transcends both the being and the non-being (有無). In the search of God, we cannot satisfy with materials. Since we cannot satisfy with things that exist, we search for God who is not. Therefore, God is the Being in Non-Being. (DU:285)

7. JESUS IS THE BEING-IN-NON-BEING (無極而太極): AN APOPHATIC CHRISTOLOGY

Ryu upheld a mysticism of the One (*hana*): "After all, there is the only (absolute) One." (DU:19) "All problems are ultimately related to the (absolute) One... [T]hey are how to live authentically as the (absolute) One." (DU:40) He identified this Absolute One with God the Lord: "The One is the Lord, and the Lord is the One" (DU:45). Moreover, God in Korean (*Hana-nim*) literally means the 'One' (*hana*) and the 'Lord' (*nim*). Ryu conceived this absolute oneness of God at the pinnacle of Daoist and Neo-Confucian cosmogony: "God is the one and the absolute. The Non-Ultimate is the Great Ultimate (無極而太極). There is only God." (DU:186) "Non-Being (虛無) is the Non-Ultimate (無極), and Being (固有) is the Great Ultimate (太極). The Non-Ultimate and the Great Ultimate are one, and the one is God. The Great Ultimate of Being (有) cannot be conceived without the conception of the Non-Ultimate of Non-Being (無). Hence, they are one." (DU:240)

From this vantage point, finally, as we noticed at the end of the

last section, he expressed a novel East Asian definition of God; name-
ly, *God is the One who is 'the Being in Non-Being' (Opshi-gye-
shin-nim)*:23) "We should not call in vain the name of God who is the
Being in Non-Being" (DU:269). "Since God is the One who is Being
in Non-Being, we cannot see God" (DU:275).

This Being-in-Non-Being has been historically manifested in the
crucifixion (the Non-Being) and the resurrection (Being) of Jesus
Christ. Hence, He is both the Non-Being (the Non-Ultimate無極,
Vacuity空) and Being (太極 the Great Ultimate, 色 Form). "God is the
Being in Non-Being. Although God is not, God is: Although human
beings are, they are not." (DU: 371) Likewise, Jesus is the Being in
Non-Being, the One who 'Is' in spite of 'Is-Not'. Whereas we are
those of non-being-in-being, He is the One of Being-in-Non-Being.
Whereas we are the 'forms' that are 'none other than emptiness'
(*Heart Sutra*), He is the 'emptiness' that is 'none other than form':24)
"I am who is but who is not (色卽是空): The one is who is not but
who is" (空卽是色) (JS:68).

From the vantage point of the supreme cosmogonic paradox of
Dao, Ryu "understood the cross as both the Non-Ultimate and the
Great Ultimate... Jesus is the One who manifested this ultimate
[paradox] in Asian cosmology. Through the sacrifice of himself, He
achieved genuine humanity (*ren*). That is to say, by offering himself as
a sacrifice, He saved the human race and opened the kingdom of God
for humanity."25) In Christ, the Non-Ultimate and the Great Ultimate

---

23) God is also the Father who is the Being in the Non-being (*Opshi-gyeshi-abba*) (KDI/3:386).
24) Kim Heung-ho, *Jesori*, 68.
25) Kim Heung-ho, Ryu Young-mo's View of Christianity from the Asian perspective, in *Tasok
   Ryu Young-mo*, Park Young-ho, ed. (Seoul: Muae, 1993), 299.

become one. In the historical scene, this is revealed as the affectionate and filial relation between father and son. Seeing the blossom of the flower of Jesus on the cross, Ryu envisioned the glorious blossom of the cosmos, a new cosmogony. For "the cross implies a rush into the cosmic trajectory [*Dao*], the resurrection means a participation in the revolution of the cosmic trajectory, and the sitting on the judgment seat in the right-hand side of God entails a lighting up of the world."[26)]

CONCLUSION

Ryu was not a systematic theologian and never wrote a theological treatise. Nevertheless, his insights of Jesus Christ present a splendidly innovative christology in a crude form. In a nutshell, Jesus is the embodiment of the *Dao*. That is to say, Christ is the filial son (a proto-paradigm for loving human relationship), rice (cosmic sacrificial food), blood-flower (the cosmogonic flower), the seed of life (true humanity), the Spirit (the breathing of life, qi), and the Being-in-Non-Being (the supreme paradox of the Great Ultimate and the Non-Ultimate). Characteristically, his christodao (Christ as the *Dao*) is Confucian, sacramental, aesthetic, anthropological, pneumatiological, cosmic, and apophatic (Daoist).

Naturally, Ryu's formation of 'christodao' reflects the complex history of three great world religions in Korea, namely, Confucianism, Daoism, and Buddhism. If Jesus Christ is the embodiment of the *Dao*, then, the teachings of all these religions converge at this point. Jesus is

---

26) Kim Heung-ho, "Ryu Young-mo's View", 301.

the perfect accomplishment of the Confucian project of the profound person, i.e., to attain full humanity. Jesus is the perfect historico-cosmic manifestation of both the Daoist and the Buddhist visions, the dynamic power of the Vacuity and the Absolute Nothingness (in the paradox of weakness and reversal).

Ryu's religious prospensity, however, seems to incline more to the Confucian and Daoist side than the Buddhist. For him, christology is a perfection of Daoist cosmology and Confucian anthropology. From this Confucian-Daoist vantage point, he conceived Christ as the one who has achieved, not merely a historical revolution, but also the cosmogonic revolution, a transformation of the theanthropocosmic trajectory of *Dao* through the paradoxical change of the Non-Ultimate and the Great Ultimate (i.e., crucifixion and resurrection).

Since the goal of christology is after all anthropology, his christo-dao is positively anthropological (Confucian). Nevertheless, it also contains a profoundly apophatic dimension in naming God, the Ground of Being (Daoist). This apophatic aspect of christodao will bear great fruits in the future. If the Confucian side of christodao refers to the *yang* dimension of East Asian christology, the Daoist side will present the *yin* dimension. As I predicted elsewhere, this yin dimension of christodao is particularly important for the christology in the third millennium, as we are in the time when the *yang* Christ is going and when the *yin* Christ is coming.[27] After all, Christ is the 'one who comes eternally' (DU:341).

Whether are these insights a product of syncretism? This would be an important question to some, but it misses the point. For we cannot

---

27) See my "Jesus Christ as the Tao."

make as much a clear-cut division between Christianity and our in-
digenous religions as some fundamental Christians mistakenly claim.
If the Christian faith is something to do with the totality of our lives, it
should be also something to do with our indigenous traditions
(according to Hank Bloom, 'dynamic configurations of practice and
belief') that have shaped and deeply permeated in our modes of life.
For Ryu, these insights are not so much the products of speculative
synthesis as the results he attained after his serious reading of the
Bible along with our indigenous scriptures that have molded our
worldviews and preunderstandings of life continuously. Through this
intertextual interpretation (or multi-faith hermeneutics), he could get
the understanding of Christian faith much more meaningful, relevant,
and practical. In fact, all his writings and dairies were written for this
purpose, in order to make the biblical texts 'reach and arise some feel-
ing to the mind-and-hearts' of the Korean people.

Obviously, Ryu was a serious and sincere reader of the Bible. But
he also was honest with and took seriously his own cultural-linguistic
context. He tried 'to hear it, faithfully, as a message, directed to [the
Korean] people in the situation' in which they are living. Probably, he
would be more a serious and responsible reader of the Bible than
so-called orthodox Presbyterian Christians, and so would he be more a
Reformed Christian than they are (if not in Orthodox doctrines, but in
terms of *sola scriptura*). Every morning he performed a ritual: As
soon as he woke up, he chose the biblical texts of the day. Reading re-
peatedly, he memorized and meditated them until he could attain some
enlightenment. Then, he wrote its summary in a Chinese poem, in the
similar manner as great Buddhist and Confucian scholars in Korea had

performed in the past. These poems constituted the most important contents of his famous diaries. He explained this meditative biblical hermeneutics, metaphorically comparing to a chicken's production of eggs. He read, memorized, and meditated the Word of God as diligently as a chicken eats and digests food. Then, he gave birth of his own enlightenment as a chicken produces eggs everyday.

Whether are these insights acceptable to other Korean Christians in the Church? It is another difficult question. Korean Christians are still more willing to accept Western forms of christology, aculturally imported and mechanically transmitted. However, for Ryu, they are too foreign, dogmatic, abstract, irrelevant, and impractical to be the ultimate frame of reference for his whole being. Simply, they bypass the necessary process of self-appropriation in and through the personal particularity and the communal locality. Genuine universality must encompass genuine particularity. Understanding the Gospel universally (the Word) presupposes first and foremost understanding it locally (the flesh). The confession of Christ without one's own particularities or contextualities is superficial, vague, incomplete, and unsatisfactory. The goal of christology is rather in discerning the meaning of human life and accountable actions and in response to the command of the Spirit of Christ working here and now among diverse particularities and idiosyncrasies. For Ryu, therefore, existential and ethical concerns are far more important and immediate than a dogmatic speculation about Jesus Christ. At this juncture, it is also worth remembering that Ham Sok Hon, the guru of Korean *minjung* movement was a disciple of Ryu and that Ham's well-known social thought of minjung (*ssi-al*) that deeply influenced *minjung* theology was in fact originated from

Ryu.

Christodao, living in the Dao (Way) of Christ, is not merely a thinking of Christ, but an eating, drinking, and breathing of the Spirit of Christ (the Word) in and through our whole bodies and the whole networks of communities. Living in the Way (Dao) of Christ invokes us to move one step further beyond just conceiving the Word. That is to say, giving birth of our own 'eggs' from the conception of Christian faith. For East Asian Christians, the adoption of East Asian ethico-religious metaphors is as legitimate a theological process of 'owning up to one's own metaphors' in order to 'produce our own eggs' as Euro-American Christians have done with respect to Greek-Western philosophical and secular metaphors for the formation of their theologies.28) For this constructive theology, Ryu Young-mo submitted us a marvelous example. Finally, confessing Jesus as the embodiment of the Dao is none other than an East Asian way of saying 'the Word made flesh'.

---

28) See my "Owning Up to One's Own Metaphors: A Christian Journey in the Neo-Confucian Wilderness," *Christ and the Tao*, 123-134.

참고문헌

NCC 신학연구위원회 편.『민중과 한국신학』. 서울: 한국신학연구소, 1982.

고경민(靑山巨篩).『영생하는 길(仙道永法)』. 서울: 종로출판사, 1974.

_____.『국선도』. 전3권. 서울: 도서출판 국선도, 1993.

고회민(高懷民). 정병석 역.『주역철학의 이해』. 서울: 문예출판사, 1978.

길희성.『포스트모던 사회와 열린종교』. 서울: 민음사, 1994.

김경재.『폴틸리히의 생애와 사상』. 서울: 대한기독교출판사, 1979.

_____.『한국문화신학』. 서울: 한국신학연구소, 1983.

_____.『폴 틸리히 신학연구』. 서울: 대한기독교출판사, 1987.

_____.『해석학과 종교신학: 복음과 한국종교의 만남』. 천안: 한국신학연구소, 1994.

김광식.『토착화와 해석학』. 서울: 대한기독교출판사, 1987.

김명룡.『현대의 도전과 오늘의 조직신학』. 서울: 장로회신학대학, 1997.

김병호 · 김진규 편.『아산의 주역강의』. 전3권. 서울: 도서출판 소강, 1999.

김석진.『대산주역강해』. 수정판. 전2권. 서울: 대유학당, 2001.

김양선.『한국기독교해방십년사』. 서울: 대한 예수교장로회 총회, 1956.

김용복.『민중과 한국신학』. 서울: 한국신학연구소, 1982

김용옥.『도올논어(3)』. 통나무, 2001.

김재준.『김재준전집』. 서울: 한신대학출판부, 1992.

김지하.『생명』. 서울: 솔출판사, 1992.

_____.『율려란 무엇인가?』. 서울: 한문화 멀티미디아, 1999.

김흥호.『제소리: 다석 유영모 선생님의 말씀』. 서울: 풍만 1986.

_____.『다석 류영모 명상록』. 전3권. 서울: 성천문화재단, 1998.

_____.『다석일지공부』. 전7권. 서울: 솔출판사, 2001.

_____.『제소리의 소리: 다석 유영모의 강의록』. 서울: 솔출판사, 2001.

김흡영.『도의 신학』. 서울: 다산글방, 2000.

_____. 『현대과학과 그리스도교』. 서울: 기독교서회, 2006.

_____. 『도의 신학 II』. 서울: 동연, 2012.

_____. 「신학자가 보는 삶과 죽음」. 『삶과 죽음의 인문학』. 서울: 석탄출판, 2013. 149-189.

니터, 폴 F. 저. 변선환 역. 『오직 예수 이름으로만?』. 서울: 한국신학연구소, 1986.

몰트만, 유르겐. 김균진 외 역. 『예수 그리스도의 길』. 기독교사회, 1990.

_____. 이신건 역. 『생명의 샘』. 서울: 그리스도교서회, 2000.

박봉랑. 『기독교의 비종교화』. 서울: 법문사, 1976.

_____. 『신의 세속화』. 서울: 대한기독교출판사, 1983.

_____. 『교의학방법론』. 상하. 서울: 대한기독교출판사, 1986-7.

_____. 『신학의 해방』. 서울: 대한기독교출판사, 1991.

박순경. 『하나님나라와 민족의 미래』. 서울, 대한기독교출판사, 1984.

_____. 『통일신학의 여정』. 서울: 한울, 1992.

박영호. 『진리의 사람 다석 유영모』. 전2권. 두레 2000

_____ 편. 『동방의 성인 다석 유영모』. 서울: 도서출판 무애, 1993.

박재순. 『한국생명신학의 모색』. 서울: 한국신학연구소, 2000.

_____. 『다석 유영모: 동서 사상을 아우른 창조적 생명 철학자』. 서울: 현암사, 2008.

박종천. 『상생의 신학』. 서울: 한국신학연구소, 1991.

_____. 『하느님과 함께 기어라, 성령 안에 춤추라』. 서울: 대한기독교서회, 1998.

박희병. 『한국의 생태사상』. 서울: 돌베개, 1999.

변선환. 「한국개신교의 토착화: 과거, 현재, 미래」. 『변선환 전집 3: 한국적 신학의 모색』. 천안: 한국신학연구소, 1992.

변선환박사 회갑기념논문집 간행위원회 편. 『종교다원주의와 신학의 미래』. 서울: 종로서적, 1989.

변선환박사 은퇴기념논문집 간행위원회 편. 『종교다원주의와 아시아 신학』. 천안: 한국신학연구소, 1992.

본회퍼, 디트리히. 손규태 · 이신건 역. 『나를 따르라(그리스도의 제자직)』. 서울: 대한기독교서회, 2010.

볼린, 시노다. 이은봉 역. 『도와 인간심리: 만남의 심층심리적 이해』. 서울: 집문당, 1994.

서남동. 『전환시대의 신학』. 서울: 한국신학연구소, 1976.

_____.『민중신학의 탐구』. 서울: 한길사, 1983.

_____.『한-신학, 문학, 미술의 만남』. 서울: 분도출판사, 1984.

선순화 신학문집 출판위원회 편.『선순화 신학문집: 공명하는 생명신학』. 서울: 다산글방, 1999.

송길섭.『한국신학사상사』. 서울: 대한기독교출판사, 1987.

안동림 역주.『장자』. 서울: 현암사, 1993.

우실하.『전통문화의 구성원리』. 서울: 소나무, 1998.

유동식.『한국종교와 기독교』. 서울: 대한기독교서회, 1965.

_____.『도와 로고스』. 서울: 대한기독교출판사, 1978.

_____.『한국신학의 광맥: 한국신학사상사 서설』. 서울: 전망사, 1982.

_____.『풍류도와 한국신학』. 서울: 전망사, 1992.

_____.『한국종교와 한국신학』. 천안, 한국신학연구소, 1993.

유영모.『多夕日誌: 多夕 柳永模 日誌』. 전4권. 서울: 홍익제, 1990

_____.『씨올의 메아리 다석어록: 죽음에서 생명을 절망에서 희망을』. 박영호 편. 서울: 홍익제,
        1993.

_____.『다석강의』. 다석학회편. 서울: 현암사 2006

_____.『마지막 강의: 육성으로 듣는 동서 회통의 종교사상』. 박영호 풀이. 서울: 교양인, 2010.

윤사순.『퇴계선집』. 서울: 현암사, 1982.

윤성범.『기독교와 한국신학』. 서울: 기독교서회, 1964.

_____.『기독교와 한국사상』. 서울: 대한기독교서회, 1964.

_____.『한국적신학: 誠의 해석학』. 서울: 선명문화사, 1972.

_____.『孝: 서양윤리, 기독교윤리, 유교윤리의 비교연구』. 서울: 서울문화사, 1973.

윤성범 출판위원회 편.『윤성범 전집』. 전7권. 서울: 도서출판 감신, 1998.

윤철호.『예수 그리스도』. 상하. 서울: 한국장로교 출판사, 1998.

이경숙·박재순·차옥숭.『한국 생명사상의 뿌리』. 서울: 이화대학교 출판부, 2001.

이덕주·조이제 편.『한국 그리스도인의 신앙고백』. 서울: 한들출판사, 1997.

이삼열 편. 숭실대 그리스도교사회연구소편.『생명의 신학과 윤리』. 서울: 열린문화, 1997.

이상은.『한국철학2』. 서울: 예문서원, 1998.

이성배.『유교와 그리스도교: 이벽의 한국적 신학원리』. 왜관: 분도출판사, 1979.

이정배.『토착화와 생명문화』. 서울, 종로서적, 1991.

_____.『(조직신학으로서) 한국적생명신학』. 서울: 감신, 1996.

이정용. 이세형 역.『역의 신학: 동양의 관점에서 본 하느님에 대한 기독교적 개념』. 서울: 기독교서회, 1998.

이정호.『해설역주 훈민정음』. 서울: 보진제, 1972.

이종성.『신학서론』. 서울: 대한기독교출판사, 1993.

_____.『조직신학 대계』. 서울: 대한기독교출판사, 1993.

장기근·이석호 역.『노자·장자』. 서울: 삼성출판사, 1976.

장동민.『박형룡의 신학연구』. 서울: 한국기독교역사연구소, 1998.

장회익.『삶과 온생명』. 서울: 솔출판사, 1998.

정경옥.『기독교의 원리』. 서울: 감리교회신학교, 1934.

_____.『기독교신학개론』. 서울: 감리교회신학교, 1939.

젠킨스, 필립.『신의 미래』. 김신권 역. 서울: 도마의길, 2009.

주재용.『한국 그리스도교 신학사』. 서울: 대한기독교서회, 1998.

최진석.『노자의 목소리로 듣는 도덕경』. 서울: 소나무, 2001.

칼빈, 존.『기독교강요』 상. 김종흡 역. 서울: 생명의 말씀사, 1988.

한국기독교학회 편.『한국기독교학회 30년사』. 서울: 대한기독교서회, 2001.

한국종교학회 편.『해방후 50년 한국종교연구사』. 서울: 도서출판, 1997.

현요한.『성령 그 다양한 얼굴: 하나의 통전적 패러다임을 향하여』. 서울: 장로교신학대학, 1998.

홍정수.『베짜는 하나님』. 서울: 조명문화사, 1991.

_____.『포스트모던 예수 - 감리교회 종교재판의 실상』. 서울: 조명문화사, 1992.

황승룡.『성령론: 신학의 새 패러다임』. 서울, 한국장로교출판사, 1999.

Aquinas, Thomas. *Summa Theologogiae*. New York: Benziger Bros., 1947.

Arens, Edmund. *Christopraxis: A Theology of Action*. Trans. John Hoffmeyer. Minneapolis: Fortress, 1995.

Barbour, Ian. *When Science Meets Religion*. New York: HarperCollins, 2000.

Boff, Leonard. *Trinity and Society*. Trans. Paul Burns. Maryknoll, N.Y.: Orbis, 1988.

_____. *Jesus Christ Liberator: A Critical Christology for Our Time*. Trans. Patrick

Hughes. Maryknoll: Orbis, 1991.

Bonaventure. *The Mind's Journey to God.* Trans. Lawrence S. Cummningham. Chicago: Franciscan Heral Press, 1979.

Borg, Marcus J. *Jesus in Contemporary Scholarship.* Valley Forge, PA: Trinity Press International, 1994.

Bornkamm, Günter. *Jesus of Nazareth.* Rev. Ed. Minneapolis: Fortress, 1995.

Bultmann, Rudolph. *History of the Synoptic Tradition.* New York: Harper & Row, 1976.

Calvin, John. *Institutes of Christian Religion.* 2 Vols. Ford Lewis Battle. Tr. Philadelphia: Westminster Press, 1960.

Capra, Fritzof. *The Tao of Physics: An Exploration of the Parallels Between Modern Physics and Eastern Mysticism.* 3rd Ed. Boston: Shambhala, 1991.

Chan, Wing-tsit. *The Way of Lao Tzu: Tao-te ching.* Indianapolis & New York: Bobbs-Merrill, 1963.

_____. Trans. and Complied. *A Source Book in Chinese Philosophy.* Princeton, NJ.: Princeton University Press, 1963.

Cheng Chung-ying, "The Trinity of Cosmology, Ecology, and Ethics in the Confucian Personhood." *Confucianism and Ecology: The Interrelation of Heaven, Earth, and Humans.* Eds. Mary Evelyn Tucker and John Berthrong. Cambridge, MA: Harvard University Press, 1998.

Clooney, Francis X. *Theology after Vedanta: an Exercise in Comparative Theology.* Albany: State University of New York Press, 1993

Cousins, Ewert H. *Christ of the 21st Century.* Rockport, MA: Element, 1992.

Crossan, John Dominic. *The Historical Jesus: The Life of a Mediterranean Jewish Peasant.* San Francisco: HarperCollins, 1994.

Davies, Steven L. *The Gospel of Thomas and Christian Wisdom.* New York: Seabury, 1983.

De Bary, Wm. Theodore. *East Asian Civilizations: A Dialogue in Five Stages.* Cambridge, MA.: Harvard University Press, 1989.

Driver, Tom F. *Christ in a Coming World: Toward an Ethical Christology*. New York: Crossroad, 1981.

Fingarette, Herbert. *Confucius-The Secular as Sacred*. New York: Harper & Row, 1972.

Fox, Matthew. *The Coming of the Cosmic Christ: The Healing of Mother Earth and the Birth of a Global Consciousness*. San Francisco: Harper & Row, 1988.

Glebe-Möller, Jans. *Jesus and Theology: Critiques of a Tradition*. Trans. Thor Hall. Minneapolis: Fortress, 1989.

Graham, A. C. *Disputers of the Tao: Philosophical Argument in Ancient China*. La Salle, IL: Open Court, 1989.

Grentz, Stanely J. *Rediscovering the Trinity in Contemporary Theology: The Triune God*. Minneapolis: Fortress Press, 2004.

Griffiths, Bede. Selected and Introduced. *Universal Wisdom: A Journey Through the Sacred Wisdom of the World*. San Francisco: HarperSanFrancisco, 1994.

Hessel, Dieter T. Ed. *After Nature's Revolt: Eco-Justice and Theology*. Minneapolis: Fortress Press, 1992.

_____ and Rosemary Radford Ruether. Eds. *Christianity and Ecology: Seeking the Well-Being of Earth and Humans*. Cambridge: Mass.: Harvard University Press, 2000.

Hidegard of Bingen. Scivias. Trans. *Columna Hart and Jane Bishop*. New York: Paulist Press, 1990.

Hodgson, Peter. *Winds of the Spirit: A Constructive Christian Theology*. Louisville, KY: Westminster John Knox Press, 1994.

Jaspers, Karl. *The Great Philosophers: The Original Thinkers*. Trans. Ralph Manheim. New York: Harcourt, Brace & World, Inc., 1966.

Jenkins, Philip. *The Next Christendom: The Coming of Global Christianity*. 3rd. Ed. Oxford, New York: Oxford University Press, 2011.

Johnson, Luke Timothy. T*he Real Jesus: The Misguided Quest for the Historical Jesus and the Truth of the Traditional Gospels*. San Francisco: HarperSanFrancisco, 1996.

Kaufman, Gordon. *The Theological Imagination: Constructing the Concept of God.* Philadelphia: Westminster Press, 1981.

_____. *In Face of Mystery: A Constructive Theology.* Cambridge, MA.: Harvard University Press, 1993

Keel Hee-sung. "Jesus the Bodhisattva: Christology from a Buddhist Perspective." *Buddhist-Christian Studies* 16(1996). 169-85.

Keenan, John P. *The Meaning of Christ: A Mahayana Theology.* Maryknoll: Orbis, 1993.

Kess, Robert. "Unity in Diversity and Diversity in Unity: Toward an Ecumenical Perichoresic kenotic Trinitarian ontology." *Dialogue & Alliance* 4:3(1990). 66-70.

Kim Heup Young. *Wang Yang-ming and Karl Barth: A Confucian-Christian Dialogue.* Durham: University Press of America, 1996.

_____. *Christ and the Tao.* Hong Kong: Christian Conference of Asia, 2003.

_____, Fumitaka Matsuoka, and Anri Morimoto. Eds. *Asian and Oceanic Christianities in Conversation: Exploring Theological Identities at Home and in Diaspora.* Amsterdam, New York: Rodopi, 2011.

Kim Kyung-Jae. *Christianity and the encounter of Asian Religions: Method of correlation, fusion of horizons, and paradigm shifts in the Korean grafting process.* Zoetermeer: Uitgeverij Boekencentrum, 1994.

Kim Yong-bock. "Theology and the Social Biography of Minjung," *CTC Bulletin* 5:3-6:1 (1984-5). 66-78.

_____. *Messiah and Minjung: Christ's Solidarity with the People for New Life.* Hong Kong: Christian Conference of Asia, 1992.

_____. Ed. *Minjung Theology: People as Subjects of History.* Rev. Singapore: The Christian Conference of Asia, 1981.

Knitter, Paul. *No Other Name?* Maryknoll: Orbis, 1985.

Küng, Hans. *Theology for the Third Millennium: An Ecumenical View.* Trans. Peter Heinegg. New York: Doubleday, 1988.

_____ and Julia Ching. *Christianity and Chinese Religions*. Trans. Peter Beyer. New York: Doubleday, 1989.

_____.*Christianity: Essence, History, and Future*. Trans. John Bowden. New York: Continuum, 1995.

Kwok Pui-lan. *Discovering the Bible in the Non-Biblical World*. Maryknoll: Orbis, 1995.

Lee Jung Young. *God suffers for us: a systematic inquiry into a concept of divine passibility*. Hague: Martinus Nijhoff, 1974.

_____. *The Theology of Change: A Christian Concept of God in an Eastern Perspective*. Maryknoll: Orbis, 1979.

_____. *Marginality: the Key to Multicultural Theology* (Minneapolis: Fortress Press, 1995.

_____. *The Trinity in Asian Perspective*. Nashville: Abingdon Press, 1996.

Lee, Bernard. *Jesus and The Metaphor of God: The Christ of the New Testament*. New York: Paulist, 1993.

Lopez, Donald S. and Steven C. Rockfeller. Eds. *The Christ and the Bodhisattva*. Albany: SUNY Press, 1987.

Maguire, Daniel. *The Moral Core of Judaism and Christianity: Reclaiming the Revolution*. Philadelphia: Fortress Press, 1993.

McFague, Sallie. *Metaphorical Theology: Models of God in Religious Language*. Philadelphia: Fortress Press, 1982.

Moltmann, J. *The Way of Jesus Christ: Christology in Messianic Dimensions*. Trans. Margaret Kohl. San Francisco: HarperSanFrancisco, 1990.

Panikkar, Raimond. *The Unknown Christ of Hinduism*. Rev. Ed. Maryknoll: Orbis, 1964.

_____. *The Trinity and the Religious Experience of Man: Icon, Person, Mystery*. New York & London: Orbis Books & Darton, 1973.

_____. *The Cosmotheandric Exprerience: Emerging Religion Consciousness*. Maryknoll: Orbis, 1993

Pannenberg, Wolfhart. *Theology and the Kingdom of God*. Philadelphia: Westminster Press,

1969.

_____. *Jesus-God and Man*. Trans. Lewis Wilkins and Duane Priebe. Philadelphia: Westminster, 1974.

Park Chong-chun. *Crawl with God, dance in the Spirit: a creative formulation of Korean theology of the spirit*. Nashville: Abingdon Press, 1998.

Pelikan, Jaroslav. *Jesus Through the Centuries: His Place in the History of Culture*. New York: Harper & Row, 1985.

Pelphrey, Brant. *Christ Our Mother: Julian of Norwich*. Wilmington: Michael Glaizer, 1989.

Pieris, A. *Asian Theology of Liberation*. Maryknoll: Orbis, 1988.

_____. *Love Meets Wisdom: a Christian Experience of Buddhism*. Maryknoll: Orbis, 1988.

_____. *Fire and Water: Basic Issues in Asian Buddhism and Christianity*. Maryknoll: Orbis 1996.

Rahner, Karl. *The Trinity*. Trans. Jospeh Donceel. New York: Crossroad, 1997.

Rasmussen, Larry. *Earth Community, Earth Ethics*. Maryknoll: Orbis Books, 1996.

Schweitzer, Albert. *The Quest of the Historical Jesus: A Critical Study of its Progress from Reimarus to Wrede*. New York: Macmillan, 1968.

Sharpe, Stephen Bede. *Redeeming the Time: A Political Theology of the Environment*. New York: Continuum, 1997.

Smith, Wilfred Cantwell. *Faith of Other Men*. New York: New American Library, 1963.

Sobrino, Jon. *Jesus the Liberator: A Historical-Theological View*. Trans. Paul Burns and Francis. Maryknoll: Orbis, 1993.

Song, C. S. *Jesus, The Crucified People*. New York: Crossroad, 1990.

Thangaraj, M. Thomas. *The Crucified Guru: An Experiment in Cross-Cultural Christology*. Nashville: Abingdon, 1994.

Thomas, M. M. *The Acknowledge Christ for the Indian Renaissance*. London: SCM, 1969.

Tillich, Paul. *Systematic Theology*. 3 vols. Chicago: Chicago University Press, 1951-63.

Tu Wei-ming. *Humanity and Self-cultivation*. Berkeley: Asian Humanities Press, 1979.

_____. *Centrality and Commonality: An Essay on Confucian Religiousness*. Rev. Ed. Albany, N.Y.: SUNY Press, 1989.

_____. *Confucianism in a Historical Perspective*. Singapore: The Institute of East Asian Philosophies, 1989.

Tucker, Mary Evelyn and John A. Grim. *World View and Ecology: Religion, Philosophy, and the Environment*. Maryknoll: Orbis Books, 1994.

_____ and John Berthrong. Eds. *Confucianism and Ecology: The Interpretation of Heaven, Earth, and Humanity*. Cambridge, Mass.: Harvard University Press, 1998.

Vroom Hendrick. Et. Al. *One Gospel and Many Cultures: Case Studies and Reflections on Cross Cultural Theology*. Amsterdam: Rodopi, 2003

Welch, Holmes. *The Parting the Way: Lao Tzu and the Taoist Movement*. Boston: Beacon, 1957.

White, Lynn, Jr. "The Historical Roots of Our Ecological Crisis." *Science* 155 (1967), 1203-7.

Wilhelm, Richard. Trans. *The I Ching or Book of Changes*. 3rd Ed. Princeton, NJ: Princeton University Press, 1967.

Witherington III, Ben. *Jesus the Sage: The Pilgrimage of Wisdom*. Minneapolis: Fortress, 1994.

Wright, N. T. *Jesus and the Victory of God*. Minneapolis: Fortress, 1996.

Yoon Sung-bum. Michael Kalton, Tr. *Ethics East and West*, Seoul, Christian Literature Society, 1977.

Zizioulas, John D. *Being as Communion: Studies in Personhood and the Church*. Crestwood, N.Y.: St. Vladimir's Seminary Press, 1985.

찾아보기

주제

찾아보기(인명)

프로이드(Sigmund Freud) 90

(ㅎ)
하르낙(A. von Harnack) 350, 374, 375
핫지(C. Hodge) 351
함석헌 140, 163, 197, 355
현요한 362
홍정수 380
황승룡 362
힐더가드(Hildegard of Bingen) 265, 266

(A)
Aquinas, Thomas 266
Arens, Edmund 295

(B)
Barbour, Ian 62
Berry, Thomas 260, 261
Boff, Leonard 317, 335
Bonaventure 266
Borg, Marcus J. 294, 298
Bornkamm, Günter 294
Bultmann, Rudolph 116, 350

(C)
Calvin, John 68, 267
Capra, Fritzof 300
Chan, Wing-tsit 297, 301, 340, 413
Cheng Chung-ying 271, 322,
Clooney, Francis X. 141, 357, 415
Cousins, Ewert H. 311
Crossan, John Dominic 294

(D)
Davies, Steven L. 298
De Bary, Wm. Theodore 320
Driver, Tom F. 295

(F)
Fingarette, Herbert 74
Fox, Matthew 301, 311

(G)
Glebe-Möller, Jans 295
Graham, A. C. 302
Grentz, Stanely J. 316, 335, 336, 338
Griffith, Bede 263 303

(H)
Hessel, Dieter T. Ed. 157, 261, 262, 282, 432
Hidegard of Bingen 266
Hodgson, Peter 260

(J)
Jaspers, Karl 311
Jenkins, Philip 9
Johnson, Elizabeth 262 265 317 336
Johnson, Luke Timothy 297

(K)
Kaufman, Gordon 32
Keel Hee-sung 296
Keenan, John P. 296
Kess, Robert 338
Kim Heup Young 9, 35, 145, 157, 161, 188,
          271, 274, 296, 313, 320, 330, 338,
          339, 363, 383, 385, 415
Kim Kyung-Jae 447
Kim Yong-bock 365
Kimel, Alvin. Jr. 337
Knitter, Paul 376
Küng, Hans 319
Kwok Pui-lan 141, 357, 415

(L)
Lee Jung Young 383